KB195142

## 내 감정의 주인이 되어라!

**이지영** 지음

박영story

## 당신은 감정의 주인으로 살고 있는가

우리는 매일 하루를 살아가면서 때로는 힘들고 지쳐 '사는 것이 참 힘들다'는 생각을 하곤 합니다. 그렇습니다. 사는 것은 결코 쉬운 일이 아닙니다. 그런데 힘들다는 것이 과연 무엇일까요? 바로 감정입니다. 우리는 화가 나 힘들고, 초조하고 불안해서 힘들고, 슬퍼서 힘들며, 수치스러워 힘든 것입니다. 따라서 우리가 느끼는 감정을 잘 다룰 수만 있다면, 고통으로부터 벗어나 보다 편안하고 행복한 삶을 누릴 수 있을 것입니다.

그렇다면 감정을 잘 다루기 위해서는 어떻게 해야 할까요? 바로 감정을 제대로 알아야 합니다. 감정 자체는 우리로 하여금 살아남을 수 있도록 돕는 장치로, 생존과 적응에 유용한 정보를 줍니다. 우리는 감정이 주는 정보를 파악해 처한 상황에서 적절히 대처할 수 있습니다. 그러나 정서 자체가 우리의 생존과 적응을 돕고 사라지는 희생적인 녀석이 아니기 때문에, 발생한 감정을 잘 다루지 못한다면 정서로 인한 부정적인 영향에 힘들어 할 것입니다. 이렇듯 당신이 정서를 어떻게 조절하느냐에 따라 행복할 수도 있고 그렇지 않을 수도 있습니다. 그런데 정서의 부정적인 영향을 피하기 위해서, 감정을 느끼지 않으려 하고 무시하고 억누르는 경우가 많습니다. 그렇다고 감정이 사라지거나 해소되는 것은 결코 아닙니다. 무시되고 억눌린 감정은 가슴 한구석에 쌓이고, 당신에게 다양한 방식으로 시위하며 부정적인 영향을 끼칩니다. 따라서 우리에게 필요한 것은 정서를 피하고 무시하고 억누르는 것이 아니라, 정서를 적절히 조절하는 능력입니다. 당신이 감정의 방관자나 노예가 되느냐, 아니면 감정의 주인이 되느냐의 차이는 감정을 제대로 이해하고 조절할 수 있느냐의 여부에 달렸습니다. 당신은 처음부터 감정의 주인이었습니다.

이 책은 감정을 제대로 이해하고 다양한 상황에서 적절하게 다룰 수 있는 구체적인 방법에 대해 알려드립니다. 전반부는 감정을 다루는 데 필요한 지식을, 후반부는 이를 바탕으로 감정의 주인이 되는 실습 과정을 다루었습니다. 먼저 제1부에서는 정서와 정서 조절을 이해하고, 정서 조절 방법에는 어떤 것들이 있는지 살펴봅니다. 또한 어떤 방법들이 정서 조절에 효과적이고 그렇지 않은지 각 정서 조절 방법의 특징에 대해 알아볼 것입니다. 이 과정에서 당신의 평소 정서 조절 방법의 사용 패턴을 진단할 수 있는 정서 조절 방략 프로파일을 수록하였습니다. 제2부에서는 정서 조절 능력을 향상하기 위해 크게 두 가지 측면에서 접근합니다. 지금까지 사용해 온 부적응적인 정서 조절 방법의 사용을 줄이고, 이와 함께 효과적인 정서 조절 단계에 따라 적응적인 정서 조절 방법을 사용하도록 안내합니다. 감정을 효과적으로 처리하는 방법을 알았다면, 마지막 제14장에서는 그런 감정을 효과적으로 전달하는 방법을 연습합니다.

이 책은 일반인뿐 아니라, 상담 및 임상 심리 관련 분야의 전공자가 상담 및 임상 현장에서 직접 활용할 수 있도록 구성하였습니다. 따라서 가능한 한 이해하기 쉽게 쓰려고 노력하였지만, 관련된 이론이나 연구 결과들도 포함하고 있습니다. 그러다 보니 배경 지식이 부족한 상태에서 복잡한 이론이나 연구 결과가 나타났을 때, 당황스럽고 이해가 잘 되지 않아 자칫 책을 덮고 싶은 충동이 일어날지 모릅니다. 따라서 미리 말해 둡니다. 당신이 이 책을 읽는 목적이 감정의 주인이 되기 위해서라면, 이해하기 어려운 이론적 내용이 나타났을 때 거기에 지나치게 매달리지 말고 과감하게 지나쳐 가십시오. 그러면 당신이 원하는 목적을 충분히 달성할 수 있을 것입니다.

모든 사람은 자신만의 자원과 능력이 있다고 생각합니다. 그러나 이를 제대로 발휘하며 살아가는 사람은 그리 많지 않습니다. 감정은 우리의 자원과 능력을 발휘하도록 돕는 인생의 나침반이자 요술램프의 지니와도 같습니다. 따라서 자신의 감정을 제대로 이해하고 적절히 다룰 수 있다면, 좀 더 자신의 능력을 발휘하고 원하는 것을 이루며 살아갈 수 있을 것입니다. 여러분이 자신의 감정의 주인으로서 당당하게 살아가는 데, 『정서 조절 코칭북』이 조금이나마 도움이 되기를 진심으로 바랍니다.

2024년 11월

이지영

# 차 례

## PART 1 | 감정의 주인이 되기 위해 필요한 지식

1

part

# 감정의 주인이 되기 위해 필요한 지식

—

정서를 조절하는 방법에 대해 어서 배우고 싶으시죠?
잠깐!

.

.

.

.

.

그러기 위해선 먼저 정서와 정서 조절을
이해해야 합니다.

.

.

그럼 감정의 주인이 되기 위해 필요한 지식을
함께 알아볼까요?

# 정서는 우리에게 어떠한 영향을 끼치는가

## 당신은 얼마나 자주 감정을 느끼는가

“어제 친한 친구를 만났어요. 한두 시간 카페에 앉아서 이런저런 얘기를 나누었어요. 그런데 헤어지고 집에 가는데, 친구가 내게 무심코 했던 말이 자꾸 떠오르고 점점 기분이 상하는 거예요.”

“저는 이번에 꼭 공무원 시험에 합격하고 싶어요. 대학을 졸업한 지 벌써 3년이나 되었고 시험에 몇 번 떨어졌어요. 나이도 있는데 언제까지 계속 부모님께 손을 벌려 도움을 받을 수는 없는 거잖아요. 부모님은 크게 내색하지 않으시지만, 많이 지치신 것 같고 걱정도 많이 되시나 봐요. 이제 시험이 며칠 남지 않았는데 혹시나 이번에도 떨어질까 봐 너무 불안해요. 입에 침이 자꾸 마르고 긴장되어서 밥도 잘 넘어가지 않아요. 시험에 떨어질 걸 생각하면, 갑자기 굉장히 초조하고 안절부절못하겠어요.”

"부장님은 제게 좋게 말하는 일이 없어요. 제가 하는 일에 대해서 늘 작은 것부터 시작해서 지적이시죠. 자기는 뭐 얼마나 완벽하고 잘났길래 그러는지 모르겠어요. 며칠 전에는 이번에 마무리한 프로젝트에 대해 직원들에게 수고했다고 말씀하시는데, 제 이름만 쏙 빼고 지나가시는 거예요. 정말 저를 무시하는 것만 같아 화가 나요."

"전 지금 무진장 설레어요. 어쩌면 좋아요. 옆 부서에서 일하는 김 대리가 갑자기 전화해서 한번 보자고 하네요. 평소에 제가 관심을 가졌던 바로 그 사람이예요. 무슨 일로 보자는 걸까요? 다른 할 얘기는 없는데. 진짜로 제게 관심이 있는 거라면 어쩌죠? 정말 그랬으면 좋겠다. 아, 시간이 왜 이렇게 안 가지? 뭘 입고 나갈까요? 옷을 새로 사야 할까요? 입고 나갈 만한 옷이 별로 없는데."

어떤 사람은 자신의 감정이나 기분을 묻는 질문에 그리 오랜 시간이 걸리지 않아 쉽게 대답할 수 있지만, 어떤 사람은 순간 멍한 표정으로 당황하고 한참을 생각해도 뭐라고 답변해야 할지 잘 떠오르지 않습니다. 감정은 자극에 대한 그 사람의 실제 반응이고 태도입니다. 그 사람이 표현하는 생각이나 말은 상황을 고려하고, 상대방이 어떻게 생각하고 반응할지를 고려해서 조금씩 더하거나 빼거나 변경되고 각색될 때가 많습니다. 하지만 감정은 각색할 수 없습니다. 물론 각색해서 다른 감정인 척 표현할 수도 있고, 스스로 다른 감정을 느끼도록 조작할 수도 있습니다. 그러나 자극에 대한 즉각적인 감정은 그 어떤 것도 더하지 않은 그 순간에 존재하는 그 사람의 진실이고 진심입니다. 따라서 우리가 정말 궁금한 것은 서로의 감정일 것입니다. 하지만 왠지 직접적으로 물어서는 안 될 것 같고, 관심이 있다고 하더라도 돌려서 묻거나 추측해야 할 것처럼 느끼는 경우가 많습니다.

그런데 상담 및 심리 치료 장면에서는 조금 다릅니다. 여기에서는 감정을 가장 중요하게 묻습니다. 지금 어떤 기분인지, 어떤 감정을 느끼고 있는지 말입니다. 그 이유는 유료 상담이든 무료 상담이든 모두 50분이라는 한정된 시간에 내담자는 자신의 시간과 에너지를 소비하면서 현재 힘들어하는 문제들과 불편한 마음이 조금이나마 해결되고 편해지기를 원하며, 그러기 위해서는 내담자의 마음을 들여다봐야 하는데 마음을 가장 잘 알 수 있는 단서가 바로 그 순간에 느끼는 기분이나 감정이기 때문입니다. 그래서 상담자는 감정을 외면해서는 안 되며, 오히려 매 순간 변화하는 내담자[1]의 감정에 주의를 기울여야 하고 그 감정을 적절한 시기에 내담자와 함께 살펴봐야 합니다.

내담자에게 지금 당신의 감정이나 기분이 어떠냐고 질문을 하면, 처음에는 당황스러워합니다. 한참을 곰곰이 생각하다가 "글쎄요. 저는 별로 감정을 느끼고 있지 않는데요."와 같이 대답을 하지 못하거나, "제가 한 행동이 심하다고 느끼고 있었어요.", "내가 오해받고 있다고 느껴요."와 같이 감정이 아니라 평가, 즉 생각을 감정과 혼동하여 대답하기 일쑤입니다.

26세 대학생인 민수는 오랫동안 망설이다가 조심스럽게 상담소를 방문하였습니다. 그는 군대를 제대한 뒤 학교생활에 적응하기가 어려웠고, 특히 수업시간에 교수님과 다른 학생들 앞에서 발표하는 것이 몹시 긴장되고 불편했습니다. 발표할 일이 생기면 무척 걱정하고 긴장하였고, 전날은 안절부절못하며 잠을 못 잤습니다. 도저히 고통스러워 더 이상 견딜 수 없어서 누군가의 도움을 받아야겠다고 생각하였고, 마침 학교에 상담소가 있다는 것을 알고 찾아왔습니다. 민수는 발표불안 이외에도 다른 사람들과 어울리는 것에 심한 불편을 느끼며, 수업을 들을 때 이외에는 대인관계로부터 고립되어 다른 사람들을 만나는 일이 거의 없었습니다. 상담하는 동안에도 내내 경직되어 있었고, 상담자의 말에 바로 반응하기 위해서 초조하고 긴장되어 보였습니다. 대화 중에 지금 무엇을 느끼고 있는지 물으면 항상 감정이나 기분이 아닌 생각을 말하였고, 자신이 감정이나 느낌에 대해 생각으로 대답하고 있다는 것을 전혀 인식하지 못하였습니다. 상담자가 재차 감정이나 기분에 대해 말하도록 안내하고 요청하였을 때는 매우 힘들어하였으며, 내내 적당한 말을 찾지 못하다가 결국 다시 생각을 말하곤 하였습니다.

1 상담 장면에서 상담받는 사람을 일컫는 용어입니다.

사람마다 감정을 얼마나 자주 느끼는지, 그리고 얼마나 강렬하게 느끼는지와 같이 감정의 빈도와 강도에 있어서 조금씩 차이가 있겠지만, 모든 사람은 매일 다양한 자극에 반응하며 감정을 경험합니다. 아침에 서둘러 출근해야 하는데 학교 갈 준비를 빨리하지 않는 아이 때문에 짜증나기도 하고, 공부하는 게 너무 힘들다며 지쳐 늘어진 아이를 보면서 안타까움을 느끼기도 합니다. 친한 친구가 미국으로 여행을 갔는데, 오랫동안 소식이 없어 걱정되고 불안한 마음이 듭니다. 그러던 중 미국에서 보낸 친구의 엽서 한 장을 손에 받아들었을 때는, 안도의 한숨과 함께 기쁘고 반가운 마음이 듭니다. 방금 본 기말시험이 너무 어렵게 느껴져서 왠지 시험을 망친 것 같아 기운이 빠집니다. 과제를 나름대로 열심히 했다고 생각하며 평가를 기다리는데, 선생님께서 내 이름을 호명하며 잘했다는 말씀을 하십니다. 친구들 앞에서 어깨가 으쓱거리고 정말 뿌듯하고 기분이 좋습니다. 아침에 눈을 떴는데 왠지 기분이 이상합니다. 시계를 보니 벌써 7시 30분을 가리키고 있네요. 회사에 늦을 것 같아 가슴이 철렁 내려앉고 심장은 마구 뛰기 시작합니다. 긴장감과 조바심에 정신없이 대충 준비하고 집을 나섭니다. 내가 한 일이 아닌데, 비난을 받거나 야단맞을 때는 무척 억울하기도 합니다. 그런 억울한 마음을 누군가 알아주었으면 하는데, 엄마까지 내 얘기는 자세히 듣지도 않고 야단을 칠 때는 정말 화가 납니다. 힘든 하루를 마치고 집으로 돌아가는 길에 만난 무심한 애인에게 섭섭하기도 하고, 힘들었을 나를 위로해 주겠다고 작은 이벤트를 준비한 애인에게 고마움과 사랑을 느끼며 행복해하기도 합니다.

이처럼 우리는 의식하지 못하는 동안에도 하루에 여러 번 다양한 사람을 만나고 다양한 자극을 받으며, 그에 따라 여러 가지 감정을 느끼고 그것으로부터 영향을 받으며 살아갑니다. 아침 출근길에 늦을지도 모른다는 긴장감과 불안감은 아침 식사를 대충 먹거나 아예 거르게 하고 서둘러 발길을 재촉하게 합니다. 선생님이나 상사에게 들은 칭찬 한마디는 기분을 좋게 해서 그쯤에 제안된 주변 사람의 부탁에

흔쾌히 반응하게 하기도 합니다. 자신을 무시하는 다른 사람의 태도 때문에 잔뜩 화가 난 감정은 그날 만나는 다른 사람을 짜증스럽게 대하거나 냉랭하게 대하게 합니다. 이런 감정의 영향은 일시적으로 끝나기도 하지만, 때로는 주변 사람들과의 관계를 틀어지게 하거나 갈등을 유발하기도 하고, 중요한 시험이나 발표 등의 수행을 망치기도 하고 돕기도 합니다. 즉, 다른 사람들 앞에서 발표해야 한다는 극심한 불안감은 오히려 잔뜩 긴장하게 하여 실수를 유발하거나 경직된 발표 자세로 부정적인 피드백을 유도합니다. 그러나 자신감과 그로 인한 여유로움은 중요한 발표에서 좀 더 자신의 역량을 발휘할 수 있도록 도와 긍정적인 피드백을 얻을 수 있도록 합니다.

이처럼 감정은 우리 삶의 곳곳에 자리하고 늘 함께 있지만, 사람들 대부분은 이를 잘 알아차리지 못합니다. 또한 그러한 감정이 우리에게 어떠한 영향을 끼치는지 그 중요성과 역할에 대해 잘 알지 못한 채 살아갑니다. 심지어 감정과 이성을 구분하여 이성은 긍정적인 것이며 감정은 부정적인 것처럼 인식하는 사람들도 있습니다. 감정적인 것은 좋지 않고 이성적으로 행동해야 한다고 말입니다. 과연 이성적으로 행동하는 것이 늘 좋은 결과를 가져다줄까요? 주문한 물건이 늦게 도착했다고 항의하는 고객에게 며칠 늦을 수도 있다는 내용이 구매 계약서에 쓰여 있다며 별 문젯거리가 되지 않는다고 말하는 콜센터 직원의 행동은 바로 끌 수 있는 불을 오히려 지피는 꼴입니다. 늦게 도착하여 화가 난 고객에게 먼저 사과하고 화날 수 있는 마음을 알아주고 달랬다면 쉽게 마무리될 수도 있는 일이, 오히려 더 큰 분노와 항의를 초래하고 급기야 반품을 요청하게 할 수도 있습니다. 자신의 작은 실수로 회사에서 얼마나 심한 비난과 모욕을 받았는지 토로하는 여자친구에게 그녀의 잘못을 지적하며 이성적으로 행동하라는 남자친구의 말은 더한 분노를 유발하고 그들의 관계에 빨간불을 켜게 할 수 있습니다.

물론 현대 사회에서는 수많은 자극에 노출되며 유쾌한 감정보다는 불쾌한 감정을 느끼는 일이 많기 때문에, 불쾌한 감정에 일일이 반응하며 영향을 받다 보면 다른

사람들과의 관계나 맡은 업무를 제대로 처리하지 못할 가능성이 있습니다. 그러나 감정을 억누르고 무시한다고 해서 그 감정이 사라지는 것은 아닙니다. 그것은 단지 당신이 그렇게 생각하고 싶은 것일 뿐이며, 착각에 불과합니다. 물론 감정을 이해하고 처리하는 성숙한 정서 조절에 의해서 불쾌한 감정을 덜 느끼고 있다면 당신이 기대하는 결과를 얻겠지만, 그렇지 않다면 무시하고 억누른 감정은 당신의 가슴 한 구석에 차곡차곡 쌓여서 어떤 방식으로든 당신에게 영향을 끼치고 있을 것입니다. 꾹꾹 참았던 서러움 때문에 갑자기 욱해서 심한 말을 하거나, 공적인 장소나 상황에서 감정을 터트려 일을 그르칠 수도 있습니다. 친구와 좋은 관계를 유지하기 위해 넘겼던 일들로 인해 점점 그 친구를 만나고 싶지 않고, 만나더라도 냉랭하거나 짜증을 냄으로써 오히려 관계를 틀어지게 할 수도 있습니다.

## 당신은 자신의 감정을 얼마나 잘 조절할 수 있는가

우리가 경험하는 감정들 중에는 기쁘고 행복한 유쾌한 감정들이 있습니다. 얼핏 생각했을 때 유쾌한 감정들까지 조절할 필요가 있을까 하는 생각을 하지만, 잘 생각해 보면 기뻐도 기쁜 내색을 제대로 하지 못하거나 즐겁고 행복한 감정을 마음껏 표현하지 못할 때가 많았다는 것을 쉽게 깨달을 수 있을 것입니다. 대학입학 지원서를 내놓고 그 결과를 학수고대하고 있다가 합격통지를 받았을 때 그 안도감, 기쁨, 설렘은 이루 말할 수 없습니다. 특히 함께 가슴을 졸이며 기대하고 있던 가족과 같이 있다면, 하늘 높이라도 뛰어오를 것처럼 방방 뛰면서 그 기쁨은 더 감출 필요가 없게 됩니다. 그러나 기쁨이나 환희도 때로는 마음껏 느끼지 못할 때가 있기 마련입니다. 함께 공부했던 친한 친구는 불합격이라는 소식을 들었을 때 그 옆에 있다면 자신의 합격소식을 대놓고 표현하고 기뻐하기는 쉽지 않을 것입니다. 이처럼 즐거움과 행복과 같은 유쾌한 감정은 대개 사회적 관계나 상황을 고려하여 조절해야 할 필요가 있고, 그러한 상황에서 사람들 대부분은 그리 어렵지 않게 감정을 조절할 수 있습니다.

안타깝게도 우리가 느끼는 감정의 상당 부분은 기쁘고 즐거운 감정보다는 불안하거나 짜증이 나는 불쾌한 감정일 때가 더 많습니다. 그런데 불쾌한 감정적 경험은 그 성격이 유쾌한 감정과는 조금 다릅니다.

승미 씨는 2년간 사귄 남자친구가 요새 자신에게 뭔가 소홀하고 냉랭하다는 느낌을 받았습니다. 그러던 중 어제 남자친구가 먼저 전화해 할 얘기가 있으니 만나자고 했습니다. 불길한 기분을 느끼며 나간 자리에서 남자친구는 이유도 말하지 않은 채 헤어지자는 이별통보를 했습니다. 승미 씨는 너무나 당황스러웠고 도저히 실제로 일어난 일이라고 믿기지 않았습니다. 집으로 돌아오는 내내 멍하여 아무 생각도 할 수 없었고, 집에 와서도 그동안의 행복했던 추억만 떠올라 갑작스러운 이별을 받아들일 수가 없었습니다. 다음날 발표가 있었지만, 승미 씨는 발표 준비는커녕 잠도 제대로 이루지 못한 채 강의실에 들어갔습니다. 승미 씨는 자신의 차례가 되었을 때 담담하게 강단 앞으로 나갔습니다. 발표를 시작한 무렵부터 서서히 목이 메였습니다. 자꾸만 서글프고 눈물이 날 것만 같았습니다. 그러다 조금씩 눈물이 고이더니 마침내 흘러내렸고 급기야 멈추질 않았습니다. 승미 씨는 도저히 발표를 계속할 수도, 사람들 앞에서 눈물을 흘리는 자신의 모습을 보일 수도 없어서 발표를 중단한 채 강의실 밖으로 뛰쳐나가고 말았습니다.

호철 씨는 요새 직장에서 맡은 프로젝트를 처리하느라 스트레스를 많이 받고 있었습니다. 특히 바로 위의 상사는 호철 씨가 마음에 안 드는지 자꾸 사소한 실수들을 지적하며 심한 말을 합니다. 억울하고 황당하지만 상사이기 때문에 꾹 참고, 기한 내에 일을 제대로 끝낼 수 있도록 고군분투하였습니다. 그러다 보니 밤늦게 집에 들어가는 일이 잦아졌습니다. 호철 씨의 아내는 매일 늦게 들어오고 자신과 아이들에게 별다른 관심을 보이지 않는 남편에게 서운하고 야속한 마음이 들었습니다. 그래서 자꾸 남편의 행동 하나하나가 못마땅하였습니다. 하루는 늦게 들어온 호철 씨에게 아내는 양말을 아무 데다 벗어 놓는 것, 늦게 온다는 문자메시지 한 통 보내지 않는 것, 아이들의 숙제나 공부에 전혀 관심을 두지 않는 것 등 그동안 못마땅했던 것들에 대해 하나씩 잔소리를 하기 시작했습니다. 호철 씨는 대꾸할 기력도 없었고 그러고 싶지도 않아서 듣는 둥 마는 둥 하며 TV만 계속 보았습니다. 아내는 그럴수록 더욱 화가 났고 잔소리를 하다가 자존감을 긁는 말까지 하기 시작했습니다. 계속 듣고 있던 호철 씨는 도저히 참지 못하고 버럭 화를 내고 소리를 지르며, 들고 있던 TV 리모컨과 전화기를 던져버렸습니다. 그 순간, 전화기가 부서져 파편이 거실 곳곳에 튀었습니다.

여러분은 어떻습니까? 불쾌한 감정 때문에 해야 할 일을 제대로 완수하지 못하거나 실수를 하거나 다른 사람과의 관계를 불편하게 만든 적이 있지 않습니까? 아마도 정도에 있어서 조금씩 차이는 있겠지만, 한두 번 이상은 이와 유사한 경험을 한 적이 있을 것입니다. 어떤 사람은 불쾌한 감정을 훨씬 자주 조절하지 못하여 불필요한 오해를 받거나 곤란한 상황에 처하기도 합니다.

불쾌한 감정은 유쾌한 감정에 비해 우리 생활에 끼치는 영향이 실로 큽니다. 사회적 관계뿐 아니라 업무 기능, 개인적 건강 모두에 막대한 손상을 줄 수 있기 때문입니다. 따라서 불쾌한 감정을 그때그때 적절히 조절하지 못한다면, 학업이나 업무, 사회적 관계가 훼손되어 여러 위기에 처할 수 있습니다.

## 감정을 적절히 조절하는 것은 결코 쉬운 일이 아니다

"누군가에게 화가 났을 때, 적당한 사람에게 적당한 정도로 적당한 시기에 적당한 의도를 가지고 적당한 방식으로 화를 내는 것은 쉽지 않다." (Greenberg, 2002, p.6)

조절이 필요한 감정 중 대표적인 것으로 인식되는 분노에 대한 이야기이지만, 비단 분노뿐 아니라 불쾌한 정서를 적절히 조절하고 표현하는 것은 결코 쉬운 일이 아닙니다. 별다른 내색 없이 계속 잘 만났던 애인이 갑자기 이별을 말했을 때, 그것도 중요한 시험 전날 그런 일을 겪었다면 당신은 어떻게 하겠습니까? 관계가 깊을수록, 이별에 대한 어떤 징후도 눈치 채지 못했을수록, 이별하는 이유가 납득되지 않을수록 마음을 추스르기란 결코 쉬운 일이 아닙니다. 눈으로는 책을 보고 있지만 머릿속에서는 자꾸만 '이게 현실일까?', '어떻게 해야 하지?', '지금 무언가를 하면 상황을 되돌릴 수 있지는 않을까?', '도대체 왜 헤어지자고 한 거지?' 등 수많은 생각이 맴돌아 책 내용은 도무지 머릿속에 들어오지 않을 것입니다. 업무 시간에 해야 할 일이 산더미이지만, 아까 자신을 무시한 듯한 동료의 말이 자꾸만 머릿속에 맴돌아 화가 치밀어 오릅니다. 동료의 말을 듣는 순간 뭐라고 반박이라도 했어야 했는데 하지 못한 것이 너무 원통하고 후회되며, 지금이라도 뭐라고 하고 싶은데 어떻게 말해야 할지 몰라 속이 부글거리기만 합니다. 벽이라도 치고 싶은데 아무렇지 않은 듯 일을 해야 하는 상황이 답답하기만 합니다.

대부분 자신의 현재 상황을 고려하여 감정을 어느 정도 조절하지만, 그러지 못하고 정서 조절에 실패할 때가 적지 않습니다. 불쾌한 감정을 조절하는 데 실패할 경우 일시적으로 불쾌한 감정은 더욱 증가하고 증폭됩니다. 이렇게 정서 조절에 실패하는 일이 계속 반복되면, 일시적으로 증가했던 불쾌한 감정들은 가슴 한 구석에 쌓입니다. 축적된 불쾌한 감정들은 다양한 방식으로 우리에게 신호를 보내고 영향을 끼칩니다. 이러한 영향 때문에 개인의 직업적·사회적 기능이 방해를 받고, 결국에는 학업이나 직장생활을 제대로 하지 못하는 심리적 부적응과 우울, 불안 등의 다양한 정신적 문제를 겪을 수 있습니다.

## 정서에 대한 역사적 견해

### 정서는 비합리적이고 부정적인 것이다?

정서에 대한 관심은 언제부터 시작되었을까요? 그 학술적 관심은 거슬러 올라가면 고대 그리스 시대까지 이어집니다. 그리스 철학자 대부분은 정서를 이성적인 심리적 과정을 방해하는 비합리적이고 본능적인 현상으로 이해했습니다. 이러한 태도는 현재까지도 이어지면서 일부 사람들은 정서가 합리적인 사고와 행동을 저해하거나 파괴하는 요인이라고 생각합니다. 따라서 다른 사람들 앞에서 감정을 드러내지 않고 철저히 통제하려 합니다. 감정을 보이는 것을 마치 자신의 단점이나 약점을 노출한 것처럼 생각하기도 하고, 성숙하지 못한 사람인 것처럼 얕잡아 볼까 봐 걱정하기도 합니다. 초기 심리 치료 중 정신분석을 창시한 Freud는 성격과 정신병리에 영향을 끼치는 무의식적인 정서적 과정을 강조하였는데, 이로 인해 정서의 부정적 이미지는 더욱 강화되었습니다Cole, Michel, & Teti, 1994.

"이성적으로 행동하려무나."
"왜 그렇게 감정적이니?"
"그렇게 감정적으로 반응하지 마."
"그 사람은 정서적인 것 같아."

이런 식의 말을 직접 하거나 주변에서 하는 것을 한 번쯤 들어 보았을 것입니다.

이런 말의 이면에는 '정서는 합리적인 사고나 행동을 방해하므로 느끼거나 드러내서는 안 된다.'라는 선입견이 깔려 있습니다. 즉, 정서적으로 반응한다는 것은 이성적으로는 반응하지 못한다는 것을 내포합니다. 마치 정서와 이성을 이분법적으로 나누어 정서 아니면 이성, 이성 아니면 정서인 것처럼 말입니다. 과연 그럴까요? 또한 상대방이나 누군가에 대해 감정적이라거나 정서적이라고 말하는 것은 그 사람의 태도가 그리 바람직하지는 않다는 판단을 포함하는 경우가 많습니다. 정말 정서는 이처럼 이성을 방해하는 부정적인 것일까요?

정서에 대한 시각을 바꾸어 놓은 사람은 바로 Darwin이었습니다. Darwin은 진화론적 입장에서 정서의 긍정적인 기능에 처음으로 관심을 보였습니다. 정서의 기능적인 측면에 초점이 맞추어지면서, 이후부터는 정서를 바라보는 시각이 점차 달라지기 시작했습니다이훈구, 이수정, 이은정, 박수애, 2002; Cole et al., 1994. 그는 정서가 인간의 심리적 기능을 통합하고 개인의 유기체적 욕구를 환경적 욕구에 맞추어 조화시키는 기능을 한다고 보았으며, 특히 정서 표현을 통한 사회적 의사소통의 기능을 강조하였습니다. 예를 들어, 엄마와 자녀와의 관계에서 엄마가 보이는 미소나 찌푸린 표정과 같은 정서 표현은 자녀에게 자신의 행동을 승낙하거나 금지하는 메시지를 전달하는 기능을 한다는 것입니다. 이러한 Darwin의 영향에 기인하여 많은 심리학자는 정서의 긍정적인 기능과 적응적인 측면에 관심을 보였습니다Cole et al., 1994; Greenberg, 2002.

## 정서는 옳거나 그르지도 않고, 비합리적이지도 합리적이지도 않다

그렇다면 과연 정서는 고대 그리스 학자들이 간주했던 것처럼 비합리적일까요, 아니면 합리적일까요? 이 질문에 대해 한마디로 답을 내린다면 감정은 옳지도 그르지도 않고, 비합리적이지도 합리적이지도 않다는 것입니다. 정서는 그저 정서일 뿐입니다. 정서는 단지 인간이 생존하고 환경에 적응할 수 있도록 돕는 적응적adaptive인 것입니다. 정서는 이성보다도 생물학적으로 더 오래되고 적응적이며 빠른 행위 체계입니다. 따라서 정서는 개체의 생존을 강화하기 위해 고안된 체계로서, 생존과 관련된 일에 즉각적으로 반응하게 합니다.

### 감정은 잘 다루면 든든한 안내자, 못 다루면 괴물이 될 수 있다

이러한 내용을 종합하면 다음과 같이 정리할 수 있습니다. 정서 자체는 생존에 도움이 되는 정보를 제공하지만, 그러한 정서를 어떻게 처리하고 다루느냐에 따라서 개인의 삶에 이로울 수도 있고, 그렇지 않을 수도 있습니다. 여기서 눈치 빠른 독자들은 짐작했을 것입니다. 바로 정서를 어떻게 조절하느냐에 따라 정서로 인한 영향이 부정적으로 작용할 수도 있고, 긍정적으로 작용할 수도 있다는 것을요. 어떻게 보면, 그동안 정서를 이성을 방해하는 비합리적이고 부정적인 것으로 인식했던 것도 정서를 느끼는 것 자체의 문제가 아니라, 정서를 적절히 조절하지 못하는 데에서 비롯된 오해였던 것입니다. 즉, 정서 조절을 못해서 정서에 압도되어 이성을 잃고 충동적이고 분별력 없는 행동을 한 것입니다. 그렇다면 우리에게 필요한 것은 바로 정서를 적절히 조절하는 능력일 것입니다. 그러나 대부분의 사람은 정서 자체를 두려워하고 불편해하면서 정서를 억압하고 통제해야 하는 것으로 여겼으며, 자신이 그랬듯이 자녀에게도 그렇게 교육해 왔습니다.

## 정서란 무엇인가

### 늘 함께 생활하지만 그것의 정체를 말하기는 어렵다

매일 일상생활에서 경험하고, 삶의 다양한 영역에 영향을 끼치는 정서는 어떤 것일까요? 많은 사람에게 정서가 무엇이냐고 물어보면 즉시 대답할 수 있는 사람은 극히 드뭅니다. 대부분의 사람이 "글쎄요. 정서라고 하면 그것이 무엇인지 분명히 알고는 있는데 뭐라고 말하기는 어렵네요."라고 대답할 것입니다. 불안, 분노, 우울과 같이 이러이러한 예가 정서의 종류라고 말하기는 쉽지만, "정서란 바로 이것이다."라고 말하기는 어려운 것이지요. 그런데 막상 "지금 기분이 어떠세요?", "지금 어떤 감정이 드세요?"라고 물으면 적지 않은 사람들이 "제 기분이요? 잘 모르겠는데요.", "전 …(라)고 생각했어요."라고 대답합니다. 즉, 기분이나 감정이 어떠한지 잘 알아차리지 못하는 경우도 많고, 생각을 말하고서는 감정이나 기분을 언급했다고 착각하는 경우가 드물지 않습니다.

어찌 보면 감정의 노예가 되느냐, 감정의 주인이 되느냐의 차이는 정서라는 녀석을 제대로 이해하고 있느냐의 여부에 달려 있다고 해도 과언이 아닙니다. 따라서 이 책의 핵심, 즉 여러분이 자신의 감정의 주인이 되기 위해서는 먼저 정서의 정체를 제대로 알고 이해하는 것이 가장 급선무일 것입니다.

## 정서의 정의

우선 여러분에게 작은 양해를 구하고자 합니다. 저는 정서나 감정을 지칭할 때 '녀석'이라는 단어를 자주 사용합니다. 물론 이를 욕이라고 생각할 수도 있겠지만, 사전적 의미 중 하나로 '사내아이를 귀엽게 이르는 말'이기도 합니다. 많은 사람이 정서나 감정과 가까이 있으면서도 정체를 알 수 없는 멀리 있는 대상으로 느끼기 때문에, 정서에 대한 오해가 생기고 제대로 다루지 못하는 일이 자주 발생합니다. 이 책은 정서의 주인이 되기 위한 과정을 여러분과 함께할 것이므로, 여러분이 주인으로 서기 위해서는 정서를 좀 더 친근하고 손쉽게 다룰 수 있는 대상으로 느낄 필요가 있습니다. 그래서 감정을 지칭할 때 '녀석'이라는 단어를 씀으로써, 좀 더 실체가 있는 귀여운 대상으로 느낄 수 있도록 돕고자 합니다.

정서에 대한 정의를 한마디로 말하기 어려운 만큼 정서를 설명하는 관점 또한 다양합니다. 이 중 보편적으로 받아들여지는 정서에 대한 정의는 아직 없습니다. 여러 가지 관점 중 비교적 많은 사람에게 받아들여지고 있는 것은 Frijda가 1986년에 제안한 정의입니다. Frijda는 정서를 정의하는 데 다음 세 가지 요소를 제안하였습니다.

첫째, 관심사concern입니다. 다시 말해서 자극이나 대상이 개인의 관심사나 목표와 관련된 것으로 평가될 때 정서가 유발된다는 것입니다. 관심이 없으면 감정 또한 생기지 않습니다. 집 근처에 있는 약국이 일찍 문을 닫은 것을 보았을 때, 급히 필요한 약이 있다면 닫힌 문을 보면서 당황하고 곤란해지겠지만, 그렇지 않다면 무심히 그 앞을 지나갈 것입니다. 동료 가운데 한 남성이 다른 여성을 좋아한다는 얘기를 들었을 때, 그 남성에 대해 별다른 관심이 없다면 '아, 그래?'라며 무심코 지나칠 것입니다. 그러나 평소에 그 남성에게 호감이 있고 좋은 관계로 진전되기를 바란 여성이라면, 당황스럽고 실망스러워 가슴 한쪽이 허해지는 느낌을 받을 것입니다. 이렇듯 평소에 느끼는 감정은 당신에게 다가온 그 무엇인가가 목표나 관심사와 관련되어 있을 때 경험합니다.

그 무엇인가는 말 한마디가 될 수도 있고, 몸짓이 될 수도 있고, 상황이 될 수도 있고, 무심코 떠오른 생각이나 이미지가 될 수도 있습니다. 이것을 한마디로 자극이나 사건이라고 합니다. 이러한 사건이나 자극이 개인의 목표를 이루는 방향으로 작용할 때는 설레거나 즐겁고 흥분되는 등의 유쾌한 정서를 느낄 것입니다. 반대로 목표를 달성하는 데 방해가 되는 방향으로 작용한다면, 실망하거나 불안하거나 화가 나는 등의 불쾌한 정서를 느낄 것입니다. 이처럼 첫 번째 요소는 대상이나 자극이 자신의 목표에 어떠한 방향으로 작용하는지에 대한 정보를 제공합니다. 유쾌한 감정을 느낀다면 감정을 유발하는 대상이나 자극이 목표를 이루는 방향으로 작용하고 있음을 알 수 있고, 불쾌한 감정을 느낀다면 목표를 방해하는 방향으로 영향을 끼치고 있음을 짐작할 수 있습니다.

둘째, 행동경향성 즉 어떤 행동을 할 준비를 취하게 합니다. 정서는 특정 행위나 계획에 긴급성과 우선권을 부여합니다. 예를 들어, 도서관의 구석에 있는 칸막이 책상에 앉아서 공부하는데 지진이나 화제가 발생하였다고 가정해 봅시다. 우리는 가끔 영문도 모를 공포감이 갑작스럽게 밀려오면, 심한 긴장감과 불길함에 휩싸여 본능적으로 주변을 살피며 그곳을 뛰쳐나갑니다. 이처럼 공포감이나 불안감의 감정은 앞으로 닥칠지 모르는 위험을 예상하면서, 안전할 수 있도록 공포감을 유발하는 상황에서 벗어나는 행동을 취하게 합니다. 하지만 만약 불안감이나 공포감을 느끼지 못하거나 알아차리지 못한다면 어떻게 될까요? 아마도 도서관의 그 자리에 앉아 계속 책을 보다가 피할 시기를 놓쳐서, 다시는 사랑하는 사람들의 얼굴을 마주하지 못하게 될지도 모릅니다. 이처럼 감정은 행동경향성 요소로 인해 사람이 주변 상황에 적응하고 생존하도록 합니다.

셋째, 정서는 정신 상태의 독특한 유형으로 경험하는데, 정서마다 특유의 신체적 변화bodily change, 표현expression, 행동action을 수반합니다. 예를 들어, 화가 나면 심장박동수가 빨라지고 혈압이 상승할 뿐 아니라, 눈썹이 가운데로 몰리면서 잔뜩 찌푸린 인상을 취하게 됩니다. 또한 금방이라도 누구를 때릴지 모를 공격성을 느끼고 주먹에 힘이 들어갑니다. 이렇게 정서마다 독특한 신체적 상태를 경험하는데, 적어도 기쁨, 슬픔, 분노, 공포와 같은 기본적인 정서들은 거의 모든 문화권에서 비슷하게 나타나서 그 표정만으로도 어떤 감정을 느끼고 있는지 짐작할 수 있습니다. 이처럼 세 번째 요소는 정서가 다른 사람들과 표정이나 몸짓으로 서로의 마음 상태를 전달하고 전달받을 수 있는 의사소통의 기능을 가능하게 합니다.

## 정서와 유사한 단어들

정서와 유사하게 사용되는 단어들 중에는 감정, 기분, 느낌 등이 있습니다. 학술적으로는 이러한 용어마다 사용되는 상황이나 대상이 조금씩 다릅니다. 예를 들어, 감정affect은 대체적으로 생리적 측면을 강조할 때 사용하고, 기분mood은 비교적 오랜 기간 약하게 지속되며 시작이나 끝이 불분명한 개념으로 사용합니다. 느낌feeling은 주관적인 측면이 좀 더 강조될 때 사용합니다. 이렇듯 용어마다 의미가 조금씩 다르고 그 차이에 대해서도 학자마다 견해가 조금씩 다르지만, 일상생활에서는 대체적으로 특별한 구분 없이 사용합니다.

이 책은 일상생활에서 느끼는 것을 알아차리고 그것을 어떻게 이해하고 다룰 것인지에 목적을 두기 때문에, 정서, 감정, 기분 등을 구분하는 것은 별 의미가 없습니다. 어찌 보면 우리가 느끼는 것들을 광범위하게 다루고 있다고 할 수 있으며, 이 책에서 안내하는 것이 이 모두에 적용된다고 해도 과언이 아닐 것입니다. 따라서 이 책에서는 정서, 감정, 기분 등을 구체적으로 구분하지 않고 사용할 것입니다.

## 정서의 기능

고대 학자들이 그러했듯이 감정을 불필요하게 생각하는 사람은 적지 않습니다. 오히려 감정을 잘 느끼지 않을수록 좀 더 일을 잘 처리하는 우월한 사람으로 생각하는 이들도 있습니다. 어떤 사람은 감정을 느끼지 않는 편이 좀 더 행복하다고 믿을지도 모릅니다. 또는 감정에 휩쓸리지 않는 자신에 대해 자부심을 느낄지도 모릅니다.

정서는 앞에서 언급했듯이 사람이 주어진 환경에서 살아남을 수 있도록 돕고 적응할 수 있도록 안내합니다. 따라서 정서는 개인의 생존과 적응을 위해 기능하고 있기 때문에, 감정들은 모두 존재하고 이를 경험하는 이유가 있는 것입니다. 그렇다면 감정이 우리에게 어떠한 역할을 하는지, 왜 정서를 경험하는지 그 이유를 이해할 필요가 있습니다. 정서를 제대로 이해하기 위해서는 먼저 정서가 어떤 역할을 하는지를 이해해야 합니다.

## 정서의 생물학적 기능

### 정서는 상황에 필요한 행동을 유발하여 생존과 적응을 돕는다

정서는 그 순간 개체가 취해야 할 목표의 우선순위를 설정하게 하고, 그 목표를 달성하기 위해 필요한 특정 행위를 하도록 돕습니다. 이것은 정서의 세 가지 요소 중 두 번째 행동경향성으로 인해 나타나는 것입니다. 즉, 특정 정서는 그에 따른 생리적 변화를 초래하고 특정한 행동 반응을 빠르게 준비시키거나 억제시킵니다. 예를 들어, 두려움은 개체로 하여금 도피라는 목표를 설정하게 하고 즉각적으로 도망가는 행동을 하게 합니다. 또한 위험의 경고 신호를 보냅니다. 분노는 장애물의 극복을 목표로 삼습니다. 따라서 분노하면 개체로 하여금 공격하는 행동을 하게 하여 위협으로부터 자신을 보호하게 합니다. 수치심은 부끄러운 자신을 숨기거나 그 자리를 피하게 하여 더 이상 수치심을 느끼지 않을 수 있도록 합니다. 또한 잘못된 점이 있다는 것을 일깨워 줍니다. 혐오감은 썩고 부패한 것들로부터 물러서게 합니다. 행복감과 사랑은 다른 사람과 협동을 하도록 합니다. 슬픔은 잠시 뒤로 물러서게 하고, 주변 사람의 도움을 얻게 하며, 다른 사람이 가까이 다가서도록 합니다. 이렇듯 정서는 처한 상황에서 생존에 필요한 행동이나 상황에 맞는 적절한 행동을 유발함으로써 생존과 적응을 돕습니다.

## 정서의 사회적 기능

### 정서는 정보information이다

정서가 우리 삶의 무엇이냐고 묻는다면, 한마디로 말해서 정서는 정보라고 정의 내리겠습니다. 정서는 단지 우리에게 정서를 유발한 자극이나 상황에 대한 정보를 제공하는 것입니다. 그 정보를 읽고 처리하여 어떻게 사용하고 활용할 것이냐는 바로 우리의 몫인 것이지요.

**• 정서를 유발한 자극에 대한 정보를 제공한다**

정서는 정서를 유발한 자극이 자신에게 유쾌한 것인지 불쾌한 것인지, 또는 그 자극에 다가가야 할 것인지 회피하거나 물러서야 할 것인지에 대한 정보를 제공합니다. 예를 들어, 영민이는 엄마의 권유로 수영을 배우게 되었는데 수영을 배우는 동안 기분이 좋아지는 것을 느꼈습니다. 영민이는 '수영은 유쾌한 것이구나. 앞으로는 수영을 자주 해야겠다.'라고 생각할 것입니다. 즉, '유쾌한 기분'이라는 정서는 영민으로 하여금 수영이 긍정적인 대상이라는 것을 알게 하여, 그것에 접근하도록 안내합니다.

사람을 만날 때도 마찬가지입니다. 홍철이는 친구로부터 선아라는 여성을 소개받아 만났는데, 왠지 기분이 설레고 좋아졌습니다. 그때 홍철이는 '선아 씨와 함께 있는 건 즐거운 일이네. 계속 만나 봐야지.'라고 생각하며, 소개받은 여성에게 다가갈 것임을 결정할 수 있습니다. 재석이는 가끔 만나는 사람이 있는데, 그 사람을 만날 때마다 기분이 찝찝하고 불쾌합니다. 재석이는 그 사람이 자신과 잘 맞지 않거나 자신에게 이롭지 않다고 판단하여 회피할 것임을 결정함으로써, 그 사람 때문에 발생할 수 있는 부정적인 영향으로부터 자신을 보호합니다. 자연과학대 학부생인 준하는 수업 시간에 실험을 할 때마다 기분이 우울합니다. 이 기분이 자꾸 반복

되면서 '난 실험이 맞지 않나 보다. 웬만하면 별로 실험을 하고 싶지 않아. 실험을 안 할 수 있는 쪽으로 진로를 바꿔야겠다.'라고 생각하며 회피를 결정할 것입니다.

• 다른 사람과의 관계 상태에 대한 정보를 제공한다

정서는 우리가 맺은 다른 사람과의 관계 상태에 대한 정보를 제공합니다. 여러분이 다음의 세 사람을 만난다고 가정하고 생각해 봅시다. 당신은 유미와 사귀는 사이이며, 만난 지 백일이 되어 가고 있습니다. 그런데 함께 있으면 뭔가 어색하고 불편합니다. 이때 당신은 '유미와 아직 함께한 시간만큼 가깝고 친밀해지지는 못했구나.'라는 생각을 하게 될 것입니다. 당신은 영미라는 사람과 함께 있을 때 무슨 말을 계속 해야 할 것 같고 긴장됩니다. 당신은 '영미와 아직 그렇게 가깝고 신뢰가 두터운 친구관계는 아니구나.'라는 것을 알 수 있습니다. 반면, 지연이와 만날 때면 아무 말을 하지 않아도 괜찮고 편한 느낌이 듭니다. 아마도 지연이는 당신에게 매우 친밀하고 편한 친구일 것입니다.

• 현재 상황에 대한 평가와 관련된 정보를 제공한다

정서는 현재 당신이 처한 상황이 어떠한지에 대한 평가와 관련된 정보를 제공합니다. 정서의 첫 번째 요소인 관심사 부분에서 언급했듯이, 정서는 자극이나 대상, 또는 상황이 우리 자신의 안녕감이나 관심사에 끼치는 영향의 의미를 자동으로 평가하면서 일어납니다. 예를 들어, 여러 친구와 어울려 얘기를 하고 있다가 당신이 뭐라고 말을 했는데 분위기가 냉랭해지고 순간 긴장감이 돌았습니다. 이러한 냉랭함과 긴장감을 감지했다면, 당신은 당신이 한 말이 뭔가 상황에 적절하지 못했다는 것을 짐작할 수 있을 것입니다. 병원에서 치료를 받던 한 환자가 치료진에게 다음과 같이 항의합니다. "공평하지 못한 것에 화가 나요."라고 말입니다. 이는 환자가 자신이 받아야 한다고 생각하는 정당한 대우를 받지 못했다고 평가함으로써 화가 난 것이고, 바라는 것은 공정한 대우일 것입니다. 아내가 남편에 대해 "그 사람과 함께 있을 때 정말 나와 함께 있는 것인지 잘 모르겠어요. 그래서 화가 나요."라고 말했다면, 이는 남편이 자신을 방치하고 있다고 스스로 평가함으로써 화가 난 것입니다. 바라는 것은 남편이 자신에게 관심과 애정을 보여 주는 것일 겁니다.

## 정서는 의사소통이다

정서는 생존력을 강화하기 위해 진화된 기본적인 신호 체계signaling system입니다. 이는 정서의 세 번째 요소인 각 정서의 특정한 신체적 변화와 표정 등과 관련됩니다. 아기는 말을 할 수 없기 때문에, 직접적인 정서적 반응을 통해 자신이 하고자 하는 말을 전달합니다. 울음을 통해서 '배고파요.', '자고 싶어요.', '똥 쌌어요.' 등의 메시지를 보호자에게 알립니다. 이때 보호자는 아기의 울음을 해석하여 아기가 전달하고자 하는 바를 알아듣고, 필요에 따라 안기도 하고 달래기도 하는 등의 접근 행동을 하게 됩니다. 그러나 만약 아기의 울음을 제대로 해석하지 못하여 원하는 반응을 해 주지 않는다면, 울음은 멈추지 않고 더욱 커질 것입니다. 그 울음은 '어서 내가 원하는 것을 해달란 말이에요. 난 지금 너무 불편해요.'를 의미하는 것이지요. 그리고 드디어 아기가 원하는 반응을 찾아서 하게 되면 아기는 만족감을 느끼며 울음을 그칩니다. 더 이상 신호를 보낼 필요가 없어졌으니까요.

말을 할 수 있는 우리도 대인관계에서 표정과 몸짓을 통해 정서 상태에 관한 신호를 주고받습니다. 슬프면 울고, 행복하고 즐거우면 웃고, 부끄러우면 얼굴을 붉히고, 불안하면 눈빛이 흔들리고 안절부절못하며, 화나면 얼굴을 찡그리고 주먹을 쥡니다. 즉, 상호작용을 하는 데 필요한 정보를 서로 주고받습니다. 누군가가 당신을 보면서 으르렁거리는 분노의 눈빛을 하고 있다면, 당신은 그 상대가 '난 지금 심기가 굉장히 불편하고 당신에게 적대적인 상태야.'라는 메시지를 보내고 있음을 짐작할 수 있습니다. 나아가 표정을 통해 읽은 상대방의 상태를 분석하여 필요에 따라서는 갈등을 피할 수도 있습니다. 예를 들어, 놀고 싶지만 심기가 불편한 엄마의 표정을 보고 조용히 방에서 숙제를 함으로써, 일어날지 모르는 사태를 미연에 방지할 수 있습니다.

반면, 싫은데 계속 치근덕거리는 사람이 있다면 당신은 말로 표현하는 대신 얼굴을 잔뜩 찡그리고 불쾌한 표정을 지음으로써, '난 네가 싫어. 저리 좀 가란 말이야.'라는 메시지를 전달할 수 있습니다. 물론 상대방이 이런 표정을 제대로 읽을 때 정서의 의사소통 기능 또한 적절히 발휘될 수 있을 것입니다. 만약 상대방이 눈치가 심하게 없는 편이어서 당신이 표현하는 표정에 담긴 정서적 메시지를 제대로 읽어

내지 못한다면, 정말 답답하겠지요. 싫다는 표정을 짓고 있는데, '뭔가 기분이 안 좋은 일이 있었나 보다. 내가 달래 주어야지.', 또는 '내가 좋으면서 튕기는 걸 거야.'라고 해석하며 더욱 적극적으로 다가온다면 말입니다. 이처럼 정서는 의사소통을 위한 강력한 수단입니다.

## 정서는 의사결정을 돕는 안내자이다

우리는 살아가면서 다양한 결정을 내려야 합니다. 아침에 밥부터 먹고 씻을 것인지 씻고 밥을 먹을 것인지, 점심 식사를 누구와 함께 먹을 것인지, 식사 메뉴는 무엇으로 할 것인지, 어제 소개받은 사람에게 전화를 할 것인지, 몇 번 만나고 있는 사람과 계속 만남을 유지할 것인지 등 결정을 내려야 할 일이 수도 없이 많습니다. 그런데 혹시 점심을 먹을 때도 무엇을 먹을 것인지 선뜻 결정을 내리지 못하거나, 소개받은 사람들에게 명확한 답변을 주지 않은 채 만나고 있지는 않습니까? 이렇게 매우 사소한 일에서부터 시작해서 진로나 결혼과 같은 중요한 일에 이르기까지 결정하는 데에 어려움을 겪는 사람이 의외로 많습니다. 그들은 제게 이렇게 말합니다. "선생님, 저는 도대체 매번 무엇을 결정하는 게 정말 어려워요." 이들은 선택과 결정의 갈림길에서 매번 망설이고, 주변 사람들에게 우유부단하다는 얘기를 듣곤 합니다.

어떤 사람들은 판단을 하는 데 감정은 방해가 될 뿐이라고 말합니다. 정말 그럴까요? 먼저 그 질문에 대한 제 답변을 말하자면, 결코 그렇지 않습니다. 오히려 판단과 결정을 하는 데 감정은 결정적 역할을 합니다. 의사결정을 하는 데 중요한 판단의 근거 중의 하나가 바로 자신의 욕구와 관심사이기 때문입니다. 즉, 내가 누구와 점심을 함께 먹고 싶어 하는지, 내가 무엇을 먹고 싶어 하는지, 어제 소개받은 사람과 계속 만나고 싶은지와 같이 내가 무엇을 원하고 내게 무엇이 필요한지를 우선적으로 파악하여야 합니다.

그렇다면 당신은 "이것을 어떻게 아나요?"라고 질문할 것입니다. 그 답은 바로 정서에 있습니다. 정서의 중요한 기능 중 하나가 정서를 느끼는 개체의 욕구와 관심사가 무엇인지 알게 해 주는 것이기 때문입니다. 사람들이 닭볶음탕을 먹으러 가자고 했을 때 선뜻 내키지 않는다면, 당신은 지금 그것을 별로 먹고 싶지 않은 것입니다. 이성 친구가 다른 여자에게 관심을 두는 것을 보고 기분이 상한다면, 당신은 그 이성 친구에게 관심을 두고 있을 가능성이 큽니다.

자, 이제 감정을 어떻게 의사결정에 활용할 것인가에 대해 생각해 봅시다. 예를 들어, 당신이 요즘 너무 바빠서 A, B, C 활동 중에서 두 가지는 그만두고 하나만 해야 하는데 무엇을 해야 할지 결정해야 하는 상황에 있다고 가정해 봅시다. 이때 좋은 방법 중 하나는 각각을 포기했을 때 느껴지는 서운함이 어느 정도인지를 상상해 보는 것입니다. 그 결과 'C를 포기했을 때 느껴지는 서운함이 A, B를 포기했을 때 느껴지는 서운함보다 훨씬 강한 걸 보니, C를 하기를 가장 원하나 보구나. 그래, C를 해야겠다.'라고 결정할 수 있습니다. 물론 세 가지 활동의 여건이 모두 같다는 전제하에 말입니다. 여러 가지 조건이 다르다면 판단은 좀 더 복잡한 정보들을 통합하여 내려야겠지요. 이렇듯 감정은 우선순위를 결정하고 선택하는 데 중요한 지표가 됩니다.

그런데 만약 어떤 대상에 대한 자신의 감정을 잘 알아차리지 못한다면 어떻게 될까요? 아마 하루에도 수차례 발생하는 결정의 순간 앞에서 망설이고 당황하며 답답해할 것입니다. 비빔밥이 먹고 싶은지 아니면 설렁탕이 먹고 싶은지, 짜장면이 먹고 싶은지 아니면 짬뽕이 먹고 싶은지, 어제 만난 이성이 좋은지 아니면 두어 번 만난 이성과의 만남을 지속하고 싶은지 판단을 내리지 못할 것입니다. 또는 주변의 독촉에 못 이겨서 뭔가 결정을 내리긴 했지만, '그렇게 하지 말았어야 하는데….'라며 후회하거나 결정을 번복하고 싶을지 모릅니다. 저는 상담 및 심리 치료 현장에서 수많은 사람을 만나면서, 의사결정에 어려움을 느끼며 우유부단해하는 사람들 대부분이 자신의 감정 상태에 대해 잘 알아차리지 못하는 공통된 특성이 있음을 발견하였습니다. 즉, 이들은 의사결정에 필요한 정서적 정보를 확보하고 이를 활용하지 못하기 때문에 결정에 어려움을 겪는 것입니다. 이렇듯 정서는 판단이나 결정을 내리는 데 결정적인 역할을 하는 안내자입니다.

## 정서는 기억에 영향을 끼친다

여러분의 지나온 삶에서 떠오르는 기억은 무엇입니까? 첫 키스를 하던 날, 대학에 합격하여 뛸 듯이 기뻐하던 일, 연인이 사고를 당해서 몹시 불안했던 일, 외국으로 여행을 떠났던 일? 기억에 남아 있는 대부분의 사건은 감정이 어느 정도 개입된 경우가 많습니다. 몹시 떨리고 설레었던 감정, 환희에 찼던 순간, 두려움과 공포의 순간, 유쾌하고 행복했던 감정과 같이 말입니다. 사람들은 정서가 개입된 정보나 사건을 더 잘 기억하고, 강렬한 감정이 있었던 순간을 더욱 또렷하게 기억합니다.

즉, 정서는 상황적 요구에 적절한 인지적 양식을 형성하게 하고 기억의 증진에도 영향을 끼칩니다. 예를 들어, 유쾌한 정서는 긍정적 정보를 선택적으로 처리하여 대상을 긍정적으로 평가하게 하는 한편, 불쾌한 감정은 부정적 정보를 선택적으로 처리하여 대상을 부정적으로 평가합니다. 이처럼 정서는 정보를 선택하고 저장하는 과정에 영향을 끼칠 뿐 아니라, 저장된 기억을 회상하는 데에도 영향을 끼칩니다. 즐거운 기분에서는 유쾌한 기억을 더 잘 떠올리고, 불쾌한 기분에서는 과거 상처가 되었던 부정적인 일화들이 자꾸 기억납니다.

이처럼 정서는 다양한 기능을 통해서 개인의 생존과 적응을 도울 뿐만 아니라, 원활한 의사소통과 문제해결을 지원합니다. 따라서 정서는 개인의 삶에서 무시하거나 억제해야 하는 비합리적이고 본능적인 현상이 아니라, 생존과 적응을 위해서 고려해야 하는 삶의 필수적인 부분으로 받아들여지고 있습니다.

그렇기 때문에 순간마다 자신에게 일어나는 정서를 알아차리고 그것이 제공하는 정보를 읽고 의미를 파악하여 상황에 적절하게 반응하고 대처하는 것은 매우 중요한 일입니다. Salovey와 Mayer[1990]는 정서의 기능적 측면에 주목하면서, 정서적 정보를 처리하는 능력을 정서지능emotional intelligence이라고 명명하고 그 중요성을 강조하였습니다. 정서적 정보를 처리하여 정서를 적절히 조절할 수 있다면, 개인은 좀 더 적응적이고 건강한 삶을 영위할 수 있을 것입니다. 그러나 정서의 적응적 기능을 잘 활용하지 못할 경우에는 대인관계를 포함한 학업 및 직업 등의 사회적 기능 수행에 상당한 어려움을 겪게 될 것입니다.

## 정서를 바르게 이해하자

"감정은 이성을 방해하는 비합리적이고 본능적인 것이다."

"감정은 억누르고 통제해야 한다."

"다른 사람에게 감정을 노출해서는 안 된다."

많은 사람이 감정에 대해 여러 가지 오해를 하고 왜곡된 지각을 가지고 있습니다. 이는 모두 정서를 제대로 이해하지 못하는 데에서 기인합니다. 느끼는 감정을 알아차리고 그것이 제공하는 정보를 활용하는 것이 중요한데, 단순히 감정을 억압하고 무시함으로써 정서가 삶에 끼치는 긍정적인 영향과 혜택을 제대로 받지 못하는 경우가 많습니다. 만약 정서가 당신이 하고자 하는 일이나 관계에 부정적인 영향을 끼쳤다면, 그것은 정서 자체의 문제가 아니라 정서를 제대로 다루고 조절하지 못한 데에서 오는 문제인데 이를 잘 깨닫지 못합니다. 지금부터 정서에 대한 몇 가지 오해를 짚어 보고, 정서에 대해 올바른 인식을 할 수 있도록 돕고자 합니다.

### 모든 감정은 옳다

감정을 느끼는 것과 느끼는 감정을 조절하는 것은 별개입니다. 느끼는 모든 감정은 옳습니다. 감정은 우리로 하여금 생존과 적응을 돕기 위해 만들어진 생물학적 장치입니다. 감정은 우리에게 정보를 주기 위해서 발생합니다. 감정은 정보인 것입니다. 우리는 느끼는 감정으로부터 정보를 파악해서 처한 상황에서 적절히 대처함으로서 생존하고 적응해 갑니다.

우리가 느끼는 감정이 유쾌한 감정이든 불쾌한 감정이든 모두 느낄만한 것입니다. 그 상황에서 그 자극이나 대상에 대해 그런 생각을 하면 그런 감정을 느낄 수 있습니다. 느끼지 못할 감정은 없고, 이해하지 못할 감정은 없습니다. 모두 느낄만한 것입니다. 그래서 내 감정에 대해, 그리고 타인의 감정에 대해 그것이 무엇이든 수용하고 공감할 수 있습니다.

우리가 지금 이 순간 감정을 느끼고 있다면, 그 감정이 불안인지, 슬픔인지, 분노인지, 무슨 감정을 느끼고 있는지 알아주고 어떻게 느끼게 되었는지 이해하고 수용해 주십시오. 모든 감정은 옳기 때문입니다. 그리고 그 감정이 우리에게 어떠한 정보를 주는지 파악하십시오. 어떤 자극이나 대상에 반응해 발생하였는지, 그 자극이나 대상에 대해 무슨 생각이 들어서 감정을 느끼게 되었는지, 그 자극이나 대상에 대해 무엇을 원했는지 등 다양한 정보를 취하십시오.

그런데 느낀 감정을 어떻게 표현하고 조절하느냐는 별개인 것입니다. 느낀 감정을 어떻게 조절할 것이냐는 수많은 방법들 가운데 처한 상황, 느끼는 감정의 강렬함의 정도 등 다양한 사항을 고려해서 우리 자신이 선택하는 것입니다.

## 발생한 감정은 충분히 느끼고 표현하여 해소되길 원한다

감정을 조절하는 데 가장 문제가 되는 것은, 일단 발생한 감정은 그냥은 사라지지 않는다는 점입니다. 그럼 어떻게 해야 발생한 감정이 사라질 수 있을까요? 감정에 대한 대표적인 오해 중 하나는 문제를 해결해야 감정이 사라진다고 생각하는 것입니다. 사람들은 누군가 감정을 표현하거나 감정적인 반응을 보이면, 그것에 대해 뭔가 해 주어야 할 것 같고 처리해 주어야 할 것처럼 지각합니다. 그래서 많은 사람이 주변에서 감정을 표현할 때 부담스러워하고, 심지어 감정적인 얘기를 하는 것을 꺼려합니다. 그 이유들을 찾아 들어가면 정서에 대한 사람들의 무의식적인 인식을 짐작할 수 있습니다. 즉, 은연중에 감정은 뭔가 요구적인 것이고, 따라서 그것을 해결해 주어야 한다는 부담을 느낀다는 것입니다. 이런 인식 때문에 자기 자신의 감정에 대해서도 어떻게 해야 할지 모르는 경우가 많습니다. 문제를 해결할 수 없으니, 자신이 느끼는 정서적 고통을 어떻게 할 수 없다고 생각하곤 합니다. 그래서 누군가 감정을 표현하면 그 감정을 어떻게 해결해 주어야 할지 몰라서 일단 당황스럽고 부담스럽기만 합니다.

그런데 사실 감정은 단순히 느껴지기를 바랄 뿐, 다른 무언가가 필요한 것이 아닙니다. 즉, 슬플 때는 슬퍼하면 그만이고, 화가 났을 때는 화를 표현하면 그만입니다. 자연스럽고 건강한 감정은 자극에 반응하여 나타나고, 그 감정을 충분히 느끼고 표현하면 사그라지며, 유발한 자극이 사라지면 감정 또한 점차 사라집니다.

감정이 어떤 자극에 반응하여 발생했다가 느끼고 표현하면 사라지고, 또 다른 자극에 반응해 올라왔다가 느끼고 표현하고 사라지는 것일 뿐입니다. 게슈탈트 심리치료에서는, 감정은 표현하기를 요구한다고 보았습니다. 즉, 감정은 표현되지 못했을 때 미해결 과제로 남아 계속 표현이라는 완결을 요구하며 영향을 끼치다가, 느끼고 표현하면 충족되어 사라집니다.

사람들은 누군가 감정을 표현하고 있을 때 그 감정을 계속 표현하도록 돕는 것으로 충분할 수 있음을 알지 못합니다. 자신에게서 어떤 감정이 올라오고 있다면, 그 감정을 알아차리고 느끼고 표현하면 점차 사그라질 수 있음을 모릅니다. 그래서 누군가가 감정을 표현할 때, 그 감정을 충분히 표현하도록 기다려 주지 못하고 당장 다른 무엇인가를 해 주어야 할 것 같은 부담감을 느낍니다. 느끼고 표현하면 그것으로 만족할 수 있는데, 존재하지 않는 무엇인가를 찾기 때문에 부담스러운 것이고 아무리 찾아도 만족스러운 것을 찾을 수 없는 것입니다. 또한 자신의 감정에 대해서도 어떻게 해야 할지 모르기 때문에 일단 감정이 느껴지면 두려워 회피할 뿐 아니라, 타인의 단순한 감정 표현에도 당황스러워하고 토방가기 일쑤입니다. 여기에서 자연스럽고 건강한 감정이라고 언급한 것은 자연스럽지 않고 건강하지 않은 감정이 있기 때문입니다. 이는 이후에 차차 다양한 측면에서 자세히 다룰 것입니다.

## 유쾌한 감정은 사회적 상황에서 조절할 필요가 있다

유쾌한 감정이든 불쾌한 감정이든 감정은 모두 우리로 하여금 처한 상황에서 생존하고 보다 잘 적응하도록 돕는 적응적인 것입니다. 그러나 불쾌한 감정이 느끼고 표현할수록 점차 감소하고 해소되는 것과 달리, 유쾌한 감정은 느끼고 표현할수록 배가 되고 더욱 증폭되는 점에서 그 성격이 다릅니다. 즐겁고 행복할 때 그 즐거움과 행복함을 받아들이며 느끼고 표현하면, 더욱 즐겁게 느껴지고 행복해지는 경험을 해보셨을 것입니다. 그러니 유쾌한 감정이라면, 느끼고 표현하여 만끽하십시오. 충분히 즐기고 충만한 느낌을 가져보십시오. 살아가면서 유쾌한 감정을 느끼는 순간이 생각보다 그리 자주 있지 않습니다. 그 귀한 느낌을 만났다면, 억누르지 말고 감추지 말고 그대로 받아들이며 느껴 보십시오. 삶이 좀 더 충만하고 만족스럽게 느껴질 수 있을 것입니다.

그러나 유쾌한 감정을 조절해야 하는 순간이 있습니다. 바로 사회적 상황입니다. 시기심은 사회적 상황에서 관심사가 유사한 비교될 수 있는 대상이 자신보다 잘나거나 뛰어나거나, 자신이 갖고 싶은 것을 가지고 있을 때 그 사람을 미워하는 감정입니다. 또한 시기심은 시기하는 대상에게 해를 입히고자 하는 동기를 갖고서 파괴적이거나 적대적인 행동을 할 가능성이 높습니다. 그 대상이 잘못되기를 바라거나 그 대상이 지닌 자신이 갖고 싶은 것을 손상시키는 방식으로 목표를 달성합니다. 따라서 시기심의 표적이 되지 않도록 주의할 필요가 있습니다.

그런데 시기심을 가장 자극하는 것은 행복하고 만족스럽게 사는 모습이라고 합니다. 즉 기쁨, 즐거움, 행복과 같은 유쾌한 감정은 다른 사람의 시기심을 일으킬 수 있습니다. 미연 씨는 중학교 2학년에 다니는 딸 아이가 요새 말을 잘 듣지 않고 공부를 잘하지 않아서 성적이 자꾸 떨어지는 것에 매우 걱정하고 스트레스를 받고 있습니다. 그런데 동네에서 우연히 딸 아이 친구 엄마인 은우 씨를 만났습니다. 은우 씨는 미연 씨를 보고서 반가워하며 다가와 말을 걸었습니나. 가볍게 일상적인 이야기를 나누다가 어느 순간부터 은우 씨는 자신의 딸아이가 요새 성적이 올랐고 학교와 학원에서 상을 받았다며 즐겁게 자랑을 하였습니다. 그렇게 이야기를 하고 헤어졌는데, 미연 씨 마음 안에서 화가 치밀어 오르기 시작했습니다. “누구 염장 지르려고 작정을 했나? 그렇지 않아도 스트레스 받아 죽겠는데, 저 엄마는 왜 나에게 딸 아이 자랑을 늘어놓고 기뻐하는 거야?” 미연 씨는 몹시 화가 났고, 계속 은우 씨에 대해 안 좋은 마음이 올라왔습니다. 그래서 친하게 지내는 다른 엄마에게 전화를 걸어 은우 씨에 대해 안 좋은 이야기를 잔뜩 늘어놓고 나서야 분이 조금 풀리는 듯 했습니다.

유쾌한 감정은 이렇듯 시기심을 불러일으킬 수 있는 상황에서는 그 감정을 억압하고 통제할 필요가 있습니다. 몹시 기쁘고 행복하지만, 사회적 상황에서 자신의 기쁨과 행복을 어느 정도 누르고 표현을 자제할 필요가 있습니다. 이것이 유쾌한 감정에 정서 조절이 필요한 순간입니다. 그러나 그런 상황이 아니라면, 유쾌한 감정은 자기 자신은 느끼고 표현하면 그 즐거움이 더욱 배가 되고, 다른 사람에게도 기쁨과 즐거움, 그리고 행복감을 전이시키며 주변을 유쾌하게 만들 수 있습니다.

## 감정은 아이와 같다

감정은 아이와 같습니다. 아이는 감정을 언어로 잘 표현하지 못하기 때문에 불안할 때도, 우울할 때도, 화가 날 때도 투정을 부리는 등 다양한 행동으로 자신의 감정을 표현합니다. 이때 부모는 아이의 감정을 읽지 못하고 문제로 여겨지는 행동만을 걱정하며 문제 행동에 대해 주의를 주거나 제지하거나 나무랍니다. 그런데도 아이는 더욱 과격해지고 좀 더 큰 문제 행동을 계속합니다. 그 이유는 부모가 자신의 감정이나 속마음을 제대로 읽지 못하여 이해받지 못한다고 느끼기 때문입니다. 아이가 울고 보채고 떼를 쓰고 거친 행동을 보이는 것은 바로 자신의 감정을 알아 달라고, 이해해 달라고, 받아 달라고 하는 몸부림입니다. 이때 부모가 "우리 민지가 화가 많이 난 모양이구나. 민지는 엄마에게 주려고 만든 건데, 엄마가 집을 어질렀다고 야단을 쳐서 억울했구나. 엄마가 민지의 마음을 잘 몰라 주었네. 많이 미안해.", "형이 잘못한 건데 엄마가 다짜고짜 너에게 화를 내서 억울하고 화가 났었구나."와 같이 아이의 마음과 감정을 이해해 주면 아이는 금세 누그러지고 진정됩니다. 그리고 자신이 언제 떼를 부렸느냐는 듯이 다시 활기차게 뛰어놉니다. 이처럼 아이는 감정을 알아주고 다루어 주면 금방 추스르고 안정감을 되찾습니다.

감정도 이와 같습니다. 그 마음을 알아주지 않으면 다양한 방식으로 떼를 쓰듯 항의합니다. 때로는 주의집중을 어렵게 하여 당면한 일을 망치게도 하고, 이유도 모른 채 초조하게 하기도 합니다. 자신도 모르게 우발적인 행동을 하고, 나중에 '내가 왜 그랬지? 진짜 이상하네.'라고 후회하기도 합니다. 하지만 그 감정을 알아주고 이해해 주고 달래 주면, 감정은 아이와 같이 금세 누그러지면서 안정됩니다. 그리고 그 감정은 이제 볼 일을 다 본 양 어디론가 사라집니다. 바로 아이와 같이요.

## 아이의 감정을 무시하면 불안정해지고 자존감이 낮아진다

아이는 성장하는 과정에서 감정이 무시되면 불안정해지고 자존감이 낮아집니다. 아이의 감정 표현을 부모가 잘 읽어 주고 이해해 주고 다루어 주지 않으면, 아이는 안정감을 얻지 못한 채 불안정한 상태로 자랄 수 있습니다. 어렸을 때부터 부모가 감정을 무시하거나 억압하지 않고, 잘 읽어 주고, 이해해 주고, 달래 준 아이는 매우 안정적이고 자신감 있게 자라는 것을 쉽게 볼 수 있습니다.

감정을 이해받는 것은 자존감과 관련이 높습니다. 감정은 삶에서 매 순간 자주 경험하는 사건이지만, 아이는 아직 감정의 분화와 발달이 덜 된 상태이고 상황을 이해하는 인지 능력도 부족하기 때문에 감정에 낯설어하고 당황합니다. '어, 이게 뭐지?', '왜 이런 충동이 일어나는 거지?', '왜 눈물이 나지?', '왜 자꾸 소리를 지르고 물건을 던지고 싶지?' 등 자신이 느끼는 것의 정체가 무엇인지 몰라 온통 의문투성입니다. 따라서 감정을 알아주고 이해시켜 주지 못하면 아이는 여전히 혼란스럽고 불안정한 상태에 머무릅니다.

정서에 대한 지식이 없는 아이의 감정 경험을 부모가 무시하거나, "넌 왜 소리를 지르니? 엄마가 그러지 말랬잖아.", "왜 울어? 그게 울 일이니?"와 같이 부정하는 반응을 보이면 아이는 어떨까요? 이처럼 부모가 아이의 정서적 반응을 무시하거나 부정할 경우와 마찬가지로, 부모가 아이를 정서적으로 방치하거나 학대하였을 때에도 아이는 자신의 감정에 대해 꺼려하고 두려워합니다. 왜냐하면 부모가 자신에게 심하게 화를 내고 때렸을 때, 부모가 서로 싸워서 집 한쪽 구석에서 공포에 떨었을 때, 특별한 잘못을 하지 않았는데 갑자기 냉랭하고 차갑게 자신을 대했을 때, 부모의 손에 이끌려 집 밖으로 쫓겨났을 때도, 모두 부모가 어떤 감정에 압도되어 있었기 때문입니다.

아이는 누구나 느낄 수 있는 자연스러운 감정임에도 불구하고, 자신의 감정이 불편해지고 그렇게 느끼면 안 될 것처럼 생각합니다. 자신의 감정이 잘못된 것 같고, 이상하다고 지각하며, 부끄러워하고 죄책감마저 느낍니다. 아이는 감정을 느끼고 싶지 않고, '뭔가 그렇게 느끼면 안 되는 건가 보다.'라고 생각하면서 자신의 경험 자체를 부정하게 됩니다. 결국 그렇게 경험하는 자신을 믿을 수 없게 되고,

자신의 경험을 확신하지 못하게 되는 것이지요. 경험의 정체가 무엇인지 모르지만 부정적이고 무시해야 하는 것으로 지각하면서 감정은 여전히 혼란덩어리 상태로 남습니다. 또한 자신에 대해 수치심마저 느끼게 되고, 급기야 감정을 감추려는 아이도 적지 않습니다. 이렇게 되면 아이는 자신의 감정과 판단에 대해 자신이 없어져 스스로에 대한 부정적인 자아상을 지니게 될 뿐 아니라, 자신에 대한 가치를 낮게 평가하게 됩니다.

반대로 자신의 감정 경험에 대해 충분히 이해하고 표현할 기회를 가진 아이는 자신의 감정과 판단에 대해 자신감을 갖습니다. 자신에게만 찾아오는 이상한 경험이 아니라 다른 사람들도 경험하는 일이고, 그러한 자극이나 상황에서 그와 같은 감정을 경험할 수 있는 것이라는 이해와 함께 안도감을 느낍니다. 또한 다시 비슷한 상황에 처하더라도 혼란스럽지 않고 어떤 감정을 왜 경험하고 있는지 알아차리고 표현할 수 있게 됩니다. '내가 지금 속에서 욱하는 걸 보니 화가 난 거야. 그래, 내가 화가 난 것은 아까 그 아이가 내 물건을 함부로 가져갔기 때문이야. 내가 화나는 것은 그럴 만한 거고 정당한 거야. 가서 내 물건을 당당히 달라고 해야겠다. 그리고 다시는 허락 없이 내 물건을 가지고 가지 말라고 얘기해야지.'라고 자신의 경험에 대해 자신 있게 반응할 수 있습니다.

## 감정을 억누르고 통제하는 것이 결코 삶에 적응적인 것은 아니다

우리는, 감정이라는 녀석은 감추고 통제해야 하는 것이라는 생각에 익숙합니다. 교육 현장에서는 아직도 아이의 감정은 무시하거나 억압하고, 그저 아이가 이성만 발휘하길 요구하고 있는 것 같습니다. 어린 아이가 울면 "뚝!" 한마디로 감정을 단호하게 차단하거나 "저기 경찰 아저씨가 이놈 한다!"라고 위협합니다. "그치면 아이스크림 사 줄게."라고 감정을 유괴하기도 합니다. 협박이나 회유로 다스려지지 않는 아이에게는 매를 들거나 체벌을 가하기도 합니다존 카트맨, 최성애, 조벽, 2011에서 인용.

감정에 대해 불편하게 느끼는 부모는 아이에게 논리적으로 사고하고 선택이나 결정을 할 때 감정을 개입시키지 말라고 가르칩니다. 부모의 이런 태도는 성장하는 아이로 하여금 감정에 대한 편견을 갖게 합니다. 즉, 감정은 관심을 둘 필요가 없고,

무시하는 편이 나으며, 믿을 수 없는 것이라는 생각을 하게 됩니다. 안타깝게도 이는 모두 감정에 대해 제대로 이해하지 못하는 데서 비롯된 불편함의 표현이지요.

소위 이성적인 사람이 반드시 현명한 것은 아닙니다. 이들은 감정이 우리 삶에 주는 많은 기능과 영향을 잘 파악하지 못하고 있을 가능성이 큽니다. 적절한 상황에서 감정을 잘 알아차리고 느끼고 표현할 수 있을 때 좀 더 적응적인 삶을 누릴 수 있는데 말입니다. 직장 동료가 승진했을 때 축하 인사를 하며 함께 기뻐해 주고, 오랫동안 기다렸던 아기를 유산한 친구의 곁에서 슬프고 절망스러운 마음을 어루만져 주며, 연인에게 얼마나 좋아하고 사랑하는지를 표현할 때, 당신과 함께하는 사람은 당신을 통해 감동을 받고 힘을 얻으며 당신과 앞으로도 함께하고자 할 것이고, 당신이 좀 더 잘될 수 있도록 도울 것입니다.

## 성숙한 사람은 다양한 감정을 느끼며, 다양한 감정의 폭을 경험하고 다룰 수 있다

경험할 수 있는 감정의 종류와 깊이가 개인의 성숙이나 정신 건강과 관련이 있을까요? 어떤 사람은 사는 동안 그다지 많은 감정을 경험하지 못하기도 합니다. 특정 감정을 유발할 수밖에 없는 사건임에도 불구하고, 감정을 물으면 "그냥 그렇다."라고만 말합니다. 또 어떤 사람은 다양한 감정 자극에 대해 모두 "답답한 기분이 들어요."라며 일관합니다.

여기서 잠깐! 혹시 주변에 감정을 물으면 답답하다는 표현을 자주 사용하는 사람이 있지 않나요? 답답하다는 것은 숨이 막힐 듯이 갑갑하다는 뜻입니다. 실제로 어떻게 해야 할지 모를 만큼 상황이 막막할 수도 있습니다. 그러나 너무 자주 답답하다는 표현을 반복하는 것은, 한편으로는 "내 감정이 정확히 무엇인지 모르겠다."의 표현으로 바꾸어도 통합니다. 즉, 감정을 구체적으로 알아차리지 못하기 때문에 답답한 것이고, 답답하다는 표현을 자주 사용한다면 아직 감정의 발달과정에서 감정의 분화가 잘 되지 않은 상태라고 볼 수도 있습니다. 인지의 발달과정과 마찬가지로, 사람은 성장하면서 다양한 경험을 통해 인지가 분화되듯이 감정 또한 분화됩니다. 처음에는 막연한 감정덩어리로 느껴지던 것을 슬픔, 기쁨, 행복, 분노 등의 감정으로 쪼개고 그 안에서 더 미세하게 구별하여 느낄 수 있습니다. 그러나 인지 발달과 달리 감정 발달은 꼭 성인이 되었다고 해서 분화 과정이 완전히 끝나는 것은 결코 아닙니다. 감정 경험에 대해 관심을 두고 이해하려 노력하는 작업을 거치지 않으면, 곧 환갑을 맞이하는 나이임에도 불구하고 아직 '답답하다'라는 분화되지 않은 감정 표현으로 일관하는 어른들을 그리 어렵지 않게 접할 수 있습니다.

이즈음에서 제2부의 제10장에 제시한 감정 단어 목록(267쪽)을 찾아서 볼까요? 귀찮다고요? 잠시만 다녀오세요.

...... ...... ......

어떻습니까? 혹시 놀라지 않았습니까? 느낌이나 감정을 표현하는 단어가 이렇게 많다는 것이 말입니다. 맞습니다. 감정은 실로 다양하고 수많은 종류가 있으며 감정의 폭도 넓습니다. 감정과 성숙에 관심을 두고 연구한 이들은 경험할 수 있는 감정의 종류가 많을수록 그리고 감정의 폭이 넓을수록 신체적 건강뿐 아니라 정신적 건강도 좋다는 것을 발견하였습니다. 어떤 사람은 일부 감정만을 느낄 수 있는 데 반해, 성숙하고 건강한 사람일수록 다양한 자극에 반응하여 다양한 정서를 느낄 수 있고, 나아가 자극에 따라 느끼는 정서도 얕은 수준에서부터 깊은 수준까지 가능하다는 것입니다. 또한 다양한 정서를 경험할 수 있고, 다룰 수 있고, 표현할 수 있는 능력은 정신적·신체적 건강을 유지하는 데 중요한 요소입니다Pennebaker & Traue, 1993. 한마디로 다양한 감정을 경험하고 그 감정들이 무엇인지 또는 어떠한지 표현할 수 있는 사람, 나아가 그러한 감정을 마음에 담고 다루어 조절할 수 있는 사람이 바로 성숙하고 건강한 사람인 것입니다.

그렇다면 왜 그럴까요? 감정은 살면서 다양한 경험을 통해 더욱 풍부해집니다. 이들은 다양한 경험을 처리하는 과정에서 다양한 감정과 그 폭을 경험했기 때문에 살면서 끊임없이 다가오는 감정 자극과 경험에 당황하지 않습니다. 감정 경험을 좀 더 쉽게 이해하고 다룰 수 있으며, 미처 자신이 경험하지 않은 감정 경험일지라도 그것에 어떻게 접근해야 할지 알고 있습니다. 또한 다른 사람이 겪을 수 있는 감정 경험에 대해 좀 더 쉽게 공감하고 그들에게 필요한 피드백과 해결 방법을 줄 수 있습니다. 그러니 주변 사람의 호감을 얻고 좋은 관계를 형성할 수 있을 것입니다. 또한 좀 더 다채로운 삶을 제대로 향유할 수 있지 않을까요?

감정을 억누르고 통제하는 데 익숙한 사람은 감정을 느꼈을 때, 또는 주변에서 감정을 표현했을 때, 먼저 당황스러워합니다. 왜냐하면 그러한 감정을 어떻게 다루어야 하는지에 대한 레퍼토리가 없기 때문입니다. 자신의 감정을 어떻게 처리해야 할지 모르기 때문에 억누르고 회피합니다. 따라서 경험하지 않은 감정의 산들이 겹겹이 쌓이게 됩니다. 사람들은 경험하지 않은 것에 대해 일단 두려움을 느낍니다. 그래서 이들은 감정에 대해 두려워합니다. 그러나 감정이란 녀석은 그저 다양한 자극에 반응하여 나타나 우리에게 필요한 정보를 주고, 충분히 체험되면 자연스럽게 해소되어 사라집니다. 즉, 상대방의 감정 표현도 상대방이 이를 충분히 느끼고 표현하고 체험하도록 곁에 있어 주면, 해소되어 사라지고 마는 것입니다. 하지만 이들은 그 순간을 맞이할 수 없습니다. 두려워 회피하기 때문입니다. 이들은 감정을 표현하는 이가 불편하고 부담스럽기만 합니다.

반대로 감정을 잘 표현하는 사람은 감정 표현에 서투르고 이를 억누르는 성향이 심한 사람이 자신의 감정 표현에 대해 부담스럽고 불편해 할 수 있다는 것을 알아야 합니다. 상대방에게 무언가를 요구하지 않았는데 상대방은 요구받았다고 생각하며 부담스러워하고, 자신과의 관계를 피한다면 얼마나 안타까운 일일까요. 이렇듯 감정의 속성에 대해 제대로 알고 상대방의 감정에 대한 반응을 이해한다면, 불필요한 갈등을 조금이나마 피할 수 있고 공존하면서 잘 살 수 있을 것입니다.

## 감정 경험을 표현하고 이해하는 기회를 갖는 것이 중요하다

특히 아이가 감정을 적절히 다루기 위해서는 주변 사람들의 역할이 중요합니다. 요즘은 대부분의 부모가 맞벌이를 하고 외동아인 경우가 많으며, 아이들 또한 대부분의 시간을 온갖 학원에서 빠듯하게 보내느라 또래 아이들이나 다른 사람들과 감정을 자연스럽게 교류할 경험이 많지 않습니다. 그렇다 보니 자신의 감정 경험에 서투르고 그것을 표현하고 처리하는 것을 많이 어려워합니다.

따라서 아이가 다양한 경험을 하도록 하는 것이 좋습니다. 이때 자극에 반응하여 자신이 무엇을 느끼고 있는지 표현하고 이해할 기회를 주는 것이 매우 효과적입니다. 또래 아이들이나 교사, 그리고 부모를 포함한 다른 사람들과의 상호작용에서 경험하는 감정을 알아차리고 인정하고 이해하며 어떻게 처리하는 것이 적절한지를 알 수 있는 기회를 마련해야 합니다. 그래서 외동아보다 형제가 있거나 가족이 많은 아이가 훨씬 감정 경험에 안정적인 이유가 여기에 있습니다.

단, 아이가 다룰 수 있는 만큼의 감정 자극이 좋습니다. 만약 아직 준비되어 있지 않은데 너무 강렬하거나 부담스러운 감정 경험을 하면 우리는 어떻게 반응할까요? 감당할 수 없는 것에 대해서는 아예 고개를 돌려버리고 말 것입니다. 따라서 어릴 때 부모가 폭력을 휘두르거나 부부싸움이 끊이질 않으면, 아이는 오히려 감정을 닫아버립니다. 그 감정을 느끼면 너무 부담이 되어 도저히 버틸 자신이 없기 때문입니다. 그래서 감정에 무디어지고 둔감해지는 길을 선택합니다.

## 다양한 감정을 잘 다룰 수 있는 사람이 성공한다

유쾌한 감정에 대해서는 안정적으로 느끼지만 불쾌한 감정에 대해서는 불안정하고 안전하지 않게 느끼는 경우가 있습니다. 어떤 사람은 불쾌한 감정을 위험하게 지각하고, 느끼거나 표현하지 못하게 하기도 합니다. 이런 환경에서 살면 감정들 중 불쾌한 감정, 특히 분노와 같은 일부 불쾌한 감정들을 느끼거나 표현해서는 안 되는 감정으로 지각하게 됩니다. 만약 그런 감정을 느낀다면 잘못될 것이라고 여기고, 감정을 느끼고 있는 자신에 대해 뭔가 잘못하고 실패한 사람으로 지각하게 됩니다. 그리고 자신을 부끄럽게 생각하며 그런 감정을 체험한다는 사실을 감추려고 합니다.

정서의 모든 범위를 경험하는 능력은 정신 건강을 촉진하는 데 중요합니다. 삶 속에 늘 있었던 것이 감정입니다. 감정은 삶을 살아가는 데 필요한 동반자이며, 우리의 동반자는 다양한 자극에 수많은 표정으로 반응합니다. 따라서 삶에서 경험하는 감정을 그때그때 자연스럽게 느낀다면, 결국 정서의 다양한 범위를 경험할 수밖에 없습니다. 어떤 사람은 표정의 변화 없이 늘 일관된 표정과 분위기만을 지어 보입니다. 이는 특정 범위의 감정을 유발하는 자극만 선택할 수도 있고, 다양한 자극에 대해 특정 범위의 감정으로만 반응하기 때문일 수도 있습니다. 그렇게 되면 특정 범위에 속하지 않은 자극과 감정은 무시하는 셈이 됩니다. 여러분은 주로 어떤 감정을 경험하고 어느 수준으로 느낍니까? 일부 사람들은 다양한 감정을 극적으로 경험하지만, 그것을 적절히 이해하고 해소하지 못하여 쉽게 혼란스러워하고 에너지의 상당 부분을 감정을 처리하는 데 쏟곤 합니다.

이처럼 다양한 감정의 범위를 이해하고 적절히 다루어 해소할 수 있는 능력이 뒤따를 때 우리의 삶은 좀 더 안정적이고 건강해질 수 있겠지요. 주체할 수 없을 정도로 화가 났을 때 이를 알아차리고 잘 다스릴 수 있다면, 곤란한 상황으로부터 자신을 안전하게 보호하고 안정시킬 수 있을 것입니다. 함께하는 다른 사람의 감정도 잘 알아차리고 감정이 주는 메시지를 제대로 인식하고 적절히 다룰 수 있을 때, 그 사람과 좀 더 나은 관계로 발전할 수 있고 다양한 갈등을 피할 수 있습니다. 내 감정과 욕구를 잘 다스릴 수 있을 때, 상대방을 있는 그대로 볼 수 있고 처한 일을 객관적으로 파악할 수 있으며, 내가 할 수 있는 일이 무엇인지 알고 적절한 태도를 취할 수 있습니다.

## 불필요하게 감정을 감추려 애쓰는 것은 이득이 되지 않는다

많은 사람은 자신의 감정을 드러내지 않으려고 애쓰며 살아갑니다. 그 이유를 물으면, "감정을 드러내지 않는 것이 좋다.", "나이가 들수록 감정이 드러나지 않도록 해야 한다."라고 말합니다. 왜 그럴까요? 일단 그 이유를 찾아봅시다. 첫째, 감정은 그 사람에 대한 정보를 제공합니다. 유쾌한 감정을 표현하고 있다면, 그 감정을 유발한 자극이나 대상, 또는 상황이 자신의 욕구나 목표에 부합하는 방향으로 작용하고 있다는 것이고, 불쾌한 감정을 노출하고 있다면 그 사람이 원하지 않는 방향으로 진행되고 있다는 것입니다. 또한 불안해 한다면 그 사람에게 위험이나 위협이 될 수 있는 자극이 있는 것입니다. 이렇듯 감정은 그 사람의 욕구와 관심사뿐 아니라 자신에 대한 지각 등 다양한 측면을 짐작하게 해 줍니다. 이해관계가 얽혀 있지 않는 친한 친구나 가족과 같은 관계에서는 괜찮겠지만, 경쟁관계에 있거나 이해가 맞물린 관계, 서로 보이는 모습을 관리해야 하는 공적인 관계에서는 감정의 표현이 자신에 대한 정보의 노출로 이어져 이용되거나 자신의 이득에 부정적인 방향으로 작용할 수도 있습니다. 둘째, 감정의 표현은 상대방에게 부담감을 줍니다. 앞서 언급했듯이 대부분의 사람은 감정 표현에 대해 어떤 반응이라도 보여야 할 것 같은 부담감을 갖습니다. 또한 감정에 대해 이해가 부족한 사람은 당혹스러워합니다. 이러한 측면에서 감정 표현은 상대방에게 부담을 야기하고, 불필요한 갈등을 유발할 수 있습니다. 셋째, 나이가 들수록 자신보다 사회적 위치가 낮은 사람과 함께 있을 때가 많습니다. 시어머니라면 며느리가 있을 것이며, 교수라면 학생이 있을 것입니다. 그들은 자신의 상사나 자신의 이해에 영향을 끼칠 수 있는 사람의 눈치를 살필 수밖에 없습니다. 그들이 원하는 것을 제공해서 욕구를 충족시켜 좀 더 좋은 인상을 주고 눈도장을 찍으려 합니다. 또한 싫어하는 것은 하지 않아서 미움을 사지 않고 좋은 관계를 유지할 수 있도록 노력합니다. 따라서 상관의 감정 표현은 많은 사람에게 불필요한 부담을 줄 수 있습니다.

이러한 이유들 때문에 우리는 감정을 억누르고 감추는 데 많은 애를 쓰고 살아갑니다. 애를 쓴다는 것은 에너지가 들어간다는 것입니다. 자연스럽게 흘러가는 방향에 몸을 맡기면 에너지가 들지 않지만, 그것을 거스르려고 한다면 에너지가 들어갑니다. 자극이 왔고 감정이 일어났고 느끼고 표현하는 것이 자연스러운 감정 시스템의 과정인데, 일어난 감정을 느끼지 않으려고 하고 표현하지 않으려 하기 때문에 에너지가 들어가는 것입니다.

감정을 억누르는 것은 우리에게 상당한 에너지를 요구합니다. James Gross와 Jane Richard가 스탠포드대학교에서 실시한 한 실험이 이를 잘 보여 줍니다. 실험에 참가한 학생들에게 영화를 보여 준 뒤 한 집단에는 감정을 억누르라고 지시하고, 다른 집단에는 특별한 지시를 내리지 않았습니다. 영화가 끝난 후 영화의 내용을 묻는 기억력 테스트에서, 감정을 억누르라고 지시받았던 학생들은 특별한 지시를 받지 않은 학생들보다 영화 내용을 거의 기억하지 못했습니다함규정, 2010에서 재인용.

우리의 에너지는 한정되어 있습니다. 한 번에 쓸 수 있는 에너지의 양이 정해져 있다는 것입니다. 감정을 억누르려고 하면 억누르는 데 에너지가 들어가므로, 주변에 주어진 자극이나 정보에 주의를 기울일 에너지가 부족하게 됩니다. 정보를 기억하기 위해서는 주의를 기울여야 하고, 주의를 기울이는 데에는 에너지를 들여야 합니다. 사용할 수 있는 에너지가 적을수록 주의를 기울이기 힘들고, 기억할 수 있는 정보 또한 줄어듭니다. 그래서 감정을 억누르는 사람은 당시에 진행된 중요한 내용이나 정보를 잘 기억하지 못합니다.

그럼에도 불구하고 감정을 감추는 데 에너지를 쓰는 것은 위와 같은 이유들에서 개인의 생존과 적응에 이로운 방향으로 작용하기 때문이겠지요. 그런데 이러한 이유들이 작용하지 않는 경우라면, 굳이 감정을 감출 필요가 있을까요? 안타까운 것은 감정을 감추었던 원래 이유는 망각한 채, 그럴 필요가 없는 상황에서조차 감정을 무조건적으로 무시하고 감추려 한다는 것입니다. 즉, 불필요한 데 에너지를 쓰게 되는 셈이지요. 또한 감추는 데 사용한 에너지가 오히려 또 다른 미해결 과제를 만들어 심리적인 불편함과 부적응을 초래한다는 것입니다. 감정을 느끼고 표현할 때 체험이 완성되며 사라지게 됩니다. 감정을 표현하지 않고 억누르고 감추는 것은 완성되지 않은 미해결된 감정을 쌓아 두는 셈입니다.

따라서 우리는 간혹 편하지 않고 어려운 사람과 함께했을 때 자신의 감정을 한껏 감추고, 그 자리에서 나왔을 때 편한 사람을 찾으며 친구들에게 자신이 그 자리에서 느꼈던 다양한 감정을 표현하기에 바쁘기도 합니다. 그렇게 실컷 얘기해서 표현하면 마음이 가라앉고 편안함을 느낍니다. 이렇듯 감정 표현을 감추는 것은 자연스러운 반응을 역행하는 것이므로 에너지가 소요될 뿐 아니라, 이후 해결을 위한 에너지가 추가로 소모되기 때문에 이중으로 에너지를 낭비하는 일입니다.

매 순간의 감정을 알아차리기 위해 노력하면서, 그때마다 생각해 보십시오. 지금 내가 있는 이 자리는 감정을 자연스럽게 표현해도 되는 자리인지 아니면 그렇지 않은지 말입니다. 또한 지금 내가 느끼는 감정은 표현해도 괜찮은지 아니면 주변에 부담을 주거나 피해를 주는 감정인지 생각해 보십시오. 만약 특별히 감출 필요가 없는 자리라면, 느끼는 감정이 표현해도 괜찮은 감정이라면, 얼굴에 드러내고 자연스럽게 몸으로부터 표현되도록 내버려 두십시오. 그것이 건강한 것입니다.

# 정서적 정보를 처리하는 능력 : 정서지능

## 정서적 정보를 처리할 수 있는 능력이 중요하다

세상을 살아간다는 것이 그리 만만치는 않습니다. 이제 세상에 대해 알았다고 생각하면 또 다른 과제가 주어지고, 그 과제를 해결했다고 생각하면 또 다른 것이 우리에게 떨어집니다. 그럴 때면 좀 더 나에게 세상을 이해할 수 있도록 도와주고, 수많은 선택의 기로에서 내가 무엇을 어떻게 해야 할지를 안내해 줄 수 있는 안내자가 있었으면 얼마나 좋을까 하고 바랄 때가 한두 번이 아니었을 것입니다.

그런데 우리 모두에게는 그런 안내자가 있습니다. 그것이 바로 정서입니다. 우리가 한쪽으로 폄하하고 무시하고 있었던 정서를 제대로만 이해하고 적절하게 다룰 수 있다면, 정서는 삶을 잘 헤쳐나갈 수 있도록 돕는 든든한 안내자가 될 수 있습니다. 즉, 정서는 우리가 환경으로부터 살아남을 수 있도록 돕고, 환경에 좀 더 효과적으로 적응할 수 있도록 안내합니다. 따라서 살면서 느끼는 매 순간의 정서를 자각하고, 그 정서가 우리에게 주는 정보를 읽어 그 의미를 잘 파악하며, 처한 상황을 이해하고 적절하게 반응하여 대처하는 것이 중요합니다. 정서가 우리에게 주는 정보를 잘 처리할 수 있다면, 우리가 처한 다양한 상황과 일을 잘 처리할 수 있을 테니까요.

## 정서적 정보를 처리하는 능력을 정서지능이라고 한다

한때 각종 서적과 매스컴에서 정서지능을 강조하며 대중의 눈길을 사로잡았던 적이 있었습니다. 정서지능이 대두하게 된 것은 지적 능력, 즉 지능이 높은 사람이 사회적으로 반드시 성공하는 것은 아니라는 인식이 퍼지면서부터였습니다. 지능을 측정하는 지능지수인 IQintelligence quotient가 높은 아이가 다른 아이들과 잘 어울리지 못한다거나, 대학생활을 제대로 하지 못하고 중도에 휴학이나 자퇴를 하기도 하고, 직장생활에서 효과적으로 일을 처리하지 못하여 낙오되는 경우가 자주 일어납니다. 흔히 지적 능력이 좋으면 사회적으로 성공할 거라고 생각하게 되는데, 오히려 사회에 잘 적응하지 못하고 능력을 발휘하지 못한 채 실패자로 낙인 찍히는 사례가 자꾸 나타나니 의문을 가질 수 밖에 없었던 거지요. IQ가 좋다고 해서 사회적으로 성공하는 것이 아니라면, 도대체 무엇이 사회적 성공을 예견할 수 있을까 하고 말입니다.

많은 사람이 여기에 관심을 두고 연구하기 시작했습니다. 이 과정에 대해서는 이후에 자세하게 다룰 것입니다. 이러한 과정 속에서 Salovey와 Mayer는 정서적 정보를 처리하는 능력을 정서지능emotional intelligence이라고 정의하였습니다. 정서지능은 자신과 다른 사람이 느끼는 정서가 무엇인지 알아내고, 정서를 구별하며 적절히 조절하고 상황에 맞게 활용할 수 있는 능력을 말합니다.

## 정서지능은 생존과 적응을 좌우한다

정서적 정보를 처리하는 능력인 정서지능은 우리의 생존과 적응에 결정적인 영향을 끼칩니다. 즉, 정서지능이 높을수록 오래 살 수 있으며, 자신이 속한 사회에 좀 더 잘 적응하며 사회적 성공을 얻을 수 있습니다. 여기에서는 구체적인 일화들을 통해 정서가 주는 정보를 처리하는 능력이 우리의 삶에서 얼마나 다양한 순간에 결정적인 영향을 끼치는지를 보여 주고자 합니다.

• 목숨을 건졌다

어느 여름날 새벽, 진철 씨는 가족과 함께 차를 타고 동해안으로 여름휴가를 떠났습니다. 영동고속도로에 난 산길에 접어들었을 때 안개 때문에 시야는 몇 미터도 채 안 되는 듯했습니다. 희끗희끗한 안개 사이로 산 아래 낭떠러지가 보였습니다. 진철 씨가 앞 차를 보려고 해도 안개 이외에는 거의 아무것도 볼 수 없었습니다. 그때 엄청난 불안이 몰려오면서 그의 심장은 터질 듯이 뛰었습니다. 불안은 공포로 바뀌었습니다. 그는 공포를 느껴 차를 길 옆에 세우고 안개가 조금이라도 걷히기를 기다리기로 했습니다. 얼마 후 안개가 조금씩 걷히면서 서서히 눈앞이 보이기 시작했습니다. 그래서 그는 다시 출발했습니다. 가다 보니 여러 대의 차가 연쇄 충돌한 것이 보였고, 차 안의 승객들이 구조되고 있었습니다. 그가 안개 속에서 계속 운전하고 갔더라면 그의 차 역시 충돌했을 것입니다. 그때 느낀 공포 덕분에 그의 가족은 안전할 수 있었습니다 윤영화, 김미라, 서혜희, 1997에서 인용.

이 사례에서 진철 씨는 엄습해 오는 불길함과 공포감을 자각하고, 그 감정이 주는 정보에 따라 멈추어 섰기 때문에 목숨을 건질 수 있었습니다. 공포는 생존을 위해 우리를 멈추게 합니다. 만약, 진철 씨가 자신이 느낀 감각과 정서를 무심하게 지나치려 했다면, 즉 '뭐, 어때. 별일 있겠어?'라면서 계속 운전하고 갔다면 충돌사고로 인해 소중한 생명을 잃었을지도 모릅니다.

• IQ는 높은데 학교생활이 어렵고 성적이 떨어진다

특수고등학교에 우수한 성적으로 입학한 종혁이는 최근 친구들과 잘 지내지 못하며 학교생활에도 흥미를 잃어 가고 있었습니다. 종혁이는 스스로를 '아는 것이 많고 팀 활동에서도 많은 아이디어를 제시하며 적극적이고 외향적이며 통솔력이 있다.'라고 생각하였고, 당연히 친구들 사이에서 인기가 좋을 것이라고 믿었습니다. 그러나 실제 학교생활을 하면서 초기에는 자신의 생각만큼 재미있는 생활을 잠시 하였으나, 점차 친구들이 자신을 피하는 것을 느꼈습니다. 종혁이는 매우 화가 났고, 친구들이 자신을 시기하여 외톨이로 만들려 한다는 생각에 흥분하며 다투기도 했습니다. 그러던 중 반 친구로부터 "너는 친구들이 무조건 네 말에 복종하기를 원하고 남의 자존감을 상하게 하는 말을 자주 하기 때문에 친구들이 너를 피하는 거야."라는 말을 들었습니다. 종혁이는 그 말을 이해할 수 없었고, 친구들이 자신을 너무 몰라주는 것 같아 속상했습니다. 이런 고민으로 학교생활이 점차 힘들어지고 성적도 계속 떨어졌습니다. 담임선생님과 부모님께 야단을 맞는 악순환이 계속되면서 최근에는 학교를 옮기고 싶다는 말을 부모님께 자주 하였습니다윤영화 외, 1997에서 인용.

이 사례에서 종혁이는 특수고등학교에 우수한 성적으로 입학할 정도로 지능이 높았습니다. 그러나 IQ가 높은 종혁이는 좋은 성적을 거두지 못하고 자꾸 성적이 떨어졌습니다. 그 이유는 친구들과의 관계가 좋지 못하여 학교생활이 힘들어졌기 때문입니다. 많은 부모가 간과하고 있는 것이 있습니다. 그것은 좋은 성적을 위해서라면 또래 아이들과 잘 어울리지 않고 사이가 안 좋아도 괜찮다는 인식입니다. 과연 그럴까요? 결코 그렇지 않습니다. 시험을 잘 보기 위해서는 공부한 내용을 잘 기억해야 하는데, 이를 위해서는 주의집중이 잘 되어야 합니다. 이것은 기본적인 인지심리학적 지식으로, 어떤 자극이나 정보를 기억하기 위해서는 먼저 대상에 주의를 기울여야 하고, 그 과정에서 기억화하는 작업을 통해 저장됩니다. 사람이 주의를 기울일 수 있는 양은 무한하지 않습니다. 우리는 매 순간 한정된 주의의 용량을 가지고 주변의 자극들에 효율적으로 주의를 배분하여 정보를 처리하며 살아갑니다. 따라서 자꾸 다른 것에 주의를 뺏기고 있다면 주어진 자극에 할당할 수 있는 주의의 양은 얼마 남지 않게 되는 것이지요. 결국 그 자극에 주의를 기울여 기억화하는 작업은 수월하게 이루어지지 않고, 기억창고에 저장되는 정보는 얼마 되지 않게 됩니다. 종혁이는 바로 친구들과의 관계에서 발생한 문제에 주의를 자꾸 빼앗긴 것입니다. 주의를 뺏기면 자꾸 그것에 신경을 쓰게 되고 관련된 잡생각들이 머릿속에 떠올라 잠을 자려 해도 숙면을 취할 수가 없습니다. 공부를 하려고 책상에 앉아도 그 생각이 떠올라 펼쳐진 책의 정보에 주의를 집중하기 어려워, 몇 시간 동안 앉아 있지만 기억창고에 넣은 정보는 적습니다.

그렇다면 종혁이는 친구들과의 관계가 왜 어려워졌을까요? 그것은 친구들의 감정과 마음을 제대로 읽지 못하고 공감하지 못했을 뿐 아니라, 자신이 원하는 바를 얻기 위해 타인의 감정, 즉 마음을 잘 활용하지 못했기 때문입니다. 친구의 말처럼 종혁이는 자신의 말에 친구들이 무조건 복종하기를 바랐습니다. 자신의 지시나 강압적인 말에 친구의 기분이 상할 수 있다는 것을 알지 못했고, 그들의 감정 상태를 공감하지 못했습니다. 또한 자존감이 상하는 말을 했을 때 상대방이 상처를 받고 아파할 수 있다는 것도 미처 생각하지 못했고, 상처받은 사람이 상처를 준 사람을 피하고 싫어할 수 있다는 것도 깨닫지 못했던 것이지요. 이렇듯 아무리 지적 능력이 좋아도 감정을 읽어내는 정서지능이 낮으면, 대인관계에서 갈등이 많이 발생하고 그것의 영향으로 학업성취도는 떨어지게 됩니다.

• IQ 높고 키도 크고 잘생겼는데 모든 동아리에서 쫓겨났다

고등학교까지 전교 10등 안에 드는 좋은 성적으로 일류대학에 입학한 세민이는 그동안 한쪽으로 제쳐놓았던 인간관계에 매진하기로 하였습니다. 어렸을 때부터 좋은 대학에 입학하는 것이 사회적 성공을 예견한다는 생각에, 또래 아이들과 거의 어울리지 않고 학업성적을 올리는 데에 몰두했기 때문입니다. 그런데 어찌 된 일인지 들어가는 동아리마다 처음에는 세민이를 반기는 것 같았지만, 며칠 아니 몇 시간도 되지 않아 사람들은 세민이를 불편해하며 그와 어울리기를 꺼렸습니다. 급기야 한 동아리에서는 회장으로부터 정식으로 탈퇴를 권유받기도 하였습니다. 세민이는 키가 180cm가 넘고 균형 잡힌 건장한 체격에 꽤 잘생긴 얼굴이었습니다. 외모만으로는 많은 여성이 좋아할 모습이지요. 또한 서울 강남의 부유한 집안에서 자랐습니다. 게다가 밝은 성격의 세민이는 가입한 동아리에서 만나는 모든 사람에게 들뜬 목소리로 말을 걸며 친밀하게 다가가려 하였습니다. 그러니 사람들은 처음에는 그를 '참 쾌활한 친구구나.'라고 생각하였습니다.

하지만 시간이 지날수록 세민이가 하는 말과 행동이 좀 지나치다는 인상을 받았습니다. 처음 만난 사람에게 계속 자신의 얘기를 하고, 상대방의 외모나 모습에 대해 지적하며 심하게 수다를 떱니다. 상대방이 조금이라도 자신의 기대와 다르게 행동하면 금세 기분이 상하여 큰 소리로 불만을 마구 표현합니다. 처음 들어왔음에도 불구하고, 동아리의 내부 방침이나 규칙이 마음에 들지 않는다 싶으면 이의를 제기하고 그것이 받아들여질 때까지 집요하게 항의하였습니다. 모순적이게도 세민이가 가입한 동아리는 명상을 하는 동아리였습니다. 동아리 회원들은 동아리 방에 오기를 꺼려하기 시작했고, 세민이 때문에 동아리 활동에 참여하지 않는 회원이 늘면서 결국 회장이 세민이에게 탈퇴를 요구하게 된 것입니다. 동아

리 방에서 명상을 하려고 하면, 옆에서 계속 떠들고 이의를 제기하며 불만을 표출하는 세민이 때문에 도저히 마음수련과 명상을 할 수가 없다는 이유였습니다. 결국 세민이는 이유도 정확히 모른 채 많은 동아리에서 따돌림을 당하고 탈퇴까지 권유받으면서 심한 상처를 받게 되었습니다.

이 사례의 주인공인 세민이는 그야말로 남들이 가졌으면 하고 바라는 것을 모두 갖추었습니다. 부유한 집안에 키가 크고 건장하고 잘생겼으며, 높은 IQ에 일류대학까지 다니고 있어 모두의 부러움을 받아야 하지만, 사회적인 관계에서는 누구도 세민이를 받아주지 않았습니다. 모든 것을 갖추었지만 단 한 가지, 바로 사람의 감정을 읽고 처리하는 정서지능이 낮았기 때문에 사람들로부터 거부당한 것입니다. 세민이는 사람들에게 어떻게 다가가야 하는지 몰랐고, 그들이 무엇을 원하는지, 자신의 행동이 사람들에게 어떠한 영향을 끼치는지를 몰랐습니다. 또한 사람들이 불편해하고 싫어하고 있다는 정서적 신호를 읽어내지 못했고, 사람들의 감정을 변화시키기 위해서 자신이 무엇을 해야 하는지, 사람들의 호감을 얻고 수용받기 위해서 어떻게 해야 하는지 몰랐습니다.

우리는 세민이와 같이 주어진 조건들만 보았을 때는 괜찮은데, 여자친구나 남자친구가 없거나 사람들이 별로 좋아하지 않는 사람을 주변에서 어렵지 않게 발견할 수 있습니다. 다 괜찮은데 왜 여자를 오래 만나지 못할까? 반대로 키도 작고 외모도 별로인데 여자들에게 인기 있는 사람이 있습니다. 저 사람은 가진 것도 없고 외모도 별로인데 왜 주변에는 여자들이 몰리고 저토록 좋아할까? 그 차이는 바로 정서지능에 있습니다. 특히 여자는 남자보다 정서적인 정보에 민감한 편입니다. 따라서 자신의 감정에 대해 민감하게 반응하고 알아주고 이해하며 공감하는 사람에 대해 상당한 호감을 느끼며 신뢰합니다. IQ는 높지만 EQemotional quotient가 낮은 사람은 여자의 감정이나 마음을 잘 읽지 못하여 불쾌하게 하는 행동을 한다거나, 여자의 감정 표현에 잘 공감하지 못하여 이해받지 못한다는 느낌을 주고 상처를 주기도 합니다. 사람들은 자신을 불쾌하게 하고 상처를 주는 대상과의 관계를 지속하려 하지 않고 회피하기 마련입니다. 왜냐하면 정서적인 고통을 즐기는 사람은 거의 없을 테니까요. 이렇듯 정서적 정보를 처리하는 능력은 사회적 관계를 원만하게 하는 데 중요한 역할을 합니다.

• IQ는 낮지만 EQ가 높으면 사회적으로 성공할 수 있다

선규 씨는 성인이 된 요즘 초등학교 동창들 사이에서 시기와 부러움의 대상으로 자주 화제에 오르내리곤 합니다. 초등학교 시절, 그는 공부도 잘하지 못했고 항상 코를 흘리며 씩씩하게 운동장을 뛰어다녔던 평범한, 아니 어찌 보면 다소 멍청한 아이였습니다. 그도 그럴 것이 착하고 순진해서 친구가 어려움을 당하면 다 도와주었고 심지어 이것을 이용한 개구쟁이 친구들의 심부름도 해 주고 가방도 들어주는 등 골탕을 여러 번 당했습니다. 친구들 사이에서 구김살 없고 의리 있는 친구로 불리던 선규 씨는 성적이 안 좋아 공고에 들어갔고 학업의 선택이 달랐던 친구들과는 점차 연락이 끊어졌습니다.

성인이 되어 초등학교 담임교사의 회갑연에서 선규 씨를 본 친구들은 모두 '얘가 코 흘리고 다니던 바로 걔야?'라며 놀라움을 감출 수 없었습니다. 그는 현재 자신이 사는 동네에서 꽤 괜찮은 카센터를 운영하며 행복하고 여유 있는 생활을 하는 중년의 가장으로 변해 있었습니다. 친구의 과거사를 들추며 험담을 하거나 세상 돌아가는 일에 침을 튀기며 욕하고 흥분하고, 남의 생각은 아랑곳없이 자기 자랑만 늘어놓는 친구들과는 달리, 느긋하게 그런 이야기를 편견 없이 듣고 있었습니다. 주변에서 일어나는 일이나 사람들에 대해서도 긍정적인 생각을 하고, 자기가 손해를 보더라도 같이 일하는 사람들을 믿고 편안하게 대해 속이 넓은 사람으로 평가받고 있었습니다윤영화 외, 1997에서 인용.

고등학교까지는 학업성적이 서로를 평가하는 중요한 잣대가 되어, 많은 과외와 학원을 쫓아다니느라 여념이 없습니다. 그러나 대학교 이후의 생활은 대인관계에서의 능력이 많은 부분을 결정합니다. 선규 씨는 비록 성적은 좋지 않았지만 다른 사람의 마음을 이해하고 공감하는 능력이 뛰어났던 것입니다. 다른 사람의 얘기에 귀 기울여 들어줌으로써 그들의 마음을 어루만졌고, 그들이 원하는 반응을 해 줌으로써 주변 사람의 호감을 얻었습니다. 우리는 자신의 얘기를 경청하고 공감해 주는 사람에게 상당한 호감을 느끼며 그들에게 뭔가를 보상하려 합니다. 왜 그럴까요? 모두 가슴속에 수많은 상처를 안고 있으며 세상에 하고 싶은 얘기가 수도 없이 많지만, 그 얘기들을 편안하게 할 수 있는 대상을 찾기가 그리 쉽지는 않기 때문입니다.

말수가 적은 사람이 있습니다. 사람들은 흔히 하고 싶은 말이 없어서, 또는 말하는 것을 좋아하지 않아서 말수가 적다고 생각하기 쉽습니다. 그러나 꼭 그렇지만은 않습니다. 우리의 마음속은 하고 싶은 얘기들로 가득 차 넘치고, 우리의 입은 자신의 얘기를 하고 싶은 마음에 꿈틀거립니다. 다만, 자신의 얘기를 이해해 줄 수 있다고 생각하는 사람이 별로 없어서 얘기를 하지 않는 경우가 더 많습니다. 안전함과 편안함을 느끼고 기분 좋게 말할 수 있는 대상이 많지 않기 때문입니다. 이렇게 말수가 적은 사람도 자신의 얘기를 공감해 주는 누군가를 만나면 금세 수다쟁이로 바뀝니다. 그러니 자신의 얘기를 경청하고 이해해 주는 사람이 있다면 그 사람이 고마울 수밖에 없겠지요. 그래서 많은 카센터가 있더라도 이왕이면 선규 씨에게 가는 것이고, 여러 직원이 있지만 이왕이면 자신의 얘기를 잘 들어주었던 직원에게 기회를 더 주게 됩니다. 이렇게 정서지능이 우수한 사람은 주변 사람들에게 호감을 얻으며 다양한 기회를 얻게 되어 사회적으로 성공할 수 있게 되는 것입니다.

**• S대 공대에 들어왔지만 학점을 제대로 이수하지 못해 학사경고를 받았다**

일류대학의 공과대학에 입학했지만 학점을 제대로 이수하지 못하여 학사경고를 여러 차례 받은 학생들을 만날 일이 있었습니다. 그들은 모두 고등학교까지 전교 10등 안에 드는 높은 성적을 얻었고, 국가에서 치르는 시험을 통해 객관적인 평가 절차를 거쳐 S대 공과대학에 입학했습니다. 그러나 고등학교에서 좋은 성적을 얻기 위한 방법과 대학교에서 좋은 성적을 얻는 데 필요한 방법은 너무 달랐습니다. 적어도 공과대학에서는 말입니다. 고등학교에서는 그들이 이해하지 못할 지식은 별로 없었습니다. 그래서 아이들과 전혀 어울리지 않고 정보를 교환하지 않아도 교과서와 참고서 및 과외 지도 등의 방법으로 혼자서 열심히 공부하면 원하는 성적을 얻을 수 있었습니다.

그런데 대학교에 들어왔을 때 접한 공과대학의 강의 내용은 이해하기 어려운 수식들과 관계들로서 혼자서는 도저히 이해하기 어려운 내용들이었습니다. 수업이 끝나고 교수님께 찾아가 질문하는 데도 한계가 있었습니다. 하지만 수업진도는 빡빡했고 매주 문제풀이 과제물을 해야 했습니다. 이들은 풀지 못하는 문제가 몇 개 있었고, 그것을 그대로 제출할 수밖에 없었습니다. 과제물의 점수는 C 아니면 D였습니다. 하지만 이상하게도 주변 친구들은 대부분 A를 받았고, 그들은 모든 문제를 풀어서 과제물을 제출하였습니다. 알고 보니 친구들은 여럿이 모여 문제를 풀기 위해 머리를 맞대었고, 이미 이 수업을 듣고 과제물을 제출했었던 선배들로부터 소위 족보를 얻어 참조하였던 것입니다. 함께 베끼었다는 티가 나지 않기 위해 서로 보고서를 조금씩 다르게 작성하는 것까지 협력했습니다. 그러나 이들은 다른 사람들에게 함께하자고 제안을 하거나, 족보를 얻기 위해 다가가 어울리는 행동을 전혀 할 수가 없었습니다. 결국 과제물과 각종 시험들에서 상대적으로 낮은 점수를 받아 학사경고를 받아야만 했습니다. 이제 이들은 학사경고를 한 번 더 받으면 퇴학이 되는데 이러한 상황을 벗어날 방법을 알지 못했고, 안다고 하더라도 시도할 엄두조차 내지 못했습니다.

이 사례는 대인관계 능력이 우수한 학업성적을 얻는 데도 매우 중요하다는 것을 여실히 보여 줍니다. 지적 능력이 아무리 좋아도 그들이 감당하기 어려운 지적 과제들이 있으며, 이 과제들을 해내기 위해서는 다른 사람과의 협동과 도움이 필요합니다. 함께 과제를 하기 위해서는 친구들과 어울리면서 좋은 관계를 유지할 필요가 있습니다. 평소에 별로 친하지 않았거나 호감이 없는 사람들에게 자신의 시간과 노력을 선뜻 할애하지는 않을 테니까요. 다른 사람들과 잘 어울리기 위해서는 그들의 마음을 읽고 이해하고 배려하는 행동이 중요합니다. 또한 관계 속에서 자신의 욕구를 적절히 표현하고 상황에 맞게 대처하는 것도 필요합니다. 하지만 이들은 이것을 하지 못했던 것입니다. 특히 족보와 같은 자료를 얻기 위해서는 평소 어느 정도 관계를 형성하고 유지하고 있거나 그 사람에게 호감을 주어야 하는데, 이들은 그것을 시작도 하지 못했습니다. 그 이유는 누군가에게 목적을 갖고 다가가는 것은 바람직하지 않다고 생각하여 불편해하고 꺼렸기 때문입니다. 다른 사람으로부터 뭔가를 얻기 위해 잘 대한다는 것을 도저히 받아들일 수 없었던 것이지요. 그에 비해 다른 사람의 마음을 잘 읽고 배려하며 어울릴 수 있는 사람은 친구들과 어울려 과제를 해결할 뿐 아니라, 중요한 정보를 어렵지 않게 얻고 필요한 도움을 받음으로써 학업과정을 제대로 이수할 수 있었습니다.

## 정서지능 개념의 발달[2]

지적 능력을 평가하는 IQ는 학업성취도를 예측하는 데 어느 정도 신뢰로운 지표이지만, 학업 이외의 다양한 영역에서 성취도를 예측하기에는 한계가 있다는 것을 많은 사람이 인식하고 있습니다. 그래서 사람들은 학업 이외의 대인관계나 직업적 영역 등에서의 성공을 가장 잘 예측할 수 있는 지표가 무엇인지 찾고자 노력했습니다.

### 사회적 지능

'효과의 법칙'[3]을 제안했던 미국의 심리학자인 Thorndike[1920]는 지능을 세 가지 차원으로 구분하였습니다. 그것은 기계적 지능mechanical intelligence, 추상적 지능abstract intelligence, 사회적 지능social intelligence인데, 이 중 사회적 지능을 중요한 구성요소로 포함한 것이 주목할 점입니다. 사회적 지능은 자신과 타인을 포함하여 사람을 이해하고 관리하며, 내인관계적 상황을 다루는 능력을 말합니다. Thorndike는 사회적 지능을 자신과 타인의 감정과 사고를 비롯한 내적 상태와 행동을 지각하고, 그러한 정보를 바탕으로 타인의 관점과 행동을 이해하며, 사회적 상황에서 적절하게 행동하는 능력이라고 좀 더 구체적으로 정의했습니다.

정서지능의 개념은 대인관계지능interpersonal intelligence이라고도 하는 사회적 지능에서 유래합니다. Thorndike를 비롯해 사회지능에 관심을 두었던 연구자들은 이를 평가할 수 있는 도구를 개발하고자 시도하였습니다. 사회지능을 측정하는 최초의 검사인 George Washington 사회지능검사Moss, Hunt, Omwake, & Woodward, 1955는 사회적 상황에서의 판단력, 주어진 메시지와 표정 이면의 마음 상태를 인식하는 능력, 이름과 얼굴에 대한 기억력, 행동을 관찰하는 능력과 유머감각을 평가하는 검사들로 이루어졌습니다. 이후 개발된 여섯 요인 사회지능검사O'Sullivan, Guilford, & de Mille, 1965도 표정을 이해하는 것, 사회적 관계를 이해하는 것과 사회적 상황에

2 정서지능에 대한 이론적 내용은 이지영이 2003년에 「학생연구(서울대학교)」의 37(1)권에 발표한 논문 '정서지능에 대한 연구 고찰'의 내용을 바탕으로 수정 및 보완하였습니다.

3 행동 후에 제시되는 보상이 선행하는 반응의 확률을 증가시키고, 선행된 반응과 함께 있던 자극 간의 연결을 강화시킨다는 것입니다.

함축된 의미를 도출하는 능력을 측정하는 것으로 이루어졌습니다정옥분, 정순화, 임정하, 2007에서 재인용. 이처럼 사람의 표정을 통해 감정이나 상태를 인식하는 능력과 사회적 상황에 대한 적절한 지각과 해석 능력을 사회지능을 측정하는 데 중요한 요소로 간주하였습니다.

그러나 Thorndike와 Stein1937은 언어적 도구를 사용하여 사회적 지능을 측정할 수 있을지 의문을 제기하였고, 사회적 지능이라는 개념을 이론적으로 그리고 경험적으로 다른 개념들과 구분하기 어려운 문제점이 있었습니다. 사회지능을 측정하고자 했던 연구자들이 인지적 측면을 강조함으로써, 언어적 능력과의 구분이 모호해졌기 때문입니다. 이에 Cronbach1960는 사회적 지능은 완전하게 정의하기 어렵고, 언어적 지능과 차이가 없으며 독립적으로 측정하기 어렵다는 결론을 내렸습니다. 이러한 비관적인 견해에도 불구하고, 몇몇 연구자들은 사회적 지능의 개념에 대한 실용성을 꾸준히 탐색하였습니다.

## 개인 간 지능과 개인 내 지능

하버드대학교의 심리학 교수인 Gardner는 기존의 언어 능력과 수리 능력으로 지능을 측정하려는 견해에 반하여, 1983년에 다중지능이론theory of multiple intelligence을 제안하였습니다. 그는 인간의 지능 영역은 이런 한두 가지가 아닌 여러 가지 영역으로 구성되어 있다고 본 것이지요. 모두 일곱 가지 영역을 제안하였는데, '지능' 하면 일반적으로 생각하는 표준학습지능인 언어 능력과 수리 능력 외에도 공간 지각 능력, 운동 능력, 음악 능력, 개인 간 능력, 개인 내 능력을 추가하였습니다. 이 중 개인 간 지능interpersonal intelligence과 개인 내 지능intrapersonal intelligence이 사회적 지능과 유사한 개념입니다. 개인 간 지능은 다른 사람의 정서와 의도를 이해하는 능력으로 대인관계적 능력과 유사한 개념이고, 개인 내 지능은 자신의 내면을 이해하는 능력으로 정의하였습니다.

## 정서지능 용어의 출현

정서지능이라는 용어는 1990년에 미국 예일대학교의 Salovey 교수와 뉴햄프셔 대학교의 Mayer 교수에 의해 처음으로 사용되었습니다. 사회적 지능의 기존 개념을 정교화하고, Gardner의 개인 간 지능과 개인 내 지능을 '정서지능'이라는 좀 더 폭넓은 용어 아래에서 재개념화하였습니다. 이들은 정서지능을 자신과 타인의 정서를 알아내고 정서 간의 차이를 구별하며 그러한 정보를 자신의 사고나 행동에 활용하는 능력으로, 사회적 지능의 한 유형이라고 정의하였습니다. 이렇게 정서지능의 개념을 좀 더 논리적이고 이론적으로 발전시켰으며, 기존의 정서지능 모델에 인지적 요소를 강조하고 복잡한 정보처리 과정을 포함하면서 1997년에 개정한 정서지능 모델을 발표하였습니다.

## 정서지능의 대중화

정서지능이 Mayer와 Salovey에 의해 이론적으로 발전하고 체계화되었지만, 대중에게 알려진 것은 Goleman[1995]이 『Emotional Intelligence』라는 책을 출간하고 「TIME」에 정서지능을 소개하면서부터입니다. 그는 책에서 정서지능을 '좌절 상황에도 자신을 동기화하고, 충동을 통제하고 지연시켜 만족할 수 있으며, 기분 상태나 스트레스로 인해 합리적인 사고를 억누르지 않게 하며, 타인에 대해 공감할 수 있고 희망을 버리지 않는 능력'이라고 정의했습니다. 그는 IQ가 인간의 가능성을 어느 정도 설명할 수는 있지만, 개인의 수행과 사회적 성공에 대한 가장 중요한 지표는 바로 정서지능이라고 선언하였습니다. 또한 IQ는 변화시키기 어려운 능력이지만 정서지능은 누구나 학습을 통해 높일 수 있다고 말하며, 그동안 강조되었던 IQ의 중요성에서 벗어나 머리와 가슴을 통합해야 한다고 주장하였습니다. 특히 Goleman은 EQ를 정서지능을 측정하는 자기보고식 검사로 대중에게 공개함으로써 흥미를 이끌어 내었습니다. 이후 정서지능을 교육, 사회, 조직 현장에 적용함으로써 정서지능이 대인관계적 능력, 사회적 성공, 생산력 등을 증진할 수 있는 핵심임을 증명하면서 대중적으로 큰 관심을 불러일으켰습니다.

## 정서지능의 차원에 대한 관점

정서지능에는 몇 가지 차원이 있는데, 그것은 무엇일까요? 정서적 정보를 처리하는 능력인 정서지능을 구성하는 세부 차원에 대한 견해는 연구자마다 조금씩 다릅니다.

### Salovey와 Mayer의 세 가지 차원 모델

정서지능을 최초로 개념화한 Salovey와 Mayer1990는 정서지능을 세 가지 차원으로 구분하였는데, 정서 인식, 정서 조절, 정서 활용이 그것입니다. 첫 번째 정서 인식은 자신과 타인의 정서를 알아차리는 요인으로, 자신과 타인이 느끼는 감정이 무엇인지 정확하게 인식하고 파악하여 구별할 수 있는 능력입니다. 정서를 인식하는 과정을 좀 더 세부적으로 살펴보면, 어떤 감정인지 지각하는 능력, 정서에 대해 언어적 또는 비언어적으로 평가하는 능력과 정서를 표현하는 능력까지 포함합니다. 두 번째 정서 조절은 자신과 타인의 감정을 효과적으로 조절하는 능력입니다. 마지막 정서 활용은 자신의 삶을 계획하고 성취하거나 문제를 해결하기 위해, 정서적 내용을 이용하고 활용하는 능력입니다. 자신이 처한 상황이나 과제를 해결하기 위해 자신의 감정을 활성화하여 행동을 계획하고 동기화할 수 있는 능력이지요. 예를 들어, 시험을 치를 때는 감정을 최대한 차분하고 중립적인 상태로 유지해야 긴장하지 않고 문제를 객관적으로 검증하며 효율적으로 해답을 찾을 수 있습니다. 중간고사를 치르지 못하여 해당 과목 교수를 찾아가 사과하고 대안책을 부탁할 때는 가능한 한 불쌍하고 힘들어하는 감정을 활성화해야 좀 더 효과적일 것입니다. 또는 창의적인 아이디어가 필요할 때는 좀 더 유쾌하고 긍정적인 감정 상태에 있는 것이 부정적이고 우울한 감정 상태보다는 유리합니다.

### Salovey와 Mayer의 네 가지 차원 모델

이후 Salovey와 Mayer는 정서지능을 하나의 능력으로 보았는데, 정서적 정보를 처리하는 능력의 개념적 틀 안에서 가장 기본적인 심리적 과정에서부터 좀 더 복잡한 통합적 과정에 이르기까지 정서 인식, 정서를 통한 사고의 촉진, 정서 이해, 정서 조절 등 네 가지 수준의 위계구조를 제안하였습니다. 이것은 기존의 세 가지 차원 모델에서 정서 인식과 정서 조절은 그대로 두고, 정서 활용은 사고의 측면을 강조하여 정서를 통한 사고의 촉진으로 수정하고, 정서 이해를 별도의 요인으로 구분한 것입니다.

Salovey와 Mayer가 1997년에 발표한 정서지능에 대한 네 가지 차원 모델[4]에서는 단계별로도 수준을 나누었는데, 각 단계와 단계의 여러 수준을 간단하게 살펴보겠습니다. 이를 통해 정서적 정보를 처리하는 과정에서 좀 더 기본적이고 간단한 수준과 중요하고 복잡한 수준에 대해 전문가들은 어떻게 보는지에 대한 안목을 얻음으로써 정서에 대한 이해를 높일 수 있을 것입니다.

**• 가장 낮은 수준의 능력: 정서 인식**

가장 낮은 수준의 능력은 정서 인식으로, 이것은 정서에 대한 지각, 평가 및 표현perception, appraisal and expression의 능력이며, 네 가지 수준을 포함합니다. 첫 번째 수준은 자신의 표정이나 신체 감각에 근거해서 자신이 무엇을 느끼고 있는지 감정을 정확하게 지각하는 것입니다.

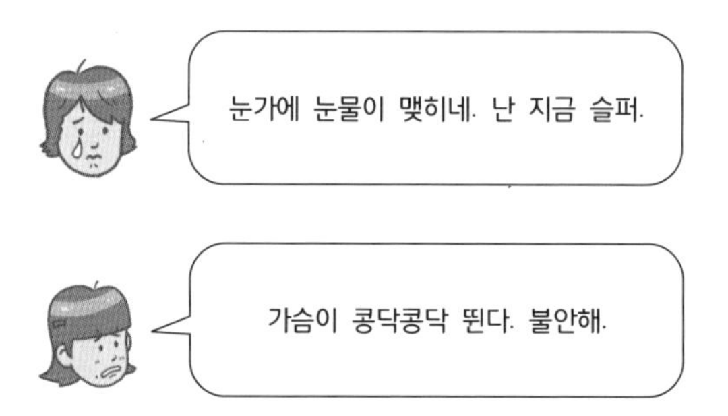


두 번째 수준은 타인의 표정이나 몸짓, 행동, 언어나 상황적 맥락을 통해 다른 사람이 느끼는 감정을 정확하게 알아차리는 것입니다.

4 Mayer와 Salovey(1997)의 모델 중 네 가지 요인의 각 수준에 대한 설명은 정옥분, 정순화, 임정하(2007)의 『정서 발달과 정서지능』의 내용을 참고하였습니다.

세 번째 수준은 정서뿐만 아니라 정서와 관련된 욕구도 정확하게 표현할 수 있는 능력입니다. 이와 함께 자신의 정서 표현에 대해 상대방이 어떻게 반응할지 어느 정도 예측할 수 있고, 타인의 정서 표현을 보고 상대방이 무엇을 원하는지 그 욕구를 인식할 수 있는 능력까지 포함합니다.

네 번째 수준은 자신이나 타인의 감정 표현에 대해 그것이 당사자의 감정을 정확하고 솔직하게 표현한 것인지, 즉 감정 표현의 정확성과 솔직성을 파악할 수 있는 능력을 말합니다. 여러 감정이 섞인 복합적인 감정 표현에 대해 그것이 어떠한 감정들을 포함하는지 구별할 수 있는 능력은 정서 인식의 가장 어려운 수준에 속합니다.

• 두 번째 요인: 정서를 통한 사고의 촉진

정서지능의 두 번째 요인은 정서를 통한 사고의 촉진으로서, 정서가 사고에 끼치는 영향을 활용하는 능력입니다. 여러분은 이미 정서와 사고가 밀접하게 관련되어 있고 서로에게 영향을 끼치는 것을 잘 알고 있을 겁니다. 먼저 사고가 정서에 끼치는 영향을 생각해 볼까요? 정서란 어떤 자극이나 상황에 대해 평가적인 생각을 함으로써 발생하는 것이니, 어떤 생각을 하느냐에 따라서 결과적으로 경험하는 감정의 색깔은 달라집니다. 자극이나 상황에 대해 자신의 관심이나 목표에 부합하는 방향으로 평가한다면 유쾌한 감정이 들 것이고, 방해하는 방향으로 평가한다면 불쾌한 감정이 느껴질 것입니다.

남자친구가 전화를 받지 않았을 때 나를 멀리하고 다른 여자를 만나는 것은 아닐까 생각하기 시작하면, 불안하고 우울하고 화가 나요. 그래서 계속 전화하고 문자메시지를 보내서 확인하려고 해요.

반대로 어떤 감정이 들면 떠오르는 생각이 영향을 받게 됩니다. 활짝 웃으며 유쾌한 감정 상태가 되면 낙관적이고 긍정적인 생각들이 떠오르고, 얼굴을 찡그리며 초조하고 불안한 감정 상태가 되면 괜히 불편하고 부정적인 생각들이 자꾸 떠오릅니다. 이렇듯 어떠한 정서를 경험하느냐에 따라 떠오르는 생각의 종류가 달라지고 행동도 달라지는 것입니다.

불안한 감정이 들면 자꾸만 뭔가 잘못될 것 같은 생각이 들어서 나중에 차분해졌을 때 돌이켜 보면 과했다 싶은, 말도 안 되는 행동을 하곤 해요.

정서를 통한 사고의 촉진은 네 가지 수준으로 다시 구분됩니다. 첫 번째 수준은 자신이 처한 여러 가지 갈등이나 문제 중 중요한 정보에 우선적으로 주의를 집중하는 능력입니다. 예를 들어, 어제 여자친구가 통보한 이별로 인한 슬픈 감정과 내일 치러야 할 중간고사에 대한 부담과 불안감을 느끼고 있을 때, 이별에 대한 슬픔에 집중할 것인지 아니면 시험에 대한 불안감에 집중할 것인지 문제해결을 위해 정서 간에 우선순위를 결정하는 것입니다. 가장 바람직한 것은 이별에 대한 슬픔은 뒤로

하고 시험에 대한 불안감에 반응하여 열심히 시험공부를 하는 것이겠지요.

두 번째 수준은 상대방의 이야기에 공감하기 위해서, 또는 이야기 속의 인물이 느끼는 감정들을 이해하기 위해서 과거에 자신이 경험했던 감정을 다시 떠올리고 느껴 보는 것입니다. 친구가 이별의 상처를 이야기할 때, 좋아했던 사람과 헤어졌던 경험을 떠올리면 좀 더 효과적으로 친구의 마음을 이해할 수 있을 것입니다. 갑작스러운 통보에 황당하고 망연자실했을 심정, 이유도 정확히 알려 주지 않은 것에 대한 분노감, 좋았던 기억을 잊을 수 없는 안타까움, 곁에서 오랫동안 함께했던 이의 빈자리로 인한 슬픔을 좀 더 잘 공감할 수 있을 테니까요.

세 번째 수준은 정서가 그때그때 변화할 수 있고, 정서적 상태를 바라보는 관점들이 서로 다를 수 있음을 이해하는 능력입니다. 우리는 다양한 경험을 하면서 울다가 웃을 수 있고, 웃다가 울 수도 있으며, 화냈다가 슬퍼할 수 있음을 이해할 수 있게 됩니다.

네 번째 수준은 문제해결을 위해 가장 적절한 감정을 만들어서 활용하는 능력으로, 가장 고차원의 수준에 해당합니다. 수학경시대회에 나가 시험을 보고 있다면, 감정은 가능한 냉정하고 차분한 상태를 유지해야 합니다. 기말시험 기간이라면 낙관적이고 편안한 감정 상태는 시험공부를 하는 데 도움이 되지 않겠지요. 오히려 시험을 잘 못 볼지 모른다는 부정적인 생각을 떠올려 다소 불안하고 긴장된 감정 상태를 만들어야 효과적으로 시험공부에 집중할 수 있을 것입니다.

**• 세 번째 요인: 정서를 이해하고 분석하는 능력**

세 번째 요인은 정서를 이해하고 분석하는 능력으로, 네 가지 수준을 포함합니다. 첫 번째 수준은 다양한 정서에 이름을 붙이고, 정서 간의 차이와 관계를 이해하며, 정서의 강렬한 정도에 따라 명칭이 달라진다는 것을 이해하는 능력입니다. 예를 들어, 똑같이 화나는 감정이라 할지라도 조금씩 그 성격과 강도에 따라 다른 이름으로 칭할 수 있습니다. 짜증스러운 감정, 신경질 나는 감정, 욱하는 감정, 격분한 감정은 모두 분노와 관련된 감정이지만, 조금씩 그 양상과 강렬함에 차이가 있는데, 이러한 차이를 이해하는 것 또한 중요한 능력입니다.

두 번째 수준은 정서가 발생한 원인과 과정, 그리고 결과를 이해하는 능력입니다.

많은 사람이 착각하고 있거나 잘못 알고 있는 것 중 하나가 감정이 그냥 생긴다는 것입니다. 왜 그런 감정이 들었는지 물어보면, "그냥 화가 났어요.", "그냥 서운했어요.", "그냥 우울해졌어요."라고 말하는 사람이 많습니다. 그러나 그 어떠한 감정도 그냥 생기는 것은 결코 없습니다. 반드시 그 감정을 유발한 자극과 사건은 존재합니다. 일반적으로 무엇인가 중요한 대상을 상실했을 때 슬픔을 느끼며, 누군가 내 것을 침해했을 때 화가 납니다. 미래의 내 안전에 위협이 될 만한 일이 일어날지 모르는 상황에서 불안감을 느낍니다. 두 번째 수준은 이렇게 감정이 발생하는 원인에 대해서 이해하고 어떤 과정을 거치는지 이해하는 것을 말합니다. 만난 지 백일째 되는 날, 여자친구가 심술을 부리고 짜증을 냈다면 백일 선물을 준비하지 못한 것에 서운함을 느꼈기 때문이라는 것을 깨달아야 합니다.

세 번째 수준은 두 가지 이상의 복합적인 정서를 해석하고, 여러 가지 정서를 함께 경험할 수 있다는 것을 이해하며 활용하는 능력입니다. 이후에 복합적인 정서에 대해 언급하는 부분이 있는데, 경멸은 분노와 혐오의 감정이 혼합되어 있으며, 실망스러움은 슬픔과 놀람이 혼합되어 나타나는 것입니다. 우리가 경험하는 대부분의 사건에 대해 사실 단일한 감정을 경험하기보다는 여러 가지 감정이 복합적으로 느껴지는 경우가 많습니다. 사랑하면서도 미워할 수 있고, 좋아하면서도 꺼려질 수 있으며, 슬프면서도 화가 날 수 있습니다.

마지막 네 번째 수준은 우리가 느끼는 감정이 계속 유지되기보다는 다른 형태로 변화하는데, 이때 감정이 어떻게 변화하는지 이해하고 예측할 수 있는 능력입니다. 친구가 다른 사람들 앞에서 단점을 지적했을 때, 순간 부끄럽고 수치스러웠는데 점차 생각해 보니 사람들 앞에서 수치심을 준 그 친구에게 자꾸 화가 납니다. 아버지가 너무 미워 화가 나지만, 아버지에게 심한 분노를 느끼는 자신에 대해 죄책감을 느낍니다. 떠난 연인에게 버림받았다는 생각에 슬프지만, 아무런 말 한마디 남기지 않아서 버림받은 이유조차 알지 못하고 힘들게 한 것에 화가 치밀어 오릅니다.

• 가장 상위 범주: 정서 조절

정서지능의 가장 마지막 상위 범주는 자신의 성장이나 목표를 위해서 정서를 고려하여 조절하는 능력입니다. 첫 번째 수준은 정서를 받아들이고 이에 반응하는 능력입니다. 우리는 흔히 불쾌한 감정을 회피하려 하지만, 바로 그것이 감정 조절을 더 어렵게 한다는 것을 잘 알지 못합니다. 정서 조절의 가장 낮은 수준은 먼저 유쾌한 정서이든 불쾌한 정서이든 정서를 개방적으로 수용하는 데에서 시작합니다. 많은 사람이 화가 났을 때 '왜 이렇게 화가 나지? 화가 나선 안 되는데.'라고 생각하면서 화난 감정을 받아들이지 못합니다. 그런데 이렇게 화난 감정을 부정할수록 속에서 더욱 치밀어 오르는 것을 쉽게 감지할 수 있습니다. 수용이 가장 필요한 감정이 바로 불안입니다. 불안한 사람은 공통적으로 '불안하면 안 되는데 왜 자꾸 불안하지?'라는 태도를 취합니다. 즉, 불안한 감정을 받아들이지 못하고, 불안하면 안 된다고 하니까 더욱 불안해집니다. 반면, '아, 내가 …해서 화가 나 있구나. 그럴 수 있지.', 또는 '그래, 이러한 상황에서 불안한 것은 당연한 일이야.'라고 하면 화가 났다가 또는 불안했다가 그 감정이 서서히 줄고 사그라지는 것을 경험할 수 있습니다.

이처럼 감정을 조절하고 움직이기 위해서는 먼저 자신이 느끼는 감정을 수용할 수 있어야 합니다. 내가 그러한 감정을 느끼고 있다는 것을 인정해야, 그 감정을 어떻게 할 것인지 결정하고 다룰 수 있지 않을까요?

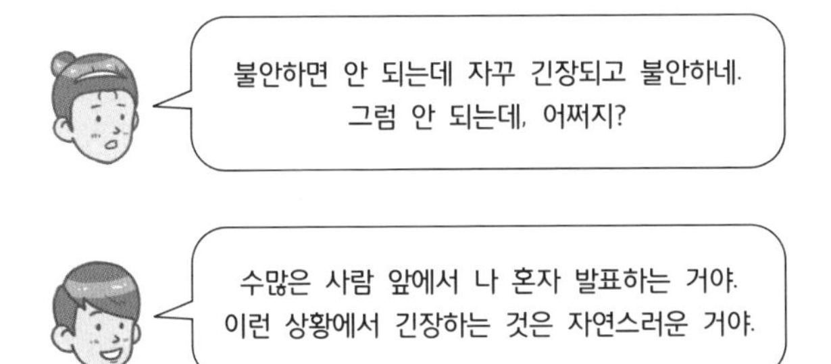


두 번째 수준은 경험한 정서가 자신에게 유익한지를 고려하여 그에 맞게 정서를 표현하거나 차단할 수 있는 능력입니다. 즉, 우리가 어떤 감정을 느끼고 있다고 하더라도, 그 감정을 다른 사람에게 표현하는 것은 별개의 것입니다. 따라서 두 번째 수준에서 가장 중요하게 요구하는 것은 감정을 느끼는 것과 표현하는 것을 구분하는 능력입니다.

어린아이는 화나면 신경질을 부리고 때리며 부수거나 소리를 지릅니다. 슬프면 울고 서운하면 토라집니다. 그러나 점차 사회생활 속에서 배우고 성장하여 성인이 되면서 화가 나는 감정과 상대방을 때리거나 물건을 부수는 것은 별개의 것임을 알게 됩니다. 즉, 상대방에게 화가 난다고 해서 상대방을 때리는 행동이 정당한 것은 아님을 압니다. 화난다고 꼭 신경질을 낼 수 있는 것은 아니며, 슬프다고 늘 울 수 있는 것이 아님을 알게 됩니다. 서운하다고 토라지면서 달래주기를 기대할 수는 없다는 것 또한 알게 됩니다. 하지만 아이는 그것을 잘 알지 못합니다. "엄마가 화나게 하니까 내가 엄마를 때리는 거야. 그게 뭐!"라고 외칩니다.

하지만 의외로 많은 성인에게서 여전히 감정과 행동 간의 구분이 내면화되어 있지 못한 경우를 자주 봅니다. "화가 나서 화를 내는 건데 뭐가 잘못이야?"라고 당당히 주장합니다. 여러분 또한 아직도 감정과 행동 간의 구분이 잘 안 된다면, 이 책을 읽고서 정서를 바르게 이해하면서 감정과 행동이 별개의 것임을 깨닫게 되기를 바랍니다. 제14장에서 감정 표현에 대해 다루겠지만, 잠시 간단하게 언급하자면 화가 나는 감정은 자신이 그 자극에 반응한 사고 때문입니다. 즉, 그런 생각을 했기 때문에 화가 나는 것입니다. 또한 비록 당신이 그렇게 생각할 수밖에 없을 정도로 상대방의 잘못이 크다 할지라도 그에게 신경질을 내거나 비난하는 것은 옳지 않습니다. 왜냐하면 신경질을 내거나 비난하는 것은 상대방의 자존감에 상처를 주는 행위로, 상처를 받으면 상처를 준 대상에게 화가 나듯이 또 다른 분노를 유발하기 때문입니다. 이렇게 정서가 행위로부터 분리될 수 있음을 깨달으면, 적절한 시기에 정서를 표현하거나 차단할 수 있는 능력이 생깁니다.

화가 나지만, 저 사람에게 신경질을 내며
비난하는 것은 옳지 않아.
그리고 나에게도 이롭지 않아.

정서 조절의 세 번째 수준은 자신의 정서가 타인에게 어떻게 비춰질지 이해하고, 타인에게 끼치는 영향을 평가하는 능력입니다. 예를 들어, '내가 짜증과 신경질을 내서 저 사람이 지금 상당히 불쾌한 거구나. 그래서 불친절하게 대했던 거구나.'와 같이, 자신과 주변 환경의 사이에서 정서 경험의 원인과 결과를 이해할 수 있는 능력은 중요합니다.

마지막으로 정서 조절 범주의 네 번째 수준은 자신의 감정을 사회문화적으로 수용될 수 있는 방식으로 조절하고, 타인의 정서까지 조절할 수 있는 능력입니다. 다음 예처럼 상사의 공격적인 말에 화가 나지만, 그 화를 바로 표현하지 않는 대신에 정중하게 받아들이는 긍정적인 반응을 보임으로써 상사의 분노를 누그러뜨릴 수 있을 것입니다. 이렇게 함으로써 화를 바로 표현했을 때 나타날 수 있는 상사와의 갈등과 불이익 등의 부정적인 결과를 방지할 수 있을 뿐 아니라, 자신의 감정을 적절히 조절할 수 있다는 자기효능감이 증가할 것입니다.

지금 뭐라는 거야? 부장님은 계속 내 속을 긁는 말만 하고 있네. 진짜 화가 난다.
그래도 내가 불쾌한 표정을 짓거나 화를 낸다면 부장님은 더욱 화를 낼 것이고
결국 원치 않은 결과가 초래될 거야. 일단 정중하게 대하고,
부장님의 말을 긍정적으로 받아들이는 것처럼 반응을 보여야겠다.

또한 이런 능력은 타인에게 긍정적인 영향을 줌으로써 사회적 관계를 형성하는 데 유리하게 작용합니다. '어제 술 먹고 밤늦게 들어왔다고 아내가 굉장히 화가 나 있네. 최대한 미안해하고 반성하고 불쌍하게 보여야겠다.', '중간고사를 놓쳤다. 어쩌면 좋지? 어쨌든 F를 받지 않도록 교수님께 찾아가 봐야지. 그리고 보고서로 대체할 수 있도록 부탁드려야겠다. 내가 왜 중간고사를 놓칠 수밖에 없었는지, 가능한 한 어렵고 힘든 상황을 잘 전달해야겠다.'와 같이 목표를 위해 적절히 정서를 조절할 수 있다면 여러분이 원하는 목표를 달성하는 데 더욱 효과적일 것입니다.

## Goleman의 다섯 가지 차원 모델

Goleman[1995]은 정서지능의 개념을 좀 더 폭넓게 정의하여 정서와 연합된 일련의 적응적인 특징들을 포함하였습니다. 또한 Salovey와 Mayer[1990]의 세 가지 차원 모델을 좀 더 실용적인 개념으로 범주화하여 다섯 가지 영역으로 세분하였으며, 이 정서지능의 다섯 가지 차원으로 정서 인식, 정서 조절, 동기화, 공감, 인간관계 능력을 주장하였습니다.

첫째, 정서 인식은 자신과 타인의 정서를 알아차리는 능력입니다. 이것은 자신과

타인이 느끼는 감정이 무엇인지 정확히 아는 것으로, 그 감정이 여러 감정 중 무엇인지 파악하고 구별할 수 있는 능력입니다. Salovey와 Mayer의 정서 인식 차원과 거의 동일합니다. 둘째, 정서 조절은 자신과 타인의 정서를 조절하는 능력으로, 만족을 지연하고 충동을 조절하며 분노나 우울 및 스트레스 등의 감정을 상황에 맞게 적절히 통제하고 표현하는 능력과 관련됩니다. 여기에는 불쾌한 감정의 상태에서 스스로를 위로하고 평소의 감정 상태로 회복할 수 있는 능력을 포함합니다. 셋째, 자신의 마음에 동기를 유발하는 능력으로, 계획한 것을 실행하기 위해 스스로 동기를 만들고 귀찮고 힘든 것을 견디어 내는 것을 말합니다. 목표가 있을 때 그 목표에 주의를 집중할 수 있고, 목표 달성을 위해 일시적으로 자신의 만족이나 충동을 억제하고 지연시킬 수 있으며, 자신의 행동을 적절하게 동기화하여 성취할 수 있는 것입니다. 넷째, 타인의 감정을 공감하는 능력은 타인의 정서 상태를 정확하게 읽고 무엇인지 구별하며 이해하는 능력으로, Goleman은 사회적 관계를 강조하였기 때문에 대인관계를 형성하고 유지하는 데 중요한 공감 능력을 별개의 범주로 구분하였습니다. 다섯째 범주는 인간관계를 관리하는 능력으로서, 타인의 정서적 반응이나 대인관계에서 나타나는 문제를 잘 다룰 수 있고, 타인과 성숙하고 유연하게 상호작용할 수 있으며, 리더십과 대인관계 능력을 뒷받침합니다.

# 정서 조절이란 무엇인가

## 해소되지 않은 감정은 반응에 영향을 끼친다

정서는 우리의 삶과 적응에 매우 중요한 역할을 합니다. 정서는 매일 개인에게 중요한 정보를 제공하고, 우리는 정서가 주는 정보를 파악하고 활용하여 처한 상황에 적응적으로 반응하면 됩니다. 그러나 정서는 우리에게 정보만 주고 사라지는 녀석이 아닙니다. 일단 발생한 정서는 충분히 느끼고 표현되기를 바랍니다. 그런데 정서를 적절히 조절하고 해소하는 것은 그리 쉬운 일이 아닙니다. 그렇기 때문에 해소되지 않은 감정이 어느 정도 남아 있습니다. 또한 슬픔, 불안, 죄책감, 수치심, 억울함, 분노, 서운함 등의 감정덩어리와 남은 찌꺼기를 가슴 한구석에 억눌러 놓습니다. 차곡차곡 쌓인 감정들은 안타깝게도 가만히 있지 않습니다. 조용히 있다가 부지불식간에 얼굴을 내밉니다. 그러한 감정은 우리에게 "나 좀 해소해 줘!"라며 불편함과 충동 등의 여러 가지 신호를 보냅니다.

## 해소되지 않은 감정이 보내는 신호

### 주의를 집중하기가 어렵다

집중이 잘 안 되는 일이 있습니까? 있다면 반드시 여러분의 주의를 빼앗고 있는 사건이 있고, 그 사건에 대해 여러 가지 불쾌한 감정을 경험하고 있을 것입니다. 마음이 불편할 때 나타나는 대표적인 증상이 주의를 집중하기 어렵다는 것입니다. 공부를 하거나 일을 할 때 옆 사람이 자꾸 말을 건다거나 건들면 공부나 일에 집중하기가 어렵습니다. 마찬가지입니다. 해소되지 않은 감정은 주인에게 계속 신호를 보내고 말을 겁니다. 여러분 또한 일을 해야 하는데 손에 잘 잡히지 않는다거나, 수업 중에 교사의 말이 잘 들리지 않는다거나, 부산한 느낌이 드는 등 이런 경험을 많이 해 보았을 것입니다.

주의를 집중하기 위해서는 에너지가 필요하며, 사람이 한순간에 쓸 수 있는 에너지의 용량은 한정되어 있습니다. 물론 매 순간에 쓸 수 있는 에너지의 용량은 개인마다 조금씩 다릅니다. 어떤 사람은 엄청난 에너지를 타고 나서 수많은 일을 할 수 있는가 하면, 어떤 사람은 에너지가 부족하여 한 번에 한 가지씩만 할 수 있습니다. 불쾌한 감정은 해소되지 못한 채 있으면, 자꾸만 주인의 시선을 끌어서 해소하라고 메시지를 보냅니다. 그 메시지에 자꾸 반응을 하기 때문에 에너지 용량에 구멍이 나듯 에너지가 분산되는 것입니다. 어딘가에 에너지를 자꾸 뺏기기 때문에 일을 처리하는 데 필요한 에너지가 부족하게 되고, 결국 주의를 집중하는 데 어려움을 겪습니다. 그렇다면 주의를 빼앗는 일들에는 어떤 것이 있을까요?

올해 7살인 민준이는 유치원의 같은 반 친구인 송이를 좋아합니다. 그런데 송이는 얼마 전 새로 온 성준이를 좋아하며, 둘이서 붙어 다닙니다. 민준이는 너무 속상하고 슬픕니다. 그래서 민준이는 온통 송이에 대한 생각뿐이고, 밥맛이 없고 기분도 안 좋습니다. 엄마가 불러도 잘 듣지 못하고, 공부도 잘 되지 않습니다.

유리는 시골 중학교에서 전교 1등을 도맡아 했습니다. 그러던 중 도시에 있는 고등학교로 전학을 가게 되었는데, 처음 본 시험에서 좋은 점수를 얻지 못했습니다. 유리는 큰 충격을 받았고 자존감에 심한 상처를 입었습니다. 그러던 차에 참관수업이 있었는데 선생님께서 유리에게 질문을 하였고 유리는 긴장하여 그만 더듬거리며 대답을 잘하지 못했습니다. 유리는 그날 이후 밥도 잘 먹지 않고 도저히 공부에 집중할 수 없었습니다. 성적이 떨어진 것으로 인한 좌절감과 사람들 앞에서 창피당한 것으로 인한 수치심을 스스로 어떻게 해야 할지 감당할 수가 없었던 것입니다.

재중이는 갑작스럽게 아버지를 사고로 잃었습니다. 재중이는 대학원 졸업을 위한 논문을 준비하고 있었습니다. 상을 치른 다음에도 재중이는 계속 멍하니 있었고, 도저히 논문에 집중할 수 없었습니다. 결국 결과 발표와 논문을 제때에 마무리하지 못하였고, 졸업은 한 학기 미루어졌습니다. 그것은 바로 사랑하는 아버지를 잃었다는 상실로 인한 감정들을 어떻게 처리해야 할지 몰라 방황하고 있었기 때문입니다.

## 기억력이 자꾸 떨어진다

주의 집중이 곤란해지면서, 기억력의 저하가 수반됩니다. 특정 정보가 기억의 저장고로 들어가기 위해서는 그 정보에 주의가 반복적으로 주어져야 합니다. 그러나 상당한 주의의 양이 해소되지 않은 감정 경험으로 인해 빼앗기기 때문에 사용할 수 있는 주의의 양이 부족하니, 기억의 저장고로 넘어갈 수 있는 정보 또한 줄어들게 되겠지요. 또한 이미 기억의 저장고에 들어가 있는 정보들 가운데 필요한 정보를 꺼내기 위해서도 에너지가 필요한데, 마찬가지의 이유로 기억을 잘 해내지 못하게 되는 것입니다. 우리는 신경 쓸 게 많으면, 자꾸 깜빡깜빡하게 되는데 그 이유가 여기에 있습니다.

## 새로운 상황에서 지각이나 판단이 왜곡된다

과거 경험 속에서 해소되지 못한 불쾌한 감정은 해소되기를 바라며 여러분의 생활에 자꾸만 끼어듭니다. 그냥 약속을 지키지 않아서 화를 낸 것뿐인 남자친구의 얼굴에서 과거 자신이 잘못했을 때마다 과하게 분노하며 소리를 질렀던 아버지의 모습을 본다거나, 친구가 잠깐 착각해서 말을 다르게 한 것뿐인데 과거 친구에게 사기를 당했던 경우를 떠올리며 친구를 의심하고 분노하기도 합니다. 어릴 때 좋은 옷과 맛있는 것을 사 주고는 갑자기 떠난 어머니에 대한 감정을 제대로 느끼고 해소하지 않았을 때, 이후 남자친구가 갑자기 잘 해 주면 떠나갈지도 모른다는 생각에 불안해합니다.

혹시 주변에 무슨 말만 하면 왜곡해서 듣거나 오해하는 사람들이 있지 않나요? 자꾸만 오해를 하기 때문에 갈등이 생기고, 그 갈등을 풀기 위해서 자초지종을 설명하고 들어주어야만 하는 일이 반복되곤 합니다. 때로는 오해를 풀기 위해 대화를 하지만, 오히려 꼬여만 가서 지치고 당혹스럽습니다. 이런 사람들에게는 바로 해소되지 못한 과거 감정 경험이 굉장히 많은 것입니다. 이처럼 해소되지 못한 감정은 현재에 영향을 끼쳐서 정보를 처리하는 데 왜곡을 유도합니다.

---

### 이유도 모른 채 갑자기 불안감과 두려움에 사로잡히거나, 의도치 않은 감정에 압도당하고, 또는 이해할 수 없는 행동을 한다

우리는 가끔 정확히 이유는 모르겠지만, 갑작스럽게 불안해지거나 두려워질 때가 있습니다. 또는 나중에 생각하면 내가 왜 그랬을까 후회하게 되는 행동을 하기도 합니다. 이는 우리가 알지 못하지만 무엇인가가 내면에 쌓여서 영향을 끼치기 때문입니다. 예를 들어, 사소한 잘못에도 크게 화를 내고 체벌을 가했던 부모에게서 자란 형돈 씨는 이후 선생님, 선배나 상사가 시킨 일에서 작은 실수를 했다는 것을 알게 되면 심한 불안감에 안절부절못하고 당황합니다.

### 몸이 아프다

검사에서는 뚜렷한 문제를 발견하기 어렵지만, 언제부터인가 몸이 아파서 신경이 쓰이고 불편합니다. 머리가 자주 지끈거리거나 아픕니다. 가슴이 찌릿찌릿하거나 꽉 막힌 듯이 답답합니다. 소화가 잘 되지 않고 자꾸 체합니다. 배가 살살 아프고,

화장실에 가야 할 것만 같습니다. 팔다리가 저리기도 하고, 심한 경우는 마비상태에 이르기도 합니다. 잠을 쉽게 못 이루고 어렵게 잠을 자더라도 주변의 부스럭거리는 소리에 쉽게 깹니다. 자꾸 불편한 꿈을 꾸고 잠자리가 사납습니다.

## 정서 조절이 필요한 이유

### 정서 조절은 정서지능의 가장 상위 차원이다

정서적 정보를 처리하는 능력인 정서지능을 어떤 차원으로 구분하고 구성하는지 2장에서 살펴보았습니다. 정서지능을 구성하는 요소에 대해 연구자마다 조금씩 의견이 다르지만, 대부분의 연구자는 정서 조절이 정서지능의 중요한 요소라는 데 의견을 모읍니다. 또한 여러 요소 중 정서를 조절하는 능력이 가장 중요하면서도 높은 수준의 상위 차원이라고 보았습니다. 이는 정서에 대한 선입견을 다룰 때 이미 짐작하였을 것입니다. 즉, 정서 자체가 이성을 방해하는 비합리적이고 부정적인 것이 아니라, 정서를 어떻게 다루고 조절하느냐에 따라서 자신의 욕구와 목표를 달성하는 데 도움이 될 수도 있고 정서에 대한 편견이 생기게 된 현상들처럼 대인관계나 일을 망칠 수도 있습니다. 일상생활에서 정서를 적절히 다루지 못하면 삶의 다양한 측면이 어려움에 처할 수 있는 반면, 정서를 적절히 잘 다루면 대인관계와 일의 영역에서 긍정적인 피드백을 얻으며 성취감을 맛볼 수 있을 거라는 점 또한 쉽게 인정할 것입니다. 따라서 정서를 조절하는 능력은 정서적 정보를 처리하는 능력 중 우리의 삶에 가장 중요한 영향을 끼친다고 할 수 있겠지요. 그렇다면 정서 조절을 잘 못 했을 경우 어떤 일들이 발생할까요?

### 정서 조절을 못 하면 사람친구, 연인 등을 잃는다

자신의 감정을 적절히 조절하지 못하면 많은 것을 잃게 됩니다. 그중에서 가장 타격이 심한 것은 바로 사람이 아닐까 합니다. 사람을 잃게 하는 주요한 감정을 꼽자면 불안과 화가 있습니다.

지현이는 한 달 정도 만난 남자친구가 있습니다. 남자친구인 창민이는 지현이와 사귀기 전에 다른 여자친구를 만나고 있었고, 그 여자친구와 갈등이 심해지면서 힘들어하고 있었습니다. 지현이는 가까이에서 창민이의 고민을 계속 들어주었고, 외로웠던 지현이는 창민이가 점점 좋아졌습니다. 어느 날 술에 잔뜩 취했을 때 술기운에 서로 스킨십을 시도하였고, 둘은 자연스럽게 연인관계로 발전하였습니다. 창민이는 갈등 상태에 있던 여자친구와 이별하였고, 지현이와 만나면 대화를 하기보다는 금세 스킨십에 빠졌습니다. 지현이는 스킨십이 좋긴 하였지만, 왠지 모를 불안감이 밀려왔습니다. '창민이가 정말 나를 좋아하는 걸까? 여자친구와는 깨끗하게 헤어진 걸까? 있는 그대로의 나를 좋아하기보다는 나와의 스킨십을 좋아하는 것은 아닐까?'하는 의문이 들었고, 그런 생각이 들수록 관계에 대해 불안하게만 느껴져 고통스럽고 어찌할 바를 몰랐습니다. 지현이는 창민이를 통해서 확인받으면 불안이 줄지 않을까 하는 생각에 창민이에게 거듭 전화를 걸어 자신을 좋아하는지 물었고, 창민이는 그럴 때마다 당황스럽고 부담스럽게 느꼈습니다. 지현이는 창민이가 친구들을 만나거나 일을 하고 있을 때에 전화를 걸거나 찾아가서 지금 당장 자신과 만나 줄 것을 요구했습니다. 창민이가 난처해하며 지금은 안 된다고 하면, 지현이는 창민이가 자신을 진심으로 좋아하는 것이 아니라며 절망스러워했고 가슴 아파했습니다. 지현이는 홧김에 이별을 통보했고, 창민이도 지친 마음에 이별을 받아들이기로 하였습니다. 결국 지현이는 자신의 내면에서 올라오는 불안감을 적절히 조절하지 못하여 잘 만나던 관계를 망치고 연인을 잃게 된 것입니다.

혜인이와 미희는 과에서 소문난 단짝 친구였습니다. 수업도 같이 듣고 과제도 같이 하며 많은 시간을 함께 보냈습니다. 특히 혜인이는 미희를 많이 좋아했고 미희에게 많은 부분을 배려하고 양보했습니다. 그러던 중 혜인이와 미희는 취직할 때가 되었고, 모 기업에 특채로 한 사람을 채용한다는 소식을 들었습니다. 학과 교수님은 혜인이와 미희를 불러서 둘 중에 한 명이 갔으면 좋겠다고 하였고, 두 사람은 고민하기 시작했습니다. 며칠 동안 서로의 마음을 살피며 고민하다가 혜인이는 교수님에게 자신이 양보하겠다고 말했고, 미희는 교수님의 언질을 받아 기업에 면접을 보았고 취직을 할 수 있었습니다. 그런데 안타깝게도 그 이후로 혜인이는 일이 잘 풀리지 않아 취직을 못 한 상태로 졸업하였습니다. 혜인이는 회사를 다니는 미희가 부러웠고, 자신의 처지를 비관적으로 생각하였습니다. 어느 날 친구들과 함께하는 자리에서 미희를 만나게 되었고, 미희가 자신을 별로 배려하지 않는다는 생각이 들어 섭섭했습니다. 술에 취한 혜인이는 복도에서 미희에게 무작정 그동안 쌓아 두었던 속마음을 쏟아내며 비난하였고 화를 퍼부었습니다. 미희는 너무 놀라고 당황스러워 어떻게 해야 할지 몰랐고, 혜인이도 그동안 쌓인 감정에 그만 울면서 그 자리를 뛰쳐나갔습니다. 혜인이는 자신을 달래주기를 바랐지만, 미희는 그 마음을 잘 알지 못한 채 심하게 상처받은 상태에서 연락을 끊었습니다. 한참 지난 후에 두 사람은 만날 기회가 생겨서 서로 서운한 것을 풀었지만, 둘의 관계는 예전으로 돌아갈 수 없는, 서로 상처받은 불편한 관계가 되었습니다.

## 정서 조절을 못 하면 직장을 잃는다

유천 씨는 자동차를 판매하는 매장에서 일합니다. 큰 키에 준수한 외모로 호감을 주는 유천 씨는 그런대로 일을 곧잘 합니다. 그러나 그에게는 한 가지 단점이 있습니다. 기분 나쁜 일을 잘 참지만, 그것이 자꾸 쌓이면 어느 순간 갑자기 상황과 대상을 가리지 않고 한 번에 터진다는 것입니다. 하루는 고객으로 굉장히 깐깐하게 보이는 부유층의 중년 여성이 방문하였습니다. 유천 씨는 그날도 웃으면서 고객의 기분을 맞추기 위해 애를 쓰고 있었습니다. 그런데 고객은 이것저것 깐깐하게 요구하는 것 이상으로 까다롭게 굴었고, 유천 씨에게 자존심을 건드는 말과 함께 모욕감을 주는 언행을 아무렇지 않게 반복하였습니다. 조용히 참고 있던 유천 씨는 순간 참을 수 없는 모멸감을 느꼈고 그만 화를 내고 말았습니다. 고객은 잠시 당황했지만 오히려 화를 내며 불쾌함을 노골적으로 표현했습니다. 유천 씨도 강하게 따지며 물러서지 않았고, 고객과 결국 말싸움을 하는 광경이 연출되었습니다. 이 광경을 본 매장 책임자는 고객을 한쪽으로 데리고 가서 한참을 달래고 고개 숙여 사과하였습니다. 가까스로 마무리는 되었지만 고객은 불쾌한 마음을 가지고 매장을 나갔습니다. 얼마 후 직원 감축 공지가 났고, 그 명단에 유천 씨의 이름도 포함되었습니다. 유천 씨가 자신의 불쾌함을 그때그때 잘 풀었더라면, 쌓아 두고 폭발하는 방식을 취하지 않았더라면 잘 다니던 직장을 잃는 일은 없었을 것입니다.

## 정서 조절을 못 하면 성적이 떨어진다

시험은 대표적인 기억력 테스트라고 볼 수 있습니다. 한정된 시간 동안 얼마나 많은 양의 정보를 기억의 저장고에 저장시켰는지를 확인하는 것이지요. 시험 성적이 자꾸 떨어진다면, 주의를 자꾸만 뺏고 있는 해소되지 않은 감정 경험이 있을 가능성이 매우 높습니다. 친구와의 갈등일 수도 있고, 부모의 잦은 말다툼으로 인한 불안일 수도 있고, 성적에 대한 압박일 수도 있으며, 사랑으로 인한 아픔일 수도 있습니다. 그러나 대부분의 부모나 선생님은 다음과 같이 말하곤 합니다. "정신 좀 똑바로 차려! 너 공부하라고 엄마와 아빠가 얼마나 힘들게 고생하고 있는데, 네가 공부 안하고 다른 데 신경 쓰면 되겠니?" 그러나 이러한 질책은 또 하나의 해소되지 못한 감정 경험을 만들어 낼 가능성이 높습니다. 따라서 더욱 주의는 빼앗기고 성적은 떨어지겠지요. 그렇다면 이때 필요한 것은 무엇일까요? 성적이 떨어지는 것 자체를 야단치고 나무라기보다는, 자녀가 어떤 일을 경험하고 있는지, 무엇 때문에 고민하는지, 어떤 경험을 받아들이기 어려워하는지, 무엇을 잘 다루지 못하고 있는지 관심을 기울이고 잘 처리할 수 있도록 도와주는 것이 우선입니다. "너 요새 자꾸만 신경이 쓰이는 일이 있는 것 같은데, 엄마에게 얘기해 줄 수 있겠니?" 그래서 해소되지 못한 감정 경험을 가능한 한 해소할 수 있도록 도와주어야 할 것입니다.

예전부터 초등학생과 중고등학생 가운데 놀이치료나 심리상담을 받는 아이들이 많아지고 있습니다. 이러한 추세는 놀이치료나 심리상담을 통해 성적이 좋아졌다는 주변 사람들의 피드백이 입소문을 타고 퍼지면서 관심을 받는 면도 있습니다. 아이는 성인에 비해 감정 처리가 더 미숙하고 그것을 어떻게 이해하고 조절해야 하는지 잘 모릅니다. 아이는 힘들어지고 스트레스를 받으면, 자신의 감정을 처리하고 전달하는 방법을 모르기 때문에 먼저 몸짓과 행동으로 표현합니다. 떼를 쓰고 말을 듣지 않고 하지 말라는 행동을 하며, 물건을 던지거나 소리를 지르는 등 과격한 행동으로 힘들고 답답한 마음을 표현합니다. 또한 답답하고 힘든 그 무엇에 자꾸 주의를 빼앗기니 집중이 되지 않고 기억 능력이 떨어져 학습 효과도 낮아집니다. 따라서 자연스럽게 공부가 잘 안 되고 성적이 떨어지겠지요.

놀이치료나 심리상담은 바로 아이의 감정을 들여다보고 스스로 이해하고 다룰 수 있도록 돕는 것이며, 아이는 이러한 작업들을 통해 답답하고 힘들었던 자신의 정서 경험을 명료하게 이해하고 표현하여 해소하게 됩니다. 힘들고 모호하고 답답했던 정서 경험덩어리가 사라지니, 안정감을 찾게 되고 빼앗기는 에너지가 줄어 공부할 때 집중이 잘 되고 성적이 오르게 됩니다. 물론 놀이치료나 심리상담이 학업과 성적에 직접적으로 영향을 주는 것은 아니지만, 감정과 마음을 다루는 꾸준한 과정을 통해 아이의 에너지를 뺏어간 부분들이 줄면서 부수적으로 좋은 성적을 얻는 것입니다.

## 정서 조절을 못 하면 건강을 잃는다

정서 조절을 잘 못 하면 자신의 정신 건강은 물론이고 신체 건강까지 잃으며, 주변 사람의 건강까지도 잃게 합니다. 사소한 사건에도 화가 치밀어 올라 버럭 화를 잘 내는 사람은, 그때마다 몸을 구성하는 요소들이 조금씩 망가집니다. 자율신경계가 빨라지고 몸의 이상을 원상 복귀하느라 신체는 부담스러운 작업을 하기 때문에 몸에 무리가 옵니다. 또한 곁에서 버럭 화를 내면, 주변 사람 또한 조마조마하고 심장이 두근거립니다. 비난과 공격을 받은 당사자는 '내가 이런 비난을 받을 만한 사람인가?'라는 생각에 자괴감에 빠지거나, 부당함과 억울함에 가슴이 답답하고 울화가 치밀기도 합니다.

마음이 아프면 몸도 아픕니다. 정서 조절을 제대로 못 하니 슬픔은 우울이 되고, 걱정은 심한 불안이 되고, 한 번의 폭식은 섭식장애가 됩니다. 잠시 의존한 술은 알코올중독으로 이어지고, 잠시 했던 게임 한 판은 게임중독에 빠지게 합니다. 이처럼 정신 건강이 손상되면, 그 결과 다양한 신체적 증상이 나타나고 질병으로 발전할 수 있습니다. 불쾌한 감정을 외면하다 보면, 가슴이 답답하고 다리나 팔이 저리는 신체 증상이 나타나기도 합니다. 신경을 너무 많이 쓰면 머리가 지끈거리고 두통이 생깁니다. 또한 소화 기능이 약해져서 음식을 먹으면 구역질이 나고 신물이 올라옵니다. 불쾌한 감정을 폭식 등으로 해소하려다가 위장장애와 식도염 등이 발생하기도 합니다. 오랫동안 심한 시집살이를 겪으며 쌓인 화를 제대로 풀지 못하기나, 직장에서 상사에게 시달리며 묵묵히 일만 하면 화병이 생기기도 하고 급기야 암에 걸리기도 합니다. 암은 일반적으로 화와 같은 불쾌한 감정을 그때그때 적절히 표현하거나 해소하지 못한 채 참기만 하고 쌓아 두는 사람에게서 자주 나타나는 질병으로 알려져 있습니다. 그리고 감정을 억누르면서 심장병이나 고혈압 등의 증세가 생길 수도 있습니다.

우리는 드라마나 영화에서 묵묵히 참으며 열심히 살던 주인공이 안타깝게도 암 말기를 진단받고 죽는 모습을 자주 봅니다. 드라마 <장밋빛 인생>에서 故 최진실 씨가 연기한 맹순이도 그러했습니다. 가난한 집안의 장녀로 태어났고, 가출한 어머니를 대신해서 막노동하는 아버지와 두 동생의 뒷바라지를 하면서 혼기까지 놓쳤습니다. 5살 연하의 남편을 만나 시댁의 반대에도 불구하고 결혼을 하게 되었습니다. 직장을 그만두고 전업주부로 생활하면서, 온갖 부업을 하며 몸이 상하면서도 악착같이 돈을 번 덕분에 38평 아파트도 갖게 되었습니다. 그러던 중 이제 숨 좀 돌리려 했더니, 남편이 갑자기 이혼을 요구한 것입니다. 이렇게 살아오는 동안 맹순이는 수많은 아픔을 경험했지만, 그때마다 무시하고 참고 누르며 웃으려고 했습니다. 하지만 맹순이는 괜찮다고 생각했지만, 몸은 괜찮지 않았습니다. 주인이 힘든 마음을 알아주고 쉬거나 달래주지 않으니, 몸은 주인에게 다양한 신호를 보내고 급기야 몸의 세포들은 조금씩 아프기 시작했으며, 결국 암으로 진행되어 손을 쓸 수도 없는 상태에 이릅니다. 더 이상 손을 쓸 수도 없는 상태에 이르러서야 맹순이는 가던 길을 멈추고 자신의 아픈 마음과 몸을 바라보게 된 것입니다.

여러분은 어떻습니까? 몸이 계속해서 여러분에게 신호를 보내고 있는데도, 여전히 그것을 무시한 채 가던 길을 계속 가고 있지는 않습니까? 상처를 받으면 마음이 아픕니다. 아픈 마음은 그것을 알아주고 달래주기를 바랍니다. 그런데 주인이 알아주지 않으면, 아픈 마음은 몸을 통해 주인에게 다시 신호를 보냅니다. "나 좀 바라봐 줘. 나 많이 아프단 말이야."라고요. 머리가 지끈거리기 시작하고, 소화가 잘 안 되거나 잠이 잘 오지 않는 등 다양한 신체적 증상을 동원합니다. 이때도 여전히 주인은 '왜 이러지? 좀 피곤한가?'라면서 무시하고 지나갑니다. 그러면 이제는 '이 정도로는 안 되겠다. 더 강한 신호를 보내야지.'라면서, 더 심한 고통과 증상을 동원하여 주인에게 신호를 보냅니다. 그래도 주인이 이를 알아차리지 못하면, 증상의 강도와 빈도, 종류가 증가하면서 급기야 심한 질병에 이릅니다.

참으로 어리석게도, 우리는 병원에서 진단을 받고 나서야 그 메시지에 귀를 기울입니다. 그제서야 멈추어 서서 자신이 걸어온 시간들을 돌아봅니다. '내가 너무 바쁘게 살았구나.', '내가 정말 그 사건으로 많이 힘들었던 거구나.', '이제 좀 쉬어야겠다. 더 이상은 안 되겠어.'라고 말입니다. 이렇게 질병으로까지 발전해서 건강을 잃기 전에, 자신의 아픈 마음과 몸의 통증이 보내는 메시지에 마음을 기울여 보세요. 그리고 알아주고 달래주세요. 원하는 것을 해 주세요. 그렇다면, 마음의 건강과 몸의 건강 모두 지킬 수 있을 것입니다.

## 정서 조절은 통제, 대처, 방어와 어떻게 다른가

여기에서는 정서 조절이 무엇인지에 대해 살펴볼 것입니다. 그러기에 앞서서 정서 조절과 혼동되어 사용된 통제control, 대처coping, 방어defense와 같은 용어와의 차이를 간단하게 언급하고자 합니다. 정서 조절이 본격적으로 개념화되고 연구되기 전에는 일상생활뿐 아니라 학술적 연구에서도 다른 용어들과 혼동되어 사용되었습니다. 정서 조절을 통제의 의미로 사용하기도 하였고, 대처와 같은 의미로 사용하여 연구하기도 하였습니다. 아마 여러분 중에서도 이 단어들과 정서 조절이 서로 같은 것이 아닌가 생각하는 분들이 적지 않을 것입니다. 그렇다면 통제, 방어, 대처는 정서 조절과 동일하게 사용할 수 있는 단어일까요? 그렇지 않습니다. 이 단어들과 정서 조절은 엄연히 구분하여 사용해야 합니다. 그렇다면 어떻게 다를까요? 하나씩 살펴보도록 하겠습니다.

## 감정 통제는 정서 조절과 어떻게 다른가

우리는 흔히 "너는 네 감정도 통제하지 못하니?", "감정을 잘 통제해야 하는 거야."라고 말하며, 통제라는 용어를 자주 사용합니다. 통제의 사전적 의미는 일정한 방침이나 목적에 따라 행위를 제한하거나 제약한다는 것입니다. 즉, 통제는 정서적 과정을 억제하는 방향을 의미하지만, 정서 조절은 억제함으로써 조절하기도 하고 감정을 밖으로 표현하거나 발산함으로써 조절하기도 합니다. 따라서 통제는 정서 조절의 방법들 중 억제하는 과정을 일컫는 반면, 정서 조절은 통제를 포함한 다양한 방향의 방법을 포괄하는 좀 더 광범위하게 사용하는 용어입니다.

## 대처는 정서 조절과 어떻게 다른가

정서 조절과 가장 혼동하여 자주 사용되는 용어가 대처입니다. 많은 사람이 "대처를 어떻게 했는데?", "그 감정에 대처는 제대로 한 거야?"라고 말합니다. 즉, 당황스럽고 힘든 상황에 처했을 때 사람들은 흔히 대처 방법을 떠올리곤 합니다.

대처라는 용어는 Lazarus에 의해 제안되었는데, 스트레스 상황의 내적 및 외적 요구를 다루기 위해서 사용하는 인지적·행동적 노력이라고 정의합니다. 스트레스란 내적으로 긴장감을 느끼게 하는 내부나 외부에서 오는 압력을 말합니다. 예를 들어 시험, 과제, 수업, 프로젝트에서부터 여자친구가 원하는 백일 기념 이벤트, 사랑한다는 말의 고백, 제안을 거절하는 방법 등 긴장감과 부담을 주는 다양한 자극이나 사건이 모두 스트레스 자극이 되며, 그에 따라 느끼는 압력은 스트레스가 됩니다. 대처는 주로 스트레스 자극에 대한 반응에 초점을 두는 의식적인 과정인데 반해, 정서 조절은 이런 모든 대처 노력을 포함하는 좀 더 폭넓은 개념입니다.

### 방어와 정서 조절은 어떻게 다른가

"너, 너무 방어적인 거 아니야?", "방어는 잘하고 있니?"와 같이 평소에 방어라는 말을 자주 사용합니다. 방어는 정신분석 이론적 바탕에서 유래한 용어로, 리비도적 충동 즉 내적인 본능 속 깊숙이 잠재되어 있던 에너지와 충동이 야기한 불안을 조절하기 위한 무의식적 과정을 말합니다. 그러나 정서 조절은 불쾌한 정서뿐 아니라 유쾌한 정서까지 포함하며, 무의식적인 과정뿐 아니라 의식적인 과정까지 포함하는 개념이라는 점에서 방어와 구분됩니다.

## 정서 조절의 유래

정서 조절 개념의 유래는 Freud의 정신분석적 전통과 Lazarus의 스트레스-대처 연구의 전통에서 찾아볼 수 있습니다.

### 자아는 방어 기제를 통해 불안을 조절한다

정신분석에서 사용하는 불안이라는 개념은 다양한 정서의 한 종류로서의 불안과는 조금 다릅니다. Freud는 불쾌하거나 부정적인 정서를 총칭하는 용어로 불안을 사용하였습니다. 따라서 불안 조절은 정신분석적 이론에서 중요한 개념입니다.

Freud에 의하면, 욕구 즉 리비도가 의식의 수면 위로 올라오는데 그 욕구가 수용될 수 없는 것일 때 불안이 나타난다고 보았습니다. 자녀와 부인이 있는 직장인 태지 씨가 같이 어울리던 동료를 좋아하게 되었을 때, 내면 깊숙한 곳에서 올라오는 사랑하고 싶은 욕구를 감지하여 왠지 모를 불안감을 느끼는 것처럼요. 이렇게 받아들일 수 없는 욕구로 인한 다양한 불안을 조절하기 위해 자아는 방어 기제를 작동합니다. 억제, 부인, 투사, 전치, 합리화 등의 방어 기제는 개인이 불안을 감소하기 위해 사용하는 조절 방법입니다.

태지 씨는 좋아하는 감정을 억누르며 억제할 수도 있고, '나는 그녀를 좋아하지 않아. 관심조차 없어.'라며 좋아하는 감정을 부인할 수도 있습니다. '난 별로 관심도 없는데 그녀가 나에게 자꾸 치근덕거리고 있어. 난 아내와 자녀도 있는데 나에게 왜 그러는지 모르겠어. 제발 자신의 감정 좀 조절하란 말이야.'라며 자신의 감정을 상대방에게로 떠넘기며 투사할 수도 있습니다. 때로는 '난 그저 좋아하는 것일 뿐이야. 거의 모든 중년의 남자들이 아내가 아닌 다른 여자에게 좋아하는 감정을 가질 수 있고 바람을 피우기도 해.'라며 자신의 감정을 합리화하기도 합니다.

## 스트레스 자극에 대처 반응을 취한다

Lazarus는 1966년에 스트레스-대처 모델을 발달시켰는데, 그에 따르면 사람은 스트레스 자극에 대처하기 위한 어떤 반응을 취합니다. 이러한 대처 반응coping response은 스트레스 자극이 야기하는 불쾌한 정서를 조절하기 위한 방법입니다. Lazarus는 대처 반응을 크게 두 가지로 구분하였는데, 문제초점적 대처와 정서초점적 대처입니다. 문제초점적 대처는 말 그대로 문제에 초점을 두는 대처로, 문제나 상황 자체를 변화하려는 시도입니다. 반면, 정서초점적 대처는 스트레스 자극으로 인해 유발된 감정들, 즉 슬픔, 불안, 분노 등 정서적 고통을 줄이기 위한 활동으로서, 불쾌하게 만드는 상황이나 자극을 피할 수도 있고 주의를 다른 데로 돌릴 수도 있으며 문제 상황에 대한 생각을 바꿀 수도 있습니다. 문제초점적 대처는 문제를 해결하기 위해 상황에 직접 접근하는 특정 방법에 국한되는 반면, 정서초점적 대처는 불쾌한 정서를 줄이기 위해 시도하는 방법들을 모두 포함한다고 볼 수 있습니다.

이런 측면에서 스트레스-대처 연구에서 대처 방법들, 그중에서도 특히 정서초점적 대처에 대한 연구들이 이후 정서 조절 연구의 토대를 마련하였습니다.

## 정서 조절에 대한 다양한 정의[5]

정서 조절이 학문적 연구의 관심 속으로 들어온 것은 1980년대쯤부터입니다. 정서를 조절하는 것이 심리적 건강과 신체적 건강을 좌우하고, 사회적 관계에서 원활하게 상호작용하는 데도 중대한 영향을 끼친다는 것을 깨달은 것이지요. 어떤 대상을 연구하기에 앞서 학자들이 가장 먼저 하는 일은 바로 그 대상의 개념을 정의하는 것입니다. 정서 조절을 연구하려면 학자들 간에 정서 조절이 무엇을 뜻하는 것이라는 합의가 있어야, 그것에 대한 연구를 하고 그 결과를 소통할 수 있을 테니까요. 이에 많은 연구자가 정서 조절에 대한 다양한 정의를 제시하였습니다. 하지만 대다수의 동의를 이끌어 낼 만한 정의는 쉽게 나타나지 않았습니다. 현재까지도 연구자 간에 정서 조절에 대해 합의되거나 타당하게 받아들여진 정의는 없습니다. 그만큼 정서 조절은 한마디로 정의하기 어려운 매우 복잡한 개념이며, 하나의 행동으로 정의할 수 없는 폭넓은 구성 개념입니다Walden & Smith, 1997.

이 절에서는 다양한 정서 조절의 정의를 그 강조점에 따라 구분하여 살펴보고자 합니다. 그러면 정서 조절에 대해 사람들이 어떤 측면을 중요한 특성으로 생각하는지 어느 정도 이해할 수 있으니까요.

### 불쾌한 감정이든 유쾌한 감정이든 적정 수준으로 감소시키는 것

먼저 정서 조절을 유쾌한 정서와 불쾌한 정서의 증가와 감소 측면에서 개념화한 연구자들이 있습니다. Kopp1989는 정서 조절이란 유쾌한 정서와 불쾌한 정서의 고양된 수준을 다루는 과정으로, 두 정서 간에 조화를 이루는 것이라고 정의하였습니다. 즉, 화가 머리끝까지 올라왔거나 불안 수준이 너무 심하여 안절부절못하는

5 이지영과 권석만이 2006년에 「한국심리학회지: 상담 및 심리 치료」의 18(3)권에 발표한 논문 '정서 조절과 정신병리의 관계: 연구 현황과 과제'의 내용을 수정 및 보완하였습니다.

것도 문제이지만, 유쾌한 감정이 너무 고양되어서 극심하게 떠 있는 경우도 감소해야 할 대상으로 간주한 것입니다. 화를 강렬하게 느끼고 있을 때 그 화를 줄이고, 매우 유쾌하여 즐거워하고 있을 때 그 즐거움을 줄이는 것 모두 정서 조절의 방향으로 보았습니다. 즉, 정서 조절을 유쾌한 정서이든 불쾌한 정서이든 지나칠 경우 적정 수준으로 감소시키는 과정으로 이해한 것입니다. 그런데 만일 수차례 시험을 봐도 번번이 떨어졌던 늦깎이 고시생이 어렵게 고시에 합격했다면, 과연 이 경우에도 마음껏 고양되어 유쾌해하면 안 되는 것일까요?

## 유쾌한 정서는 극대화하고 불쾌한 정서는 최소화하는 것

Kopp의 입장과 달리, Westen[1994]은 정서 조절에 대해 유쾌한 정서를 극대화하고 불쾌한 정서를 최소화하기 위한 의식적·무의식적 노력으로 정의하였습니다. 이러한 정의는 불쾌한 감정은 줄이고 유쾌한 감정은 더욱 촉진하자는 의미를 담으며, 즐거울수록 바람직하다는 전제가 깔려 있습니다. 이와 같이 불쾌한 정서는 감소하고 유쾌한 정서는 증가하는 과정으로 보는 입장에 몇 가지 이의를 제기할 수 있습니다. 첫째, 유쾌한 정서가 반복적으로 극대화될 경우 조증과 같은 정신병리가 야기될 수 있습니다. 과연 이것이 건강한 것일까요? 둘째, 불쾌한 감정 또한 그것 자체가 우리에게 중요한 정보를 주고 적응할 수 있도록 안내한다는 정서의 기능적 측면이 지지되고 강조되고 있다는 점에서, 불쾌한 정서를 무조건 감소해야 한다는 Westen의 정의는 적절하지 않습니다.

즐겁고 기쁠수록 좋지. 더욱 유쾌해야지.
그리고 불안이나 화는 최대한 느끼지 않도록 해야 해.

## 상황에 맞게 정서 상태를 수정하는 과정

일부 연구자들은 정서 조절을 기능주의적 입장에서 정의하고자 시도하였는데, 이들은 정서를 조절하는 데 있어 목표를 강조하였습니다. 즉, 정서 조절을 목표를 충족하기 위한 효용성 측면에서 정의한 것입니다. Cole과 그의 동료들은 개인이 처한 상황을 매우 중요하게 생각했습니다Cole, Michel, & Teti, 1994. 즉, 상황에서 요구되는 측면과 개인이 그 상황에서 성취하고자 하는 목표를 고려하여, 필요할 때는 감정 반응을 지연할 수도 있고 계속되는 유쾌한 또는 불쾌한 감정 경험을 요구와 목표에 도움이 되는 방향으로 그리고 사회적으로 받아들여지고 충분히 유연한 방식으로 반응할 수 있는 능력을 정서 조절이라고 하였습니다. 우리가 처한 매 순간의 맥락이나 상황의 요구에 맞게 자신의 감정 상태를 바꾸고, 이러한 과정이 지속적으로 이루어지는 것을 정서 조절이라고 본 것입니다. 이렇게 개인이 목표와 정서를 느끼고 있을 때의 상황을 강조한 관점은 이후 많은 사람에 의해 지지되고 있습니다.

### 어떤 정서를 언제, 어떻게 경험하고 표현할 것인가에 영향을 주는 절차

정서 조절을 활발하게 연구해 온 대표적인 학자인 미국의 심리학자 James Gross는, 1988년에 정서 조절을 개인이 어떤 정서를 언제 그리고 어떻게 경험하고 표현할 것인가에 영향을 끼치기 위해 사용하는 절차라고 정의하였습니다.

Gross는 정서 조절이라는 용어가 모호하다는 점을 지적하면서 좀 더 분명하게 구분할 필요성을 제기하였습니다. 이에 1999년에는 정서 조절에 대해 세 가지 차원을 제안하면서, 각 차원의 두 가지 측면이 모두 정서 조절에 포함된다고 보았습니다. 첫째, 정서를 조절하는 것과 정서에 의해 조절되는 것입니다. 올라온 화를 복식호흡을 통해 줄이기도 하지만, 다른 사람의 유쾌한 웃음 때문에 화가 사그라지기도 합니다. 둘째, 자신의 정서를 조절하는 것과 타인의 정서를 조절하는 것 모두를 의미합니다. 즉, 개인이 자신의 정서에 영향을 끼치는 과정도 정서 조절이지만, 다른 사람의 정서에 영향을 끼치는 것도 정서 조절이라고 본 것입니다. 셋째, 의식적인 정서 조절과 무의식적인 정서 조절 과정으로, 의식적으로 조절하기도 하지만, 자신도 모르게 조절할 수도 있습니다. 정신분석적 전통에서 방어 기제는 대부분 무의식적인 과정으로 여겨지는 반면, 스트레스에 대한 대처 반응은 의식적인 조절 과정입니다. 수많은 정서 조절 방법이 이러한 의식 수준에서 차이가 납니다. 예를 들어, 부정적인 생각을 계속해서 떠올리는 반추rumination와 불쾌한 사건을 기억 속에 억누르는 억압repression은 모두 주의를 사용하여 이루어지는 정서 조절 방법입니다. 그러나 반추는 우울한 증상이나 문제를 계속 반복적으로 생각하는 의식적인 과정인 반면, 억압은 불쾌한 자극에 대한 무의식적이고 자동으로 이루어지는 주의적 방어입니다.

Gross의 정서 조절에 대한 이러한 구분은 그동안 애매하고 모호하게 사용되어 왔던 정서 조절의 개념을 좀 더 명확하게 이해하는 데 기여하였습니다.

## 체험된 정서의 변화 vs 체험된 정서의 표현 방법의 변화

Walden과 Smith는 1997년에 정서 조절을 크게 두 가지 측면에서 정의할 수 있다고 보았습니다.

### • 체험된 정서를 변화시키는 것

먼저 체험하고 있는 정서를 변화시키는 것을 정서 조절로 보았습니다. 여러분이 대학원이나 취직 등을 위해 면접을 봐야 하는 상황에 있다고 가정해 봅시다. '꼭 이번에 붙어야 하는데. 떨어지면 안 되는데.'라고 생각하며 잔뜩 긴장되고 불안합니다. 이렇게 불안하면 면접 상황에서 자신의 모습을 효과적으로 보여 줄 수 있을까요? 불안해지면 시야가 좁아지고 손에 땀이 나고 떨리며 안절부절못하는 등의 불안 행동을 보이기 때문에, 면접관이 한 말을 제대로 듣지 못하고 이해하지 못할 수도 있으며 좋지 않은 인상을 줄 수도 있습니다. 따라서 면접을 잘 보기 위해서는 불안한 감정 상태를 담담한 감정 상태로 변화시키는 것이 필요합니다. 면접실에 들어가기 전에 복식호흡 등을 통해 몸을 이완하고, 자신의 부정적인 생각을 좀 더 낙관적이고 진취적인 생각으로 변화시키는 과정을 통해 불안을 감소하고 좀 더 담담하고 차분하고 자신감 있는 정서 상태로 바꿀 수 있습니다.

많이 우울하고 힘들 때 몇 년 만에 반가운 친구를 만나기로 하였습니다. 물론 자신의 모습 그대로를 보여도 괜찮다고 판단한다면 감정을 변화시키거나 감추려 애쓸 필요는 없겠지요. 하지만 그렇지 않다면 우리는 감정 상태를 변화시키는 노력을 합니다. 계속 정체되어 우울한 감정 상태로 만나게 되었을 때 오랜만에 본 친구가 당황스러울 수 있고, '내가 괜히 왔나?'하는 미안한 마음과 죄책감을 느낄 수도 있을 테니까요. 이럴 때는 상상을 통해 이미지화하여 친구가 와서 행복한 모습을 떠올리거나, '나는 괜찮다. 나는 친구를 만나게 되어 기쁘다.'와 같이 기분을 바꿀 수 있는 말들을 되뇌며 우울한 감정 상태를 변화시킬 수도 있습니다. 이처럼 정서 조절에는 체험된 정서를 변화시키는 측면이 있습니다.

• **체험된 정서를 표현하는 방법을 변화시키는 것**

Walden과 Smith는 체험된 정서를 표현하는 방법을 변화시키는 것 또한 정서 조절의 중요한 측면으로 보았습니다. 화가 나서 상대방에게 소리를 지른다면, 이 사람은 체험된 화를 상대에게 소리를 지름으로써 표현한 것이고 이것은 상대방으로부터 공격적으로 인식될 수 있습니다. 따라서 대인관계에서 나타날 수 있는 갈등을 조금이나마 줄이기 원한다면, 화가 났을 때 화가 났음을 차분하게 말로 전달하는 표현 방법을 선택하는 것이 바람직합니다. 감정을 적절하게 표현하는 방법에 대해서는 제14장에서 좀 더 자세히 다루겠습니다.

## 저자가 제안하는 정서 조절의 정의

아마도 이런 정의들을 보면서 '왜 이렇게 다양하지?', '그래서 정서 조절이 무엇이라는 건데?'라는 의문이 생길 것입니다. 안타깝게도 연구자 간에 정서 조절에 대해 합의되거나 타당하게 받아들여진 정의는 없습니다. 따라서 정서 조절을 연구하는 사람들은 정서 조절에 대한 정의의 다양성을 인식하고, 자신의 연구 관심사에 따라 개념을 구체적으로 정의한 후에 그에 적절한 평가도구를 사용해야 합니다. 그뿐만 아니라 자신의 연구 결과를 그 정의와 평가도구에 제한하여 해석하는 것이 반드시 필요합니다.

저는 주로 정서 조절과 심리적 건강의 관련성에 관심을 두었습니다. 쉽게 얘기해서 정서를 잘 조절하면 심리적으로 건강하고 좀 더 적응적이라는 것입니다. 반면, 정서를 잘 조절하지 못하면 적응에 어려움을 겪고 심리적으로 아파서 다양한 정신장애와 병리적인 증상을 경험하게 됩니다. 따라서 정서 조절의 여러 측면 가운데 '개인이 불쾌한 정서를 예방 또는 감소하기 위해서 동원하는 다양한 노력'이라는 점에 초점을 두고 연구하였습니다.

이러한 관점은 두 가지 요소를 포함합니다. 첫째, 정서 조절의 일차적 목표는 불쾌한 정서의 예방이나 감소에 있습니다. 우울, 강박증, 편집증 등 다양한 정신병리를 지닌 사람은 불쾌한 정서를 그때그때 적절히 해소하지 못하고 오히려 이를 누적하거나 악화하는 경향이 있습니다. 특히 우울장애나 불안장애와 같은 정서장애는 정서 조절에 실패하거나 정서 조절 능력에 심한 결함이 있는 것과 밀접하게 관련 있고, 정서장애를 치료하기 위해서는 불쾌한 정서를 예방하거나 감소하기 위한 정서 조절 능력을 증대시키는 것이 중요하기 때문입니다. 따라서 불쾌한 정서의 조절에 좀 더 초점을 두었습니다.

둘째, 정서 조절은 불쾌한 정서의 예방이나 감소라는 목표를 이루기 위해 동원되는 다양한 노력으로서, 구체적인 정서 조절 방법에 초점을 두었습니다. 사람들은 일상생활에서 경험하는 불쾌한 정서를 조절하기 위해서 다양한 방법을 사용합니다. 불쾌한 감정을 조절하기 위해 개인이 사용하는 구체적인 정서 조절 방법이 얼마나 다양하고 적절한가에 따라서, 불쾌한 정서를 해소하는 정도뿐만 아니라 궁극적으로는 그 사람의 정신 건강 상태가 결정될 수 있습니다. 따라서 정서를 조절하기 위해 사용하는 다양한 정서 조절 방법에 관심을 두었습니다.

이제부터 정서 조절은 개인이 불쾌한 정서를 예방하거나 감소하기 위해서 동원하는 다양한 노력이라고 정의하겠습니다. 그렇다면 정서를 조절하는 데 사용하는 방법들에는 어떠한 것이 있는지 알아볼까요?

# 정서 조절 방법에는 어떤 것이 있는가

## 알고 있는 정서 조절 방법의 레퍼토리가 별로 없다

불쾌한 감정을 조절하기 위해 어떤 방법을 사용하고 있습니까?
감정을 조절하기 위해 사용할 수 있는 방법으로 무엇을 알고 있습니까?

과연 사람들은 정서를 조절하는 방법들에 대해 얼마나 알고, 어떤 방법을 사용하는지 궁금했습니다. 그래서 제 강의를 듣는 학생들에게 위와 같은 질문을 하였습니다. 학기마다 수강하는 학생들이 달라짐에도 불구하고, 수많은 학생에게서 돌아오는 대답은 의외로 비슷하고 단순했습니다. "잊으려 합니다.", "그냥 TV나 영화를 봐요.", "술을 마셔요.", "컴퓨터 게임을 해요.", "별로 하는 게 없는데요." 상담을 받는 내담자들도 마찬가지였고, 정신과 병동에서 만난 환자들은 "모르겠는데요.", "생각을 안 하려 해요."와 같이 별로 하는 것이 없다며 대답하기도 어려워하였습니다.

물론 이들 중에서는 실제로 다양한 방법을 사용하지만, 그것이 정서 조절 방법이라고 인식하지 못하여 대답하지 못하는 경우들도 있습니다. 하지만 여기에서 알 수 있었던 것은 많은 사람이 불쾌한 감정을 경험할 때 효과적으로 조절할 수 있는 방법을 잘 알지 못하며, 주로 회피하는 방법인 술, 게임과 같이 일시적으로 효과는 있지만 궁극적으로는 불쾌한 감정을 유지하거나 악화하는 부적응적인 방법임에도 불구하고 반복해서 사용하는 경우가 많다는 것입니다.

## 구체적인 정서 조절 방법을 안내하는 책이 필요하다

좀 더 확대해서 말하자면 대중은 정서를 조절하는 방법으로 무엇이 있는지 잘 알지 못합니다. 정서 조절이 개인의 적응에 중요하고 심리적 건강에 막대한 영향을 끼치는 만큼, 정서를 효과적으로 조절하는 과정과 조절하는 데 동원할 수 있는 방법들에 대해 아는 것은 매우 중요합니다. 21세기에 들어서면서 정서와 정서 조절에 대한 관심이 증가하였고, 관련 책들이 계속 나오고 있습니다. 그런데 그러한 책들을 살펴보면 대부분이 정서가 중요하고 정서를 조절하는 것이 필요하다는 내용을 수백 쪽에 걸쳐 반복해 설명할 뿐, 어떻게 조절하는 것인지에 대해 구체적으로 안내하는 책을 찾기는 쉽지 않았습니다. 기껏해야 안내하는 정서 조절 방법은 복식호흡이나 긴장이완법을 통해 불안이나 분노를 누그러뜨리는 것, 부정적인 생각을 바꾸는 인지적 재구성 방법 정도였습니다. 정서 조절을 잘하려면 어떻게 해야 하는지 그 구체적인 방법을 알려주어야 할 텐데, 이러한 책들에서도 대중에게 구체적인 방법은 제대로 알려주지 못한 채 역시나 미흡한 정서 조절 레퍼토리를 제시하고 있는 셈입니다.

제가 2007년 즈음에 S대학에서 정서 조절 코칭 프로그램을 실시한 적이 있었습니다. 대학에 출입하던 기자에게 우연히 이 프로그램 안내글이 눈에 띄었고 바로 기사화되면서 일시적으로 다양한 신문매체에 보도되었습니다. 이후 전국에서 걸려오는 수많은 전화에 갑작스럽게 시달려야 했습니다. 그중에는 내로라하는 대기업과 공기업의 간부들도 있었고, 자녀를 둔 부모들도 있었습니다. 이들이 한결같이 토로했던 말은 직원들이, 자녀가 업무상 또는 학업상 스트레스를 굉장히 많이 받고 정서 조절이 안 될 때가 많은데, 이들에게 효과적인 정서 조절 방법을 알려 달라는 것이었습니다.

정서 조절 코칭 프로그램을 시작했을 때, 참가한 모든 학생에게 먼저 정서를 조절할 때 사용할 수 있는 다양한 정서 조절 방법 레퍼토리를 소개하고 간단하게 설명하였습니다. 이후 프로그램을 진행하면서 자주 들었던 피드백 중 하나가 사용할 수 있는 다양한 정서 조절 방법을 알고 있다는 것이 정서를 조절하는 데 굉장히 도움이 된다는 것이었습니다. 한 대학원생은 제게 말했습니다. "이렇게 많은 정서 조절 방법이 있는 줄은 몰랐어요. 연구실의 제 책상 위에 선생님께서 주신 정서 조절 방법 레퍼토리를 붙였고, 감정의 변화가 있을 때마다 그것을 보고 이것저것 시도해 보았어요. 정말 효과가 있었어요. 다른 동료도 와서 제가 붙인 레퍼토리를 보고 시도하기도 하고, 복사해 달라고 해서 여럿에게 해 주었어요."

따라서 저는 이 책을 통해 불쾌한 감정을 느꼈을 때 사용할 수 있는 다양한 정서 조절 방법을 소개하고자 합니다. 또한 제2부에서는 효과적으로 정서를 조절하기 위한 단계와 과정을 설명할 것입니다. 다양한 목적을 위해 각 정서 조절 방법을 어떻게 다르게 사용할 수 있는지에 대해서도 차근차근 알려주고자 합니다.

## 연구자들은 각자의 기준에 따라 정서 조절 방법을 분류하였다[6]

4장에서는 정서 조절 방법에 대해 관심을 갖고 연구한 학자들이 정서 조절 방법으로 어떤 것을 제안하였고, 그 방법들을 어떻게 구분하였는지 소개하고자 합니다. 연구자들은 정서 조절 방법을 각자의 구분 기준에 맞추어 분류하여 제시하였습니다. 이런 과정을 통해 얼마나 다양한 방법이 있는지, 얼마나 다양한 관점과 방식으로 구분할 수 있는지 알게 되기를 바랍니다.

### 문제초점적 대처 vs 정서초점적 대처

Lazarus는 스트레스 상황에 대처하는 방법을 문제초점적 대처와 정서초점적 대처로 구분하여 연구하였는데, 제시된 대처 방법들도 정서 조절 방법에 속한다고 볼 수 있습니다. 문제초점적 대처는 문제 및 상황 자체를 바꾸기 위한 시도로, 문제를 규정하고 대안책을 고려하는 문제해결 방법들이 여기에 속합니다. 정서초점적 대처는 처한 상황이나 문제로 유발된 정서적 반응을 조절하기 위한 활동으로, 회피, 선택적 주의, 긍정적 측면 보기, 인지적 재평가 등 다양한 방법이 있습니다.

Carver와 Scheier는 1989년에 Lazarus의 스트레스-대처 모델을 바탕으로 다양한 대처 영역을 측정할 수 있는 자기보고식 질문지인 COPE를 개발하였습니다. COPE는 5개의 문제초점적 대처 하위 차원과 8개의 정서초점적 대처 하위 차원으로 구성되었습니다. COPE와 그 밖의 다양한 척도를 사용하여 대처 구조를 밝히고자 하는 연구들은 몇 가지 시사점을 제안하였습니다. 문제초점적 대처는 비교적 단순하게 구분되는 차원으로 나타나는 반면, 정서초점적 대처는 다양한 범주의 대처 방법이 혼합되어 있다는 것입니다. 이는 각 대처의 정의를 살펴보면 쉽게 이해할 수 있습니다. 즉, 문제초점적 대처는 여러 방법 중 처한 문제나 상황에 직접 개입하여 해결하는 문제해결 방법에 국한하여 정의합니다. 반면, 정서초점적

6 정서 조절 방법의 분류는 이지영과 권석만이 2006년에 「한국심리학회지: 상담 및 심리 치료」의 18(3)권에 발표한 논문 '정서 조절과 정신병리의 관계: 연구 현황과 과제'의 내용을 바탕으로 수정 및 보완하였습니다.

대처는 정서를 변화시키기 위해 시도하는 방법이라고 막연하게 정의함으로써, 문제해결 방법을 제외한 대부분의 정서 조절 방법을 포함하는 좀 더 포괄적인 개념입니다.

이후 COPE를 사용하여 대처 방법의 적응성을 조사하였는데, 이 과정에서 정서초점적 대처가 마치 적응에 부정적인 영향을 끼치는 방법이라는 오해를 낳기도 하였습니다. 이러한 오해가 생기게 된 이유를 명확하게 짚어 보고자 합니다. 첫째, 문제초점적 대처와 정서초점적 대처의 구분은 문제해결적 방법 대 그 외 대부분의 정서 조절 방법이라고 볼 수 있습니다. 따라서 그 구분이 대등하지 않으며 학문적으로도 유용한 정보를 주지 못합니다. 특히, 문제초점적 대처를 대표하는 문제해결 방법은 정서 조절에 효과가 있는 것으로 알려진 대표적인 방법인 데 반해, 정서초점적 대처는 효과적인 것도 있지만 그렇지 않은 여러 방법을 포함하기 때문입니다. 둘째, COPE를 제작할 당시에 대처를 적응적인 방법에 한정하여 정의할 것인지, 부적응적인 방법까지 포함할 것인지에 대해 미리 정의하지 않고 제작하였습니다. 이 과정에서 문제초점적 대처와 달리 정서초점적 대처에는 많은 대처 방법이 포함되었고, 적응에 도움되는 긍정적인 방법과 도움이 안 되는 부적응적인 방법이 혼재되었습니다. 이에 우울이나 불안 등과의 관련성 조사에서 그 적응성이 분명하게 나타나지 않고 혼란스러운 결과가 나타난 것입니다. 따라서 이런 점들을 고려하여 COPE를 사용한 연구 결과들을 좀 더 세밀하고 구체적으로 살펴봐야 합니다. 두 가지 대처의 정의와 COPE의 구성 방법 및 분석 방법 등을 고려하여 그 결과를 정확하게 제한하여 해석할 필요가 있습니다.

## 정서 유발 과정을 고려한 구분

### 상황을 바꾸거나 생각을 바꾸거나 행동을 바꾼다

일부 연구자들은 정서 조절 방법을 정서가 유발되는 과정적인 측면에서 구분하고자 하였습니다Eisenberg, Fabes, & Losoya, 1997; Greenberg, 2002; Morris & Reilly, 1987; Pearlin & Schooler, 1978. 정서가 유발되는 과정을 간단하게 설명하면, 유발 자극이나 상황이 있고 그것에 반응해 개인이 평가, 즉 해석하고, 그 해석에 따라 특정 감정이 유발되고 표현됩니다.

일부 연구자들은 정서가 유발되는 과정 중 개입할 수 있는 시점에 초점을 맞춰서 크게 세 가지 정서 조절 방식으로 구분하였습니다. 첫 번째 개입은 정서를 유발하는 자극이나 상황에 개입하는 것으로, 상황을 선택하거나 수정하거나 조정하는 방법입니다. 두 번째 개입은 정서를 유발한 자극이나 상황을 해석하는 지점에서 이루어집니다. 즉, 정서를 유발한 상황을 다르게 해석함으로써 정서 반응을 변화시키는 방법입니다. 예를 들어, 지하철에서 누군가 툭 치고 지나가는 상황이 발생했을 때, '저 사람이 일부러 치고 갔다.'라고 생각하면 화가 납니다. 그러한 해석을 '그냥 무심코 부딪혔겠지.'라고 바꾸면 화가 누그러질 수 있습니다. 세 번째 개입은 정서가 느껴졌을 때 그것을 표현하는 지점에서 이루어지는데, 정서로 인해 유발된 반응을 억제하거나 강화하는 방법입니다. 화가 나는 감정을 참고 억누르는 방식을 취할 수도 있고, 방금 치고 지나갔던 사람을 쫓아가서 따짐으로써 치밀어 오르는 분노를 쏟아낼 수도 있습니다.

고위급 인사들 앞에서 브리핑을 해야 하는 상황이 있다고 가정해 봅시다. 세 가지 방법 중 첫 번째 방법을 사용한다면, 발표 상황을 회피하기 위해 발표를 미루거나 동료에게 대신 해 달라고 부탁할 수 있습니다. 그것도 잘되지 않아서 발표를 해야 하는 상황에 놓이면, 두 번째 방법을 사용하여 그 상황에 대해 떠오르는 생각을 '부담 느낄 필요가 없는 상황이야. 그저 난 내가 설명하고자 하는 바만 말하면 될 뿐이야.'와 같이 좀 더 긍정적으로 바꿈으로써 불안을 줄일 수 있습니다. 마지막으로 세 번째 방법은 떨리는 마음으로 발표하게 되었을 때 목소리나 손이 떨리는 것과 같은 불안한 행동을 최대한 억누르거나, 불안하지만 목소리를 좀 더 크고 자신 있게 냄으로써 불안을 조절할 수도 있습니다.

## 선행사건초점적 방법 vs 반응초점적 방법

Gross와 John은 2003년에 정서 조절의 과정 모델a process model of emotion regulation을 제안하였습니다. 그림 4.1에서 보는 바와 같이 다섯 단계로 구분하는데, 이는 앞에서 언급한 정서 유발 과정의 세 가지 단계를 좀 더 세분화한 것입니다. 이 모델에 의하면, 정서는 정서적 단서에 대한 평가와 함께 유발되고, 정서적 단서는 체험적·행동적·생리적 체계로 구성된 반응 경향 세트를 촉발합니다. 이러한 정서가 유발되는 과정적 측면에서 살펴보았을 때, 모두 다섯 가지의 개입 시점이 발생합니다. 우선 여러 가지 상황 중에서 특정 상황을 선택함으로써 정서를 조절할 수 있고, 선택한 상황을 수정함으로써 가능하며, 상황을 더 이상 수정하기 어려운 경우 주의를 어디에 줄 것인지를 조정함으로써 조절할 수 있습니다. 다음에는 그 상황에 대한 의미를 바꾸는 인지적 변화 과정을 통해 정서를 조절할 수 있고, 마지막으로 지금까지의 과정을 거친 결과로서 반응하는 행동을 수정하여 조절할 수 있습니다.

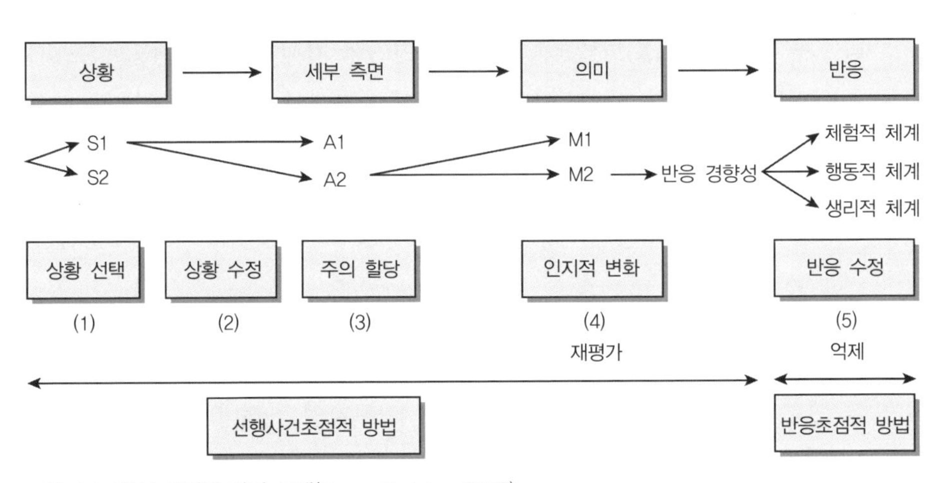


**그림 4.1** 정서 조절의 과정 모델(Gross & John, 2003)

예를 들어, 발표하는 상황은 내가 발표하는 상황, 동료가 발표하는 상황 등 여러 상황 중에서 선택할 수 있습니다[개입 1]. 내가 발표하는 상황을 선택했다면 동료와 함께 발표하는 상황으로 수정할 수도 있습니다[개입 2]. 발표하는 상황이라면 사장님, 부장님, 부하 직원들이 나를 지켜보고 있을 때, 그들에게 자꾸 주의를 주면 더욱 긴장되기 때문에 지켜보는 사람들을 의식하지 않고 발표할 내용에 좀 더 주의를 집중할 수 있습니다[개입 3]. 발표하면서 '괜찮아. 실수해도 돼. 난 잘할 수 있어.'와 같은 생각을 함으로써 불안을 완화할 수 있으며개입 4, 불안해하는 반응이 나타났을 때 억누르거나 심호흡을 통해서 이완할 수도 있습니다개입 5.

Gross와 John은 정서 조절 방식을 개입하는 시점에 따라 크게 정서적 반응이 나타나기 전과 후로 나누었고, 선행사건초점적antecedent-focused 방법과 반응초점적 response-focused 방법으로 구분했습니다. 선행사건초점적 방법은 정서 반응 경향성이 완전히 활성화되기 전에 취하는 것으로, 생각을 바꾸는 인지적 재평가가 대표적입니다. 인지적 재평가는 앞의 시점에 따른 다섯 가지 방법 중 네 번째에 해당합니다. 반응초점적 방법은 정서 반응 경향성이 활성화한 후에 취하는 것으로, 감정을 참고 억누르는 억제가 대표적입니다. 이들은 인지적 재평가와 억제 두 가지 방법을 중심으로 정서 조절에 대한 연구를 활발히 하였고, 이 과정 모델은 정신병리를 정서 조절 측면에서 이해하고자 하는 여러 연구자의 주목과 지지를 많이 받았습니다. 그러나 수많은 정서 조절 방법 중 인지적 재평가와 억제 두 가지 방법에 초점을 두어 연구한다는 점에서, 그들의 연구를 통해 정서 조절의 전반적인 과정을 이해하기는 어려우며 정서 조절의 복합적이고 다양한 측면을 설명하는 데에도 한계가 있습니다.

## 정서 조절 방법의 경험적 구분

일부 연구자들은 수많은 정서 조절 방법을 연구자의 관점이나 이론이 아니라, 실제로 사람들이 사용하는 경험적 측면에서 구분하고자 하였습니다. 쉽게 말해서 사람들에게 직접 물어봐서 조사한 결과를 가지고, 통계 분석 방법을 통해 그 결과 자체가 가진 속성에 따라 의미 있게 구분하는 것입니다. 연구자들은 사람들로부터 정서를 조절하기 위해 사용하는 방법을 직접 조사하고, 수집된 자료들을 모아 요인분석이라는 통계적 방법을 이용하여 구분하였습니다. 요인분석은 수집된 경험적 자료를 비슷한 속성을 가진 자료들끼리 서로 모아 의미 있는 그룹을 만드는 방법입니다. 따라서 산만하게 퍼진 자료들은 비슷한 것끼리 묶어 그룹을 형성하고, 그 그룹 안에 속한 정보들을 분석하면 이러한 그룹이 지닌 성격을 파악할 수 있습니다. 따라서 요인분석을 통해 대중이 사용하는 다양한 정서 조절 방법을 어떠한 성격의 방법으로 구분할 수 있는지 알 수 있는 것입니다.

대표적 연구자인 Parkinson, Totterdell, Briner, Reynolds는 1996년에 사람들이 사용하는 200여 개의 정서 조절 방법을 크게 생각에 접근하는 인지적 방법과 행동을 변화시키는 행동적 방법으로 구분할 수 있고, 이를 다시 회피하고 주의를 분산시키는 방법과 능동적이고 수용적인 방법으로 나눌 수 있다고 제안하였습니다. Parkinson과 Totterdell은 이 제안을 증명하기 위해 1999년에 통계적인 방법을 사용하여 경험적인 확인분석을 하였습니다. 그들은 참가자들에게서 수집한 162개의 방법을 위계적 군집분석hierarchical cluster analysis으로 분류하여 의미 있는 결과를 얻었습니다. 여기서 위계적 군집분석은 요인분석과 유사한 방법으로, 자료들을 비슷한 성격의 그룹으로 나누는데 상하의 위계가 있도록 나눈다고 보면 됩니다.

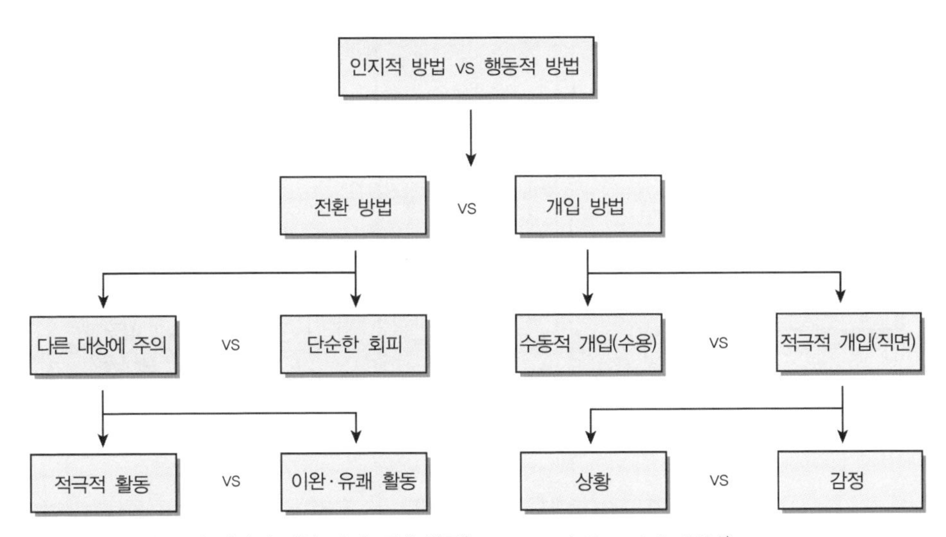


그림 4.2 정서 조절 방법의 여섯 가지 구분 범주(Parkinson과 Totterdell, 1999)

모두 여섯 가지의 구분 기준에 따라 범주를 구분하였는데, 가장 큰 범주는 조절 수단에 따라 생각의 수준에서 수행하는 방법과 행동적 수준에서 개입하는 방법으로 구분합니다. 그림 4.3과 그림 4.4는 각각 행동적 방법과 인지적 방법의 위계적 범주를 그림으로 제시한 것입니다. 그다음 위계 수준으로 인지적 방법과 행동적 방법은 각각 의도에 따라 문제를 회피하기 위한 방법이냐, 문제에 직접적으로 접근하기 위한 방법이냐로 구분합니다. 전자는 전환diversion 방법으로 현재 관심사로부터 생각이나 행동을 다른 데로 돌리기 위한 방법이며 회피, 철회, 주의분산 등이 해당합니다. 후자는 개입engagement 방법으로 문제나 감정에 지속적으로 주의를 주면서 작업하는 방법이며, 문제해결 방법과 인지적 재평가가 해당합니다.

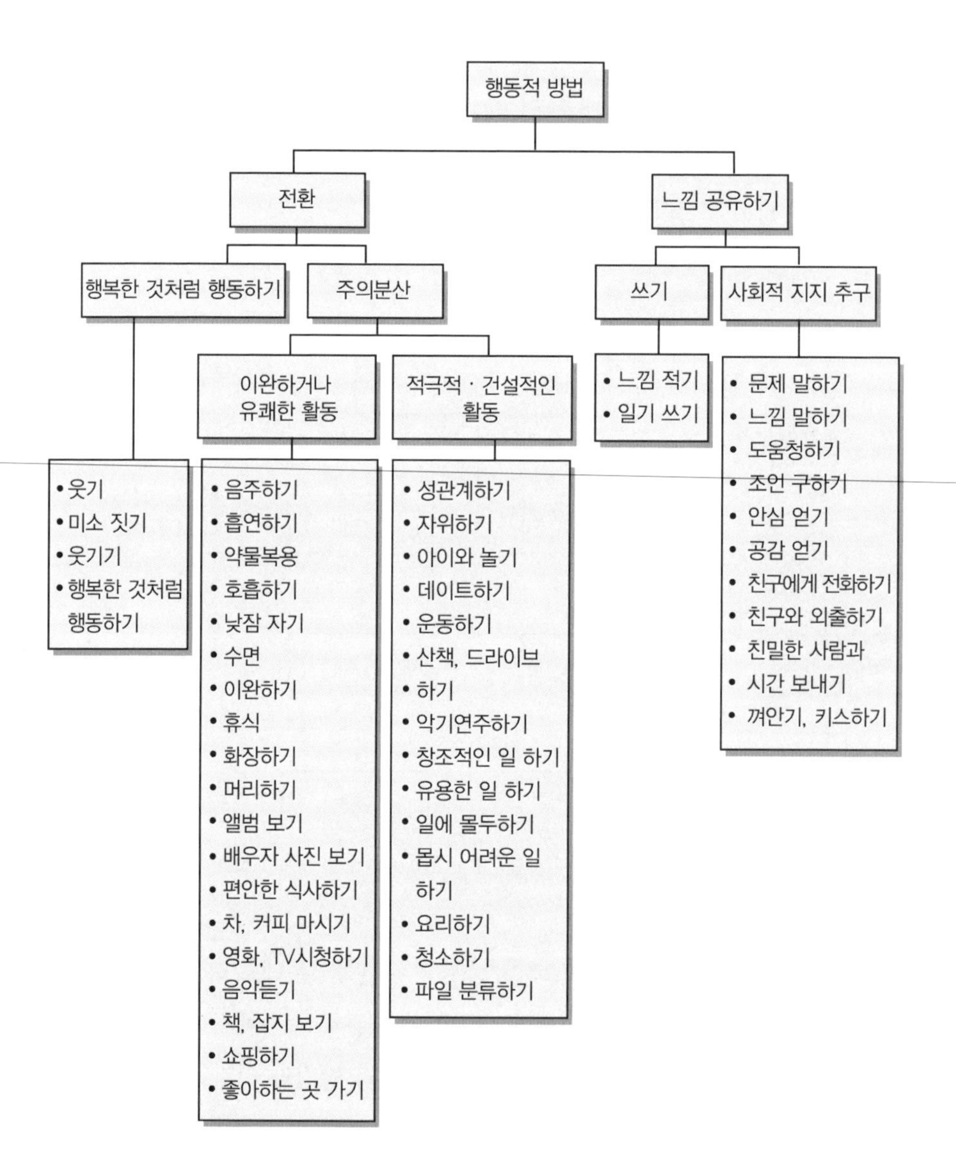


그림 4.3 정서 조절 방법의 행동적 범주의 위계 구조(Parkinson & Totterdell, 1999)

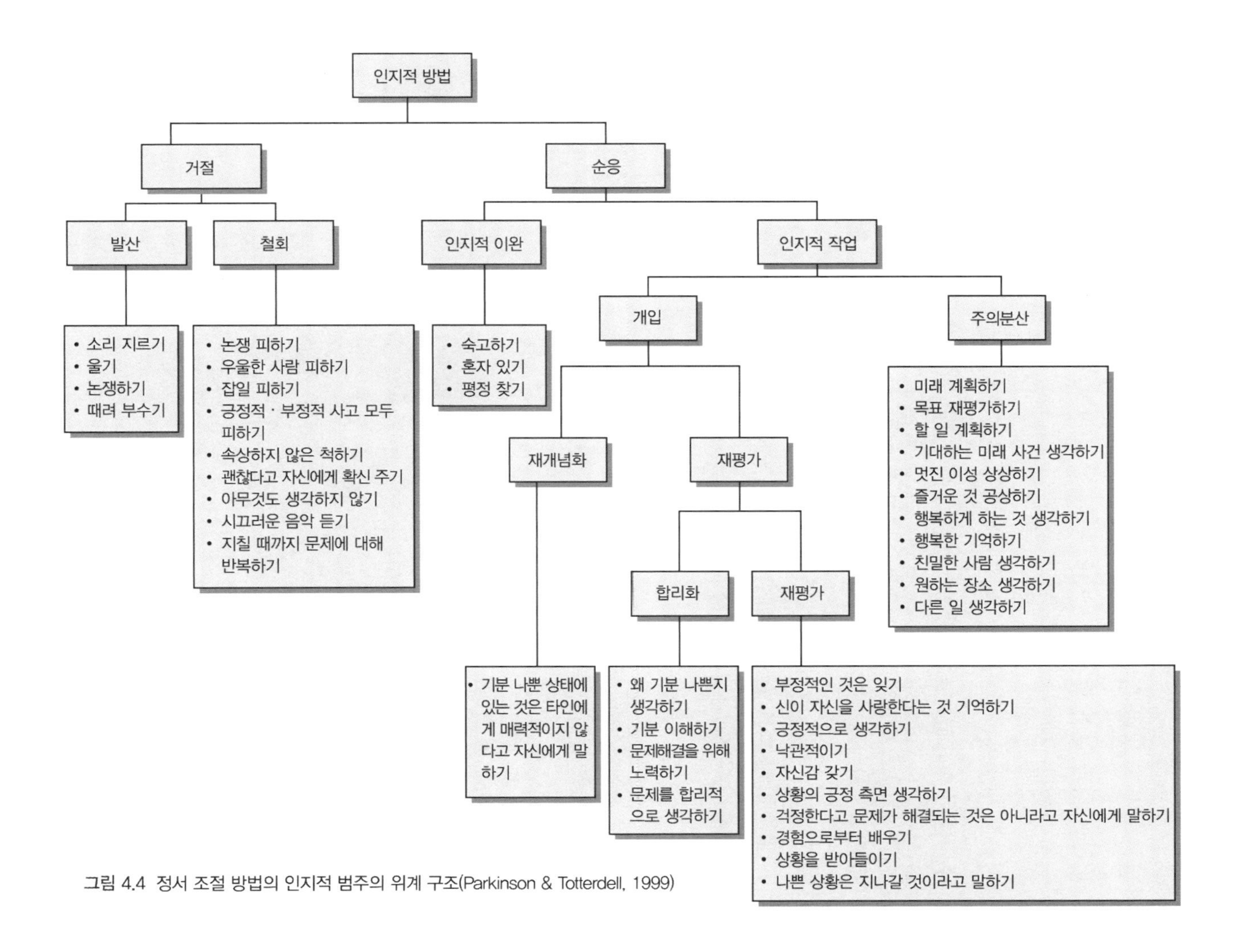


그림 4.4 정서 조절 방법의 인지적 범주의 위계 구조(Parkinson & Totterdell, 1999)

세 번째 위계는 활동의 대체 여부에 따라 전환 방법을 단순히 회피하는 것과 다른 어떤 것에 적극적으로 주의를 주는 방법으로 구분합니다. 전자에는 웃는 것과 같은 행동적 방법에 속한 것과 아무것도 생각하지 않는 것, 괜찮다고 자신에게 말하는 것과 같이 인지적 방법에 속한 것도 있습니다. 후자에는 주로 다른 어떤 것에 주의를 주는 방법으로 음주, 흡연, 성관계, 명상, 호흡, 쇼핑, 운동 등과 같은 행동적 방법이 해당합니다. 네 번째 위계 수준으로, 전환 방법 중 다른 대상에 주의를 주는 방법을 대체 활동의 성격에 따라 적극적인 활동과, 이완하거나 유쾌한 활동으로 구분합니다. 예를 들어, 적극적인 활동으로는 성관계, 데이트, 운동, 산책, 일에 몰두하기 등이 있고, 이완하거나 유쾌한 활동으로는 호흡, 수면, 명상, 음주, 음악 듣기, 쇼핑 등이 있습니다.

다섯 번째 구분 범주는 개입 방법을 수동성 여부에 따라서 관심사나 기분에 적극적으로 접근하려는 직면confrontation과 비교적 수동적으로 받아들이는 수용acceptance으로 구분합니다. 예를 들어, 직면에 해당하는 방법에는 재개념화 등의 인지적 방법과 공감 구하기, 조언 구하기 등의 행동적 방법이 있습니다. 수용에는 기분 이해하기, 상황 받아들이기가 대표적인 인지적 방법이며, 울기, 소리 지르기와 같은 발산venting 등의 행동적 방법이 있습니다. 마지막으로, 개입 방법 중 직면은 다시 상황에 접근하는 방법과 감정에 접근하는 방법으로 구분합니다. 이러한 구분은 대처 문헌에서 문제초점적 대처와 정서초점적 대처의 구분과 매우 유사합니다. 예를 들어, 직면 중 상황에 접근하는 방법에는 일이 왜 안 되는지 평가하기, 문제해결 방안 계획하기 등과 같은 인지적 방법과 조언 구하기와 같은 행동적 방법이 있습니다. 직면 중 감정에 접근하는 방법으로는 왜 기분이 나쁜지 생각하기와 같은 인지적 방법과 공감 구하기와 같은 행동적 방법이 있습니다.

이들의 연구는 수많은 정서 조절 방법을 경험적으로 수집하였으며, 이를 구분하는 분명한 기준을 제시하고 이에 근거하여 포괄적이고 통합적이며 자세한 분류체계를 제안하였다는 점에서 그 의의가 있습니다.

## 적응적 방법의 세 가지 경험적 구분: 능동적 방법 vs 회피·분산적 방법 vs 지지추구적 방법

정서 조절에 효과가 있는 정서 조절 방법들은 경험적으로 어떤 성격들로 묶을 수 있을까요? 앞에서 일부 연구자들은 문제에 초점을 두느냐 정서에 초점을 두느냐에 따라, 정서가 유발되는 과정에서 개입하는 시점에 따라, 즉 연구자가 관심을 두는 관점이나 이론에 근거하여 정서 조절 방법들을 구분하였습니다.

민경환, 김지현, 윤석빈, 장승민은 2000년에 불쾌한 정서를 감소하는 데 효과가 있는 정서 조절 방법의 구분 방식에 관심을 두었습니다. 그들은 선행되었던 관련 연구들을 살펴보았고, 그 결과 불쾌한 정서를 조절하는 방법들이 크게 능동적이고 적극적인 방식과 회피적이고 주의를 분산시키는 방식으로 구분되었다는 것을 알았습니다. 그래서 이들은 다른 사람에게 공감이나 지지를 구하는 방법도 사용되고 있다는 사실을 고려하여, 두 가지 방식에 사회적 지지를 구하는 방식을 추가하여 모두 세 가지로 범주화할 것을 제안하였습니다. 이 가설을 확인하기 위해, 그들은 Parkinson과 동일한 방식으로 사람들로부터 정서 조절 방법을 직접 수집하였고, 그 경험적 자료를 요인분석을 통해 어떻게 구분되는지 조사하였습니다. 그 결과 다양한 정서 조절 방법이 능동적 조절 방법, 회피·분산적 조절 방법, 지지추구적 조절 방법 등 세 가지로 구분된다는 것을 확인하였습니다.

세 가지 방법 중 능동적 조절 방법에는 문제해결을 위한 계획 세우기, 구체적인 문제해결 행동 취하기, 자신의 느낌 또는 상황을 이해하기 위한 노력이 해당합니다. 회피·분산적 조절 방법에는 문제 상황으로부터의 회피와 주의분산이 해당하고, 지지추구적 조절 방법에는 타인의 정서적·도구적 지지 구하기가 해당합니다. 이렇게 세 가지 조절 방식으로 구분된다는 제안은 이후 제가 진행했던 여러 연구를 통해서 다시 입증되었습니다. 즉, 이러한 일련의 연구들을 통해 정서 조절에 기여하는 정서 조절 방법들은 그 성격에 따라 크게 감정이나 상황에 접근하여 직접 다루는 적극적 방식의 정서 조절 방식, 주의를 분산시키는 방식, 다른 사람의 지지를 추구하는 방식 등 크게 세 가지 성격으로 구분할 수 있었습니다.

## 정서 조절 방법의 체계적 구분 방식 제안

### 과거 정서 조절 방법은 크게 인지적 방법과 행동적 방법으로 구분되었다

제가 정서 조절 방법의 체계를 제안하기 전까지 그동안 여러 학자가 제안한 정서 조절 방법과 그 구분 방식에 대해 살펴보았습니다. 연구자마다 각기 다른 관점에서 정서 조절 방법을 구분하고 그 종류도 다양하게 제안하였지만, 정서 조절 방법의 구분에 대한 어느 정도 합의된 공통 견해를 발견할 수 있습니다. 그것은 불쾌한 정서를 조절하기 위해 사용하는 방법은 정서의 어떤 측면에 개입하느냐에 따라서 크게 생각에 접근하는 인지적인 방법과 행동에 접근하는 행동적 방법으로 구분할 수 있다는 것입니다.

### 인지적·행동적 방법의 이분법적 구분 방식으로 분류하기 어려운 방법이 있다

그러나 인지적·행동적 방법의 이분법적 구분 방식은 두 가지 범주로 분류하기 어려운 정서 조절 방법이 있다는 점에서 그 한계가 있었습니다. Parkinson과 Totterdell이 참가자들에게서 수집한 162개의 정서 조절 방법에 대한 위계적 군집 분석을 실시하였을 때, 가장 큰 위계로 조절 수단에 따라 인지적 수준에서 수행하는 전략과 행동적 수준에서 수행하는 전략으로 구분되었습니다.

그런데 그림 4.3과 그림 4.4를 살펴보면 '왜 이 방법이 여기에 속하지?'라는 생각이 드는 방법이 있었을 것입니다. 예를 들어, 인지적 방법으로 분류된 '소리 지르기'나 '울기'와 같이 감정을 발산하는 방식은 생각에 대한 방법이라기보다는 오히려 행동적 방법에 가깝습니다. 바다와 산을 떠올리고 즐거웠던 추억을 떠올리는 '즐거운 것을 공상하기'와 '행복한 기억하기'와 같은 방법도 단순하게 인지적 방법이라고 하기는 어렵습니다. 그리고 행동적 방법으로 분류되었던, 누군가로부터 '공감 얻기'와 '안심 얻기'와 같이 느낌을 공유하는 방식은 외현상으로 볼 때 그 구분이 적절하지 않다는 생각을 합니다.

## 체험적 접근의 특징[7]

• '제3의 세력'으로 체험적 접근이 대두되었다

심리 치료에서는 오랫동안 행동의 변화에 초점을 두는 행동 치료를 중심으로 한 행동적 접근과 생각에 접근하는 인지 치료를 중심으로 한 인지적 접근이 커다란 양대 산맥을 이루었습니다.

### 행동적 접근이란

강화와 처벌이라는 용어를 한 번쯤 들어보았을 것입니다. 하기를 바라는 행동이 나타났을 때는 그 사람이 좋아하는 강화물을 주고, 하지 않기를 바라는 행동에 대해서는 싫어하는 처벌을 가함으로써 원하는 방향으로 행동을 변화시킵니다. 요즘은 유치원에서부터 다양한 학교 장면에 이르기까지 토큰 경제를 이용하여 학생들로 하여금 사기를 북돋우고, 바람직한 행동이나 태도를 보이도록 유도하는 경우가 많습니다. 도큰은 개인이 원하는 것을 얻을 때 교환할 수 있는데, 바람직한 행동을 할 때는 토큰을 주고 바람직하지 않은 행동을 할 때는 토큰을 뺏는 방식으로 진행됩니다. 그 밖에도 체계적 둔감화, 모방학습, 조성 등이 행동 치료에 속합니다.

### 인지적 접근이란

인지적 접근은 인지, 즉 생각에 접근하여 심리적 변화를 주는 방법으로, 대표적인 인지적 접근에는 Beck의 인지 치료나 Ellis의 합리적 정서적 행동 치료[REBT]가 있습니다. "생각을 바꾸면 세상이 달라진다."라는 말이 있습니다. 다가온 자극에 대해 어떤 평가적 생각을 하느냐에 따라 그 결과로 나타나는 감정이 달라집니다. 즉, 즐겁고 행복한 세상이 될 수도 있고, 어둡고 절망스러운 세상이 될 수도 있습니다. 자극이나 상황에 대해 긍정적으로 평가하면 유쾌한 감정을 느낄 것이고, 부정적으로 평가하면 불쾌한 감정을 느낄 것입니다. 또한 별다른 평가를 하지 않고 넘어가면, 불쾌한 감정도 유쾌한 감정도 느끼지 않은 채 무심히 지나쳐 갈 것입니다.

---

7 체험적 접근의 일부 내용은 이지영과 권석만이 2010년에 「한국심리학회지: 상담 및 심리 치료」의 22(1)권에 발표한 논문 '체험적 정서 조절 방략의 효과'의 내용을 수정 및 보완하여 기술하였습니다.

이렇듯 지각이나 상황에 대한 사람들의 생각에 접근하여 생각의 합리성과 효용성을 따져보고, 자신에게 도움이 되는 생각을 하도록 안내함으로써 좀 더 건강한 정서 상태를 유도할 수 있습니다.

관찰하고 측정할 수 있는 행동에 초점을 두었던 행동적 접근에 대한 한계가 대두되면서, 심리 치료의 대표적 주류로 자리 잡은 정신역동적 전통과 인지적 전통은 모두 인지와 지적인 통찰을 강조합니다. 그러나 생각과 통찰을 강조한 치료적 접근의 한계가 대두되면서, 이들이 충분히 다루지 못했던 부분에 대한 관심이 커졌습니다. 그것이 바로 정서입니다.

선생님과의 상담을 통해 제가 자꾸 부정적인 생각을 한다는 것도 알았고 어떻게 생각하는 것이 좋은지도 알게 되었어요. 그런데 자꾸만 또 그런 일이 닥치면 부정적인 생각이 들고, 달리 행동이 잘 안 되는데 어떻게 하죠?

기존의 치료적 접근들은 정서를 느끼고 표현하는 정서적 체험에 대해 그다지 강조하지 않았습니다. 그 이유는 감정이나 체험에 비해서 인지와 행동은 의식에 좀 더 쉽게 접근할 수 있기 때문입니다. 개인이 무슨 생각을 했는지, 어떤 행동을 했는지는 비교적 쉽고 분명하게 찾아내 다룰 수 있습니다. 그러나 개인이 감정을 어떻게 느끼고 표현하는지를 설명하기는 쉽지 않고, 정서를 다루는 것은 비교적 모호하고 추상적인 측면이 있습니다.

최근 심리 치료 영역에서는 인지적·행동적 접근의 커다란 두 가지 접근 관점에 대한 대안 모델로서 소위 '제3세력'이라 일컫는 체험적 접근이 북미와 유럽을 중심으로 대두되고 있습니다. 이들은 생각과 행동에 체험적 접근 방식을 추가하여 그동안 상대적으로 덜 다루었던 정서적 정보를 처리하는 과정의 역할을 강조하였습니다Greenberg, Rice, & Elliot, 1993.

• **감정의 변화가 있고 그것을 느낄 때 중요한 치료적 변화가 발생한다**

상담이나 심리 치료 장면에서 내담자와 상담자 모두가 바라는 것은 내담자의 바람직한 방향으로의 변화일 것입니다. 그런데 그러한 변화가 일어나는 것은 그렇게 쉽고 간단하지는 않습니다. 변화에 대한 힌트를 드리자면, 중요한 변화는 감정의 체험과 함께 일어난다는 것입니다. 감정을 동반하지 않는 깨달음은 알았다는 인식에서 끝나고, 다시 감정과 행동이 반복될 위험이 있습니다. 내담자의 마음을 다루는 상담을 진행하다 보면 어떤 자극에 대해 감정이 올라오는 시점이 있습니다. 일반적으로 심리 치료 과정에서 감정이 올라오고 그것을 느낄 때 중요한 변화가 일어납니다. 내담자에게서 감정의 변화가 있을 때, 즉 두 눈이 붉어졌거나 뭔가 불안하고 두려운 기색이 있을 때와 같이 감정의 변화가 있고 감정이 올라오고 있을 때가 중요한 순간입니다. 상담자가 이를 포착하고 내담자가 감정을 알아차리고 느끼도록 안내할 때, 내담자에게서 중요한 변화가 일어날 수 있습니다.

만약 이런 감정의 경험 없이 생각만 가지고 접근한다면 내담자는 다음과 같이 말할 것입니다. "선생님의 말씀이 무슨 얘기인 줄은 알겠어요. 제가 자꾸 안 좋은 쪽으로 생각했고, 긍정적으로 생각을 바꾸라는 거잖아요. 이해는 되는데, 그러려고 하는데 계속 불안해요. 어떻게 할 수가 없어요." 생각에만 초점을 맞추어 변화를 도모하고자 했을 때, 늘 그런 것은 아니지만 간혹 변화되기 어려운 경우가 발생합니다. 내담자는 감정의 변화를 경험했을 때, 중요한 변화를 경험할 기회를 맞이합니다. 따라서 상담자는 상담 과정에서 변화를 이끌어 낼 수 있는 지점을 찾고, 기회를 마련하는 것이 중요합니다. 내담자의 감정을 민감하게 파악해야 하고, 그 변화의 순간을 잘 포착해야 합니다. "지금 무엇을 느끼나요? 어떠한 감정인지 충분히 느껴 보기 바랍니다." 이처럼 심리 치료에서 감정은 매우 중요한 치료적 요소입니다. 불쾌한 감정이나 충동을 느끼고 표현하는 것이 심리적 상태를 긍정적으로 향상시킨다고 제안되어 왔습니다.

• **카타르시스 이론**

불쾌한 감정이나 충동을 느끼고 표현하는 체험적 방법의 치료적 효과는 카타르시스 이론에 의해 지지되었습니다. 카타르시스 이론에 따르면, 억압된 분노와 공격적인 충동은 심리 구조에 있다가 표현됨으로써 밖으로 표출되고자 합니다. 만약 그것을 표현하지 않으면 그대로 남아 있다가 심리적인 손상을 일으킬 수 있습니다.

해소되지 않은 감정과 충동은 주인에게 “나 여기 있어요.”, “알아달란 말이야.”, “언제까지 나를 외면할 건데요?”라면서 다양한 신호를 보내고 시위를 할 것입니다. 특별한 이유도 없는데 왠지 모르게 불안해지거나 무력해지고, 집중이 잘 되지 않고 기억이 잘 나지 않으며, 반응이 느려지거나 상대방의 말이 잘 들리지 않기도 합니다. 그래서 분노와 충동을 표현하는 것은 심리 구조에서 분노와 충동을 제거함으로써 해로운 영향에서 벗어날 수 있게 합니다. 또한 감정을 표현하는 과정은 감정을 명료하게 함으로써 억압되어 있던 동안에 감정이 보냈던 다양한 신호와 항의에 빼앗긴 에너지를 다시 활용할 수 있게 합니다. 결국 사용할 수 있는 에너지의 양이 많아져 그 전에는 잘 하지 못했던 다른 과제를 수행할 수 있는 등 심리적 상태를 긍정적으로 향상시킵니다. 또한 마음속 한쪽 구석에 자리 잡고 있던 감정과 충동이 밖으로 꺼내어짐으로써 마음의 방은 정화되고 좀 더 명료해집니다.

• **게슈탈트 심리 치료**[8]

대표적인 체험적 치료에는 게슈탈트 심리 치료[9]가 있습니다. 게슈탈트 심리 치료는 신체와 정신, 환경을 서로 불가분의 관계에 있는 통합적이고 유기적인 존재로 이해합니다. 개체는 장[10]을 전경과 배경으로 구조화하여 지각하는데, 관심을 끄는 부분이 전경이고 나머지는 뒤로 빠지면서 배경으로 지각됩니다. 예를 들어, 거리에서 멋진 남자를 발견했다면 멋진 남자는 전경이 되고 나머지 부분은 배경이 될 것입니다.

‘게슈탈트gestalt’는 ‘개체가 자신의 욕구나 감정을 하나의 의미 있는 행동 동기로 조직화하여 지각한 것’을 의미하는데, 욕조의 뜨거운 물에 몸을 담그며 쉬고 싶은 것, 밥을 먹고 싶은 것 등이 게슈탈트에 해당합니다. 게슈탈트가 전경으로 나타났다가 환경과의 접촉을 통해서 해소되면 배경으로 사라지고 또 다른 새로운 게슈탈트가 형성됩니다. 즉, 목이 말랐을 때 ‘물을 마시고 싶은 것’이라는 게슈탈트를 형성하

8 이지영이 2004년 「학생연구(서울대학교)」의 38(1)권에 게재한 논문 ‘게슈탈트 심리 치료와 위빠사나 명상의 통합적 접근’의 내용을 일부 발췌하였습니다.

9 1951년에 독일의 Fritz Perls가 창안한 심리 치료 이론으로, 정신분석을 비롯하여 유기체 이론, 장 이론, 사이코 드라마, 실존 철학, 도가와 선 사상 등의 광범위한 영향을 받았습니다.

10 어떤 일이 행해지는 곳

고, 이를 알아차려서 물이라는 환경과의 접촉을 통해 물을 마셔서 갈증을 해소하면 물을 마시고 싶은 욕구는 사라집니다. 그럼 또 다른 게슈탈트가 전경으로 다가오겠지요. 그런데 게슈탈트가 환경과의 접촉을 통해 해소되지 못하면, '미해결 과제'로 남습니다.

감정도 마찬가지입니다. 감정이 올라오면 그 감정과 만나서 느끼고 표현하면 해소되어 배경 속으로 사라집니다. 슬픔은 충분히 울고 나면 기분이 괜찮아지고 상쾌해집니다. 불안도 그대로 느끼다 보면 점차 감소되는 것을 경험할 수 있습니다. 그런데 느끼고 표현하지 않아 해결되지 않은 감정이나 욕구는 미해결 과제로 남아서, 개체에 끊임없이 완결을 요구함으로써 다른 게슈탈트가 선명하게 형성되는 것을 방해합니다. 이처럼 감정이란 녀석은 주인이 알아주기를 원하며, 느끼고 표현해 주기를 바랍니다.

게슈탈트 심리 치료에서 억압된 감정이나 충동은 느끼고 표현되기를 바라며, 외부로 표현되기 전에는 미해결 과제로 남는다고 보았습니다. 미해결 과제는 말 그대로 해결되지 않고 풀어야 하는 과제이므로 계속 주의를 끌겠지요. 따라서 미해결 과제로 남은 감정이나 충동 때문에 개인은 자꾸 긴장하거나 신경을 쓰게 되고 자신도 모르게 불쾌한 감정에 휩쓸리기도 합니다. 억압된 감정이나 충동을 알아차리고 느끼고 표현하고 해소함으로써 미해결 과제를 완결해야 한다고 주장합니다. 따라서 체험적 방법을 통해 과거에 알아주지 못하고 느끼지 못하고 표현해 주지 못했던 정서를 알아차리고 느끼고 표현함으로써, 감정이 원하는 바를 이루어 해소되고 사라지게 합니다.

#### • 정서적 체험과 표현 과정을 강조한다

체험적 접근을 강조하는 심리 치료자들은 심리 치료 장면에서 경험하는 정서emotion를 강조하며, 심리 치료 장면에서 상담자와 내담자, 그리고 그들 간에 이루어지는 과정process에 초점을 두면서 정서적 경험과 그 경험의 표현에 중점을 둡니다. 즉, 지금 이 상황에서 어떠한 감정을 느끼는지, 그러한 감정이 어떤 과정을 거치는지에 초점을 두면서 치료적 변화를 만들어가는 관점입니다.

감정의 체험을 촉진하는 대표적인 질문으로 "지금 무엇을 느끼고 있습니까?"라고 상담자가 물었을 때, 내담자는 "뭔가 가슴이 답답해요. 왠지 화가 나는 것 같아요."라고 대답합니다. 이때 상담자는 "화나는 감정을 그대로 느껴 보세요. 그리고 그 감정을 따라가 보세요."라면서 느끼고 있는 감정과 그 감정이 변화하는 과정에 초점을 둠으로써, 내면의 중요한 핵심을 찾아가고 심리적 변화를 경험할 수 있도록 안내합니다.

체험적 접근은 알아차림, 공감, 빈의자 기법, 실험 등의 요소를 통해 내담자의 정서적 체험과 표현을 촉진하여 치료 장면에서 새로운 정서적 체험과 정서적 통합을 유도합니다. 이 접근은 기존에 주류를 이루었던 인지적 접근과 행동적 접근, 정신분석과 같은 역동적 접근으로 충분히 설명하거나 개입하지 못했던 부분을 다루고 있다는 점에서 많은 관심을 끌었습니다. 이런 맥락에서 Young, Klosko와 Weishaar[2003]는 치료기법을 인지적·행동적 방법으로 분류하던 기존의 이분법적 구분 방식에 체험적 방법을 추가하여 분류함으로써 체험적 기법을 강조하였습니다.

• **체험적 기법이란**

체험적 기법은 지금 여기에서 직접 체험하는 방법으로, 주로 정서적 체험을 통해 정서 경험을 이해하고 재경험하며 표현하여 소화할 수 있도록 하는 것입니다. Young은 마음속에 시각적으로 떠올리는 심상기법과 일상생활에서의 여러 역할을 모의로 실연하는 역할 연기를 대표적인 체험적 방법으로 제안하였습니다. 과거 친구의 비난에 한마디 말도 못 하고 당하고만 있었던 경험을 다시 떠올리면서 그때의 감정을 다시 느끼고 하지 못했던 말들을 짚어 보고 표현해 볼 수 있습니다. 상담 장면이라면 내담자의 중요한 정서 경험을 다시 떠올려 그 순간에 느꼈던 감정과 생각을 생생하게 다시 체험하도록 합니다. 이때 의자에 앉아서 눈을 감고 머릿속에 심상을 떠올림으로써 체험할 수도 있고, 떠올린 다음 정서 경험 속의 주인공인 자신이 되어 직접 재연함으로써 체험할 수도 있습니다. 필요에 따라서는 상담자가 내담자를 비난했던 친구나 한 번도 칭찬해 주지 않았던 아버지를 연기하여, 직접 이 자리에 상대가 있다고 가정함으로써 더욱 체험적 효과를 극대화할 수 있습니다.

예를 들어, 대학에 진학할 때 연기를 전공하고 싶었지만 의대에 가길 원했던 부모님께 자신의 의견을 제대로 주장 한번 하지 못했던 경험이 중요하게 떠올랐다면, 지금 여기에서 그 상황에 놓여 있다고 상상해 보는 것입니다. 그 순간에 느껴졌던 압박감과 부담감, 분노감, 절망감 등의 감정이 다시 느껴집니다. 또한 자신이 그 순간에 무엇을 원하고 있었는지, 무엇을 말하고 싶었는지에 대해 확실히 인식합니다. 이런 과정을 통해 자신이 그 순간에 왜 그렇게 느끼고 생각했는지 정서 경험을 제대로 이해할 수 있습니다. 아버지에게 "싫어요. 전 제가 좋아하는 연기를 할 거예요. 아버지의 욕구를 충족하기 위한 장난감이 아니란 말이에요. 언제나 강압적으로 아버지가 원하는 방식을 강요하시는 건 정말 숨 막혀요."와 같이 상담 장면에서 마치 눈앞에 아버지가 있다고 상상하면서 과거에 하지 못했지만 하고 싶었던 말을 직접 표현할 수도 있습니다. 또한 자신이 그 상황에서 얼마나 힘들었는지 그 감정에 대해 표현할 수도 있습니다. 이렇게 그 상황에서 미처 깨닫지 못했거나, 깨달았다 하더라도 표현하지 못했던 감정을 지금 이 순간에 표현함으로써 감정을 해소하고 소화시키지 못했던 감정 경험을 소화합니다.

• **체험적 방법의 중요성**

자신의 감정을 알아차리고 느끼고 표현함으로써 불쾌한 감정에 접근하는 체험적 방법을 치료적 핵심으로 강조하는 체험적 접근이 대두되면서, 체험적 방법이 치료적으로 매우 중요하고 효과적이라는 주장이 제기되었습니다.

상담자 지금 무엇을 느끼고 있습니까?
내담자 뭔가 가슴이 답답해요.
왠지 화가 나는 것 같아요.
상담자 화나는 감정을 그대로 느껴 보세요.
따라가 보세요.

**변화하기 위해서는 정서 체험이 우선시된다**

Greenberg는 자신의 연구 논문들과 저서들을 통해 정서를 체험하는 것이 정서적인 변화 과정의 핵심이라고 주장하였습니다. 즉, 내담자가 경험하는 불쾌한 감정 등의 정서를 변화시키기 위해서, 또한 행동이나 태도를 변화시키기 위해서는 그러한 정서를 알아차리고 체험하는 작업이 선행되어야 한다는 것입니다. 물론 다양한 인지적 방법을 통해 생각을 바꾸어서 감정과 행동을 변화시킬 수 있습니다.

그러나 모든 경우가 그러하지는 않습니다. 혹시 여러분은 자신의 생각이 잘못되었고 다르게 생각하고 행동할 수 있다는 것을 알지만, 여전히 그런 감정 상태에 머물고 행동 패턴을 반복하고 있지는 않습니까? 어떤 사람은, 또는 어떤 문제는 자신에게 무엇이 문제이고 그것이 어떻게 잘못되었고 어떻게 생각을 바꾸고 행동을 변화시켜야 하는지 잘 알지만, 그 변화가 어렵고 한 번의 실천에 옮기는 것이 벽돌 100장만큼의 무게로 다가오는 경우가 있습니다. 이들은 말합니다. "나 그거 아는데." 아는데도 되지 않는다면 무엇이 문제일까요? 일부 사람들은 심리학 관련 도서를 수없이 읽고 자신의 문제를 심리학자처럼 분석하며 무엇이 어떻게 잘못되었는지 알고 있다고 말합니다. 그러나 오히려 변화를 방해하는 방어의 장벽은 더욱 높아만 가고 변화는 좀처럼 쉽지 않습니다.

이는 바로 핵심적인 감정 상태를 체험하지 않은 채, 생각만 다루고 있기 때문일 수 있습니다. 우리는 흔히 말합니다. 무언가 변화하기 위해서는 가슴에 와 닿아야 한다고 말입니다. 그 말이 무슨 의미일까요? 그것은 내 가슴 깊숙이 중요한 그 무엇인가가 만져졌을 때, 감동이 있었을 때 변화하게 된다는 의미일 것입니다. 가슴 깊숙이에는 바로 감정이 있고 그 감정이 진정으로 체험될 때, 서서히 꿈틀거리며 변화가 일어나게 되는 것이라 생각합니다. 바로 그 순간이 이제 다른 걸음을 옮길 수 있는 터닝포인트가 되는 것입니다.

## 정서 조절의 개입 대상

이처럼 불쾌한 정서를 감소하기 위해 일반인들이 사용하거나 치료 장면에서 상담 전문가가 사용하는 다양한 정서 조절 방법을 포괄적으로 분류하기 위해서는 인지적 방법과 행동적 방법으로는 충분하지 않습니다. 나아가 정서의 어떤 측면에 개입하느냐에 따라서 인지적 방법과 행동적 방법으로 구분하였다면, 정서의 다른 측면에 개입하는 방법도 있겠다라는 생각을 할 수 있습니다. Izard는 1993년에 정서를 유발하는 기제로 네 가지를 제안하였습니다이훈구 외, 2002에서 재인용. 첫째, 신경 체계에서 신경 전달 물질의 변화와 뇌 구조의 활동에 의한 정서 활성화, 둘째, 감각운동 체계에서 근육운동이나 피부감각으로부터 오는 피드백을 통한 정서 활성화, 셋째, 동기 체계에서 생리적인 추동 상태에 관여하는 감각 과정 등에 의한 정서 활성화, 넷째, 인지 체계에서 평가와 귀인으로 인한 정서 활성화가 그것입니다. Dodge와 Garber1991는, 정서는 크게 신경-생리적 수준, 주관적-체험적 수준, 행동-표현적 수준에서 상호 관련된다고 제안하였습니다. 이러한 구분을 종합하면, 정서 체계는 크게 생리적·인지적·행동적·체험적 요소로 구성되고, 이 요소들은 상호 관련되어 서로 밀접한 영향을 끼친다고 볼 수 있습니다.

## 인지적 vs 행동적 vs 체험적 vs 생리적 방법

따라서 정서 조절 방법은 정서의 어떤 측면에 접근하여 정서적 변화를 초래하느냐에 따라 네 가지 방법으로 구분할 수 있습니다. 첫째, 생각, 즉 인지적 변화를 통해 정서적 변화를 초래하는 인지적 정서 조절 방법입니다. Garnefski와 그의 동료들은 2001년에 인지적 정서 조절 방법의 종류에 관심을 두었는데, 총 아홉 가지 방법을 제안하였습니다. 여기에는 문제를 해결할 수 있는 계획을 세우는 것, 긍정적인 생각을 하는 것, 자신을 비난하는 것, 극단적인 부정적 상황으로 생각이 발전하는 파국화 등이 있습니다. 한편, 심리 치료는 우울, 불안 등의 불쾌한 감정으로 힘들어하는 내담자가 불쾌한 정서를 완화하고 스스로 불쾌한 감정을 조절할 수 있도록 돕는 과정입니다. 이런 측면에서 주요한 심리 치료 이론들은 특정한 유형의 정서 조절 방식을 강조합니다. 그중 주류에 해당하는 인지 치료는 생각과 신념의 변화를 통해 불쾌한 정서를 감소하기 위한 인지적 기법에 초점을 둡니다.

둘째, 행동적 변화를 통해 정서적 변화를 초래하는 방법인 행동적 방법이 있습니다. 사람들이 불쾌한 정서를 감소하기 위해서 사용하는 대표적인 행동적 방법으로는 쇼핑하기, 음악 듣기, 영화 보기, 성관계하기, 운동하기, 요리나 청소하기와 같이 다른 일에 몰두하는 방법이 있습니다. 또한 주변 사람에게 조언을 구하거나 도움을

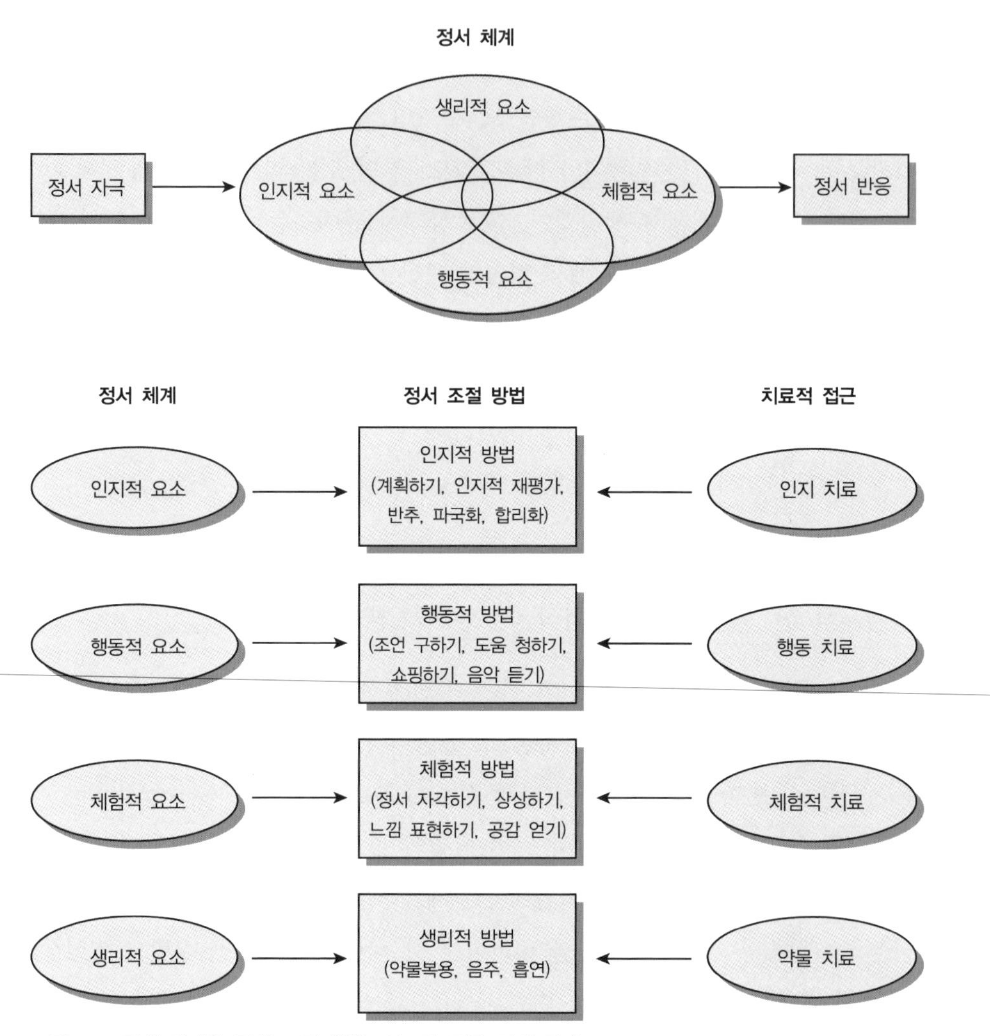

그림 4.5 정서 체계와 정서 조절 방법, 치료적 접근 간의 관계

청하는 방법도 있습니다. 행동 치료는 불쾌한 정서를 초래하는 부적응적인 행동을 제거하고 긍정적 결과를 유발하는 적응적 행동을 학습한다는 점에서 행동적 기법을 강조하는 치료입니다.

셋째, 생리적 방법은 심장박동, 혈압, 땀과 같은 생리적 요소를 변화시킴으로써 정서적 변화를 초래하는 방법입니다. 여기에는 술을 마시는 것, 담배를 피우는 것, 약물을 복용하는 것, 복식호흡을 하는 것, 명상을 하는 것 등이 포함됩니다.

약물 치료는 환자의 신경생리적 변화를 통해 불쾌한 정서를 완화시킨다는 점에서 생리적 기법을 강조한 치료입니다. 호흡훈련이나 명상훈련 역시 신체적 이완과 안정을 통해서 심리적 안정을 추구하기 때문에 생리적 방법이라 볼 수 있겠지요. 또한 아로마 테라피는 다양한 종류의 나무, 식물, 풀 등 자연에서 추출한 방향성 오일을 사용하여 뇌신경계, 면역계와 근육 등의 생리적 요소에 영향을 끼쳐 정서적 변화를 유발하므로 생리적 정서 조절 방법의 일종입니다.

넷째, 정서적 체험과 표현을 통해 정서적 변화를 초래하는 체험적 방법입니다. 정서를 알아차리는 것, 정서를 느끼는 것, 다른 사람과 자신의 느낌을 공유하는 것, 공감을 얻는 것, 화났을 때 소리를 질러 보는 것, 때려 부수는 것, 즐거운 것을 떠올려 상상하는 것, 행복한 기억을 떠올려 보는 것 등이 체험적 정서 조절 방법입니다. 최근 대두되는 체험적 치료는 정서를 체험하고 표현하는 체험적 정서 조절 방법을 강조하고, 정서적 정보 처리 과정에 초점을 맞춥니다. 체험적 심리 치료에 속하는 게슈탈트 심리 치료는 지금 여기에서의 정서적 체험을 통해 부정적인 갈등과 정서를 해소하고 완화한다는 점에서 체험적 기법을 강조합니다. Greenberg가 제안한 정서 초점 치료emotion-focused therapy는 부적응적 정서와 적응적인 정서의 체험을 통해서 정서적 변화를 이끄는 치료로, 체험적 방법을 치료의 핵심으로 보았습니다.

지금까지 살펴본 바와 같이, 정서 조절 방법은 정서의 생리적·인지적·행동적·체험적 요소 중 어떤 요소를 변화시킴으로써 정서적 변화를 초래하여 정서를 조절하느냐에 따라서 생리적·인지적·행동적·체험적 정서 조절 방법으로 구분됩니다. 심리 치료적 접근들은 불쾌한 감정으로 고통 받는 내담자로 하여금 각 접근 방식에 따른 다양한 기법을 동원하여 불쾌한 정서를 감소시키고자 합니다. 바로 이런 심리 치료적 기법이 불쾌한 정서를 감소시키기 위한 정서 조절 방법이며, 각 치료적 접근들은 생리적·인지적·행동적·체험적 방법 중 특정한 정서 조절 방법을 강조합니다.

# 당신의 평소 정서 조절 방법의 사용 패턴은?: 정서 조절 방법 사용 패턴 자가진단

## 정서 조절 방법에 대한 몇 가지 궁금한 것

우리는 매일 일상생활에서 수많은 자극에 노출되고 여러 상황에 처하며, 그때마다 다양한 감정을 경험합니다. 그냥 넘기거나 가볍게 다룰 수 있는 감정이 있는 반면, 그렇지 않고 조절하는 데 상당한 에너지가 필요한 감정이 있습니다. 감정을 느껴지는 대로 내버려 둘 수 있는 상황이 있는 반면, 추스르고 감추어야 하는 상황이 있습니다. 이처럼 우리의 삶에서 정서 조절이 필요한 순간은 무수히 많지만, 수많은 사람이 정서를 조절하는 데 사용할 수 있는 방법들에 대해서는 잘 알지 못합니다. 불쾌한 감정을 느낄 때 골라서 꺼내어 사용할 수 있는 정서 조절 방법의 레퍼토리가 매우 빈약합니다. 제4장을 통해 여러분은 생각보다 많은 정서 조절 방법이 있다는 것을 알았습니다. 또한 그러한 정서 조절 방법들은 크게 정서의 어떠한 측면에 접근해서 조절하느냐에 따라 인지적·행동적·체험적·생리적 방법으로 구분할 수 있다는 것도요.

그런데 어떤 방법을 언제 어떻게 사용해서 정서를 조절하는 것이 효과적인지는 잘 모릅니다. 또한 효과적으로 정서를 조절하는 과정이나 단계에 대해서도 잘 알지 못합니다. 저는 바로 이런 현실에 주목하고 정서 조절 방법과 정서 조절 과정에 대한 체계적인 연구를 해왔습니다. 처음에 관심을 두고 연구하면서 몇 가지 궁금한 점이 있었습니다.

## 첫째, 내가 평소에 자주 사용하는 정서 조절 방법은 무엇인가? 그리고 나의 평소 정서 조절 방법 사용 패턴은 어떠한가?

사람마다 자주 사용하는 정서 조절 방법이 다르다는 것에 주목하였습니다. 어떤 사람은 불쾌한 감정이 들면 혼자 방에 있으면서 골똘히 생각하며 정리를 하곤 합니다. 연인이나 친구, 그리고 주변 사람들이 "도대체 무엇 때문에 그래?", "힘든 것에 대해 같이 얘기해 보자."라고 해도 전혀 반응하지 않고 입을 꼭 닫아버립니다. 그렇게 며칠을 있다가 정리가 된 듯 밖으로 나옵니다. 그에 반해 어떤 사람은 힘든 일이 있거나 불쾌한 감정이 느껴지면, 주변 사람이나 친구를 만나거나 전화를 걸어서 "내게 무슨 일이 있었다.", "내가 어떤 감정을 느꼈다." 등 자신에게 일어난 일과 느낀 감정, 그리고 생각들을 쏟아내며 주변 사람이 자신의 마음을 이해해 주고 공감해 주기를 원합니다. 그러고 나면 해소되는 느낌을 받으며 안정감을 회복합니다. 이처럼 사람마다 자신에게 효과가 있는 정서 조절 방법이 다르고, 주로 사용하는 방법이 다릅니다. 따라서 평소에 주로 사용하는 정서 조절 방법의 전체 사용 패턴을 확인할 필요가 있습니다.

또한 사람마다 주로 사용하는 정서 조절 방법이 다르다면, 개인차 즉 남녀에 따라, 성격 유형에 따라 정서 조절 사용 패턴이 어떻게 다를까 궁금했습니다.

### • 남자와 여자에 따라서 주로 사용하는 정서 조절 방법이 어떻게 다른가

불쾌한 감정이 들었을 때 이를 조절하는 방식에서 가장 큰 차이를 보이는 요인이 남녀차가 아닐까 생각합니다. 여러분 중 결혼을 한 분이라면 아내나 남편과의 관계에서 갈등을 경험한 적이 있을 것입니다. 결혼을 하지 않았더라도 연애를 해 보았거나, 연애를 해 보지 않았다면 이성 친구와 대화를 할 때 '참 다르구나.'라고 생각한

적이 있을 겁니다. 사람들은 불쾌한 경험이나 갈등이 생겼을 때 불쾌한 감정을 조절하기 위해 어떤 방식을 취하는데, 그 차이에 대해 서로 이해하지 못하고 받아들이지 못하기 때문에 사람들 간에 갈등이 더 커지는 경우가 종종 있습니다. 자주 경험하거나 목격하는 광경 중 주로 여자는 힘들다는 이야기를 하는데 남자는 "그건 이렇게 하면 되잖아.", "그건 네가 잘못했네."와 같은 말을 하는 것입니다. 그때 여자의 얼굴은 일그러지고 갑자기 울컥하며 목소리가 커지거나 더 이상 말을 하려 하지 않습니다. "내가 몰라서 그래?", "지금 나보고 잘못했다는 거야?"라고 말입니다. 왜 이러한 차이가 나타나는 것일까요? 물론 정 반대의 경우도 있습니다.

- **외향형의 성격과 내향형의 성격을 지닌 사람들이 주로 사용하는 정서 조절 방법은 어떻게 다른가**

성격유형에 따라서도 정서를 조절하는 방법은 달라집니다. 내향적인 성격의 사람들이 선호하는 정서 조절 방법은 무엇이고, 외향적인 사람들이 선호하는 방법은 무엇일까요? 이들은 서로 불쾌한 감정을 조절하는 방법에 있어서 어떻게 다를까요?

- **지성형의 사람과 감성형의 사람이 주로 사용하는 정서 조절 방법은 어떻게 다른가**

감정보다는 이성을 중시하는 지성형의 성격을 지닌 사람과 이성보다는 경험하는 감정을 더 중시하는 감성형의 성격을 지닌 사람이 불쾌한 감정을 느낄 때 주로 동원하는 방법에 분명 차이가 있을 것입니다. 그 차이는 무엇일까요?

### 둘째, 내가 사용하는 정서 조절 방법이 과연 효과가 있는가?

사람들은 정서를 조절하기 위해 특정 방법을 동원하는데, 이들은 한결같이 자신이 원하는 방향으로 정서가 적절히 조절되기를 바랄 것입니다. 그런데 사람들이 동원한 정서 조절 방법이 모두 효과가 있을까요? 그렇지는 않습니다. 효과가 있는 방법도 있고, 그다지 효과가 없는 방법도 있습니다. 어떤 것은 불쾌한 감정을 감소시키기보다는 오히려 증폭시키기도 합니다. 사람들이 불편한 감정을 느꼈을 때 가장 많이 사용하는 방법이 무엇일까요? 그것은 회피입니다. 즉, 불쾌한 감정으로부터 도망가고 피하는 것입니다. 회피는 불쾌한 감정이나 이를 유발한 자극이나 대상, 상황으로부터 벗어나려는 방법이기 때문에, 일시적으로 불쾌한 감정이 완화될 수 있습니다.

그러나 그 효과는 일시적일 뿐, 결코 불쾌한 감정을 궁극적으로 해소하지는 못합니다. 일시적으로 불쾌한 감정이 완화될 수 있다는 데 반해서, 회피만을 반복적으로 사용하고 궁극적으로 정서를 해소하는 다른 방법을 사용하지 않는다면 어떻게 될까요? 영원한 도피는 없습니다. 그 무엇으로부터도 완전히 도망가고 피할 수는 없는 것이지요. 결국에는 다시 떠오를 것이고 또 마주칠 것입니다. 그러면 다시 그 자극에 반응해서 동일하게 불쾌한 감정을 느끼게 될 것입니다. 또한 해소되지 않은 감정은 내면 깊숙이 차곡차곡 축적되어서 일상생활에 방해를 주는 등 부정적인 영향을 끼칠 것입니다.

## 셋째, 정서 조절 방법 중 어떤 방법이 효과적이고 적응적이며, 어떤 방법이 비효과적이고 부적응적인 것인가?

그렇다면 어떤 정서 조절 방법이 정서를 조절하는 데 효과가 있고 그렇지 않은지, 또 어떤 방법이 정신 건강에 이롭고 해로운지에 대해 궁금해졌습니다. 사람들은 기분이 좋지 않을 때 술을 마시곤 합니다. 술을 마시는 순간에는 기분이 좋아지고 뭔가 풀리는 것 같지만, 다음 날 아침에 일어나면 머리는 깨질 것처럼 아픈데 돌아보면 달라진 것은 아무것도 없고 오히려 몸 상태가 좋지 않고 어제 저녁에 부렸던 주사가 떠올라 기분이 찝찝하기만 합니다.

어떤 사람은 일을 하면서 쌓였던 스트레스를 풀기 위해 퇴근하면서 게임방을 찾곤 합니다. 게임을 하는 순간에는 게임에 빠져서 기분 나쁜 일이나 감정을 잊는 것 같지만, 몇 시간이 지나 밤늦게 집에 들어가면 오랫동안 전자파에 노출되어 게임을 한 탓인지 잠에 쉽게 들지 못하고 뒤척이며, 기분은 여전히 불쾌하고 시간만 허비했다는 생각에 찝찝합니다. 과연 이럴 때 사용하면 효과가 좋고 정신 건강에도 도움이 되는 정서 조절 방법은 무엇일까요?

### 넷째, 상황에 따라 효과적인 정서 조절 방법이 다르다. 과연 어떤 상황에서 어떤 방법을 사용하는 것이 정서를 조절하는 데 효과적인가?

모든 정서 조절 방법을 상황에 상관없이 어떤 경우에나 사용할 수 있는 것은 아닙니다. 이 상황에서는 효과가 있지만, 다른 상황에서는 오히려 문제를 발생시킬 수도 있습니다. 또 이 상황에서는 쉽게 시도할 수 있지만, 다른 상황에서는 사용하기가 어려운 방법도 있습니다. 예를 들어, 화가 머리끝까지 올라와 있는데, 그 상황에서 어떤 생각이 들었고, 그 생각이 도움이 되는지, 달리 생각해 볼 수는 없는지 인지적인 방법을 사용하여 접근하기란 쉽지 않을 것입니다. 특히나 붉으락푸르락 화가 치밀어 올라와 있는데, 차분히 하나씩 따지고 생각하기란 거의 불가능합니다. 또한 그리 친하지 않은 사람들 사이에 어울려 있는 상황에서, 자신의 감정을 그대로 느끼고 표현하는 것도 적절하지 않을 수 있습니다.

### 다섯째, 느끼고 있는 감정의 종류에 따라 효과적인 정서 조절 방법이 다르다. 특정 정서에 좀 더 효과적인 정서 조절 방법은 무엇인가?

늘 걱정하고 불안해하는 사람은 다른 사람에게 자신이 얼마나 걱정하고 불안한지에 대해 자꾸 이야기합니다. 그 과정에서 주변 사람들은 그의 불안한 마음을 공감해 주기도 하고 도움을 주려고도 합니다. 그러나 불안한 사람은 여전히 불안해하며 또 다른 누군가를 찾아가 자신의 불안한 마음을 표현합니다. 이처럼 불안한 사람은 자신의 불안함을 표현하면서 다른 사람들로부터 공감이나 위안을 구하는 방식을 자주 사용하지만, 그리 효과가 있는 것 같지는 않습니다. 반면, 기분이 처지고 우울한 사람은 좀처럼 다른 사람을 만나려 하지 않습니다. 그럴 기운도 없고요. 이럴 때 다른 사람들에게 자신의 우울한 감정을 표현하고 공감을 얻거나 조언을 구하고 도움을 받는 것은 혼자가 아니라는 느낌이 들게 해 우울을 완화하는 데 효과가 있습니다.

이처럼 어떤 정서에는 그리 효과적이지 않은 방법이 있고, 특히 더 효과적인 방법이 있습니다. 과연 그것은 무엇일까요?

### 여섯째, 효과적으로 감정을 조절하기 위해서는 어떤 정서 조절 과정을 거쳐야 하는가?

불쾌한 감정이 들어 이를 조절할 때 한 가지 방법만을 사용하여 해소되는 경우는 그리 많지 않습니다. 그렇다면 상황을 고려하여 불쾌한 감정을 적절하게 조절하고 궁극적으로 해소하기 위해서는 어떤 단계를 밟아야 할까요? 정서 조절은 다양한 요소가 영향을 끼치는 복합적인 과정이며, 단번에 해소되지 않고 다양한 단계를 거쳐서 해소되는 과정인 것은 분명합니다. 그러나 그 조절 과정에 대해서는 거의 연구된 바가 없습니다. 따라서 저는 궁금해졌습니다. 정서를 효과적으로 조절하기 위해서는 어떤 단계를 밟아야 하는가? 궁극적인 정서 해소를 위해서는 어떤 과정이 필요한가 하고 말입니다.

## 정서 조절 방법 사용 패턴을 알기 위한 자가테스트

### 감정의 주인이 될 준비가 되었나?
### 그렇다면 먼저 당신의 평소 정서 조절 패턴을 알아야 한다

이 책의 목적은 제목에서처럼 여러분이 감정의 주인이 될 수 있도록 돕는 것입니다. 주인이 되기 위해서는 여러분이 소유하는 감정에 대한 이해가 필요합니다. 또한 그 감정을 다룰 수 있는 기술이 필요하고, 감정을 좀 더 나은 방향으로 안내할 수 있는 그림, 즉 비전을 갖고 있어야 합니다. "감정아, 이러이러한 과정을 거치면 이렇게 될 거야. 걱정하지 마."라고 말입니다. 지금까지 감정에 대한 이해를 돕기 위해 여러 가지를 살펴보았습니다. 정서가 어떤 녀석인지, 어떤 마음을 가진 아이인지, 어떻게 반응하고 움직이는지에 대해 알았습니다. 그래서 우리는 감정이 발생하면, 그 감정으로부터 정보를 취해야 한다는 것을 알았습니다. 정서가 우리에게 주는 정보에는 어떤 것이 있는지, 그러한 정보를 어떻게 사용할 수 있는지 말입니다. 또한 정서를 변화시키기 위해서는 어떤 방법들이 필요한지 살펴보았습니다.

정서를 변화시키는 데 사용하는 방법은 크게 정서의 어떠한 측면에 접근하여 조절하느냐에 따라 인지적·체험적·행동적·생리적 방법으로 구분된다는 것을 알았습니다.

정서에 대한 정보를 습득하였으니, 이제 배운 내용을 실제로 여러분 자신에게 적용해 보도록 하겠습니다. 먼저 여러분이 감정의 주인이 되기 위해서는 주인 행세를 할 여러분의 감정을 제대로 파악하고 이해하고 있어야 하지 않을까요?

## 정서 조절 방법 사용 패턴 자가테스트

앞으로 저는 여러분에게 정서 조절을 코칭하기 위해서 다양한 정서 조절 방법을 안내하고, 효과적인 정서 조절 과정을 소개할 것입니다. 그러기 전에 그동안 여러분이 평소에 정서를 조절하기 위해 사용하였던 정서 조절 방법의 사용 패턴을 확인하고 진단하는 작업이 필요합니다. 과연 여러분은 불쾌한 감정을 조절하기 위해 어떤 방법들을 사용해 왔는지 말입니다. 정서 조절 방법 사용 패턴의 자가진단 방법에는 온라인 검사와 지면 검사가 있습니다. 먼저 온라인 검사는 '정서 조절코칭 연구소 www.emotioncoach.co.kr' 사이트에 방문하여 할 수 있습니다. 정서 조절코칭 연구소에서 시행하는 연구에 참여하고 안내에 따라 설문을 모두 마치면, 자동으로 채점되어 여러분의 평소 정서 조절 방법 사용 패턴을 한눈에 알 수 있는 결과 프로파일을 제공받습니다. 온라인 검사가 어렵다면 지금부터 안내할 지면 검사를 통해 자가테스트를 할 수 있습니다. 단, 스스로 채점해야 하고 정서 조절 방략[11] 프로파일을 직접 그려야 한다는 번거로움이 있습니다.

진단테스트는 모두 15분에서 20분가량 소요됩니다. 물론 진단받는 사람의 성격과 기질에 따라서 소요되는 시간은 달라질 수 있습니다. 지나치게 꼼꼼하고 완벽주의적인 경향이 있는 사람은 두 배 이상의 시간이 소요되기도 합니다. 진단테스트를 할 충분한 시간이 확보되지 않는다면 시작하지 않는 것이 바람직합니다. 또한 테스트를 하는데 방해가 될 수 있는 요소가 많다면 시작하지 않는 것이 좋습니다. 만약

11 정서 조절 방략은 심리학 용어로서, 정서 조절 방법이라고 생각해도 무방합니다.

시간이 충분하고 상황이 적절하며 마음의 준비가 되었다면, 온라인 검사를 할 분은 컴퓨터 앞으로 가기 바랍니다. 지면 검사할 분은 다음 쪽에서 안내하는 대로 지시를 따르면 됩니다. 온라인 검사를 하는 분은 자동 채점되어 제공되는 정서 조절 방략 프로파일을 인쇄하기 바랍니다. 만약 인쇄하지 않은 채 화면을 넘기거나 끄면, 다시 프로파일을 찾아 확인하기 어려우니 이 점에 유의하기 바랍니다. 인쇄는 정서 조절 방략 프로파일이 화면에 나오면 마우스의 커서를 화면 위로 옮긴 후, 마우스 오른쪽 버튼을 누르면 인쇄 메뉴가 나옵니다.

1단계: 다음의 각 문항을 읽고 성실하게 답한다.

다음 문항들은 **사람들이 일상생활 중에서 겪는 불쾌한 감정을 감소하기 위해서 동원하는 다양한 노력**을 나열한 것입니다. 각 문항들을 주의 깊게 읽고, 평소 **여러분이 부정적이거나 불쾌한 일을 경험할 때 보이는 모습을 가장 잘 나타내는 정도**를 숫자로 표시하십시오.

| 거의 그렇지 않다 | | 가끔 그렇다 | | 때때로 그렇다 | | 자주 그렇다 | | 거의 항상 그렇다 |
|---|---|---|---|---|---|---|---|---|
| 0 | | 1 | 2 | 3 | 4 | 5 | | 6 |

1. 처한 상황이나 문제를 합리적으로 생각하려 노력한다. ( )
2. 문제해결을 위해 도움을 줄 수 있는 사람에게 구체적인 도움을 부탁한다. ( )
3. 일어나버린 상황에 대해 어쩔 수 없음을 받아들인다. ( )
4. 내가 어떻게 느끼는지 누군가에게 이야기한다. ( )
5. 왜 이런 기분을 느끼게 되었는지 이해하려고 노력한다. ( )
6. 상대방이나 주변 사람들에게 화를 낸다. ( )
7. 스스로에게 괜찮다고 말한다. ( )
8. 느껴지는 감정을 부정하지 않고 수용하려 한다. ( )
9. 행복했던 기억을 떠올려 본다. ( )
10. 처한 상황이나 문제의 부정적인 측면에 대해 반복적으로 생각한다. ( )

11. 부정적인 것은 잊어버리려 노력한다. ( )
12. 그 일의 원인이 기본적으로 다른 사람에게 있다고 생각한다. ( )
13. 이 일을 달리 해석해 볼 수 없는지 생각해 본다. ( )
14. 처한 상황이나 문제를 개선하거나 해결하기 위한 구체적인 일을 실행에 옮긴다. ( )
15. 누군가 나를 이해하고 위로해 주길 바란다. ( )
16. 불쾌한 기분에서 벗어날 수 있도록 즐거운 장소에 간다. ( )
17. 혼자 있거나 안전한 장소에서 소리를 크게 질러 본다. ( )
18. 처한 상황이나 문제와 관련없는 다른 일을 생각한다. ( )
19. 지금 하고 있는 행동이나 생각이 나에게 얼마나 도움이 될 것인지 생각해 본다. ( )
20. 처한 상황이나 문제에 대해 무언가 구체적인 일을 할 수 있는 사람과 이야기한다. ( )

21. 폭식을 한다. ( )
22. 나쁜 상황은 금방 지나갈 거라고 스스로에게 말한다. ( )
23. 나를 행복하게 하는 것들을 떠올려 본다. ( )
24. 주변 사람들에게 짜증을 낸다. ( )
25. 평소 좋아하는 사람을 만나 시간을 보낸다. ( )
26. 앞으로 일어날 일에 대해 자꾸만 안 좋은 쪽으로 생각한다. ( )
27. 일은 이미 일어났고 어떻게든 달라질 수 없음을 받아들이려 한다. ( )
28. 그 일이 다른 사람 잘못이라고 생각한다. ( )
29. 담배를 피운다. ( )
30. 처한 상황이나 문제를 보다 나은 방향으로 해결할 수 있도록 차근차근 행동을 취한다. ( )

31. 혼자 있거나 안전한 장소에서 화장지나 종이 등의 물건을 찢거나 부수면서 불쾌한 감정을 해소하려 한다. ( )
32. 성적 행위(자위나 성관계 등)를 한다. ( )
33. 음식을 마구 먹어댄다. ( )
34. 상황이 왜 잘 진행되지 않았는지 평가한다. ( )
35. 내가 겪은 일이 얼마나 끔찍한지 계속 생각한다. ( )
36. 기분을 전환하기 위해 산책이나 드라이브를 한다. ( )
37. 자신에게 위안이 되는 말을 되뇌인다. ( )
38. 마음이 편안해지거나 기분이 좋아지는 자연경관을 머릿속에 그려본다. ( )
39. 처한 상황이나 문제가 다른 사람의 탓이라고 생각한다. ( )
40. 불쾌한 감정을 충분히 느끼려고 한다. ( )

41. 상대방이나 주변 사람들에게 내 감정을 정확하게 표현하려 한다. ( )
42. 안 좋은 일이 일어나게 될지 모른다고 계속해서 걱정한다. ( )
43. 편한 친구나 가족을 만난다. ( )
44. 불쾌한 감정을 있는 그대로 받아들이려고 한다. ( )
45. 처한 상황으로부터 배울 게 있을 거라 생각한다. ( )
46. 과거에 기분을 좋게 해 주었던 활동을 한다. ( )
47. 어떻게 하는 것이 좋을지 선배나 권위자에게 조언을 구한다. ( )

48. 혼자 있거나 안전한 장소에서 욕이나 심한 말을 함으로써 불쾌한 감정을 해소하려 한다. ( )
49. 처한 상황이나 문제를 잘 처리할 수 있는 방법을 취한다. ( )
50. 상황이 다르게 전개되었더라면 하는 생각을 반복적으로 한다. ( )

51. 이미 일어난 일이라는 사실을 받아들인다. ( )
52. 처한 상황을 변화시킬 수 있는 방법에 대해 생각해 본다. ( )
53. 그 일에 대해 다른 사람의 책임이라고 생각한다. ( )
54. 다른 사람에게서 공감이나 이해를 구하려 한다. ( )
55. 취할 때까지 술을 마신다. ( )
56. 상대방이나 다른 사람들에게 자꾸 시비를 건다. ( )
57. 불쾌한 감정을 유발했던 대상이나 상황을 반복해서 생각한다. ( )
58. 문제를 해결하기 위해 구체적인 행동을 취한다. ( )
59. 컴퓨터 게임을 한다. ( )
60. 친구와 함께 즐겁고 유쾌한 활동을 한다. ( )

61. 그 일에 대해 너무 깊이 생각하지 않으려고 한다. ( )
62. 과거에 즐거웠던 일들을 생각해 본다. ( )
63. 처한 상황이나 문제와 관련해 내가 실수하거나 잘못한 점들을 계속해서 떠올린다. ( )
64. 앞으로 어떻게 할지 행동에 대한 계획을 세운다. ( )
65. 불쾌한 감정에 대해 부정하지 않고 받아들이려 한다. ( )
66. 처한 상황이나 문제에 대해 무엇을 할지 다른 사람에게 조언을 구한다. ( )
67. 친밀한 사람과 함께 시간을 보낸다. ( )
68. 내게 어떤 문제가 있을 거라는 생각을 반복한다. ( )
69. 필요 이상으로 많이 먹는다. ( )

2단계: 채점한다

① 각 정서 조절 방법의 원점수를 구한다

다음은 각 정서 조절 방법에 해당하는 문항들의 번호를 나열한 것입니다. 해당하는 문항에 여러분이 체크한 점수를 확인하고 그 점수를 합산하십시오. 각 정서 조절 방법의 원점수는 해당하는 문항들의 점수 총점입니다.

A. 인지적 방법 = 가 + 나 + 다 + 라 + 마 ( 점)

인지적 방법에 해당하는 세부 정서 조절 방법은 다음과 같이 다섯 가지입니다. 다섯 가지 방법의 점수를 먼저 구한 다음, 그 점수를 다시 합산하면 인지적 방법의 점수가 됩니다.

가. 능동적으로 생각하기 = 1번 + 5번 + 13번 + 19번 + 34번 + 45번 + 52번 + 64번 ( 점)

나. 수동적으로 생각하기 = 7번 + 11번 + 18번 + 22번 + 37번 + 61번 ( 점)

다. 인지적으로 수용하기 = 3번 + 27번 + 51번 ( 점)

라. 부정적으로 생각하기 = 10번 + 26번 + 35번 + 42번 + 50번 + 57번 + 63번 + 68번 ( 점)

마. 타인 비난하는 생각하기 = 12번 + 28번 + 39번 + 53번 ( 점)

B. 체험적 방법 = 가 + 나 + 다 + 라 + 마 ( 점)

체험적 방법에 해당하는 세부 정서 조절 방법은 다섯 가지입니다. 각 정서 조절 방법의 점수를 먼저 구한 다음, 모두 합산하면 체험적 방법의 점수가 됩니다.

가. 즐거운 상상하기 = 9번 + 23번 + 38번 + 62번 ( 점)

나. 타인에게 공감이나 위안 얻기 = 4번 + 15번 + 41번 + 54번 ( 점)

다. 감정 수용하기 = 8번 + 40번 + 44번 + 65번 ( 점)

라. 타인에게 불쾌한 감정 분출하기 = 6번 + 24번 + 56번 ( 점)

마. 안전한 상황에서 불쾌한 감정 분출하기 = 17번 + 31번 + 48번 ( 점)

C. 행동적 방법 = 가 + 나 + 다 + 라 + 마 + 바 ( 점)

행동적 방법에 해당하는 정서 조절 방법은 모두 여섯 가지입니다. 먼저 각 정서 조절 방법의 점수를 계산한 다음, 여섯 가지 점수를 모두 합산하면 행동적 방법의 점수가 됩니다.

가. 문제해결 행동 취하기 = 14번 + 30번 + 49번 + 58번 ( 점)

나. 조언이나 도움 구하기 = 2번 + 20번 + 47번 + 66번 ( 점)

다. 친밀한 사람 만나기 = 25번 +43번 + 67번 ( 점)

라. 기분전환 활동하기 = 16번 + 36번 + 46번 + 60번 ( 점)

마. 폭식하기 = 21번 + 33번 + 69번 ( 점)

바. 탐닉 활동하기 = 29번 + 32번 + 55번 + 59번 ( 점)

**② 각 정서 조절 방법의 환산 점수를 구한다**

①에서 구한 정서 조절 방법들의 원점수를 서로 비교할 수 있도록 백분위 환산점수로 변환합니다. 계산 방법은 ①에서 구한 해당 정서 조절 방법의 원점수를 다음의 [ ]에 넣어서 계산하면 됩니다.

A. 인지적 방법 = $100 \times \frac{\text{[인지적 방법의 원점수: \_\_\_\_]}}{174}$ = ( 점)

가. 능동적으로 생각하기 = $100 \times \frac{[\quad\quad]}{48}$ = ( 점)

나. 수동적으로 생각하기 = $100 \times \frac{[\quad\quad]}{36}$ = ( 점)

다. 인지적으로 수용하기 = $100 \times \frac{[\quad\quad]}{18}$ = ( 점)

라. 부정적으로 생각하기 = $100 \times \frac{[\quad\quad]}{48}$ = ( 점)

마. 타인 비난하는 생각하기 = $100 \times \frac{[\quad\quad]}{24}$ = ( 점)

B. 체험적 방법 = $100 \times \frac{[\qquad]}{108}$ = (　　　점)

가. 즐거운 상상하기 = $100 \times \frac{[\qquad]}{24}$ = (　　　점)

나. 타인에게 공감이나 위안 얻기 = $100 \times \frac{[\qquad]}{24}$ = (　　　점)

다. 감정 수용하기 = $100 \times \frac{[\qquad]}{24}$ = (　　　점)

라. 타인에게 불쾌한 감정 분출하기 = $100 \times \frac{[\qquad]}{18}$ = (　　　점)

마. 안전한 상황에서 불쾌한 감정 분출하기 = $100 \times \frac{[\qquad]}{18}$ = (　　　점)

C. 행동적 방법 = $100 \times \frac{[\qquad]}{132}$ = (　　　점)

가. 문제해결 행동 취하기 = $100 \times \frac{[\qquad]}{24}$ = (　　　점)

나. 조언이나 도움 구하기 = $100 \times \frac{[\qquad]}{24}$ = (　　　점)

다. 친밀한 사람 만나기 = $100 \times \frac{[\qquad]}{18}$ = (　　　점)

라. 기분전환 활동하기 = $100 \times \frac{[\qquad]}{24}$ = (　　　점)

마. 폭식하기 = $100 \times \frac{[\qquad]}{18}$ = (　　　점)

바. 탐닉 활동하기 = $100 \times \frac{[\qquad]}{24}$ = (　　　점)

### 정서 조절 방략 프로파일의 예

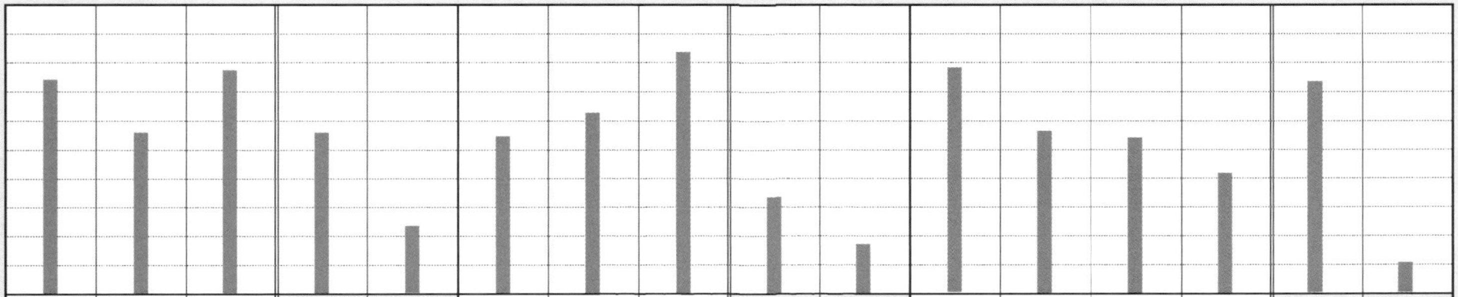

| 능동적으로 생각하기 | 수동적으로 생각하기 | 인지적으로 수용하기 | 부정적으로 생각하기 | 타인 비난 생각하기 | 즐거운 상상하기 | 감정 표현하고 공감 얻기 | 감정 수용하기 | 타인에게 분출하기 | 안전한 상황에서 분출하기 | 문제해결 행동 취하기 | 조언·도움 구하기 | 친밀한 사람 만나기 | 기분전환 활동하기 | 폭식하기 | 탐닉 활동하기 |
|---|---|---|---|---|---|---|---|---|---|---|---|---|---|---|---|
| 75.1 | 56.3 | 77.1 | 56.5 | 22.8 | 54.2 | 62.5 | 83.3 | 33.3 | 18.3 | 78.2 | 57.3 | 55.6 | 41.9 | 72.2 | 10.1 |

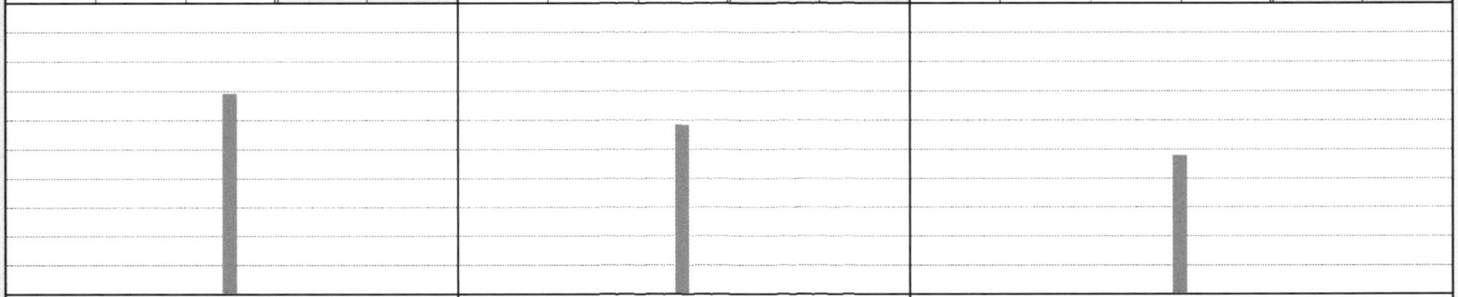

| 인지적 방법 | 체험적 방법 | 행동적 방법 |
|---|---|---|
| 69.7 | 58.3 | 48.5 |

## 나의 정서 조절 방략 프로파일

| 능동적으로 생각하기 | 수동적으로 생각하기 | 인지적으로 수용하기 | 부정적으로 생각하기 | 타인 비난 생각하기 | 즐거운 상상하기 | 감정 표현하고 공감 얻기 | 감정 수용하기 | 타인에게 분출하기 | 안전한 상황에서 분출하기 | 문제해결 행동 취하기 | 조언 · 도움 구하기 | 친밀한 사람 만나기 | 기분전환 활동하기 | 폭식하기 | 탐닉 활동하기 |
|---|---|---|---|---|---|---|---|---|---|---|---|---|---|---|---|
| | | | | | | | | | | | | | | | |
| 인지적 방법 | | | | | 체험적 방법 | | | | | 행동적 방법 | | | | | |
| | | | | | | | | | | | | | | | |

3단계: 정서 조절 방략 프로파일을 완성한다

채점을 통해서 모든 정서 조절 방법의 환산점수를 구했다면, 이제 여러분이 평소에 사용하는 정서 조절 방법의 사용 패턴을 한눈에 알아볼 수 있도록 프로파일을 만들 것입니다. 빈칸으로 된 정서 조절 방략 프로파일에 각 정서 조절 방법의 환산점수를 써 넣으십시오. 그런 다음 환산점수에 해당하는 위치에 점을 찍고, 막대그래프를 그리십시오. 정서 조절 방략 프로파일의 예도 함께 제시하였으니 참고하여서 여러분의 정서 조절 방략 프로파일을 만들어 보기 바랍니다.

## 정서 조절 방법 사용 패턴에 대한 자가진단: 정서 조절 방략 프로파일 해석

여러분은 설문을 통해서 모두 자신의 정서 조절 방략 프로파일을 가지고 있을 것입니다. 이제는 각자의 정서 조절 방략 프로파일을 바탕으로, 여러분이 평소에 사용하는 정서 조절 패턴을 이해하는 작업을 할 것입니다.

### 다양한 정서 조절 방법을 포괄적으로 측정하는 질문지[12]: 정서 조절 방략 질문지(emotion regulation strategy questionnaire: ERSQ)

사람들이 정서를 조절하기 위해 사용하는 다양한 방법을 포괄적으로 측정하는 질문지가 필요합니다. 기존에 사용되고 있는 질문지들은 안타깝게도 해당 연구자가 관심이 있는 일부 방법들을 측정하는 것이어서 전반적인 정서 조절 방법에 대한 연구를 하거나 정서를 조절하는 전체 패턴을 파악하기는 어려웠습니다. 이에 사람들이 사용하는 다양한 정서 조절 방법을 포괄적으로 측정하고, 그 방법들을 체계적으로 구분하는 자기보고식의 질문지를 개발할 필요를 느꼈습니다. 질문지를 개발하기 위해 먼저 '개인이 불쾌한 정서를 예방 또는 감소하기 위해 동원하는

12 이지영과 권석만이 2007년에 「한국심리학회지: 임상」의 26(4)권에 발표한 논문 '정서 조절 방략 질문지의 개발: 대학생 집단을 대상으로'의 내용을 일부 인용하였습니다.

다양한 노력'으로서의 정서 조절 방법을, 정서의 어떠한 측면에 접근하여 정서적 변화를 초래하느냐에 따라 인지적·체험적·행동적 방법으로 구분하였습니다. 여기에 생리적 방법을 포함하지 않은 이유는 호흡, 심장박동 등의 생리적 측면의 변화를 자기보고식으로 측정하는 데는 한계가 있기 때문입니다.

이러한 정의와 구분 범주에 따라 정서 조절 관련 질문지와 Parkinson과 Totterdell의 정서 조절 방법 분류를 참고하여 총 230개의 문항을 만들었습니다. 각 문항을 사전에 구성한 내용 범주에 따라 구분하고 중복되는 문항들을 배제하며, 내용의 전형성을 판단하여 좀 더 전형적인 문항들을 선별하였습니다. 또한 임상심리전문가 6명에 의한 안면타당화 작업을 통해 187개의 예비문항을 선발하였습니다. 선발한 예비문항은 검사제작 통계분석 방법을 통해 최종 69개 문항을 얻을 수 있었습니다. 이런 과정을 거쳐 완성된 정서 조절 방략 질문지는 인지적 방법 5개, 체험적 방법 5개, 행동적 방법 6개 등 총 16개의 정서 조절 방법을 포함합니다.

이때 누군가 "선생님, 이 질문지는 우리가 사용하는 모든 정서 조절 방법을 포함하고 있는 건가요?"라고 물을지도 모릅니다. 결코 그렇지 않습니다. 과학적 연구 방법을 통해 만든 질문지에 사람들이 사용하는 모든 정서 조절 방법을 포함하는 것은 불가능한 일입니다. 쉽게 설명하자면, 정서 조절 방략 질문지에 포함된 정서 조절 방법은 수많은 정서 조절 방법 중 여러 과학적 연구 단계를 통해 걸러져 획득된 방법들입니다.

방대한 정서 조절 방법을 포괄적으로 측정하는 하나의 질문지를 만드는 것은 매우 복잡하고 어려운 과정이었습니다. 또한 검사제작 과정에서 타당하고 과학적인 방법들을 거치는 동안 의미 있는 여러 문항이 걸러지지 못하고 배제되었습니다. 따라서 ERSQ에서 측정하는 16개 정서 조절 방법은 과학적 분석 과정을 통해 얻어진 대표적인 정서 조절 방법이라고 생각하는 것이 바람직할 것입니다.

## 정서 조절 방법의 환산점수의 의미는 무엇인가

점수는 여러분이 불쾌한 감정을 조절하기 위해 평소에 해당 방법을 사용하는 빈도를 의미합니다. 만약 100이 나왔다면 여러분은 해당 정서 조절 방법을 불쾌한 감정을 경험할 때마다 사용한다는 것이고, 70이 나왔다면 그 방법을 100의 70 정도로 자주 사용하고 있다고 보면 됩니다. 정서 조절 방략 프로파일의 16개 세부 정서 조절 방법들 중에서 색칠된 6개 정서 조절 방법은 정서 조절에 좋지 않은 영향을 끼치는 부적응적인 방법으로 확인된 것이며, 나머지 10개 방법은 사용했을 때 여러분의 적응에 도움이 되는 방법을 말합니다. 온라인 자가테스트에서 얻은 정서 조절 방략 프로파일에서는 빨간색으로 표시된 방법이 부적응적인 방법이고, 파란색으로 표시된 것이 적응적인 정서 조절 방법입니다.

정서 조절 방략 프로파일은 여러분이 평소에 사용하는 정서 조절 패턴을 말해 줄 뿐, 정서 조절이 좋거나 나쁘다고 말해 주지는 않습니다. 또한 여러분의 정신 건강 수준이 좋다 나쁘다라고 단언해서 말하기도 어렵습니다. 다만, 부적응적인 방법을 덜 사용할수록, 적응적인 방법을 자주 사용할수록 정신 건강에 도움이 된다고 말할 수 있습니다. 따라서 정서 조절 방략 프로파일을 통해 여러분의 현재 정서 조절 사용 패턴을 확인하여, 부적응적 방법의 사용은 줄이고 적응적 방법의 사용은 늘리도록 노력하길 바랍니다. 또한 일부 소수 방법에 치우쳐 사용하기보다는 인지적·체험적·행동적 방법을 골고루 사용하는 것이 불쾌한 감정을 효과적으로 조절하여 궁극적으로 해소하는 데 도움이 됩니다. 특히 주로 인지적인 방법을 사용한 분이라면 체험적 방법의 사용을 늘리고, 체험적 방법을 주로 사용한 분이라면 인지적 방법을 배워서 함께 사용하는 것이 정신 건강에 도움이 될 것입니다. 그 구체적인 이유와 방법들은 이후 차근차근 설명하겠습니다.

## 각 정서 조절 방법은 무엇을 말하는가

정서 조절 방법은 정서의 어떤 측면에 접근하여 정서적 변화를 초래하느냐에 따라서 크게 인지적·체험적·행동적 방법으로 구분할 수 있습니다. 세 가지 범주에 속하는 16개 정서 조절 방법의 명칭은 요인분석이라는 통계 방법을 통해 비슷한 성격의 문항들을 하나의 집단으로 묶고, 그 집단의 성격을 대표할 만한 가장 적절한 명칭을 붙인 것입니다.

여기에서는 16개 정서 조절 방법에 대해 간단하게 설명하고자 합니다. 각 정서 조절 방법은 모두 제2부 실습 파트에서 좀 더 자세하게 다룰 것이기 때문입니다. 16개 정서 조절 방법에 대한 간단한 설명을 바탕으로, 일단 여러분의 현재 정서 조절 패턴을 진단하고 분석하겠습니다.

내가 사용하는 부적응적 방법에는 어떤 것이 있는가?
부적응적 정서 조절 방법을 얼마나 자주 사용하는가?
내가 사용하는 적응적 정서 조절 방법은 무엇인가?
자주 사용하는 방법은 무엇이고, 효과적이지만 거의 사용하지 않는 방법은 무엇인가?

## 인지적 방법(cognitive strategy)

정서적 자극이나 상황에 대한 인지적 측면, 즉 사고에 접근하여 정서적 변화를 유발하는 방법입니다. 사고에 접근하는 정서 조절 방법에는 5개가 있습니다. 5개 중 능동적으로 생각하기, 수동적으로 생각하기, 인지적으로 수용하기는 정서 조절과 정신 건강에 기여하는 적응적인 정서 조절 방법인 반면, 부정적으로 생각하기와 타인을 비난하는 생각하기는 정서 조절과 정신 건강에 부정적인 영향을 끼치는 부적응적인 정서 조절 방법으로 확인되었습니다.

### • 능동적으로 생각하기

불쾌한 감정과 관련된 생각에 접근하여 적극적으로 다루는 방법입니다. 불쾌한 정서를 궁극적으로 해소하기 위해서 반드시 필요한 대표적인 정서 조절 방법입니다. 따라서 정서 조절 효과가 가장 뛰어난 방법 중 하나로서, 개인의 정서 조절 능력과 정신 건강 수준을 짐작할 수 있는 좋은 예언 지표입니다. 즉, 능동적으로 생각하기 방법을 자주 사용할수록 정서 조절 능력이 뛰어나고 정신적으로 건강할 가능성이 큽니다. 좀 더 자세히 살펴보면, 능동적으로 생각하기는 크게 세 가지 정서 조절 방법을 포함합니다.

첫째, 불쾌한 감정의 원인과 유발되는 과정을 파악하고 이해하려는 방법입니다.

불쾌한 감정을 느끼게 되었을 때 적지 않은 사람들이 그냥 느끼는 것이라고 얘기합니다. 그러나 감정은 결코 아무런 이유 없이 나타나지 않습니다. 반드시 그 감정을 유발한 원인인 자극이 있습니다. 그 원인을 알아내는 것은 여러분의 감정 변화를 이해하는 데 매우 중요합니다. 또한 감정은 유발한 자극이나 상황에 대해 어떤 방식으로 평가했기 때문에 유발됩니다. 다시 말해 자극에 대해 별다른 해석을 내리지 않았다면, 그냥 무심코 지나갔다면 감정은 유발되지 않습니다. 그러나 자극에 대해 긍정적인 방향으로든 부정적인 방향으로든 평가하고 의미를 해석하였기 때문에 감정이 유발된 것입니다. 그 사건이나 상황을 어떻게 해석해서 감정이 유발되었는지 파악하는 것은 여러분의 감정 유발 과정을 이해하도록 돕습니다.

"불쾌한 감정이 유발된 원인은 무엇인가?"
"그 사건이나 상황을 어떻게 해석해서 그런 감정이 유발되었는가?"

둘째, 불쾌한 감정을 유발한 부정적인 생각을 좀 더 긍정적이고 대안적인 생각으로 바꾸는 방법입니다.

생각을 바꾸면 감정이 달라집니다. 따라서 감정을 유발한 자극이나 상황에 대해 다르게 생각한다면, 불쾌한 감정도 변할 것입니다. 즉, 긍정적인 방향으로 생각을 바꾼다면, 불쾌했던 감정은 완화되고 좀 더 나은 감정을 느낄 수 있을 것입니다. 다음과 같이 스스로에게 질문해 보십시오.

"달리 해석해 볼 수는 없는가?"
"처한 상황이나 문제를 합리적으로 생각한다면?"
"처한 상황이나 문제를 긍정적인 방식으로 생각한다면?"

셋째, 처한 상황이나 문제를 변화시킬 수 있는 방법을 구체적으로 계획하는 것입니다.

불쾌한 감정을 유발한 상황이나 문제에 직접 개입하여 변화시킬 수 있는 구체적인 방법을 생각해 보는 것입니다. 심한 불안을 느끼는 이유가 기말시험 때문이라면, 성적을 올릴 수 있는 구체적인 방법을 생각할 수 있고 시험공부를 위한 계획을 세울 수도 있습니다.

"나는 앞으로 어떻게 할 것인가?"
"어떻게 하면 불편한 상황을 바꿀 수 있는가?"

• 수동적으로 생각하기

능동적으로 생각하기가 감정을 유발한 자극이나 상황에 접근하여 생각을 변화시켰다면, 수동적으로 생각하기는 불쾌한 정서를 유발한 생각에 접근하지 않은 채 생각에 접근하여 정서를 변화시키는 방법입니다. 정서를 유발한 자극이나 대상에 접근하여 다루는 것이 아니므로 궁극적으로 정서를 해소할 수는 없지만, 일시적으로 불쾌한 감정을 완화할 수 있습니다. 따라서 추후에는 반드시 궁극적인 정서 조절 방법들을 사용할 필요가 있습니다. 수동적으로 생각하기는 좀 더 자세히 살펴보면 크게 두 가지 방법으로 구분됩니다.

첫째, 불쾌한 생각을 회피하는 방법입니다.

불쾌한 생각이 불쾌한 감정을 만들었다면, 불쾌한 생각을 하지 않으면 불쾌한 감정 또한 들지 않을 것입니다. 일반적으로 사람들이 불쾌한 감정이 들었을 때 가장 많이 사용하는 방법 중 하나입니다. 좀 더 구체적으로는 ① 부정적인 생각을 하지 않으려 하거나, ② 불쾌한 자극이나 사건을 잊으려 한다거나, ③ 불쾌한 감정을 유발한 자극이나 상황과 전혀 관련 없는 다른 일을 생각한다거나, ④ 좀 더 유쾌하고 즐거운 생각을 함으로써 회피할 수 있습니다. 예를 들어, 어제 좋아하는 사람 앞에서 넘어졌던 일을 생각하지 않으려 하거나, 내일 제출해야 하는 보고서에 대해서 생각하거나, 주말에 친구들과의 여행에서 필요한 것들에 대해 생각합니다.

"부정적인 생각을 잊어버리려 해요."
"불쾌한 감정을 유발한 상황이나 문제와 관련 없는 다른 일을 생각해요."

둘째, 자신에게 위안이 되는 말을 함으로써 좀 더 나은 기분을 유도합니다.

자신에게 위안이 되는 말을 되뇌면 감정이 나아질 수 있습니다. '잘 안 될 거야. 뭔가 잘못될 거야.'라고 생각하면 불안해지지만, '괜찮을 거야. 잘될 거야.'라고 반복적으로 생각하면 정말 괜찮아질 것 같고 잘될 것만 같아서 기분이 나아집니다.

사람마다 위안이 되는 말이 조금씩 다르기 때문에 자신에게 좀 더 효과가 있는 말들을 찾아서 레퍼토리로 가지고 있는 것이 좋습니다. 쉽게 눈에 띄는 곳인 컴퓨터 바탕 화면이나 책상 위의 벽면, 또는 가지고 다니는 수첩이나 다이어리 등에 써 놓고 불쾌한 감정이 들 때마다 수시로 찾아봄으로써 불쾌한 감정을 완화시킬 수 있습니다. 꼭 불쾌한 감정이 들지 않더라도 평소에 그런 문구들을 자주 보다 보면, 자연스럽게 머릿속에 그런 생각들이 자리 잡게 됩니다. 그러면 나중에 불쾌한 일이 일어났을 때 굳이 수첩을 찾아보지 않더라도 위안이 되는 생각이 자동으로 떠오름으로써 불쾌한 감정이 발생하는 것을 막거나 덜 고통스러울 수 있겠지요.

"불쾌한 상황은 금방 지나갈 거야."
"괜찮아. 별일 아니야."

• **인지적으로 수용하기**

불쾌한 감정을 경험하는 이유를 한마디로 표현하라고 한다면 바로 부정하기 때문입니다. 즉, 자신에게 일어난 일을 받아들이지 못하는 생각이 떠오를 때, 우리는 금세 불쾌해집니다.

"왜 이런 일이 나에게 일어난 거야."
"그렇게 되면 안 되는데 어쩌지?"
"어떻게 그 사람이 그럴 수 있어?"

일어나서는 안 되는데 일어났기 때문에, 화가 나고 불안합니다. 그런 행동을 해서는 안 되는데 했기 때문에 원망스럽고 초조하고 화가 납니다. 이 정도는 해줬으면 하는데 하지 못한 것에 대해 실망스럽습니다. 관심을 두고 배려해 주었으면 하는데, 별다른 내색이나 표현을 하지 않는 것에 서운합니다.

이렇듯 일어난 일을 받아들이지 못하겠다는 식의 생각이 떠오르면 불쾌해지지만, 반대로 처한 상황이나 경험을 받아들이면 불쾌한 감정은 누그러집니다. '그래, 그럴 수 있지.'라고 생각하면 용서되고 마음이 편안해집니다. 따라서 인지적으로 수용하기는 불쾌한 감정을 조절하는 데 가장 즉각적인 효과가 있는 방법입니다. 하지만 그만큼 우리에게 일어난 일을 그대로 수용하기란 그리 쉬운 일이 아닙니다.

"이미 일어났고 어떻게 달라질 수 없어."
"어쩔 수 없는 일이야. 받아들이자."
"괜찮아. 그럴 수 있어."

• 부정적으로 생각하기

여러분은 부정적으로 생각하면 불쾌한 감정이 든다는 것을 알고 있습니다. 따라서 부정적인 생각을 계속 하면 불쾌한 감정은 증폭되어 정서 조절에 전혀 도움이 되지 않을뿐더러 정신 건강에 해롭게 작용합니다. 이때 제게 물을 것입니다. "부정적으로 생각하기가 정서를 조절하기 위해 사람들이 사용하는 방법이라고요?" 네. 모순적이게도 정서를 조절하기 위해 사람들은 부정적인 생각을 합니다. 그 이유는 제8장에서 부적응적인 정서 조절 방법에 대해 다룰 때 좀 더 자세히 설명하겠습니다. 궁금함을 살짝 풀어 드린다면, 이 방법의 시작은 분명히 정서를 조절하기 위한 시도였으나 효과적이고 적응적인 방식으로 진행하지 못한 채 부정적인 생각만을 반복하게 되는 것입니다.

부정적으로 생각하기는 자세히 살펴보면, 크게 세 가지 방법으로 구분합니다.

첫째, 불쾌한 감정과 관련된 자극이나 사건에 대한 부정적인 측면을 반복해서 떠올리는 반추입니다.

반추는 영어로는 rumination이라고 하는데, 심리학에서는 부정적인 측면을 반복적으로 떠올리는 것을 말합니다. 그 시작은 불쾌한 감정을 유발한 사건이나 상황에 대해 계속 생각하다 보면 해결 방법이 나올 수 있을 것이라는 기대에서 유래합니다. 그러나 거기에서 나아가 원인과 결과를 살피는 숙고의 다음 단계로 진전하지 못하고, 마치 늪에 빠진 것처럼 부정적인 측면에 계속 생각이 붙들립니다. 마치 고장 난 카세트 테이프처럼 부정적인 생각을 반복해서 계속 떠올림으로써, 오히려 불쾌한 감정은 더욱 증폭됩니다.

"처한 상황이나 문제의 부정적인 측면에 대해 반복적으로 생각해요."

"상황이 다르게 전개되었더라면, 이런 감정은 들지 않았을 텐데."

둘째, 걱정하는 것과 파국적으로 생각하는 것입니다.

'잘못되면 어떡하지?'라는 생각에 부정적인 미래를 떠올리며 걱정을 반복하는 것입니다. 걱정을 많이 하는 사람은 파국화하는 경향이 있는데, 일이 잘 안 되었을 때 나타날 수 있는 끔찍한 결과를 예상합니다. 걱정하는 사람들은 처한 상황을 해결하기 위해 노력하고 있다고 착각하지만, 실제로는 걱정만을 반복할 뿐 불안을 해소하는 데 필요한 작업이나 행위를 하지 않음으로써 불안한 감정은 더욱 증폭되기만 합니다.

"안 좋은 일이 일어나면 어떡하지?"
"내게 이런 일이 일어나다니…. 정말 끔찍해. 모든 게 망가질 거야."

셋째, 자신의 행동을 후회하고 자신을 비난하는 생각을 하는 것입니다.

어떤 사람은 부정적인 일에 대해 자신에게 탓을 돌립니다. 그 원인이 자신의 잘못에 있다면 그것을 찾아서 고쳐 변화시킬 수 있다는 생각에서 시작합니다. 그러나 문제는 좀 더 나은 미래를 위해 원인을 찾아 바꾸는 반성으로 나아가는 게 아니라, 자신을 비난하고 후회하는 데에 머무르는 자기 비난만을 반복하는 데 있습니다. 그러다 보면 불쾌한 감정 이외에 자기책망에서 비롯된 자책감이 커지고 위축되어 자신감이 없어져서, 정작 불쾌한 감정을 변화시키는 데 필요한 궁극적인 정서 조절 방법은 시도할 생각조차 하지 못하게 됩니다.

"내가 그렇게 행동하지 않았더라면, 그런 일은 일어나지 않았을 텐데."
"내게 무슨 문제가 있을 거야."
"모든 게 내 잘못이야."

**• 타인을 비난하는 생각하기**

불쾌한 감정이나 상황의 원인을 타인에게 돌리는 생각을 함으로써 좀 더 나은 감정을 유도하려는 방법입니다. 다른 사람에게 탓을 돌리면 자신은 책임에서 벗어나 자책감은 줄지만, 타인이나 주변 환경에 대한 분노 감정은 증가하여 분노로 인한 불쾌감은 커질 수 있습니다. 또한 불쾌한 감정을 유발한 실질적인 원인을 보지 못하고 필요한 행동을 취하지 못함으로써, 궁극적으로 해소할 기회를 갖지 못합니다. 즉, 불쾌한 감정의 완화 효과는 어디까지나 일시적일 뿐, 점차 원망감과 분노감이 증폭되어 정서 조절과 정신 건강에 부정적인 영향을 끼칩니다.

"이렇게 된 것은 모두 다른 사람 때문이야."

### 체험적 방법(experiential strategy)

체험적 방법은 불쾌한 감정을 느끼고 표현함으로써 정서적 변화를 초래하는 방법으로, 모두 다섯 가지 방법이 있습니다. 그 중 즐거운 상상하기, 감정을 표현하고 공감 얻기, 감정 수용하기 등 세 가지 방법은 정서 조절과 정신 건강에 기여하는 적응적인 방법인 반면, 타인에게 불쾌한 감정을 분출하기는 부적응적인 정서 조절 방법으로 확인되었습니다. 안전한 상황에서 불쾌한 감정 분출하기는 통계적 분석 방법을 통해 부적응적인 방법으로 분류되었지만, 그 속성과 통계적 원리 등의 측면을 고려할 때 어떻게 사용하느냐에 따라서 정서 조절에 효과적일 수도 있습니다.

#### • 즐거운 상상하기

행복하고 즐거운 장면을 떠올림으로써 불쾌한 감정을 감소할 수 있습니다. 예를 들어, 푸른 바다나 산을 떠올리면 마음이 이완되고 편안해집니다. 어렸을 때 가족과 행복했던 장면이나 연인과 함께했던 행복한 순간들을 머릿속에 떠올리면 흐뭇해집니다. 좋아하는 연예인의 모습을 그려보는 것만으로도 입가에 미소가 절로 지어집니다.

'지난 여름에 휴가 가서 즐거웠던 일'
'푸른 바다와 산'
'울창한 나뭇잎과 그 사이로 날아다니는 새들의 풍경'

#### • 감정을 표현하고 공감 얻기

주변 사람들에게 자신의 감정이 어떠한지 표현하고 공감이나 위안을 얻음으로써 불쾌한 감정을 완화할 수 있습니다. 주로 여성이 자주 사용하는 방법 중 하나로, 힘들거나 불편한 일을 겪었을 때 친한 친구나 선배, 또는 주변 사람들에게 자신이 어떤 일을 겪었고, 그래서 어떤 감정을 느꼈는지 마음을 표현합니다. 답답하고 불편한 마음을 다른 사람에게 표현하는 것만으로 마음이 편안해지기도 합니다. 그러나 다른 사람이 자신의 감정을 공감해 줄 때에야 해소되는 느낌을 받기도 합니다. 그래서 어떤 사람은 실컷 얘기했는데, 상대방이 별다른 반응을 보이지 않거나 공감을 해 주지 않으면 여전히 찝찝하게 느끼며 해소되지 않은 느낌이 듭니다. 그래서 다른 친구를 만났을 때도 그 얘기를 다시 하게 됩니다. 결국 누군가 자신의 감정을 이해하고 충분히 공감해 줄 때까지, 불편했던 일화에 대해 되풀이해서 얘기합니다. 이렇듯 누군가에게 자신이 겪은 불쾌한 감정을 표현하여 공감이나 위안을 얻을 때, 불편함은 감소하고 마음은 진정될 수 있습니다.

"다른 사람에게 공감이나 위안을 구하려 해요."
"누군가 나를 이해하고 위로해 주길 바라요."

• **감정 수용하기**

불쾌한 감정을 있는 그대로 느끼고 받아들이는 방법입니다. 불안할 때 '불안하면 안 되는데.'라며 불안을 억누르면 더욱 불안해지는 것을 경험해 보았을 것입니다. 불안뿐 아니라 모든 감정은 느끼기를 요구하고, 느끼고 나면 자연스럽게 사라지기 마련입니다. 따라서 불안한 감정을 그대로 느끼다 보면 일시적으로 불안한 감정이 커질 수 있지만, 시간이 지나면 자연스럽게 감소합니다. 슬픈데 슬프지 않으려고 애쓰다 보면 가슴속 한쪽에서 더 슬픈 감정이 충동질하는 것이 느껴집니다. 그러나 슬픔으로부터 얼굴을 돌리지 않고 마주하면서 그대로 느끼고 받아들이면 눈물이 흐르고, 한참을 울고 나면 슬픔은 이내 가라앉고 희망이라는 다른 감정이 생깁니다.

감정 수용하기는 인지적으로 수용하기와 함께 정서 조절에 즉각적인 효과를 가져올 수 있는 방법이지만, 힘들고 고통스러운 감정을 마주하며 그대로 느끼고 받아들이는 것은 결코 쉬운 일이 아닙니다.

"불쾌한 감정을 충분히 느끼려 해요."
"느껴지는 감정을 부정하지 않고 수용하려 해요."

• **타인에게 불쾌한 감정을 분출하기**

어떤 사람은 불쾌감을 유발한 상대방이나 주변 사람들에게 화나 짜증을 냄으로써 자신의 불쾌감을 해소하려 합니다. 회사에서 상사로부터 꾸중을 들어서 심기가 불편한데, 집에 왔더니 아이들이 집 안을 어질러 놓았을 때 '그렇지 않아도 속상한데 너희까지 왜 그러는데?'라는 마음으로 소리를 버럭 지르고 마구 신경질을 내고 심지어 때리기까지 합니다. 그렇게 소리를 잔뜩 지르고 화를 냈더니 밖으로 뭔가 분출한 것 같아 시원한 느낌마저 들지요. 그러나 시간이 조금 지나면 아이에게 필요 이상으로 화를 낸 것 같아서 미안하고 죄책감이 듭니다.

이렇듯 불쾌한 감정을 타인에게 분출하는 것은 일시적으로 해소되는 느낌을 주지만, 상대방에게 상처를 줌으로써 인간관계의 갈등을 촉발하고 그로 인한 죄책감과 불안감 등의 불쾌한 감정들을 증폭시킵니다. 따라서 이 방법은 정서 조절과 정신 건강에 매우 좋지 않은 영향을 주는 대표적인 부적응적인 정서 조절 방법입니다.

"상대방이나 주변 사람들에게 화를 내요."
"상대방이나 다른 사람들에게 자꾸 시비를 걸어요."

• **안전한 상황에서 불쾌한 감정을 분출하기**

상대방이나 주변 사람들에게 화를 내거나 신경질을 냄으로써 불쾌한 감정을 분출한다면, 또 다른 갈등을 유발할 수 있기 때문에 오히려 불쾌한 감정이 증폭됩니다. 그러나 누군가에게 부정적인 영향을 끼치지 않을 수 있는 안전한 상황, 예를 들어 혼자 집에 있을 때, 공터에 있을 때, 자신이 어떤 행동을 해도 받아 줄 수 있는 친한 친구와 함께 있을 때 속에 쌓인 불쾌한 감정을 표현하고 발산하며 분출하는 방법을 사용할 수 있습니다.

앞에서 언급했듯이 이 방법은 어떻게 사용하느냐에 따라 정서 조절에 매우 효과적일 수도 있고, 그렇지 않을 수도 있습니다. 자신이 느끼는 감정을 제대로 알아차리고 느끼며 표현하면서 분출하는 것은 정서를 궁극적으로 해소할 수 있는 매우 효과적이고 필수적인 방법입니다. 이러한 방법에 대해서는 제2부의 체험적 방법 부분에서 자세하게 설명할 것입니다. 그러나 자신이 어떤 감정을 느끼고 있는지 알지 못하고 무작정 불쾌한 감정을 분출하는 것은 감정을 궁극적으로 해소하지 못한 채 마치 불길에 기름을 붓듯이 불쾌한 감정을 증폭시킬 수도 있고, 엉뚱한 감정을 표현하는 꼴이 될 수도 있습니다.

이 방법이 일부 연구들에서 부정적인 결과를 가져온 이유는 다음의 몇 가지 측면에서 이해할 수 있습니다. 첫째, 자기보고식으로 측정하는 문항이 자신의 감정을 제대로 만나서 분출하는 방식을 측정하는 데는 한계가 있기 때문입니다. 간단하게 말해서, 남자친구가 떠날지도 모른다는 불안으로 힘들어하는데, 계속 남자친구가 나쁘다며 짜증과 분노를 표현한다면 어떨까요? 실제로는 자신에게 상처를 준 상대방에게 화가 난 건데, 그것을 알아차리지 못하고 잘 지냈으면 좋겠다는 감정을 표현하면 어떨까요? 이처럼 자신이 표현하는 감정이 진정으로 자극에 반응해 실제로 느끼고 있는 감정인지 알아차리기란 쉽지 않습니다. 그만큼 많은 훈련이 필요합니다. 따라서 일반인들에게 자기 스스로 판단하고 보고하는 질문지 방식은 그 한계가 있는 것이지요.

둘째, 사용되는 통계 방법의 한계로 인한 것일 수 있습니다. 현재 발표된 통계 방법들이 연구자들이 알고자 하고 얻고자 하는 분석을 모두 해 줄 수는 없습니다. 예를 들어, 부적응성을 확인하기 위해 사용하는 연구 방법 중 상관분석[13]을 살펴보겠습니다. 상관분석은 A를 자주 할수록 B가 높은지를 통해 A와 B의 관련성을 분석하는 방법인데, 즉 '안전한 상황에서 불쾌한 감정을 분출하기'를 자주 할수록 불쾌한 감정 수준이 높다고 나오면, 이 방법은 높은 수준의 불쾌한 감정에 관련되는 부적응적인 방법일 것으로 짐작합니다. 그런데 실제로 혼자 있을 때 쿠션 등에 화풀이를 하는 방법을 자주 사용하는 사람일수록, 다른 사람들보다 우울, 불안, 분노 등의 불쾌한 감정을 자주 느낄 가능성이 큽니다. 다시 말해서, 불쾌한 감정을 자주 느끼기 때문에 정서를 조절하려고 이 방법을 시도할 것입니다. 그렇다고 이 방법이 효과적이지 않다고 할 수만은 없습니다. 물론 다른 정서 조절 방법들과

13 상관분석이란 값이 변하는 두 가지 요인 사이의 상관관계를 분석하는 통계 방법입니다.

달리 여러 해석이 가능한 이유는, 이 방법의 특성상 정서 조절을 잘 하지 못하는 사람들도 불쾌한 감정을 조절하기 위해 혼자 있을 때 불쾌한 감정을 분출하려는 시도를 자주 하기 때문이고, 그 효과는 어떻게 사용하느냐 즉 제대로 사용하느냐에 달려 있을 테니까요.

"혼자 있거나 안전한 장소에서 소리를 크게 질러 봐요."
"혼자 있거나 안전한 장소에서 욕이나 심한 말을 해서 불쾌한 감정을 해소하려고 해요."

## 행동적 방법(behavioral strategy)

행동을 취함으로써 정서적 변화를 얻는 방법입니다. ERSQ에는 모두 여섯 가지 정서 조절 방법이 있습니다. 그중 문제해결 행동 취하기, 조언이나 도움 구하기, 친밀한 사람 만나기, 기분전환 활동하기 등 네 가지 방법은 정서 조절과 정신 건강에 기여하는 적응적인 방법입니다. 반면, 폭식하기와 탐닉 활동하기는 정서 조절에 도움이 되지 않고 오히려 정신 건강에 부정적인 영향을 끼치는 부적응적인 정서 조절 방법입니다.

### • 문제해결 행동 취하기

불쾌한 감정을 느끼게 되었을 때 그 감정을 유발한 대상이나 상황을 개선하거나 해결할 수 있는 구체적인 방법을 행동으로 취함으로써 조절하는 방법입니다. 불쾌한 감정을 유발한 대상이나 상황에 직접 개입하여 문제를 해결한다면, 불쾌한 감정을 일으키는 대상이 사라지는 것이니 불쾌한 감정 또한 비교적 쉽게 감소시킬 수 있을 것입니다. 따라서 전통적으로 가장 효과적인 정서 조절 방법으로 분류되며, 정서 조절 능력과 정신 건강에 매우 긍정적인 영향을 끼칩니다.

생각을 할 수는 있지만 행동을 하는 것은 쉽지 않습니다. 생각은 어디까지나 생각일 뿐이며, 행동을 했을 때 그것이 현실에 영향을 끼쳐서 변화를 초래할 수 있는 것입니다. 따라서 그 어떠한 방법보다도 정서 조절에 직접적인 영향을 끼칠 수 있는 적응적인 방법일 것입니다.

"처한 상황이나 문제를 개선하거나 해결하기 위한 구체적인 일을 실행에 옮겨요."
"처한 상황이나 문제를 잘 처리할 수 있는 방법을 취해요."

• 조언이나 도움을 구하기

처한 상황이나 문제를 변화하거나 해결하기 위해 주변 사람들에게 조언을 구하거나 직접 도움을 요청하는 방법입니다. 혼자서는 어떻게 해야 할지 생각이 잘 떠오르지 않을 수 있습니다. 이때 동료나 선배에게 처한 상황과 당면한 문제를 의논함으로써, 어떻게 해결할 수 있을지 조언을 구할 수도 있습니다. 자신이 직접 문제를 해결하는 행동을 취하기 어려울 때는 다른 사람에게 도움을 청할 수도 있을 것입니다. 이러한 방법은 부수적으로는 조언이나 도움을 청하는 과정을 통해 다른 사람과 상호작용하는 기회를 가짐으로써 타인과 유대감을 형성하고 친밀한 관계로 진전될 수 있는 효과가 있습니다.

"어떻게 하는 것이 좋을지 선배나 권위자에게 조언을 구해요."
"문제해결을 위해 도움을 줄 수 있는 사람에게 구체적인 도움을 부탁해요."

• 친밀한 사람 만나기

불쾌한 감정을 느끼며 고통스럽고 힘이 들 때, 함께 있는 것만으로 편안하고 위안이 되는 사람이 있습니다. 진통제를 맞은 것처럼 안정을 느끼며 불쾌한 기분이 완화됩니다. 여러분에게 그러한 효과를 주는 사람은 누구입니까? 죽마고우가 될 수도 있고, 연인이 될 수도 있고, 가까운 선배가 될 수도 있으며, 가족이 될 수도 있습니다. 직장에서 동료나 상사에게 부대끼며 힘들어 집에 왔을 때 사랑하는 사람을 꼭 안아 보십시오. 엄마가 될 수도 있고 아빠가 될 수도 있으며, 아내나 남편이 될 수도 있습니다. 귀여운 자녀가 될 수도 있습니다. 그저 안고 있는 것만으로도 하루 동안의 고통이 눈 녹듯이 사라지며 따뜻한 위안과 안정감을 느낍니다. 이처럼 친구나 가족과 같은 친밀한 사람과의 만남은 위안과 안정감을 줌으로써 불안이나 슬픔과 같은 불쾌한 감정을 밀어내는 일시적인 효과가 있습니다.

"편한 친구나 가족을 만나요."
"평소 좋아하는 사람을 만나 시간을 보내요."

• 기분전환 활동하기

불쾌한 기분에서 벗어날 수 있도록 즐겁고 유쾌한 활동을 하는 것입니다. 영화를 보러 가고, 음악을 들으며, 산책을 합니다. 기분을 전환하기 위해 미용실에 가서 헤어스타일을 바꿀 수도 있고, 친구들과 쇼핑을 할 수도 있습니다. 근사한 레스토랑에서 맛있는 식사를 할 수도 있습니다. 이처럼 기분을 전환할 수 있는 활동을 하는 것은 일시적으로 불쾌한 감정과 그 감정을 유발한 상황을 주의로부터 벗어나도록 함으로써 불쾌한 감정을 완화시킵니다. 하지만 어디까지나 기분을 전환하는 활동은 일시적인 정서 조절 효과를 줄 뿐, 궁극적으로 정서를 해소하지는 못합니다. 따라서 추후에 궁극적으로 정서를 조절하는 방법을 반드시 사용할 필요가 있습니다.

"친구와 함께 즐겁고 유쾌한 활동을 해요."
"기분을 전환하기 위해 산책이나 드라이브를 해요."

• 폭식하기

불쾌한 기분이 들 때 먹을 것을 찾지는 않습니까? 많은 사람이 기분이 착잡하거나 안 좋을 때, 맛있는 음식을 먹음으로써 산뜻한 기분으로의 변화를 시도합니다. 그러나 때로는 냉장고를 열어서 먹을 수 있는 음식을 잔뜩 꺼내어 마구 먹기도 하고, 1인분이라고 볼 수 없는 음식들을 주문하여 배가 터지도록 먹어 치웁니다. 이 같이 폭식은 일시적으로 포만감을 줌으로써 무엇인가 채워진 느낌을 주어 불쾌한 감정에 대한 완충 작용을 하는 듯 보이지만, 그 순간이 지나면 지나치게 배가 부른 탓에 심한 불편함을 느끼고, 자신의 행동에 대한 수치심과 혐오감을 느끼며, 체중의 증가와 외모에 대한 걱정으로 불안해집니다. 따라서 폭식은 정서 조절에 전혀 효과적이지 않을 뿐 아니라, 정신 건강에 해로운 부적응적인 방법에 해당합니다.

"기분을 바꾸기 위해 마구 먹어대요."
"음식을 지나치게 많이 먹어요."

• 탐닉 활동하기

불쾌한 감정이 들 때 자신을 흥분시키거나 자극적인 대상을 찾는 사람들이 있습니다. 술과 담배가 대표적입니다. 술을 마심으로써 불쾌한 기분을 잊고 흥분된 감정 상태를 즐깁니다. 담배를 피움으로써 일시적인 안도감을 느낍니다. 하루 종일 게임을 하거나 밤새도록 게임에 매달리곤 합니다. 게임 속으로 빠져들어, 현실의 고통을 잊고 게임 속의 캐릭터로서의 성취감과 즐거움을 맛봅니다. 때로는 자위나 성관계를 함으로써 흥분되고 쾌락적인 기분에 빠져들기도 합니다. 이러한 탐닉 활동은 기분을 좋게 해 주거나 쾌감을 주는 일에 몰두하게 함으로써 일시적으로 불쾌감으로부터 벗어나게 해 줍니다. 그러나 계속 반복할 경우 이 활동 아니면 견딜 수 없는 중독 상태에 빠질 수 있는 활동들입니다. 나중에는 그럴 필요가 없는 상황에서도 이런 대상에 계속 빠져들어, 현실적인 활동을 방해하고 어려움을 초래하여 불쾌한 감정을 유발하고 증폭시킬 수 있습니다. 또한 정서를 조절하는 현실적이고 궁극적인 방법들을 시도하지 않게 함으로써, 스스로 불쾌한 감정을 조절하는 능력을 훼손합니다.

## • 실습 나의 정서 조절 방법 사용 패턴 분석

이제 정서 조절 방법에 대해 어느 정도 이해했다면, 여러분의 정서 조절 방략 프로파일의 내용을 분석하겠습니다. 가능한 한 구체적인 정서 조절 경험을 바탕으로 이해하는 작업을 해 보십시오. 주로 정서의 어떤 측면에 접근하여 정서를 조절하는지, 부적응적인 방법 중 주로 무슨 방법을 사용하는지, 효과적인 정서 조절 방법들은 어떤 것을 주로 사용하고 그것을 어떻게 사용하고 있는지 등 나름의 방식으로 자유롭게 분석해 보세요.

## ● 실습 16개 정서 조절 방법의 구체적인 사용 경험 기술

여러 가지 정서 조절 방법을 은연중에 많이 사용합니다. 정서 조절 방법에 대한 이해를 높이기 위해서, 각 정서 조절 방법을 사용했던 구체적인 경험을 찾아서 기술해 보기 바랍니다.

• 부적응적인 정서 조절 방법

### 부정적으로 생각하기

예 친구가 나에게 얘기한 것을 다른 친구에게 얘기했다. 이야기를 하고 보니, '나에게만 얘기한다고 했는데, 비밀이었나?'라는 걱정이 들었다. 이런 걱정이 생기자 '내가 얘기한 친구가 그 친구에게 가서 내가 이렇게 얘기했다고 말하면 어쩌지? 그 친구는 이제 내가 입이 싸다고 생각할 지도 몰라. 그러면 다시는 나에게 비밀을 털어놓지 않을 테고, 이것이 소문나서 아무도 나에게 비밀이야기는 하지 않을 거야.'라는 생각이 연이어 들었다. 그래서 '내가 이 이야기를 꺼내지 않았으면 이렇게 곤란한 생각을 하지 않아도 됐을 텐데.'하며 계속 후회했다.

## 타인 비난하는 생각하기

예 친구들과의 모임 바로 전날, 봄 원피스를 몇 벌 사서 이번 달 용돈이 다 떨어졌다. 그래서 모임 당일 아침에 엄마에게 용돈을 받기로 약속했다. 그런데 그날 아침에 내가 늦게 일어났기 때문에 엄마는 미처 나에게 용돈을 주지 못하고 출근하셨다. 그날 친구를 만나기로 한 약속을 나 혼자 취소해야 했다. 친구들과의 즐거운 시간을 기대했는데 너무나 실망스러워서 화가 났다. 그래서 '내가 자고 있었어도 내 방에 돈을 두고 갈 수도 있었잖아!'라고 생각하면서, 약속에 나가지 못하게 된 것은 모두 엄마의 탓이라며 마음속으로 엄마를 비난했다.

.................................................................................................................................

.................................................................................................................................

.................................................................................................................................

.................................................................................................................................

.................................................................................................................................

.................................................................................................................................

## 타인에게 불쾌한 감정 분출하기

예 지난주 월요일에 학원 갈 준비를 해야 하는 시간에 깜박 잠이 들어서 부랴부랴 준비를 하게 됐다. 바빠서 머리나 옷차림도 엉망이었고, 시간을 지키는 것을 굉장히 중요하게 생각하는데 시간을 지키지 못한 게으른 나 자신에게 몹시 화가 났다. 그런데 그 순간에 엄마가 내 방에 들어오셨고, 내일 내가 엄마를 도와주어야 할 일에 대해 말씀하셨다. 그때 나는 나 자신에게 난 짜증을 엄마에게 쏟아내며 퉁명스럽게 대꾸하고 어떻게 나에게 그런 일을 부탁할 수가 있느냐며 엄마에게 마구 화를 냈다.

.................................................................................................................................

.................................................................................................................................

.................................................................................................................................

.................................................................................................................................

.................................................................................................................................

.................................................................................................................................

## 폭식하기

예 9월 말에 영어학원에서 처음으로 시험을 보게 되었는데, 한 달간의 공부 성과에 대한 시험이었다. 나는 열심히 공부하기는 했지만, '꼭 잘 봐야지!'라는 부담감이 들어 무척 불안했다. 그래서 학원 가기 전 점심시간에 내가 좋아하는 라면과 토스트와 바나나를 연속으로 마구 먹어 치웠다.

## 탐닉 활동하기

예 만사가 다 귀찮아지고 미래에 대해 아무런 희망이 없다는 생각이 들면서, 우연히 알게 된 인터넷 윷놀이 게임을 하였다. 단순하지만 게임머니가 걸려 있어 매우 흥미롭고 오기가 발동하여 빠져들었다. 그렇게 시간은 순식간에 흘러 밤을 새우고 말았다. 스스로 미쳤다는 생각이 들었지만, 그 뒤로도 몇 번은 더 윷놀이 게임으로 시간을 보내곤 했다.

• 적응적인 정서 조절 방법

## 능동적으로 생각하기

예 직장 상사는 윗사람이 없는 자리에서 짜증을 부리고 물건을 마구 내던지며 마치 자신이 화났다는 것을 알리려는 듯 행동하였다. 집에 와서 거울을 보며 내가 그 사람 때문에 스트레스를 너무 받아 탈모라도 생기는 것이 아닌가 싶은 생각이 들었다. 그러다가 문득 내가 스트레스를 받는 이유가, 그 성격 나쁜 사람이 내가 조용하고 유순한 사람이니 나를 만만하게 보고 유독 나한테만 그러는 것으로 생각했기 때문이라는 걸 알았다. 잠시 다시 생각해 보니 그 사람은 주변의 모든 사람에게 그렇게 행동하고 있었다. 그래서 '내가 그런 성격 고약한 사람 때문에 이렇게 스트레스 받으면 내 손해인데.'라는 생각이 들었다. 또한 '그 사람이 나를 만만히 보아 그러는 것이 아니고 다른 대부분의 사람에게 그리 행동하는 것이니 이렇게 스트레스 받을 이유가 없다.'라고 달리 생각하였다.

..........

..........

..........

..........

..........

## 수동적으로 생각하기

예 밤늦도록 큰아이가 오지 않았다. 전화도 받지 않았다. 혹시 사고라도 난 것은 아닌지, 아니면 다른 안 좋은 일이 생긴 것은 아닌지 걱정되기 시작했다. 자꾸 그런 생각을 하니 불안해졌다. 그래서 내일 무엇을 해야 할지에 대한 생각으로 주의를 돌렸다. 그리고 '괜찮아. 곧 들어오겠지. 전에도 지하철에서 잠이 들어서 이렇게 늦었던 적이 있었잖아.'라며 스스로 위로하며 기다렸다. 아이는 12시가 넘어서 들어왔다. 역시나 지하철에서 잠이 들어 내릴 역을 지나쳤다는 것이었다. 다행이었다.

..........

..........

..........

..........

..........

## 인지적으로 수용하기

예 시험을 치르고 확인해 보니, 문제를 잘못 읽은 말도 안 되는 실수를 하였다. 낙담하였다. 그러나 이미 시험은 끝났고 되돌릴 수 없었다. 나는 가슴을 쓸어내리며 혼잣말로 되뇌었다. '어쩔 수 없어. 어차피 시험은 끝났는걸. 뭐, 자꾸 생각해 봤자 속만 상하지. 이미 벌어진 일이니 다음에는 절대 실수하지 않으면 되고, 이번에는 어쩔 수 없지. 그래, 됐다.'라고 생각하며 수용하려 하였다.

## 즐거운 상상하기

예 오늘 남자친구와 데이트 약속이 있어서 원피스를 입고 외출했다 들어왔는데, 아빠가 옷차림이 그게 뭐냐며 긴 시간 동안 나를 타박하셨다. 항상 나의 옷차림을 검사하시고 평소에도 옷차림에 대해 꾸중을 많이 하시는 아빠께 짜증이 확 올라왔다. 그래서 아빠가 안방으로 들어가신 후, 나는 침대에 누워서 오늘 데이트 때 남자친구와 즐거웠던 일을 회상하면서 짜증 나는 기분을 풀었다.

## 감정을 표현하고 공감 얻기

예 아이가 다니는 유치원에 방문했다가 작은 실수를 한 아이에게 민감하게 반응하는 교사를 보았다. 아이가 미안해하는데 그 교사는 그것을 포용하려고 하기보다는 내치는 것 같아서 너무 속상하고 서운했다. 하지만 누구한테도 말하기 어려워 그냥 속으로 끙끙거리며 지내다가, 최근에 친해진 다른 부모에게 이야기하며 유치원 교사에 대한 서운한 감정을 표현하였다. 그랬더니 그분도 비슷한 경험을 하였고 자신도 아무한테도 얘기하기 어려워 못 했다며 나의 감정을 공감해 주었다. 정말 큰 위로가 되었다.

......................................................................................................................................

......................................................................................................................................

......................................................................................................................................

......................................................................................................................................

......................................................................................................................................

......................................................................................................................................

## 감정 수용하기

예 직장에 있는데, 갑자기 아이들과 연락이 되지 않았다. 그날은 두 아이 모두 집에 일찍 오는 날이었는데, 아무리 집과 휴대전화로 전화해도 받지 않는 거였다. 불현듯 심한 불안이 밀려들었다. 온갖 나쁜 생각이 들면서 일에 집중이 되지 않았다. 그러다가 갑자기 '내가 이렇게 불안해하는구나'하고 내 감정을 알았다. 불안에 빠져들기 시작하면서 말도 안 되는 생각을 하며 불안을 더욱 가중시키고 있었다. 이에 내가 느끼는 불안을 그대로 느끼기로 했다. 아이들과 연락이 안 되면 당연히 엄마로서 걱정하는 것이니, '아이들과 연락이 안 되는 것이 내겐 정말 불안하구나.'라며 내 마음에 집중해 보았다. 점차 심한 불안은 가라앉고 현실적으로 사고할 수 있었다.

......................................................................................................................................

......................................................................................................................................

......................................................................................................................................

......................................................................................................................................

......................................................................................................................................

### 문제해결 행동 취하기

예 오랜만에 가족과 함께 아버지 산소에 가는데, 모처럼의 연휴라서인지 차가 너무 막혔다. 남편이 운전을 하는데, 스트레스를 받는 것처럼 보였다. 나 역시 차가 밀리는 상황에 짜증이 나 있었고 분위기는 어색해지고 말았다. 그래서 잠시 생각해 보았다. 지금 계속 가는 것이 좋은 것인가. 한참을 못 가 본 산소이기에 아버지에게는 너무 죄송한 마음이 들었지만, 이렇게 가다가는 점심시간이 훨씬 지나도 도착하기 어려울 것 같았고, 그것을 참고 계속 간다면 오늘 하루 우리 가족의 분위기가 너무 침체될 것 같았다. 아버지께는 다음에 가기로 하고 오늘은 가까운 곳에서 바람을 쐬고 가는 것이 좋을 것이라는 결론을 내렸다. 남편에게 아버지께는 다음 휴일에 가자고 하면서 차를 돌리자고 했다. 결국 우리는 가까운 곳에서 맛있는 점심을 먹고 즐거운 마음으로 돌아올 수 있었다.

............................................................

............................................................

............................................................

............................................................

............................................................

### 조언이나 도움 구하기

예 나는 부모님과 편입 문제로 논쟁을 하고 있었다. 부모님의 언성이 높아질 때는 가장 가까운 사람에게 이해받지 못한다는 느낌 때문에 외롭고, 여전히 나에 대해 잘 모르시는 부모님 때문에 몹시 괴로웠다. 의견이 대립한다고 해서 무조건 부모님 말씀을 어길 수는 없기 때문에 매우 고민되고 심지어는 슬픈 마음이 들었다. 그래서 오랜만에 집에 들른 오빠에게 나의 문제들에 대해 털어 놓으며 "부모님과의 관계 때문에 괴로워. 나 좀 도와줘." 하며 부모님과의 관계를 어떻게 해야 할지에 대해 조언을 구했다. 그랬더니 오빠가 정말 적절한 해결책과 대응 방안을 말해 주어서 마음이 한결 편해졌다.

............................................................

............................................................

............................................................

............................................................

............................................................

............................................................

## 친밀한 사람 만나기

예 마감이 임박해서 바쁘게 과제를 제출하느라 계속 긴장 상태에 있어서 그런지, 마음이 조금만 언짢으면 짜증이 나서 견딜 수가 없었다. 그래서 주말에 시간을 조금 내어 남자친구를 만나 차를 마시며 수다를 떨고 오랜만에 신 나게 웃었다. 그랬더니 그동안의 긴장이 해소되고 마음이 편안해졌다.

## 기분전환 활동하기

예 친구와 전화 통화를 하는데, 친구는 나와 남자친구가 별로 어울리지 않고 금방 헤어질 것 같다고 말했다. 마음이 상해서 일찍 전화를 끊었지만, 계속 불쾌한 마음이 가시지 않았다. 그래서 평소 좋아하는 연예 프로그램의 재방송을 보면서 신 나게 웃었다. 그랬더니 방송이 끝날 무렵에는 불쾌했던 감정이 완전히 사라졌음을 알게 되었다.

# 정서 조절은 정신 건강에 어떠한 영향을 끼치는가[14]

## 정서를 잘 조절하지 못하면 심리적 부적응과 정신장애에 이를 수 있다

정서를 잘 조절하면 쉽게 마음의 평안을 회복하고, 원하는 목표를 달성하는 등 사회적 성취와 정신 건강에 긍정적인 영향을 끼칩니다. 그러나 정서를 적절히 조절하는 것은 쉬운 일이 아니기에, 종종 정서를 적절히 조절하지 못하고 실패합니다. 이런 경우 일시적으로 불안, 우울이나 수치심과 같은 불쾌하고 부정적인 감정을 느끼며 고통을 경험합니다.

그런데 정서 조절에 실패하는 일이 반복되고 만성적으로 나타나면 어떻게 될까요? 그때그때 발생한 불쾌한 감정은 해소되지 못한 상태로 남게 될 것이고, 마음 한 구석에 축적되어 쌓일 것입니다. 쌓인 불쾌한 감정은 다양한 방식으로 개인에게 신호를 보내기 때문에, 결국 주의집중력을 떨어뜨리거나 기억력을 저하시키는 등 개인의 기능을 손상시킬 것입니다. 다른 사람과의 관계에서 여러 가지 문제를 유발

14 이지영과 권석만이 2006년에 「한국심리학회지: 상담 및 심리 치료」의 18(3)권에 발표한 논문 '정서 조절과 정신병리의 관계: 연구 현황과 과제'의 내용을 일부 수정 및 보완하였습니다.

하고 갈등을 증폭시킴으로써 사회적 기능을 방해할 것이고, 학업이나 직장 생활에도 어려움을 일으킬 것입니다. 결과적으로 자신이 어울리는 사람들, 자신이 속한 사회와 조직에 적응하지 못함으로써 심리적인 부적응이 나타날 것이며, 그러한 부적응은 우울, 불안 등의 다양한 정신과적 증상을 발생시켜 여러 정신병리로 발전할 수 있습니다. 한마디로 말해서, 정서를 적절하게 조절하는 것은 적응과 정신 건강에 기여하지만, 정서 조절이 제대로 이루어지지 않으면 심리적 부적응과 정신병리를 일으킬 수 있습니다.

## 정신 건강 영역에서 정서 조절에 대한 학문적 관심

정서 조절이 심리적 부적응과 다양한 정신과적 증상 및 정신병리에 중요한 영향을 주는 것에 관심을 두고 학문적으로 연구하기 시작한 것은 1980년대에 들어서였고, 이후 정서 조절에 대한 관심은 점차 고조되어 왔습니다. 많은 연구자가 정서 조절에 실패하거나 정서 조절 능력에 손상이 있는 경우 심리적 부적응과 정신병리를 초래한다고 주장하거나, 이를 증명하는 연구 결과들을 꾸준히 보고하였습니다Eisenberg, Cumberland, Spinrad, Fabes, Shepard, Reiser, Murphy, Losoya, & Guthrie, 2001; Eisenberg, Fabes, Murphy, Maszk, Smith, & Karbon, 1995; Kring & Bachorowski, 1999; Tayor, Bagby, & Parker, 2000.

## 심리 치료의 목적은 내담자의 정서 조절 능력을 향상하는 것이다

내담자들이 다양한 문제를 호소하지만, 결국은 대부분이 우울함과 불안감에 시달리는 등 정서 조절에 어려움이 있는 사람들이라는 것에 주목하였습니다. 따라서 정서 조절에 어려움을 겪으며 힘들어하는 내담자에게 정서를 적절하게 조절하는 방법을 가르쳐 주어 정서 조절 능력을 향상시킨다면, 정신 건강을 증진시키고 심리 치료적인 효과 또한 높일 수 있을 것이라는 치료적 관점들이 꾸준히 제안되고 있습니다Fosha, 2000; Greenberg, 2002; Gross, 1999; Marra, 2005; Omaha, 2004; Southam-Gerow & Kendall, 2002.

심리 치료에서 정서 조절 측면을 강조한 선두주자로서 Greenberg와 Marra가 있습니다. 특히 Greenberg는 심리치료자의 역할은 내담자가 정서를 잘 조절할 수 있도록 안내하는 것이라며 심리치료자를 정서코치emotion coach라고 명명하였고, 내담자의 정서 조절 능력을 향상하는 것이 심리 치료의 핵심 요소라고 주장하였습니다.

## 정서 조절 곤란

정서 조절이 개인의 적응에 매우 중요함에도 불구하고, 정서 조절의 측면에서 정신 건강과 정신병리를 설명하고자 하는 연구가 이루어진 것은 21세기 전후였습니다. Cole과 그의 동료들은 정서 조절의 실패가 만성적으로 반복되어 나타나는 것을 정서 조절에 문제가 있다고 하여 정서 조절 곤란emotion dysregulation이라고 명명하였습니다. 정서 조절 곤란은 개인의 주의집중력, 기억력, 사고력 등의 인지적 기능을 손상시킬 뿐만 아니라, 사회적·직업적 기능에 부정적인 영향을 끼침으로써 심리적 부적응과 정신병리를 초래할 수 있습니다Cole et al., 1994; Garber & Dodge, 1991; Kring & Werner, 2004; Silk, Steinberg, & Morris, 2003.

Cicchetti, Ackerman과 Izard1995는 정서 조절 곤란과 정서 조절에서의 문제를 구분하였습니다. 정서를 조절하는 방법을 알고는 있지만, 그것을 부적절하게 또는 도움이 되지 않는 방향으로 사용하는 것을 정서 조절 곤란이라고 보았습니다. 반면, 정서 조절에서의 문제는 정서를 조절할 때 사용할 정서 조절 방법의 레퍼토리가 아예 없거나 결함이 있는 경우를 말하며, 정서 조절에 있어서 좀 더 근본적인 손상을 반영하는 것이었습니다. 후자는 조현병 등의 정신적 증상을 가진 사람에게서 나타날 수 있습니다.

Keenan은 2000년에 정서 조절 곤란을 정의할 때 세 가지 사항을 고려해야 한다고 제안하였습니다. 첫째, 정서 조절 곤란은 정서 조절에 사용할 만한 정상적인 행동이나 과정이 상황에 맞지 않거나 극단적인 방식으로 사용되는 것입니다. 이러한 정의는 Cicchetti의 정서 조절 곤란에 대한 정의와 거의 유사합니다. 정서 조절과 정서 조절 곤란은 서로 이질적인 것이 아니라, 둘 다 정서 조절 방법을 가지고 있는데 상황에 적절하게 사용하느냐에 따라서 달라진다는 것입니다. 즉, 두 가지는 연속선상에 있으며, 상황 즉 맥락이나 사용 방식은 이 두 가지를 구분하는 중요한 단서입니다. 둘째, 정서 조절 곤란은 타인과 어울리는 사회적 기능과 직업적 기능에 손상을 입힙니다. 즉, 상황에 맞게 정서 조절을 못하는 사람들을 모두 정서 조절 곤란이라고 말하는 것이 아니라, 정서 조절을 잘 못 함으로써 사회적·직업적 영역에서 심각한 손상이 있을 때 말할 수 있다는 것입니다. 셋째, 정서 조절 곤란은 정서 조절 체계의 행동적·체험적·생리적 요소에 장애가 나타납니다.

Walden과 Smith1997는 정서 조절 곤란이 특정 상황에서 개인에게 부적응적인 정서적·인지적·행동적 결과를 야기한다고 주장하였습니다. 특히 정서에 대한 과도한 조절overregulation과 부족한 조절underregulation이 문제를 일으킨다고 제안하였습니다. 즉, 정서를 너무 과도하게 조절하거나 정서 조절에 대한 노력을 거의 하지 않는 경우에 문제가 발생할 수 있습니다. 예를 들어, 죄책감을 느꼈을 때 전혀 조절하지 못하고 계속 내버려두면 결과적으로 심한 우울을 경험하게 되고, 이와 반대로 죄책감을 지나치게 억압하여 느끼지 못하는 사람은 죄책감을 느끼지 못하기 때문에 다른 사람에게 탓을 돌리고 의심하는 등의 편집증이나 사이코패스로 악화될 수 있다는 것입니다.

## 정서 조절과 정신병리의 관계

대부분의 정신병리에서 정서 조절의 어려움이 두드러지게 나타난다는 것은 매우 보편적으로 받아들여지는 사실입니다. Thoits는 1985년에 정신장애의 85%가 정서적 정보처리상에서 장애가 있다고 보고하였습니다. Berenbaum, Raghavan, Le, Vernon, Gomez2003는 정신병리에서 나타나는 정서적 문제를 정서적 강도와 조절 곤란 측면에서 정서의 과잉이나 부족으로 분류하고자 하였습니다. 정서적 강도란 정서를 강렬하게 느끼는 정도를 말하는데, 정신병리를 지닌 사람은 사소한 자극에도 지나치게 강렬한 감정을 경험하거나, 부모가 죽었거나 충격적인 자극에도 별다른 정서적 반응 없이 무덤덤한 모습을 보입니다. 예를 들어, 조증인 사람은 별일 아닌 것에도 매우 유쾌하고 즐거워하며 활기찬 감정 반응을 보이기도 하고, 사소한 자극에 금세 불쾌해지고 짜증을 내거나 신경질을 심하게 부리기도 합니다.

이들은 유쾌한 감정과 불쾌한 감정이 모두 과잉되어 있는 상태라고 볼 수 있습니다.

Eisenberg와 그의 동료들2001은 문제 행동을 내면화 문제 행동과 외현화 문제 행동 두 가지로 구분하고 정서성 및 정서 조절 간의 관련성을 조사하였습니다. 내면화 문제 행동internalizing problem behavior은 사회적으로 철회되어 있거나, 불안, 우울, 정신신체적 반응 등을 의미합니다. 정서를 지나치게 억압하고 통제하는 경향을 보이며, 관련된 정서는 슬픔으로 이를 적절히 조절하지 못하는 데에서 문제가 발생한다고 보았습니다. 외현화 문제 행동externalizing problem behavior은 비행이나 폭행 등의 공격적 행동을 말합니다. 이 경우는 정서를 억압하고 통제하지 못하는 경향을 보이며, 관련된 정서는 분노로서 화가 치밀어 오르는 등의 분노 감정을 적절히 조절하지 못하는 데서 야기됩니다.

## 정서 조절 방법과 정신병리의 관계

다양한 정신병리는 부적응적인 정서 조절 패턴이 반복되어 만성화된 결과입니다. 우울, 불안 등 많은 정신과적 증상은 정서를 적절히 조절하지 못하는 데에서 비롯됩니다. 정서를 조절하는 방법을 상황에 맞게 사용하지 못하거나 도움이 되지 않는 방향으로 사용하여 정서 조절에 실패하고, 이것이 만성화되면 정서적인 문제가 발생함으로써 다양한 정신과적 증상으로 발전합니다.

### 물질 관련 장애

물질 관련 장애란 소위 알코올중독, 카페인중독, 약물중독 등을 말합니다. 물질 관련 장애를 지닌 사람은 기분이 허하거나 불안해지면 불쾌한 감정에서 벗어나기 위해 알코올이나 코카인 등에 손을 뻗습니다. 술을 한 잔 마셨을 때 이완되고 소위 알딸딸한 기분을 느끼는 것처럼 마약 등의 약물을 흡입하면 일시적으로 긴장이 이완되고 유쾌한 감정이 올라옵니다. 그러나 일시적인 사용이 아니라 반복적으로 사용하면, 술이나 약물이 없으면 생활이 어려워지는 의존성이 생겨서 중독 상태에 빠집니다.

선호 씨는 외과 레지던트 4년차로, 사람들에게 인정을 받지만 심한 불안감과 압박감에 시달리면서 많은 스트레스를 받고 있었습니다. 그러던 중 병원 내에 환자들에게 쓰는 진정제 등의 약물이 담긴 병들이 눈에 들어왔고, 한번 맞아 볼까 하는 충동이 생겼습니다. 자신에게 주사를 놓는 순간 선호 씨는 한 번도 경험하지 못한 세계를 맛보았습니다. 늘 긴장되고 불안했던 선호 씨에게 일시적인 이완감과 안도감, 뭐든 잘할 것만 같은 자신감, 유쾌함은 도저히 잊을 수 없는 달콤함이었습니다. 한 번의 사용은 두 번, 세 번으로 이어졌고 이제는 약물을 사용하지 않으면 도저히 견디기 힘든 지경에 이르렀습니다. 그러나 꼬리가 길면 잡히는 법. 어느 날 병원의 직원에 의해 약물이 계속 없어지고 있다고 보고되었고 CCTV를 통해 선호 씨의 행적이 발각되고 말았습니다.

병원 측에서는 약물중독 치료를 받지 않으면 레지던트를 계속할 수 없다고 판단 내렸고, 병원 직원들과 환자들에게 알려지지 않기 위해 다른 지역의 병원에서 치료를 받도록 하였습니다. 선호 씨는 몇 개월만 참으면 전문의를 취득할 수 있지만, 이 사건으로 인해 그마저도 알 수 없는 미래가 되었습니다. 수석으로 의대를 졸업하고 과에서 항상 능력을 인정받았던 선호 씨는 자신이 약물중독이라는 사실을 받아들이기 어려웠고, 무엇보다 병원이나 주변 사람들에게 소문이 퍼진 것에 심한 수치심을 느꼈습니다. 자존감에 심한 상처를 입었을 뿐 아니라, 다시 사회적 관계를 회복하는 것이 너무도 막막하고 어렵게 느껴졌습니다.

이렇듯 불쾌한 정서를 감소하고자 시도했던 정서 조절 방법으로 인해, 오히려 심리적 기능이 손상되고 사회적·직업적 활동 또한 어려워지며 가정의 파탄, 심리적 황폐화를 초래하는 등 심각한 상태로 전락하게 된 것입니다.

## 신경성 폭식증

신경성 폭식증 환자는 불쾌한 정서를 감소하기 위해서 반복적으로 폭식을 하고 구토를 합니다. 기분이 공허하거나 초조하거나 불쾌하면 냉장고를 열고 먹을 수 있는 것은 모두 꺼내어 먹거나 보통 먹는 것 이상으로 많은 양을 먹습니다. 먹고 있는 동안에는 미감이 충족되고 포만감과 같은 만족감이 느껴집니다. 그러나 곧 체중이 늘어날 것이 걱정되어, 먹었던 것을 다시 꺼내어 원상 복귀하려고 화장실로 달려가 억지로 구토를 시도합니다.

희선 씨는 폭식과 구토를 오랫동안 반복해 왔습니다. 기분이 나빠지면 마구 먹었고, 먹고 나서 정신이 들면 남자친구에게 예쁘게 보이고 싶고 다른 사람들로부터 인정받고 싶은데 몸매가 엉망이 될 것이 걱정되어 매우 불안해졌습니다. 그래서 매번 구토를 반복했고, 이 과정에서 위산이 손가락에 묻어 희선 씨의 손가락은 이미 많이 헐어 있었습니다. 또한 구토를 하고 나면 변기 속에 쏟아져 나온 음식물이 풍기는 역한 냄새 때문에 혐오감이 들었고, 그런 행동을 하는 자신 또한 역하게 느껴져 수치스러웠습니다.

이렇듯 폭식은 체형과 체중에 대한 불안과 걱정을 증폭시킴으로써 오히려 불쾌한 정서를 유발하고 구토와 같은 하제[15]를 사용하는 등의 부적절한 보상 행동을 야기합니다. 따라서 불쾌한 정서를 감소하고자 시도했던 정서 조절 방법 때문에 오히려 폭식과 하제 사용과 같은 부적응적인 행동 패턴과 부정적인 자기감이 강화되어 더 불안정한 정서 상태를 경험하게 됩니다.

신경성 식욕부진증 환자는 불쾌한 정서를 감소하기 위해 굶거나 심한 운동을 통해 체중을 줄임으로써 자신에 대해 긍정적으로 느끼고자 시도합니다. 그러나 심한 단식이나 과도한 운동, 구토나 하제 등을 사용하는 행위는 오히려 자신에 대한 혐오감과 부정적인 지각을 강하게 하여 자신감을 떨어뜨리고 사회적으로 위축되며 우울하게 합니다. 또한 충동조절상의 문제를 발생시키는데, 알코올이나 다른 약물 등의 남용을 부추기는 등 부수적인 문제를 야기하기도 합니다.

## 성격장애

성격에 문제가 있을 때 우리는 흔히 "저 사람 성격장애 아니야?"라고 얘기하곤

15 장의 내용물을 배설할 목적으로 사용되는 약물이나 방법

합니다. 사실 행동 습관을 포함하여 성격에 문제가 없는 사람이 얼마나 될까요? 그렇다고 모두 성격장애라고 진단할 수는 없습니다. 성격장애란 개인의 독특하고 고정된 습관, 사고방식이나 행동 방식이 사회적 기준이나 기대에서 심하게 벗어나 사회생활에 문제를 일으키는 경우를 말합니다. 이러한 사고 및 행동 방식은 주변 사람들의 어떠한 피드백에도 전혀 변화되지 않을 만큼 융통성이 없고, 그 개인의 사적인 생활뿐 아니라 사회적 생활 전반에 넓게 퍼져 있습니다. 성격장애를 지닌 사람은 자신에게는 익숙한 방식이기 때문에 불쾌감을 느끼지 않을 수 있지만, 주변 사람들은 굉장한 스트레스와 고통을 받습니다.

아마도 이러한 이야기를 했을 때 생각나는 사람이 주변에 한두 명은 있을 겁니다. '왜 저렇게 행동하지?', '저러면 주변 사람들이 힘들고, 본인에 대한 주변 사람들의 평판도 좋지 않아서 자신에게도 별 도움이 안 될 텐데.'라며 답답하고 안타까운 마음이 들게 하는 사람이 있습니다. 물론 실제로 안타까움보다는 짜증스러움과 분노가 더 크지요. 그래서 오지랖이 너무 넓거나 정의감에 불타는 동료가 그 사람에게 직접 고통을 호소하거나 변화를 요구하였다가, 오히려 관계가 더욱 악화되고 심지어 괴롭힘과 불이익을 받기도 합니다. 물론 그 사람은 전혀 평소와 달라진 것이 없이 말입니다. 이렇게 성격장애를 지닌 사람은 주변 사람들에게는 고통을 주지만, 본인은 성격적으로 큰 문제가 있다는 것을 결코 인식하지 못할 뿐 아니라, 주변에서 온갖 법석을 떨어도 쉽사리 흔들리지 않습니다.

정신적으로 건강하고 밝았던 혜수 씨는 성격장애를 지닌 상사를 만나서 마음의 병을 안고 직장을 그만두었습니다. 처음에 혜수 씨는 상사의 비합리적인 태도와 주변 사람들을 힘들게 하는 행동 방식에 안타까움을 느끼고, 나라도 가만히 당하고만 있지 말고 주변 동료들을 구하고 상사에게도 도움이 될 수 있도록 해야겠다는 생각에 직접 의견을 제시하고 변화를 요청했습니다. 그러나 상사는 불쾌해하며 화를 냈고 혜수 씨를 괴롭히기 시작했습니다. 혜수 씨는 주변 사람들에게 도움을 청해도 보았지만, 상사는 달라지지 않은 채 혜수 씨의 고통만 커졌습니다. 결국 직장을 그만두고 마음의 병을 치료하기 위해 상담소를 찾았습니다.

성격장애를 지닌 사람의 독특한 행동 습관을 들여다보면, 이들은 불쾌한 감정을 느끼지 않거나 감소하기 위해 특정한 정서 조절 방법을 습관적으로 사용합니다. 주요 성격장애를 중심으로 어떤 정서 조절 방법을 사용하는지 살펴보겠습니다.

**• 편집성 성격장애**

편집성 성격장애의 주된 특징은 다른 사람의 행동이나 말에 저의가 숨겨져 있고 자신에 대한 악의가 있는 것으로 해석하는 등 불신과 의심이 광범위하게 퍼져 있는 것입니다. 소위 편집증이라고 부르는 증상으로, 겉에서 보면 똑똑하고 깔끔하고 냉철한 사람처럼 보입니다. 그러나 이들은 하려고 했던 일이 잘 안 되거나 어려움을 겪게 되었을 때, 자신에게서 원인을 찾기보다는 주변 사람들이 자신을 시기 질투하여서 일부러 잘 안 되게끔 하였다는 식의 사고를 합니다. 즉, 문제나 갈등에 대해 다른 사람의 탓으로 돌리는 경향이 심한 편집성 성격장애 환자는 불쾌한 정서를 예방하거나 감소하기 위해서 타인비난을 반복적으로 사용합니다. "모두 다른 사람들이 나를 음해하기 때문이야.", "저 사람 때문에 문제가 생긴 거야." 이들은 자신이 겪는 불행과 불쾌한 감정이 타인의 악의적인 의도나 행동으로 인한 것으로 해석합니다.

우리는 살면서 수많은 실패나 실수를 경험하고, 그 과정에서 자존심도 상하고 자신에 대해 실망하면서 힘겨울 때도 있지만 점차 받아들입니다. 그러나 이들에게 있어서 실패나 실수는 자신의 존재감이나 자존감을 위협하는 굉장히 큰 상처로 인식되기 때문에 도저히 받아들일 수 없는 것입니다. 감당할 수 없기 때문에 자신에게 원인이 있었던 것이 아니라 다른 사람들이 자신의 잘난 모습을 시기하고 음해하려 해서 억울하게 이러한 실패를 맛보게 되었다는 식으로 원인을 돌림으로써 자신의 자존감을 보호하는 것이지요.

**• 분열성 성격장애**

사회적 관계에서 타인과 잘 어울리지 못한 채 고립된 생활을 하거나 대인관계에서 감정 표현을 거의 하지 않는다는 점이 주요한 특징입니다. 실험실 연구 등과 같이 혼자 할 수 있는 직업을 선택하는 경우가 많은데, 이들은 다른 사람들과 어울려 대화를 나누거나 식사를 하지 않습니다. 다른 사람들이 보기에 감정이 메마르고 무덤덤하며 타인의 감정에도 상당히 무디게 반응합니다. 이처럼 이들은 다른 사람들과 잘 어울리지 못하는 데서 상당한 어려움을 경험하며 관계를 맺는 것 자체를 피합니다. 즉, 타인과의 관계에서 경험하는 불편함과 부정적인 감정을 피하기 위해서 관계를 일부러 피하고 스스로를 고립시키며 감정을 억제하고 표현을 제한하는 방법을 사용합니다.

• 경계선 성격장애

영화나 드라마 속에서 가장 많이 다루는 성격장애가 경계선 성격장애입니다. 여자 주인공은 남자 주인공을 짝사랑하거나 서로 사랑하지만, 남자의 변심에 대해 민감하게 반응하며 심한 불안을 느끼고 분노하며 과도한 집착을 보입니다. 떠나려 하는 남자에게 거짓말을 하기도 하고 자해나 자살을 시도하며 붙잡습니다.

이들의 가장 큰 특징은 바로 극단적이고 불안정한 정서 조절 방법을 취한다는 것입니다. 상대방이 좋을 때는 너무 좋고 행복하고 사랑한다고 하며 상대방을 칭찬하지만, 뭔가 심기가 뒤틀리거나 불쾌해지면 갑작스럽게 분노하고 경멸하며 상대방을 깎아내리고 비난합니다. 즉, 이들은 불쾌한 감정을 경험할 때에는 과도한 타인비난을 사용하여 상대방을 지나치게 비난하거나 타인에게 화나 신경질을 내는 등 분노를 분출합니다. 반면, 유쾌한 감정을 증폭하기 위해 타인을 지나치게 긍정적으로 평가하는 등의 이상화하는 모습을 보이기도 합니다.

• 자기애성 성격장애

자기애성 성격장애를 지닌 사람은 '난 너무 잘났어. 난 정말 뛰어나.'와 같이 자신에 대해 과도하게 긍정적으로 지각하는 경향이 있습니다. 반면, 다른 사람들을 자신보다 못한 사람으로 지각하며 무시합니다.

예를 들어, 택연 씨는 직장에서 프로젝트를 하는데, 중간 평가에서 다른 사람들로부터 여러 가지 지적과 비판을 받았습니다. 택연 씨는 기분이 불쾌하지만 그들의 반응에 대해 '내가 너무 잘났기 때문에 이런 일이 생기는 거지. 흠, 아무것도 모르는 것들이 하는 짓이라곤.'하면서 무시합니다. 형중이는 자신이 제출한 과제물이 담당

교수에게서 B로 평가된 것이 분하기만 합니다. 그는 '내 과제물에 겨우 B를 주다니. 흥, 별것도 아닌 교수가 내 창의적이고 우수한 보고서를 어떻게 이해하겠어.'라며 교수를 깎아내림으로써 자신의 자존감을 보호합니다. 이처럼 이들은 불쾌한 감정을 유발하는 자극이나 상황에 처했을 때, 불쾌한 감정을 느끼지 않거나 감소하고 유쾌한 감정을 증가시키기 위해서 자신에 대해 긍정적으로 과대평가하며 이를 유지하고 강화하기 위해서 타인을 이용합니다.

• 회피성 성격장애

회피성 성격장애를 지닌 사람은 타인과 어울리는 것을 불편해합니다. 이들은 사회적 관계에 관심이 많고 다른 사람들의 관심과 주목을 받고 싶은 욕구는 있지만, 그들에게 비춰지는 자신의 모습에 자신이 없어서 불안해하고 두려워합니다. 특히 다른 사람들로부터 받을 수 있는 부정적인 평가에 대해 과민하게 반응하여, 사회적 상호작용 속에서 심한 불안감이나 부적절감을 자주 느낍니다. 이러한 타인과의 관계 속에서 경험하는 불편한 감정을 피하기 위해 이들이 선택하는 정서 조절 방법은 다른 사람들과의 사회적 활동을 억제하고 회피하는 것입니다.

• 의존성 성격장애

우리는 살면서 수많은 선택과 결정을 해야 하고 그 결과에 대해 스스로 책임지고 감당합니다. 하지만 그럴 때마다 선택은 어렵고 그 결과가 부담스럽게 느껴질 때가 많습니다. 그러다 보니 누군가가 대신 선택해 주었으면, 그리고 그 결과에 대해서도 그 사람이 알아서 책임졌으면 하고 바랄 때가 있지요.

의존성 성격장애를 지닌 사람은 이 세상을 혼자서 살아가는 것에 대해 지나친 두려움이 있고, 인생의 모든 영역의 선택과 책임에 대해 과도한 부담감을 느끼며 이를 대신해 줄 타인을 찾아서 매달립니다. 그 사람에게 의지하고 관계를 유지하기 위해, 거의 무조건적으로 복종하고 매달립니다. 즉, 이들은 매일 일상생활에서 경험하는 선택과 책임으로 인한 불안과 긴장감을 감소하기 위해서, 다른 사람에게 조언을 구하고 도움을 청하는 방법을 습관적으로 사용하는 것으로 이해할 수 있습니다.

• 강박성 성격장애

어떤 사람들은 물건이 반드시 정해진 자리에 있어야 하고, 물건의 배치가 반듯하게 놓여 있어야 합니다. 파일에 라벨을 붙일 때도 위치가 정확히 맞아야 하고, 비뚤어져 있거나 비스듬하게 놓인 것을 참지 못합니다. 주변을 잘 둘러보면 어렵지 않게 이런 사람을 찾을 수 있습니다. 어떤 유명 연예인 커플이 레스토랑에 갔는데 여자가 느끼기에 남자는 계속 안절부절못하고 무언가를 주시하고 신경 쓰는 듯했다고 합니다. 그러다 결국 더 이상 참지 못한 남자는 자리에서 일어나 여자가 앉은 자리의 뒤쪽으로 가더니 비뚤어지게 걸린 액자들을 모두 반듯하게 고치고는 돌아와 앉았습니다. 알고 보니 레스토랑에 걸린 액자들을 일부러 모두 사선 방향으로 배치하는 인테리어였는데, 여자를 쳐다볼 때마다 액자의 배치가 보여 도저히 견디기 어려웠던 것이지요. 물론 이 커플은 다시는 이 레스토랑을 찾지 않았을 것입니다.

이렇듯 강박성 성격장애를 지닌 사람은 구체적인 규칙과 절차가 확실하지 않거나, 자기 방식대로 조절할 수 없을 때 상당히 고통스러워하고 불안해합니다. 이러한 불안감과 불편함을 예방하거나 감소하기 위해서 지나치게 정리정돈을 하며 완벽주의적인 행동 방식을 취하는 경향이 있는 것입니다.

## 불쾌한 정서가 모두 부적응적이거나 병리적인 것은 아니다

우울, 불안, 분노. 불쾌한 정서라고 하면 사람들이 주로 떠올리는 감정입니다. 그러나 이 정서 자체가 우리 삶에 부정적인 영향을 끼치는 것은 아닙니다. 오히려 불안이나 공포는 앞으로 닥칠, 위험하거나 위협적인 상황에 빠르게 대처하도록 돕고, 슬픔이나 우울은 자신의 내면에 주의를 기울임으로써 자신을 돌아보게 하는 반성의 시간을 주거나 주변 사람들로부터 보호와 지지를 얻을 수 있도록 돕습니다. 분노는 자신과 자신의 영역에 대한 침범으로부터 자신을 보호해 줍니다.

## 슬픔, 불안, 분노가 강도, 빈도, 지속 시간에서 과도하거나 결핍되어 나타날 때 부적응적이고 병리적이다

슬픔, 불안, 분노 자체는 생존과 적응을 돕지만, 그것이 강도, 빈도, 지속 시간에서 과도하거나 결핍되어 나타날 때 부적응적이고 병리적이라고 말할 수 있습니다. 즉, 정서도 마찬가지입니다. 정서 자체는 문제가 되지 않지만, 지나치고 과도하고 부적절하게 나타날 때 그것 자체의 적응적인 기능은 제 역할을 못하고 오히려 불필요한 영향을 끼침으로써, 적응에 도움이 되지 않을 뿐 아니라 정신 건강을 해롭게 합니다. 불안을 예로 들어 봅시다. 현실적인 위험이 없는 상황에서 불안을 느낄 때, 현실적인 위험의 정도에 비해서 과도하게 불안을 느낄 때, 위협적인 요인이 사라졌음에도 불구하고 여전히 과도하게 불안이 지속될 때 병리적이라고 말합니다.

특히 분노는 더욱 그렇습니다. 분노 자체는 우울과 불안에 비해 적응적이고 건강한 측면이 좀 더 강조되는 정서입니다. 분노는 자신을 지키고 방어할 수 있는 에너지를 제공합니다. 분노가 기능적일 때 자신이나 타인이 다시 피해를 경험하지 않도록 보호하고, 문제해결적인 행동을 동기화하여 환경에 정당한 요구를 합니다. 그러나 분노가 빈도, 강도, 지속 시간에서 과도한 수준에 있을 때 역기능적으로 작용합니다. 즉, 지나치게 자주 화를 나고, 화날 일이 아닌데도 과도하게 화가 나며, 한번 화가 나면 그 분을 참지 못하고 계속 화난 상태가 지속될 때 문제가 될 수 있습니다. 이는 공격성으로 이어져서 다른 사람에게 적대적이고 공격적인 형태로 표현함으로써 사회적인 갈등을 초래합니다. 또한 일상생활에서 다양한 문제를 해결하는 것을 방해하며, 주변으로부터 부정적인 피드백과 불이익을 받을 수 있습니다.

## 불안장애

### • 범불안장애

여러 가지 사건이나 활동에 대해 지나치게 불안해하는 범불안장애를 지닌 사람은 부정적인 사건으로 인한 불쾌한 감정을 감소하기 위해 걱정을 반복합니다. 걱정을 함으로써 미래에 일어날지 모르는 부정적 결과를 예방하기 위해 노력하고 있다고 착각하는 것입니다. 그러나 지나치게 습관화된 걱정은 불안을 감소시키는 것이 아니라, 오히려 현실적으로 취해야 할 대처를 방해하고 부정적 결과를 예상하게 하여 불안을 더욱 키웁니다.

범불안장애를 지닌 사람들이 주로 나타내는 대표적인 정서 조절 방법으로 파국화catastrophizing가 연구되었습니다. 파국화는 '…하면 어떡하지?What if…?'와 같은 방식으로 파국적 결과를 예상하는 사고방식입니다Davey & Levy, 1998. 이러한 파국화는 불안이 심한 사람이 사용하는 조절 방법 중 하나로 불안을 더욱 악화하는 것으로 보고되었습니다정지현, 2000.

• 공포증

특정한 대상을 만났거나 상황에 처했을 때 심한 불안감과 두려움을 느끼는 장애로, 그 정도가 지나치고 그럴 만하다고 이해되지 않으며, 그 대상이나 상황을 벗어났을 때도 여전히 불안해합니다. 공포증을 지닌 사람은 두려운 사건, 대상이나 상황에 처했을 때 경험하게 될지 모르는 불안을 피하기 위해서 이것들을 반복적으로 회피하는 방법을 취합니다.

• 강박장애

원치 않은 생각이 떠올라 놀란 적이 한두 번쯤 있을 것입니다. 문득 '저 사람을 확 죽였으면 좋겠어.', '옥상에서 한번 뛰어내려봐?', '지하철이 들어오는데 저기서 있는 사람을 밀치면 어떻게 될까?', '시험공부 하기도 싫은데 학교 건물이 확 폭발했으면 좋겠다.'와 같이 자신도 모르게 무심코 이런 생각이 떠오르거나 충동이 일어나기도 합니다. 그러나 이것이 스쳐 지나가는 거라는 걸 알기에, 별 의미를 부여하지 않고 신경 쓰지 않습니다. 그런데 어떤 사람은 그런 생각에 심하게 놀라고 불편해하며 불안감을 느낍니다. '내가 이런 생각을 하다니.', '혹시 내가 이런 생각을 하다가 그 사람이 정말 죽으면 어떡하지?', '이런 안 좋은 생각을 하면 끔찍한 일이 일어날지 몰라.'하고 걱정하며 불안해합니다. 그래서 '안 돼. 생각해선 안 돼. 떠올려선 안 돼.'라며 자신의 생각이나 충동을 누르고 통제하려 합니다. 그런데 어떤 생각을 억압하려고 하면 정말 억압이 잘 될까요?

자, 잠깐 제 지시에 한번 따라와 보기 바랍니다. 지금부터 1분 동안 흰 곰을 생각하지 않으려 해 보십시오. 만약 떠올랐다면 몇 번이었는지 세어 보시기 바랍니다. 그럼 시작합니다. 시작!

… … …

땡! 끝났습니다. 어떻습니까? 흰 곰을 생각하지 않으려 애썼습니까? 몇 번이나 떠올랐습니까? 세 번이요? 네 번이요? 그 이상이라고요?

그런데 이 실험을 하기 전에는 흰 곰을 몇 번이나 떠올렸습니까? 아마 몇 시간, 아니 며칠 동안 단 한 번도 떠올리지 않은 분들이 대부분일 것입니다. 그렇습니다. 우리의 생각은 별 신경을 쓰지 않고 있으면 잘 떠오르지 않거나 잠깐 왔다가 지나가고 말지만, 신경을 쓰면서 '떠올리지 말아야지.'하는 순간, 그 생각이 더욱 부각되고 자꾸만 우리의 의식 속으로 찾아오는 것입니다.

강박장애를 지닌 사람은 무심코 침투된 생각에 과도한 의미를 부여하여 떠올리지 않으려 하는데, 오히려 그 생각이 자꾸만 떠오르는 것을 경험합니다. 바로 이런 강박사고로 인해 발생하는 심한 불안감을 감소시키기 위해서, 불안 유발 자극이나 상황을 회피하거나, 강박사고가 떠오르지 않게 하기 위한 자신만의 의식, 즉 강박 행동을 합니다. 이러한 의식은 처음에는 무심코 했을 때 불안감이 조금 해소되는 경험을 줍니다. 사실 다른 행위를 하는 것 자체가 불안 유발 자극으로부터 주의를 분산하는 것이므로 일시적으로 불안감이 줄어들 수밖에 없는 것인데, '이렇게 하면 괜찮을 거야.'라는 믿음을 형성함으로써 의식처럼 반복하게 됩니다. 결국 강박 행동을 하지 않으면 불안하여 견딜 수가 없고, 해야만 하는 행위가 되면서 또 다른 엄청난 에너지를 쏟아붓게 되는 것이지요. 강박사고로 인한 불안감을 예방하거나 감소하기 위해 손을 반복적으로 씻기도 하고, 특정 행동을 7의 배수만큼 반복해서 하기도 하며, 특정 단어를 반복해서 외우기도 합니다.

이런 회피 행동이나 강박 행동은 불쾌한 감정을 감소하거나 피하기 위해서 취하는 정서 조절 방법이지만, 결과적으로 두려워하는 사건이나 행동의 결과에 관한 비현실적인 믿음을 반증할 수 있는 기회를 방해함으로써 공포와 불안감을 더 키웁니다.

### 우울장애

1991년에 Nolen-Hoeksema는 우울이 심한 사람이 주로 사용하는 정서 조절 방법으로 반추를 제안하였는데, 우울한 기분이 들 때 불쾌한 정서나 피곤과 같은 우울증상과 그 의미에 주의를 계속 맞추는 사고와 행동을 말합니다. 이러한 행동은 우울을 좀 더 유지하고 심화하는 방법입니다. 반추에 대해서는 제8장에서 좀 더 자세히 설명하고, 여기에서는 간단하게 이 정도만 언급하고 넘어가겠습니다.

## 정서 조절 방법이 정신 건강에 끼치는 영향

일상생활에서 경험하는 불쾌한 감정을 어떻게 조절하고, 어떤 정서 조절 방법을 사용하느냐에 따라서 우울함이 더욱 심화될 수도 있고, 불안장애를 유발할 수도 있으며, 물질 관련 장애, 섭식장애 등의 다양한 정신과적 증상과 정신병리가 나타날 수 있음을 알았습니다. 그렇다면 실제로 사용하는 정서 조절 방법이 정신 건강 및 정신병리와 어떤 관련성이 있고 정서 조절 방법이 어느 정도의 영향을 어떻게 주는지, 직접 경험적 연구들을 통해 얻은 내용을 살펴보겠습니다.

### 정서 조절 방법의 경험적인 네 가지 요인 구조: 부적응적 방법 vs 접근적 방법 vs 주의분산적 방법 vs 지지추구적 방법[16]

정서 조절 방략 질문지ERSQ는 선행 연구 및 이론을 근거로 가정한 인지적·체험적·행동적 방법의 세 가지 요인 구조로 제작되었습니다. 즉, 정서 조절을 할 때

16 이지영과 권석만이 2009년에 한국임상심리학회 동계 연수회 포스터 발표 초록집에 게재한 논문 '정서 조절 방략 질문지(ERSQ)의 16개 방략의 경험적 구분'의 내용을 일부 요약하였습니다.

개입하는 측면이 정서의 인지 즉 생각인지, 아니면 정서의 체험적 측면인지, 아니면 정서의 행동적 측면인지에 따라서 인지적 방법, 체험적 방법, 행동적 방법으로 구분하였습니다. 그런데 연구자가 가정한 이론적인 구분 방식이 아니라, 사람들이 실질적으로 사용하는 수많은 정서 조절 방법은 그 성격에 따라 어떻게 나뉠 수 있을까요? 저는 궁금했습니다. ERSQ의 전체 69개 문항을 대상으로 할 때와 16개 방법을 대상으로 다수준 요인 구조higher-order factor structure를 조사한 결과에서 모두 4개 요인으로 구분되었습니다.

이미 부적응적인 방법으로 확인되었던 '부정적으로 생각하기', '타인 비난하는 생각하기', '타인에게 불쾌한 감정 분출하기', '안전한 상황에서 불쾌한 감정 분출하기', '폭식하기'와 '탐닉 활동하기' 6개가 하나로 묶였습니다. 그리고 정서 조절에 기여하는 나머지 10개는 세 가지 요인으로 구분되었습니다. 첫 번째 요인은 '능동적으로 생각하기', '문제해결 행동 취하기', '인지적으로 수용하기'와 '감정 수용하기' 4개 방법이 포함되었습니다. 이는 감정이나 상황에 접근하는 성격을 지닌 방법들로 '접근적 방법'으로 명명하였습니다. 두 번째 요인은 '수동적으로 생각하기', '즐거운 상상하기', '기분전환 활동하기' 3개 방법으로 구성되었고, 모두 주의를 분산하는 성격의 '주의분산적 방법'이었습니다. 마지막 요인은 '조언이나 도움 구하기', '친밀한 사람 만나기'와 '감정을 표현하고 공감 얻기' 세 가지로, 주변 사람들에게 자신의 감정이나 상황을 표현하고 도움을 구하는 성격의 '지지추구적 방법'으로 명명하였습니다.

## 적응적 정서 조절 방법의 경험적인 세 가지 구분의 타당성

4장에서 언급했던 바와 같이, 민경환 외2000는 불쾌한 정서를 조절하는 데 기여하는 방법들이 크게 능동적 방법, 회피·분산적 방법, 지지추구적 방법으로 구분된다고 제안하였습니다. 다양한 정서 조절 방법을 포괄적으로 측정하는 ERSQ의 적응적인 방법들이 이와 유사한 세 가지 경험적 요인으로 구분된 점은 이 같은 주장을 뒷받침하는 것입니다. 또한 ERSQ를 사용한 일련의 연구들을 통해, 이 세 가지 정서 조절 방법이 모두 정서 조절과 정신 건강에 기여하는 적응적인 방법이라는 가정이 입증되었습니다. 정서 조절 방법들이 적응적인 방법과 부적응적인 방법으로 구분되고, 적응적인 방법이 접근적 방법, 주의분산적 방법과 지지추구적 방법의 세 가지로 구분된다는 점은 정서 조절과 관련한 연구들에서 좀 더 유용한 정보를 제공할 뿐 아니라, 제2부에서 제안하는 정서 조절 과정의 체계와 단계를 구축하는 데 반드시 필요한 개념입니다.

## 정서 조절 방법과 정신 건강 및 정신병리의 관계[17]

정서 조절 방법과 정신 건강 및 정신병리의 관계를 경험적으로 검증하기 위해서 대학생 집단을 대상으로 정서 조절 방략 질문지와 전반적인 정신 건강 및 정신병리 수준을 측정하는 간이정신진단검사SCL-90-R[18]를 실시한 결과, 16개 정서 조절 방법의 경험적 구분 네 가지 중 부적응적 방법이 전체심도지수global severity index: GSI[19]와 높은 정적상관을 보였습니다. 즉, 부적응적인 방법에 해당하는 6개 정서 조절 방법들을 자주 사용할수록 전반적인 정신병리 수준이 증가하고 정신 건강 수준은 나빠진다는 것이 확인되었습니다. 그리고 불쾌한 감정을 경험할 때 접근적 방법, 주의분산적 방법, 그리고 지지추구적 방법을 자주 사용하여 정서 조절을 시도할수록, 정신병리 수준은 낮아지고 정신 건강 수준은 좋아지는 것으로 나타났습니다.

17 이지영이 2010년에 「한국심리학회지: 임상」의 29(3)권에 게재한 논문 '정서 조절 방략이 정신병리에 미치는 영향'의 일부 내용을 요약하였습니다.

18 Derogatis가 1977년에 개발한 척도를 김광일, 김재환, 원호택이 1984년에 번안한 검사로, 다양한 정신과적 증상을 신체화, 강박증, 대인예민성, 우울, 불안, 적대감, 공포불안, 편집증, 정신증 등 9개의 하위 차원으로 평가하는 90개 문항으로 구성되어 있습니다.

19 피검사자의 전반적인 정신병리 및 정신 건강 수준을 알 수 있는 지표로서, SCL-90-R의 총점이며 현재 장애 수준을 나타냅니다.

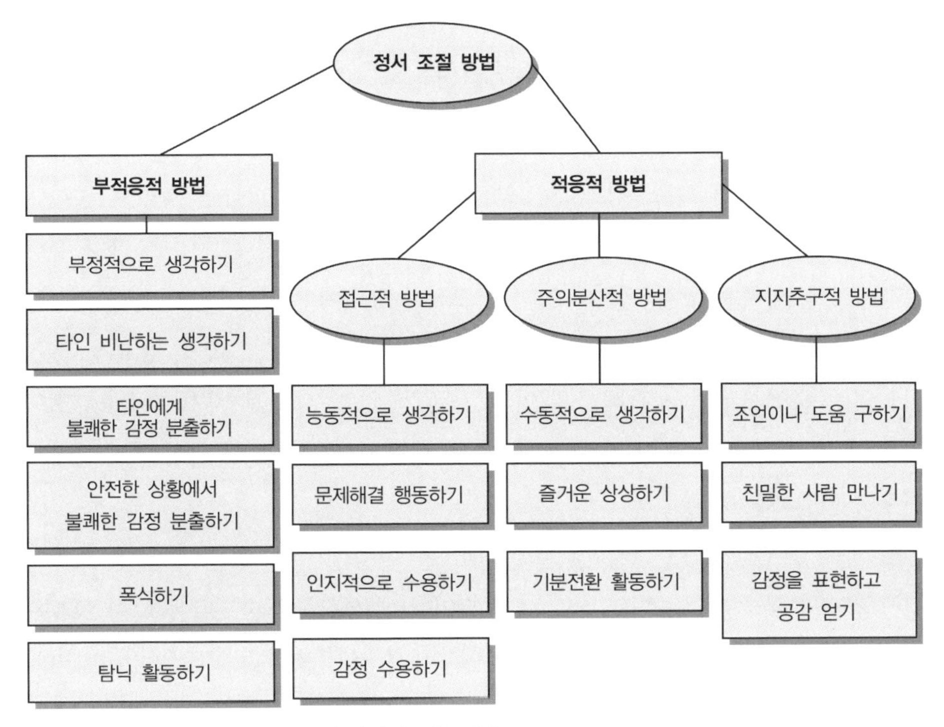

그림 6.1 ERSQ의 정서 조절 방법의 경험적 구분 체계

## 정서 조절 방법이 정신 건강 및 정신병리에 주는 영향[20]

### 평소 사용하는 정서 조절 방법은 정신 건강에 영향을 끼친다

불쾌한 감정을 경험할 때 우리가 사용하는 정서 조절 방법들이 정신 건강과 정신병리적인 측면에 얼마나 영향을 끼치고 있을까요? 중다회귀분석[21]을 사용해서 조사한 결과, 정서 조절 방법에 의해 정신병리를 예측하는 모델은 의미가 있었는데, 이는 우리가 사용하는 정서 조절 방법이 정신 건강 및 정신병리 수준에 영향을 끼치는 것이 경험적으로 확인된 셈입니다.

20 이지영이 2010년에 「한국심리학회지: 임상」의 29(3)권에 게재한 논문 '정서 조절 방략이 정신병리에 끼치는 영향'의 일부 내용을 요약 및 수정하였습니다.

21 값이 변화하는 특정 요인을 2개 이상의 변인이 설명하고 예측하는 관계를 분석하는 통계 기법입니다.

## 정서 조절 방법은 정신 건강 수준의 약 30%를 설명한다

그렇다면 불쾌한 감정을 조절하기 위해 선택하는 정서 조절 방법이 정신 건강 및 정신병리 수준을 어느 정도 설명할 수 있을까요? 연구자들은 정신 건강이나 정신병리에 영향을 끼치는 요소에 관심을 두었습니다. 어떤 요소가 우리의 정신 건강에 영향을 주는지 확인할 수 있다면, 그러한 요소에 개입함으로써 정신 건강을 증진하고 정신병리를 예방 및 감소할 수 있을 테니까요. 성별, 학별, 경제적 수준, 직업의 종류에서부터 시작해서 개인의 자존감 수준, 사회적 지지 수준, 부모의 양육 방식, 성격적인 특성 등 무수히 많은 요인을 조사하였고 다양한 관점에서 연구하였습니다.

한 가지 요인이 정신 건강 수준의 100%를 설명할 수는 없습니다. 한 요인이 정신 건강의 일부분에 영향을 주고, 여러 요인 간에 복잡한 상호작용을 하며 영향을 주기도 합니다. 그런데 ERSQ를 사용한 연구에서 정서 조절 방법들은 정신병리의 약 30% 정도를 설명하는 것으로 나타났습니다. 이는 상당한 수치입니다. 그만큼 일상생활에서 불쾌한 감정을 조절하기 위해 동원하는 정서 조절 방법들이 개인의 정신 건강 수준에 상당한 영향을 끼치고 있음을 확인하였습니다.

## 부적응적 정서 조절 방법이 정신병리 수준을 가장 잘 예측한다

정서 조절 방법 중 어떤 방법의 사용이 정신 건강 및 정신병리 수준을 가장 잘 예측할까요? 바로 부적응적인 정서 조절 방법의 사용이 정신병리에 대한 가장 높은 예측력을 보임으로써, 정신병리를 가장 잘 설명하는 요인으로 확인되었습니다. 물론 적응적인 정서 조절 방법의 사용도 정신병리 수준에 영향을 줍니다. 그러나 정신병리 수준에 가장 많은 영향을 끼치고 가장 많은 부분을 설명하는 것은 부적응적인 정서 조절 방법이라는 것입니다.

따라서 정신 건강 수준을 높이기 위해서는 그 무엇보다 부적응적 정서 조절 방법으로 확인된 방법들을 사용하지 않는 것이 중요합니다.

### 지지추구적 방법으로 정신병리 수준을 낮출 수 있다

세 가지 적응적 방법은 전반적인 정신 건강 상태와 긍정적으로 관련 있습니다. 그런데 특히 지지추구적 방법만이 통계적으로 의미 있는 수준에서 정신병리를 예측하는 것으로 나타났습니다. 즉, 지지추구적 성격의 방법을 자주 사용할수록 정신병리 수준을 유의미하게 낮출 수 있습니다.

많은 연구자가 다양한 집단을 대상으로 정신 건강 및 정신병리를 예측할 수 있는 심리내적 및 환경적 요인을 조사하였습니다송예헌, 2001; 양익홍, 윤성철, 이규항, 1994; McLewin & Muller, 2006; Muller & Lemieux, 2000. 사회적 지지는 이러한 요인들 중 하나로 확인되었습니다양미진, 이은경, 이희우, 2006. 친구나 가족 등 주변 사람들로부터 지지를 얻는 사람일수록 우울, 불안, 정신증 등 정신병리 수준이 낮게 나타났습니다. 조현병 및 정신장애가 있는 사람들의 사회적 지지망을 조사한 연구에서, 이 집단은 정상인 집단에 비해 사회적 지지망이 일관되게 작았습니다Pattison, DeFrancisco, Franzier, Wood, & Crower, 1975; Tolsdorf, 1976.

이처럼 우울, 편집증, 정신증 등 정신병리 수준이 심한 사람은 정서적 지지, 조언이나 도움을 구할 수 있는 친밀한 대인관계가 결핍되어 있거나 부족한 것으로 알려져 있습니다. 따라서 불쾌한 감정을 경험할 때 다른 사람에게 공감이나 위안을 얻는 방법이나 조언 및 도움을 구하는 방법 등 지지추구적 성격의 정서 조절 방법을 자주 사용하는 것은, 그 과정을 통해 불쾌한 정서를 조절하는 데 직·간접적인 도움을 얻을 수 있을 뿐 아니라, 다른 사람들과의 교류를 통해 친밀감을 형성하여 사회적 지지망을 구축할 수 있다는 점에서 정신 건강에 기여하고 정신병리 수준을 낮출 수 있을 것입니다.

### 정서 조절 방법이 정서 조절 능력에 끼치는 영향[22]

불쾌한 감정을 조절하기 위해 주로 선택하는 정서 조절 방법의 종류에 따라서 정신 건강의 수준이 달라질 수 있음을 확인하였습니다. 그다음으로는 주로 사용하는 정서 조절 방법의 종류와 정서 조절 능력의 관계, 그리고 정서 조절 방법이 정서 조절 능력에 주는 영향을 조사하였습니다. 정서 조절 곤란 척도DERS[23]의 총점은 정서 조절 능력 수준에 대한 지표로 사용되는데, 정서 조절 곤란 수준이 높을수록 정서 조절 능력이 떨어지며, 정서 조절 곤란 수준이 낮을수록 정서 조절 능력은 높다고 해석합니다.

### 정서 조절 방법이 정서 조절 곤란과 정서 조절 능력에 끼치는 영향

정서 조절 방법에 의해 정서 조절 곤란 수준을 설명하는 모델이 통계적으로 유의하였습니다. 즉, 불쾌한 감정을 조절하기 위해 사용하는 정서 조절 방법은 정서 조절 곤란과 정서 조절 능력에 의미 있는 영향을 끼치는 것으로 확인되었습니다.

### 사용하는 정서 조절 방법이 정서 조절 곤란의 약 40%를 설명한다

우리가 사용하는 정서 조절 방법은 정서 조절 곤란의 전체 설명 변량 중 약 40%를 설명하였습니다. 이 수치는 정서 조절 곤란 및 정서 조절 능력의 상당한 부분을 정서 조절 방법이 설명하고 있다는 것을 말해 줍니다. 즉, 개인이 사용하는 정서 조절 방법에 따라서 개인이 겪는 정서 조절의 어려움의 정도가 다르고, 정서를 조절하는 능력도 달라집니다.

---

22 이지영이 2010년에 「한국심리학회지: 상담 및 심리 치료」의 22(3)권에 발표한 논문 '정서 조절 방략이 정서 조절 곤란에 미치는 영향'의 내용을 일부 수정 및 보완하여 정리하였습니다.

23 Gratz와 Roemer(2004)가 개발한 척도를 조용래(2007)가 한국판으로 번안하였습니다. 총점이 높을수록 정서 조절 곤란의 정도가 크다는 점을 의미하며, 충동 통제 곤란, 정서에 대한 주의와 자각 부족, 정서에 대한 비수용성, 정서적 명료성의 부족, 정서 조절 방법에 대한 접근 제한과 목표 지향 행동의 어려움 등 6개의 하위 척도로 구성되어 있습니다.

## 정서 조절 방법과 정서 조절 능력의 관계

### 부적응적 방법의 사용이 정서 조절 곤란 수준에 가장 많은 영향을 끼친다

부적응적인 정서 조절 방법을 자주 사용할수록 정서 조절에 곤란을 경험하고 정서 조절 능력이 낮았습니다. 또한 중다회귀분석 결과, 부적응적인 방법이 정서 조절 곤란을 가장 잘 예측하였습니다. 대부분의 정신병리가 정서를 조절하는 데 어려움이 있고Kring & Bachorowski, 1999; Thoits, 1985, 정서 조절 곤란은 우울장애, 불안장애, 물질 관련 장애, 섭식장애 등 다양한 정신병리와 관련이 있습니다Fox, Hong, & Sinha, 2008; Green, Cahill, Malhi, 2007; Mennin, McLaughlin, & Flanagan, 2005; Taylor, Bagby, & Parker, 2000; Weinberg & Klonsky, 2009. 정서 조절 방법의 측면에서 억제, 반추, 자기비난, 타인비난, 파국화 등의 방법이 우울, 불안 등의 다양한 정신병리 수준을 초래하고 악화하는 것으로 알려졌습니다Aldao et al., 2010; Garnefski et al., 2001; Martin & Dahlen, 2005; Gross & John, 2003. 또한 ERSQ를 사용한 연구에서 6개 부적응적 방법이 정신병리에 대해 가장 높은 설명력 및 예측력을 보였습니다. 따라서 정서 조절 방법들 중 정신병리의 가장 많은 부분을 설명하는 부적응적인 방법이, 정신병리를 설명하는 주요한 요인으로 다루어진 정서 조절 곤란의 수준을 가장 잘 설명한다는 것은 쉽게 예상할 수 있는 결과입니다.

### 정서 조절 능력과 정신병리 수준에 영향을 끼치는 적응적 방법의 종류는 다르다

적응적 방법 중 접근적 방법과 주의분산적 방법을 자주 사용할수록 정서 조절 곤란의 수준이 낮았습니다. 그러나 지지추구적 방법은 정서 조절 곤란과 통계적으로 의미 있는 수준의 상관관계를 보이지 않아, 정서 조절 능력에는 직접적으로 관련되지 않았습니다. 세 가지 적응적 방법 중 접근적 방법만이 정서 조절 곤란을 통계적으로 유의미하게 예측하였습니다.

그런데 부적응적 방법과 달리, 적응적 방법은 정서 조절 곤란에 대한 관계 패턴과 정신병리에 대한 관계 패턴이 서로 달랐습니다. 접근적 방법, 주의분산적 방법, 지지추구적 방법 등의 적응적 방법들은 정신병리 측정치와 모두 부적상관을 보였고, 적응적 방법 중 지지추구적 방법이 정신병리를 유의미하게 예측하였습니다. 적응적 방법에 대한 이런 결과는 정서 조절 곤란 수준을 낮추는 데 효과적인 방법과 정신병리 수준을 낮추는 데 효과적인 방법이 서로 다르다는 것을 시사합니다.

### 정서 조절 능력에 영향을 주는 적응적 방법은 접근적 방법이다

정서 조절 능력에 직접적으로 영향을 끼치는 적응적 방법은 주의분산적이거나 지지추구적인 방법이 아니라, 처한 감정이나 상황에 직접 접근하여 정서를 조절하는 성격의 방법이었습니다. 이러한 결과는 참가자들에게 자신의 개별 정서 경험에 사용하는 정서 조절 방법을 점검하도록 하고 그 효과를 주관적으로 평가하도록 한 연구민경환 외, 2000에서 능동적 방법, 회피·분산적 방법, 지지추구적 방법의 세 가지 중 능동적 방법이 가장 효과적으로 보고되었던 것과 일치합니다.

즉, 궁극적으로 정서를 조절하기 위해서는 불쾌한 감정에 다가가 직접 다루는 방법을 취해야 합니다. 먼저, 불쾌한 감정을 사라지게 하기 위해서는 그 감정을 그대로 느끼고 표현하는 과정을 통해 해소하고 받아들이는 체험적 방법을 사용해야 합니다. 그러나 불쾌한 감정이 사라졌다고 하더라도, 왜 그러한 감정을 느꼈는지 알지 못한다면 다시 유발 자극에 노출될 것이고 동일한 방식으로 반응하여 불쾌한 감정을 반복해서 느낄 수 있습니다. 따라서 불쾌한 감정이 재발하지 않기 위해 불쾌한 감정을 유발한 원인을 이해하고 대안적으로 생각하는 인지적 방법이 필요한 것입니다.

### 주의분산적 방법은 정서 조절 능력에 직접적으로 영향을 끼치지 않는다

주의분산적 방법은 정서 조절 능력 및 정서 조절 곤란과 관련은 있지만, 정서 조절 곤란의 수준을 통계적으로 의미 있는 수준에서 직접적으로 설명하지는 않았습니다. 주의분산은 우울과 우울의 지속 시간을 줄이는 데 긍정적으로 기여하는 방법으로 보고되었는데김진영, 2000; 한덕웅, 박준호, 2005, 이런 주의분산의 효과는 주의를 분산시킴으로써 개인이 겪고 있는 감정에서 벗어나게 하기 때문으로 알려져 있습니다.

그러나 Fivush와 Buckner[2000]는 주의분산은 완전한 대처 방법이 아니라고 주장하였습니다. 그 이유는 자신의 감정을 다루지 않는 것은 알코올중독, 폭력과 같은 외현화장애를 유발할 수 있기 때문이라는 것입니다. 또한 Rachman[1980]은 회피와 주의전환이 정서적 정보를 처리하는 것을 방해함으로써 궁극적으로는 병리적인 고통을 이끈다고 주장하였습니다. 이러한 주장들은 주의분산적 방법이 일시적으로 불쾌한 정서를 감소하는 데 기여할 수는 있으나, 불쾌한 정서를 처리하는 것을 방해하므로 장기적으로는 정서 조절에 효과적이지 않을 뿐 아니라 오히려 어려움을 초래할 수 있음을 시사합니다. 따라서 연구 결과는 주의분산적 방법에 대한 이 같은 주장을 일부분 경험적으로 뒷받침합니다.

### 정신병리 수준에 영향을 끼치는 지지추구적 방법은 정서 조절 능력에 직접적으로 영향을 끼치지 않는다

정신병리 수준을 유일하게 예측하였던 적응적 방법인 지지추구적 방법은 정서 조절 곤란에 직접적으로 기여하거나 예측하지는 않는 것 같습니다. 정서 조절 곤란과의 상관분석에서 통계적으로 의미 있는 결과가 나오지 않았고, 회귀분석에서도 정서 조절 곤란을 통계적으로 의미 있는 수준에서 예측하지 않았습니다. 불쾌한 감정을 경험할 때 다른 사람들에게 공감이나 위안을 얻거나 조언이나 도움을 구하는 등의 지지를 구하는 방법을 자주 사용하는 것은 주의분산적 방법과 마찬가지로 불쾌한 정서를 직접적으로 처리하는 것이 아니기 때문에, 개인의 정서 조절 능력이나 정서 조절 곤란 수준에 궁극적인 영향을 끼치지는 않습니다. 그러나 그 과정에서 다른 사람들과 친밀감을 형성하고 사회적 지지망을 구축할 수 있다는 점에서 정신건강에 긍정적으로 기여하고 정신병리 수준을 낮출 수 있는 것입니다.

### 주의분산적 방법과 지지추구적 방법은 일시적인 정서 조절 방법일 뿐, 궁극적인 정서 조절을 위해서는 반드시 접근적 방법을 사용해야 한다

세 가지 종류의 적응적 방법에 대한 연구 결과들을 종합하면, 다음과 같은 결론을 내릴 수 있습니다. 주의를 분산하는 방법은 일시적으로 주의를 돌림으로써 불쾌한 감정을 감소시킬 뿐입니다. 따라서 불쾌했던 관련 감정이나 대상에 주의가 다시 돌아오면 여전히 고통스럽습니다. 또한 유사한 자극이나 상황에 놓이면 똑같이 반응함으로써 다시 불쾌한 감정을 경험하게 됩니다. 지지추구적 방법도 주변 사람들과의 친밀한 관계를 통해 불쾌한 감정이 상쇄되고 문제를 해결할 수 있는 도움을 얻을 수 있지만, 그것 자체가 불쾌한 감정을 해소하거나 상황을 해결해 주지는 않습니다.

따라서 궁극적인 정서 조절을 위해서는 불쾌한 감정을 사라지게 하고 싶다면, 그 감정을 회피하지 말고 그대로 느끼고 표현하여 해소하고, 불쾌한 감정이 발생한 원인과 과정을 이해하고 대안적으로 생각함으로써 다시 불쾌하지 않도록 해야 합니다.

# 적응적 정서 조절 방법 vs 부적응적 방법

## 모든 정서 조절 방법이 적응 및 정신 건강에 긍정적으로 기여하지는 않는다

우리는 불쾌한 감정을 조절하기 위해 어떤 정서 조절 방법을 사용하느냐에 따라서 효과적으로 정서를 조절할 수 있을 뿐 아니라, 건강한 정신 상태를 만들 수 있음을 알았습니다. 즉, 부적응적인 방법을 자주 사용할수록 정서적인 어려움을 겪고, 우울, 불안 등의 다양한 정신병리 증상이 야기될 수 있습니다. 반면, 적응적인 방법을 자주 사용할수록 정서적인 고통은 감소하고 정신병리 증상도 줄어서 정신적으로 건강한 상태를 유지할 수 있습니다. 여기에서는 개별 정서 조절 방법을 중심으로 그 적응성과 효과성에 대해 자세히 살펴보고자 합니다.

## 정서 조절 방법에 대해 적응적 또는 부적응적이라고 말하는 기준은 무엇인가

불쾌한 정서를 완화하여 현실적인 문제를 극복하고 적응에 기여할 때, 적응적이라고 정의할 수 있습니다. 몇 가지 예를 제시해 보겠습니다.

• 첫 번째 예

당신은 직장에서 중요한 프로젝트를 맡게 되었습니다. 오늘은 당신이 준비하는 프로젝트에 대해 상사들과 임원들 앞에서 발표를 해야 하는 날입니다. 너무 긴장되고 떨립니다. 이제 곧 당신이 앞에서 발표를 해야 하는 순간이 다가오고 있습니다. 자꾸만 가슴이 쿵쾅쿵쾅 거리고 숨이 가빠옵니다.

지금 당신은 어떻게 하겠습니까?

☺ '발표할 때 떨리는 것은 자연스러운 거야. 게다가 어려운 분들이 앞에 계시니까 얼마나 긴장되겠어? 내가 긴장하고 떨린다고 해서 큰일 날 것까진 없어. 긴장된 상황이니 내 입장을 이해할 거야.'

이처럼 긍정적으로 생각한다면 긴장이 조금은 완화될 것입니다.

☹ '내가 긴장하고 떨고 있다는 것을 들켜선 안 되는데. 목소리가 떨리면 안 되는데. 손은 왜 이렇게 떨리지? 그럼 안 되는데. 내가 긴장하고 있다는 것을 다른 사람들이 알면 아마 나에게 실망하고 못났다고 비웃을 거야.'

긴장하고 불안하면 안 된다고 생각하며 억제하려 하면 긴장이 풀릴까요? 그렇지 않다는 것을 여러분 대부분은 경험하였을 것입니다. 긴장하면 안 된다고 생각할수록 더욱 긴장되며, 떨리면 안 된다고 생각할수록 손은 더욱 떨립니다. 이와 같이 자꾸 부정적으로 생각하면, 더욱 긴장되고 불안해질 것입니다.

• 두 번째 예

2년 정도 만나고 있는 여자친구가 있습니다. 요새 왠지 당신에게 대하는 여자친구의 태도가 불길하게 느껴집니다. 그런데 며칠 전 여자친구가 만나자고 하더니, 갑작스럽게 당신에게 이별통보를 하였습니다. 이유도 정확히 말하지 않은 채 그냥 헤어지자고 합니다. 당신은 심한 충격을 받았습니다. 순간 '내가 뭘 잘못했지?'라는 생각과 함께 여자친구를 잘 달래면 관계를 되돌릴 수 있을 거라는 생각이 들었습니다. 당신은 여자친구를 계속 달래며 매달렸지만, 여자친구의 반응은 얼음덩어리와 같이 차갑고 냉정하기만 합니다. 그녀는 다시는 연락하지 말라며 무섭게 돌아섰습니다. 시간이 지나자 정말 여자친구와 헤어졌다는 현실이 실감 나기 시작합니다. 머릿속은 복잡하고 가슴은 심하게 얻어맞은 것처럼 아프고 뻥 뚫린 느낌입니다.

당신은 어떻게 하겠습니까?

☺ 이 복잡한 마음을 누군가에게 하소연하고 싶고, 내 고통스러운 감정을 공감 받고 싶습니다. 친한 친구들이 생각나고 그들과 함께 술을 마시며 복잡한 생각들과 속상한 감정을 표현합니다. 친구들은 공감과 위로를 해 주며 이별을 극복할 수 있도록 도와줍니다.

이 같은 방법은 일시적으로 불쾌한 감정을 완화하는 효과가 있습니다.

☹ 그런데 술을 몇 번 마시다 보니, 이젠 맨 정신으로는 고통스러운 감정을 마주하는 것이 감당하기 어렵게만 느껴집니다. 그래서 또 술을 찾게 됩니다. 친구들을 불러내기도 하고, 혼자서 술을 마시기도 합니다. 매일 술에 취해서 잠이 듭니다. 술을 마시지 않으면 도저히 버티지 못할 것 같고 잠을 잘 수가 없어서 거의 매일 술을 마십니다. 아침에 일어나니 머리가 쪼개지는 것 같고 지각하기 일쑤입니다. 학업이나 직장 일을 제대로 하지 못해서 지적을 당하는 등 문제가 발생합니다. 이젠 일에서조차 인정받지 못하는 것 같아 고통스럽고, 도저히 맨 정신으로 견디지 못할 것 같아 또다시 술을 찾게 됩니다.

이처럼 거의 매일 그리고 과하게 술을 마시면, 알코올중독을 야기하여 장기적으로는 더욱 심각한 문제와 고통스러운 감정을 키울 것입니다.

**• 세 번째 예**

> 당신은 며칠 전에 어머니가 지병으로 돌아가시는 힘든 일을 겪었습니다. 오랫동안 아프셨기 때문에 마음의 준비가 조금은 되어 있으리라 생각했지만, 어머니가 없는 세상에 남겨졌다는 사실을 도저히 받아들일 수 없습니다. 나에게 가장 가까운 존재, 소중한 존재를 더 이상 볼 수가 없고 만질 수가 없다는 것이 믿기지가 않습니다. 그 상실에 슬픔은 바다를 이루는 것만 같습니다.

당신은 어떻게 하겠습니까?

> ☺ 슬픔을 토하고 싶습니다. 나를 위로해 줄 수 있는 친한 친구가 곁에 있습니다. 그 친구 앞에서 눈물을 쏟아냅니다. 어머니의 상실로 인한 상처와 슬픔을 꺼내고 흐느껴 울어버립니다. 울어도 울어도 계속 눈물이 멈추질 않습니다. 어릴 적 어머니가 따뜻하게 해 주셨던 추억이 그리워 생각을 좇아가다가도, 어머니에게 잘못했던 일들이 떠올라 죄송스럽습니다. 그러다가 떠나버린 어머니가 원망스럽고 내게 서운하게 했던 것들이 하나씩 떠올라 화가 납니다. 그런데 실컷 울고 나니 울음이 조금씩 멈추어집니다. 아직도 고통스럽지만 마음이 한결 가벼워진 느낌입니다.

이처럼 슬픔을 마주하면서 감정을 발산하는 행동은 슬픔을 해소하여 떨칠 수 있도록 돕습니다. 슬픈 감정이 가슴에 담겨 있을 때 자꾸만 신경 쓰이고 가슴 깊숙한 곳에 뭔가가 충동질하고 있는 것 같아 불안하고 기운이 없는 등 빼앗겼던 에너지가 회복되니, 당면한 일에 몰두할 수 있습니다. 그러나 중요한 것은 친한 친구나 혼자 있는 상황에서와 같이 당신의 슬픔과 우는 행동을 이해해 줄 수 있는

안전한 대상 앞에서나 안전한 상황에서 해야 합니다.

☹ 어머니가 돌아가셨지만 내가 울면 아버지와 주변 사람들이 더욱 힘들 것만 같아서 꾹 참고 있습니다. 나는 슬픔을 마주하는 것이 두렵습니다. 그 감정이 너무나 커서 한번 빠지면 좀처럼 헤어나오지 못할 것 같고, 터지면 감당하기 어려울 것만 같습니다. 지금 당면한 일들을 제대로 하지 못할 것 같습니다. 그런데 자꾸만 신경 쓰이고 가슴이 답답하고, 누군가 살짝 건들면 울 것만 같아 불안합니다. 그러던 중 회사 간부들이 모인 자리에서 직장 동료가 발표를 하고 있었습니다. 문득 어머니의 얼굴이 떠올랐고 갑자기 울음이 터져 나왔습니다. 눈물은 멈추질 않았고, 아무것도 들리지도 않고 보이지도 않았습니다.

이처럼 당신에 대해 잘 모르는 사람들과 있거나 당신의 행동을 이해해 주기 어려운 상황에서 감정이 폭발하면, 주변 사람들은 당신에 대해 오해를 하거나 부정적인 인상을 받을 수 있습니다. '저 사람은 감정 조절을 잘 못 하는 사람이구나.'라는 인상을 주고, 당신에게 자세히 물어보지도 않은 채 자신만의 생각으로 판단합니다. 그들과 사적으로 이야기하는 사이도 아니기 때문에, 오해를 풀 기회를 잡기도 어렵습니다. 이는 또 다른 갈등을 야기하여 당신을 더욱 곤란하게 하고 고통스럽게 할 것입니다.

정서 조절 방법의 종류에 따라서, 동일한 종류의 정서 조절 방법이라도 어떠한 방식으로 사용하느냐에 따라서, 정서 조절 방법을 사용할 때 처한 상황에 따라서 적응적일 수도 있고 부적응적일 수도 있습니다. 또한 동일한 정서 조절 방법이라도 어떠한 종류의 정서를 경험하고 있느냐에 따라서 효과적일 수도 있지만, 그렇지 않을 수도 있습니다. 따라서 정서 조절을 할 때에는 개인이 겪고 있는 정서의 종류, 처한 상황을 고려하여 정서 조절 방법을 선택하고 정서 조절에 도움이 되는 방식으로 사용해야 합니다.

## 정서 조절 방략 질문지(ERSQ)의 특징

저는 정서 조절과 정서 조절 방법을 연구하기 위해 정서 조절 방략 질문지를 개발하였습니다. 정서 조절 방략 질문지가 다른 검사 도구들과 어떤 점에서 다른지, 그 주요한 특징을 몇 가지로 정리해 보았습니다.

### 첫째, 다양한 정서 조절 방법을 포괄적으로 측정한다

기존의 정서 조절 방법을 측정하는 데 사용되었던 질문지들은 모두 일부 방법만을 측정합니다. 반면, ERSQ는 사람들이 정서 조절을 위해 사용하는 다양한 정서 조절 방법을 포괄하는 질문지로 제작하기 위해 필요한 심리검사 제작 방법과 과학적 절차를 준수하였고, 그 결과 모든 정서 조절 방법을 포함한다고 말할 수는 없지만, 사람들이 정서를 조절하기 위해 사용하는 의미 있는 방법들을 다양하게 포괄하는 검사라고 할 수 있습니다.

일부 방법들은 검사 제작 과정에서 여러 절차와 통계적 분석 방법을 거치면서 통과하지 못했습니다. 다음과 같은 것들이 그러했습니다. 첫째, 자기보고식 질문지로 측정하는 데 한계가 있는 생리적 측면에 접근하는 방법이 걸러지지 못했습니다. 둘째, 임상 장면에서 중요한 의미를 지닌 명상, 긴장이완, 심호흡 등의 문항들이 독립된 정서 조절 방법으로 추출되지 못했습니다. 이는 호흡, 근육이완 등 생리적 측면에 접근하는 성격을 띠고 있다는 점에서 자기보고식 도구에 포함되기에는 한계가 있기 때문입니다. 셋째, 상황이나 장소를 피하는 단순한 회피 방법은 효과는 미흡하지만 사람들이 자주 사용하는 방법임에도 불구하고 추출 과정에서 통과되지 못했습니다.

### 둘째, 적응적인 정서 조절 방법뿐 아니라 부적응적인 방법까지 포함한다

ERSQ는 불쾌한 감정을 조절하는 데 효과적인 적응적인 방법뿐 아니라 불쾌한 감정을 유지하고 악화하는 부적응적인 방법까지 포함합니다. 따라서 정서 조절 방법의 적응성 측면에서 정신 건강 및 정신병리와의 관련성을 조사하는 데 유용합니다. 또한 정서 조절 방법이 정신 건강이나 정신병리에 끼치는 영향을 조사할 수 있고, 정서 조절 방법과 정신 건강 및 정신병리 증상들에 영향을 끼치는 요소들 간의 상호작용에 대해서도 연구할 수 있습니다.

### 셋째, 정서 조절 방법을 인지적 방법, 체험적 방법, 행동적 방법으로 구분한다

ERSQ는 불쾌한 정서를 예방 또는 감소하기 위해 동원하는 다양한 정서 조절 방법을 구분할 수 있는 체계적인 분류 체계를 제안합니다. 정서 조절에 사용하는 방법이 정서의 인지적 측면에 개입하는 것인지, 체험적 측면이나 행동적 측면에 개입하는 것인지에 따라 인지적 방법, 체험적 방법, 행동적 방법으로 구분합니다. 특히, 인지적·행동적 방법의 이분법적인 구분 기준에 체험적 방법을 추가함으로써, 기존의 구분 범주로 설명하기 어려웠던 정서적 체험과 표현을 강조하는 방법을 새로운 범주에 포함하여 설명합니다. 이러한 구분 체계는 최근 심리 치료에서 인지적·행동적 접근의 한계를 보완하기 위해, 대안 모델로서 소위 '제3세력'으로 부각되는 체험적 접근을 포함합니다. 자신의 감정을 알아차리고 느끼고 표현함으로써 불쾌한 감정에 접근하는 체험적 방법이 심리 치료의 핵심적 요소로 제안되고 그 치료적 효과가 지지되어 왔지만, 체험적 방법을 측정하는 도구의 결여로 체험적 방법의 효과를 직접적으로 검증한 연구는 거의 드물었습니다. 따라서 ERSQ는 체험적 방법을 다양한 측면에서 연구할 수 있는 계기를 마련하였습니다.

### 넷째, 적응적 정서 조절 방법은 성격에 따라 접근적 방법, 주의분산적 방법, 지지추구적 방법으로 구분한다

ERSQ는 정서 조절에 효과가 있는 적응적 방법으로 10개의 정서 조절 방법을 포함하는데, 이 방법들은 그 경험적 성격에 따라 접근적 방법, 주의분산적 방법, 지지추구적 방법으로 구분합니다. 이러한 구분은 정서를 조절하기 위해 사용하는 방법의 성격을 반영하는 것으로, 직접 감정과 상황에 접근하여 조절하는 방법,

주의를 분산시킴으로써 정서를 조절하는 방법, 지지를 추구함으로써 조절하는 방법을 나타냅니다. 따라서 경험적 성격에 따라 각 정서 조절 방법의 효과성이나 적응성이 어떻게 달라지는지 조사할 수 있고, 성별과 성격 유형 등 개인차 요인들에 따라 사용 면에서 어떤 차이가 있는지 등 다양한 측면에서 의미 있는 연구 결과를 얻을 수 있습니다.

여기에서는 ERSQ의 16개 정서 조절 방법의 적응성에 대해 조사한 여러 가지 연구들 중 의미 있는 일부 결과들을 소개하고자 합니다.

## 정서장애 집단의 정서 조절 방법[24]

일상생활에 문제가 될 수 있는 대표적인 불쾌한 정서는 우울과 불안입니다. 따라서 우울과 불안이 주요 문제인 우울장애와 불안장애 환자 집단을 대상으로, 주요 정서장애 환자가 정상인 비교 집단에 비해 자주 사용하는 정서 조절 방법이 무엇인지 조사하였습니다.

### 정서장애 집단은 부적응적인 정서 조절 방법을 자주 사용한다

정서장애 집단은 부적응적인 정서 조절 방법을 통계적으로 의미 있는 수준에서 자주 사용하였습니다. 선행 연구들에서 정서장애가 정서 조절에서의 실패가 반복된 결과라는 데 동의하면서도, 정서장애 환자들을 대상으로 한 정서 조절 연구는 드물었습니다. 따라서 이런 결과는 우울장애와 불안장애 환자들이 주로 사용하는 정서 조절 방법을 직접 조사함으로써, 정서장애 집단이 부적응적인 방법을 자주 사용한다는 것을 보여 주었습니다.

---

24 이지영과 권석만이 2009년에 「한국심리학회지: 임상」의 28(1)권에 발표한 논문 '정서장애와 정서 조절 방략의 관계'의 내용을 요약하였습니다.

## 불안한 사람이 우울한 사람보다 폭식을 더 자주 한다

폭식은 우울한 사람들이 자주 보이는 행동으로 알려져 있습니다. 그렇다면 우울한 사람과 불안한 사람 중 어떤 사람들이 폭식을 더 자주 할까요? 강의를 듣는 학생들에게 물어보았습니다. 대부분이 우울한 사람이 좀 더 자주 할 것이라고 대답했고, 극소수만이 불안한 사람이 더 자주 할 것이라고 대답했습니다.

직접 알아보니, '늘 사용한다'를 100이라고 했을 때 불안장애 집단이 절반에 가까운 정도로 폭식을 자주 하였습니다. 우울장애 집단은 불안장애 집단보다 훨씬 낮은 빈도로 사용했고 정상인 집단과 통계적으로 의미 있는 차이를 보이지 않았습니다. 선행 연구들에서 '신경성 폭식증'은 우울장애나 불안장애와 함께 발병하는 비율이 높고American Psychiatric Association, 1994; Brewerton, Lydiard, Ballenger, & Herzog, 1993, 우울Agras & Telch, 1998; Dancyger, Sunday, & Halmi, 1997과 불안Hinrichsen, Wright, Waller, & Meyer, 2003과 관련이 높은 것으로 보고되었습니다. 그러나 선행 연구 결과가 모두 폭식과 하제를 반복하는 섭식장애 환자를 대상으로 하였다는 점에서, 정서를 조절하기 위한 하나의 방법으로서 폭식을 사용하는 빈도를 예언하는 데는 한계가 있습니다. 따라서 본 연구 결과는 불쾌한 감정을 예방하거나 감소하기 위해 사용하는 방법으로서의 폭식을 불안장애 환자들이 우울장애 환자들에 비해 자주 사용한다는 점을 보여주었습니다.

이는 심한 절망감과 우울감을 느끼는 사람보다 심한 불안감, 초조감, 긴장감을 느끼는 사람이 음식을 과잉 섭취하는 폭식을 더 자주 사용한다는 것을 의미합니다. 그렇다면 왜 그럴까요? 첫째, 음식을 찾아서 먹는 행위는 에너지를 필요로 합니다. 즉, 귀찮고 기력이 부족하면 냉장고를 향해 걷는 일도, 전화기로 배달 음식을 주문하는 것도, 음식을 만들어 먹는 것도 모두 하기 싫고 힘들게 느껴질 것입니다. 우울과 불안에 대한 연구자들은, 불안은 에너지가 고양된 상태이고 우울은 에너지가 떨어진 상태라고 말합니다. 즉, 우울장애 환자보다 불안장애 환자가 좀 더 뭔가를 향한 에너지가 활성화되어 있다는 것이지요. 따라서 에너지 수준이 높은 불안장애 환자가 정서를 조절하기 위한 방법으로 폭식을 사용할 가능성이 우울장애 환자보다 높습니다. 둘째, 음식을 먹는 행위는 포만감을 초래하여 긴장을 이완시키는 효과가 있습니다. 이러한 점에서 늘 과민하고 긴장된 상태에 있는 불안장애 환자들이 선택할 확률이 좀 더 높을 것입니다.

### 정서장애 집단은 적응적인 방법을 덜 사용한다

적응적인 정서 조절 방법 10개 모두 정서장애 집단이 정상인 집단에 비해 덜 사용하였습니다. 정상인 집단이 우울장애 집단과 불안장애 집단 모두에 비해 자주 사용하는 정서 조절 방법은 '능동적으로 생각하기', '수동적으로 생각하기', '인지적으로 수용하기', '즐거운 상상하기', '문제해결 행동 취하기', '조언이나 도움 구하기', '친밀한 사람 만나기', '기분전환 활동하기' 등 8개 방법이었습니다. 체험적 방법의 '감정을 표현하고 공감 얻기'는 정상인 집단이 우울장애 집단에 비해 자주 사용하는 방법이었고, '감정 수용하기'는 정상인 집단이 불안장애 집단에 비해 자주 사용하는 방법으로 나타났습니다.

그런데 마지막 두 가지 방법에 대한 결과는, 우울장애와 불안장애 환자들 간에 주로 사용하는 정서 조절 방법의 종류와 그 효과 면에서 차이가 있는 방법이 있다는 것을 말해 줍니다. 여기에서는 몇 가지 연구 결과를 바탕으로 우울과 불안에 대한 정서 조절 효과 면에서 차이가 있음을 시사하는 일부 방법들에 대해 소개하겠습니다.

### 지지추구적 방법은 우울한 감정에는 효과적이지만, 불안한 감정에는 효과적이지 않을 수 있다

여러 연구에서 우울한 감정에는 효과가 있지만 불안한 감정에는 효과적이지 않을 것으로 시사되는 방법은 감정을 표현하고 공감을 얻는 방법과 조언이나 도움을 구하는 방법 두 가지였습니다. 이들은 모두 지지를 추구하는 성격의 방법입니다. 우울장애 집단은 정상인 집단에 비해서 '감정을 표현하고 공감 얻기'를 덜 사용하였고, 불안장애 집단은 정상인 집단과 사용 빈도상에서 차이를 보이지 않았습니다. 16개 정서 조절 방법과 우울, 불안 점수 사이의 상관관계를 조사한 연구에서 '조언이나 도움 구하기' 방법을 자주 사용할수록 우울 점수가 낮아지는 양상을 보였으나,

불안 점수와는 의미 있는 관련성을 나타내지 않았습니다.

• 왜 우울에 효과적일까요?

절망스럽고 무력한 상황에서 문제해결을 위해 주변 사람에게 힘든 상황을 하소연하고 조언이나 도움을 구하는 방법은 첫째, 능동성을 증가시키는 효과가 있습니다. 우울한 사람의 특징 중 하나는 위축되고 활동성이 적어서 다른 사람을 만나려 하지 않고 혼자서 안으로 숨어 들어가려는 경향이 있습니다. 그래서 우울한 사람에게 취미 활동을 권하고, 서점 등 주변을 돌아다니는 것과 같이 움직이게 함으로써 활동성을 증가시키는 것이 효과적이라고 알려져 있습니다.

둘째, 다른 사람에게 공감이나 조언을 구하는 방법은 새로운 관계적 경험을 촉발합니다. 인간은 사회적 동물이며 어떤 공간에서든 다른 사람과 다양한 방식으로 관계를 형성합니다. 그런 관계들 중에서는 공적인 일로만 점철되는 관계도 있겠지만, 서로에게 의미 있는 영향을 끼치는 관계도 있습니다. 이렇게 다른 사람과 의미 있는 관계를 형성하고, 살면서 고통스럽고 힘든 순간에 자신의 감정을 표현하고 위안과 지지를 얻을 수 있다면 외로움과 우울함은 줄어들 것입니다. 정서를 조절하기 위해 조언이나 도움을 구하는 과정에서 그리 가깝지 않았던 사람과는 일종의 연결끈이 생기고, 어느 정도 알고 지냈던 사람이라면 서로에 대해 더욱 가까워진 느낌을 받으며 좋은 친구나 선배로 발전할 가능성이 열립니다. 또한 혼자서만 겪어야 하는 고독, 슬픔과 같은 감정에 대해 누군가로부터 공감과 지지를 받는다고 느끼면서, 우울함이 감소하고 나아가 우울에서 벗어나 새로운 희망을 가질 수 있는 계기를 마련합니다.

• 왜 불안에는 효과적이지 않을까요?

그 이유는 불안 수준이 높은 사람의 특징에서 찾을 수 있습니다. 불안한 사람은 흔히 주변 사람에게 자신의 근심이나 걱정 등을 얘기하면서 조언이나 도움을 구하려는 경향이 있습니다. 상대방은 안타까운 마음에 다양한 해결 방안을 모색하도록 돕고 조언을 아끼지 않습니다. 그러나 여기서 주목할 것은 평소에 자주 불안해하는 사람은 다른 사람에게서 조언을 듣는다고 해서 불안한 감정이 쉽게 가라앉지 않는다는 것입니다. 그들은 조언을 구한 다음에 잠시 안정을 찾는 듯 보이지만, 이내 곧 또 다른 불안한 생각이 떠올라 여전히 불안해합니다. 그러고는 또 다른 누군가를 찾아가 비슷한 걱정을 얘기하고 불안해하며 도움을 청합니다. 이렇듯 불안한 사람은 불쾌한 감정을 조절하기 위한 방법으로 주변 사람에게 자신의 불안한 감정과 걱정을 호소하며 위안이나 공감을 얻는 시도를 자주 하지만, 습관처럼 또 다른 걱정으로 다른 누군가를 찾기 때문에 정작 그러한 정서 조절 방법이 불안장애 환자의 불안을 감소시키는 데는 효과적이지 않습니다.

여기서 주의할 점은 평소에 불안이 심한 사람에게는 지지추구적인 방법이 불안을 감소시키는 데 효과적이지 않다는 것이며, 건강한 사람이 잠시 불안한 감정을 경험할 때 지지추구적 방법을 사용하는 것이 효과적이지 않다는 것을 의미하지는 않습니다. 즉, 건강한 사람은 일시적으로 불안한 감정을 느낄 때 다른 사람에게 이를 표현하고 공감이나 조언을 얻음으로써 불안을 어렵지 않게 해소할 수 있습니다.

---

 "어떡하죠? 어쩌면 좋죠?"

 "…하게 해 봐요."

 "…할 수도 있잖아요. 그래도 불안해요."

## 수용하는 방법은 불안한 감정에 효과적이지만, 우울한 감정에는 효과적이지 않을 수 있다

마찬가지의 연구들에서 불안한 감정에는 효과가 있지만, 우울한 감정에는 효과가 없을 수 있는 방법으로 '인지적으로 수용하기'와 '감정 수용하기'가 시사되었습니다. 이 두 가지 방법은 생각이나 감정을 있는 그대로 받아들이는 수용 방법입니다. 각 정서 조절 방법과 우울·불안 점수 간의 상관관계를 조사한 연구에서, '인지적으로 수용하기'를 자주 사용할수록 불안 점수가 낮아지는 양상을 보였으나, 우울과는 관련성을 보이지 않았습니다. 그리고 불안장애 집단은 정상인 집단에 비해 '감정 수용하기'를 덜 사용하였고, 우울장애 집단은 정상인 집단과 사용 빈도상에서 차이가 없었습니다.

• 왜 불안에 효과적일까요?

그 이유는 불안의 특징에서 짐작할 수 있습니다. 불안한 사람은 인지적으로 잘못될 것에 대해 안절부절못하면서, '…되면 어떡하지?', '…하면 안 되는데.'라고 걱정합니다. 즉, 불안을 유발할 수 있는 자극이나 상황과 맞닥뜨렸을 때 이를 부정하고 수용하지 못하는 모습을 반복적으로 보입니다. 또한 정서적으로도 '불안하면 안 되는데.'라며 불안한 감정을 느껴선 안 된다는 태도를 보입니다. 이들은 불안하거나 찝찝한 감정이 느껴졌을 때 '찝찝하면 안 되는데.'라며 불안한 생각이나 감정을 모두 받아들이지 못하는데, 이러한 태도가 오히려 더욱 불안하게 만들고 불안한 감정을 증폭시킵니다.

반면, 수용이라는 것은 인지적으로는 이미 일어났고 어쩔 수 없는 일임을 받아들이는 것입니다. 따라서 '안 되는데.'라는 생각이 불안을 더욱 촉발했다면 어쩔 수 없는 일임을 받아들임으로써 불안을 완화시킬 수 있습니다. Greenberg는 "두려움을 제거하는 유일한 방법은 두려움을 느끼는 것이다."라고 말했습니다. 불안을 해소하는 방법은 바로 느끼는 것입니다. 불안을 그대로 느끼다 보면 처음에는 강렬하게 느껴지지만, 시간이 지날수록 조금씩 완화되어 대개 30분에서 40분 정도면 상당히 해소됩니다. 또한 이를 반복하다 보면 불안이 좀 더 빨리 감소되는 것을 경험할 수 있습니다. 다음에는 25분 정도 지나니 견딜 만하게 상당히 해소되고, 그 다음에는 20분, 또 그 다음에는 15분, 이렇게 점차 불안이 감소하는 데 걸리는 시간이 짧아집니다.

불안에 대한 대표적인 치료법으로 노출 및 반응 방지법이 있습니다. 불안을 자주 느끼는 사람은 불안을 유발할 수 있는 자극이나 상황을 회피하고 불안을 감소시킬 거라 믿는 의식적인 행동을 반복합니다. 이런 행동은 불안한 자극이나 감정을 회피하게 함으로써 불안을 유발하는 자극을 더욱 두드러지게 하고, 그 자극에 대해 강렬한 불안 반응을 이끕니다. 따라서 불안을 유발한 자극이나 상황에 그대로 노출시키고, 회피하게 하는 행동을 하지 못하게 함으로써 불안을 직접 느끼도록 합니다. 이와 같이 불안에 효과적인 치료법들을 살펴보면, 핵심은 불안은 자연발생적인 것이며 그대로 느끼도록 내버려 두면 자동으로 감소된다는 가정입니다.

• **왜 우울에 효과적이지 않을까?**

그 이유는 우울의 특징에서 짐작할 수 있습니다. 우울한 사람은 다음과 같은 말을 자주 내뱉습니다. “내가 그렇지. 뭐.”, “어쩔 수 없는 상황이지.”, “뭐 달라질 게 있겠어?”, “아, 우울하다. 진짜 우울하다.” 언뜻 이런 말들은 자신의 상황이나 감정을 받아들이는 것처럼 보입니다. 그래서 효과적인 정서 조절 방법의 수용이라고 생각할 수 있지만, 자세히 들여다보면 자포자기식의 반응일 뿐 생산적이고 발전적인 전개를 위한 수용은 아닙니다. 즉, ‘아, 내 상황이 이렇구나. 내가 힘들어하고 있구나. 그럼 이제 이것을 받아들이고 내가 할 수 있는 것을 찾아서 해야겠다. 앞으로는 이런 방향으로 나아가야겠다.’와 같이 발전적인 방향으로 나아가기 위해 필요한 수용이 아닙니다. 그래서 우울한 사람들이 자주 하는 수용은 치료적 효과가 있는 건강한 수용과는 차이가 있습니다. 그러다 보니 우울한 사람에게 수용이라는 방법을 안내하거나 교육할 때, 자포자기식의 수용과 혼동되면서 제대로 치료적 효과가 발휘되지 못하는 경우가 생길 수 있습니다. 실제로 수용에 대한 일부 연구들에서 우울한 사람들에게 치료적 효과가 잘 나타나지 않았던 결과가 꽤 있었습니다. 즉, 처한 상황을 받아들이는 방식의 인지적 수용 자체가 자칫 오히려 의기소침하고 무력한 감정에 기여하는 잘못된 방향으로 작용할 수 있기 때문입니다.

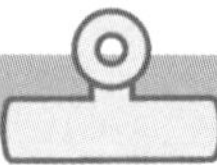

이러한 내용을 종합하면, 우울할 때는 좀 더 능동성을 증진할 수 있는 활동을 많이 하고, 다른 사람에게 자신의 우울한 감정을 표현하고 공감을 구하거나 조언과 도움을 구하는 방법을 자주 사용하십시오. 불안할 때는 자신의 감정을 마주하고 느끼며 받아들이는 수용을 사용하는 것이 더 효과적일 것입니다.

### 수용의 효과를 자기보고식 질문지로 측정하는 데에는 한계가 있다[25]

치료적으로 효과가 있는 수용을 제대로 인식시키고 전달하는 데는 한계가 있습니다. 앞에서 언급한 바와 같이 수용에 대한 기술을 자포자기식의 반응과 혼동하여 이해할 수 있는 여지가 있기 때문입니다. 따라서 전문가에 의한 자세한 설명 없이 단순하게 자기보고식 기술을 통해 수용을 전달하는 것은 한계가 있습니다. 실제로 ERSQ를 사용하여 정신 건강 및 정신병리 측정치와 상관관계를 조사한 연구에서 두 가지 수용 방법은 정신병리 및 정신 건강 지수와 우울, 불안, 편집증 등 다양한 정신과적 증상 점수와 유의미한 상관을 보이지 않았습니다.

불쾌한 생각이나 감정과 같은 사적 경험을 부인하거나 도전하지 않고 있는 그대로 체험하고 받아들이는 수용은 기존의 인지 행동 치료에 대한 대안으로 등장하면서, 인지 행동 치료의 제3세대 동향을 주도하며 중요한 심리 치료적 요인으로 주목받고 있습니다Campbell-Sills, Barlow, Brown, & Hofmann, 2006; Hayes, Strosahl, & Wilson, 1999. 또한 많은 연구자가 수용의 접근이 우울Segal, Williams, & Teasdale, 2002, 범불안장애Roemer & Orsillo, 2002, 강박장애Najmi, Riemann, & Wegner, 2009, 공황장애Eifert & Heffner, 2003; Levitt, Brown, Orsillo, & Barlow, 2004를 포함한 다양한 정신과적 증상을 감소하고 정신병리를 치료하는 데 효과적임을 입증하였습니다.

그런데 수용에 대한 치료적 효과 연구의 대부분은 수용 접근법을 가르치고 사용하도록 안내함으로써, 그 결과 증상 빈도상에서 감소하였음을 보여 주는 방식으로 이루어졌습니다. 즉, 전문가가 수용에 대해 직접 설명하고 제대로 전달하여 학습시킨 후, 그 결과로 증상이 감소하였는지 확인하는 방식을 취했기 때문에 수용에 대한 효과를 제대로 확인할 수 있었던 것입니다.

현재 수용을 직접적으로 평가하는 측정 도구는 거의 없습니다. 수용을 자기보고식으로 측정하는 데 주로 사용하는 수용 행동 질문지AAQ; Hayes, Strosahl, Wilson, Bissett, Piasecki, 2004는 체험적 회피를 측정하는 도구로 일컬어지며 수용을 직접적으로 묻지 않음에도 불구하고, 수용 전념 치료ACT의 과정을 평가하는 데 사용됩니다Hayes,

25 이지영이 2010년에 「한국심리학회지: 임상」의 29(3)권에 발표한 논문 '정서 조절 방략이 정신병리에 미치는 영향'의 일부 내용을 발췌하였습니다.

Luoma, Bond, Masuda, & Lillis, 2006.

따라서 두 가지 수용 방법이 정신병리 측정치와 유의미한 상관을 보이지 않은 결과는 자기보고식 측정 도구인 ERSQ의 수용 방법 문항들이 '일은 이미 일어났고 어떻게든 달라질 수 없음을 받아들이려 한다.문항 27번'와 '느껴지는 감정을 부정하지 않고 수용하려 한다.문항 8번'와 같이 수용하려는 시도를 기술하고 있을 뿐, 그 결과 제대로 수용을 하였는지를 반영하지는 못하기 때문일 수 있습니다. 즉, 여기에 긍정적으로 답한 사람 중에서는 건강한 방식의 수용을 하는 사람도 있지만, 자포자기식의 수용을 하는 사람도 있을 것입니다.

수용과 함께 제3세대 인지 행동 치료의 동향에서 중요한 치료적 요소로 제안되는 마음챙김mindfulness 명상에 대한 최근 연구에서 명상을 장기적으로 또는 집중적으로 수행하는 경우에도, 긍정적 경험뿐 아니라 개인의 특성 및 상태에 따라 올바르게 수행되지 못하고 오히려 부정적인 경험과 부적응적 변화가 초래될 수 있음이 보고되었습니다하현주, 2007. 이 연구 결과는 명상을 수행하고 있다고 보고하는 사람들 중에도 제대로 명상을 수행하는 사람도 있지만, 올바르지 못한 방식으로 수행하면서 자신이 명상을 수행하고 있다고 착각하는 경우가 상당히 있음을 보여 주었습니다. 이처럼 심리학적 사건을 인지나 행동의 변화와 같이 직접적으로 측정 및 확인할 수 있는 측면에 초점을 두는 접근법과 달리, 수용과 명상 등의 맥락적이고 체험적인 변화 전략들은 단편적인 교육이나 자기보고를 통해 수행하거나 평가하는 데 분명한 한계가 있습니다.

따라서 ERSQ의 수용 문항들에 대해 자주 사용한다고 응답한 사람들 중에는, 정서나 인지를 바꾸려 하지 않고 그대로 받아들이려는 시도가 제대로 이루어져 긍정적인 경험을 하는 사람도 있는 반면, 수용하려 하지만 제대로 되지 않거나 올바른 방식이 아닌 체념이나 포기와 같은 부정적인 상태가 초래되는 경우도 포함하므로 정신병리 측정치들과 유의미한 상관을 보이지 않은 것으로 판단됩니다. 실제로 수용 관련 자기보고식 측정 도구인 AAQ는 스트레스, 통증 등의 정신병리 측정치들과 부적상관을 보였으나Hayes et al., 2006, 일부 연구에서는 우울 측정치와 높은 정적상관을 보이기도 하였습니다Forsyth, Parker, & Finlay, 2003. 또한 인지적 정서 조절 방략 질문지의 9개 방법 중 수용 방법은 우울과 스트레스에 정적상관을 보이는Martin & Dahlen, 2005 등 비일관된 결과들을 보였습니다.

## 체험적 정서 조절 방법의 효과[26]

수용 방법이 자기보고식 질문지로 측정하는 데 한계가 있는 것과 비슷한 이유로, 지금 여기의 장면에서 감정을 알아차리고 느끼고 표현함으로써 정서를 조절하는 체험적 방법의 특징을 자기보고식 질문지로 측정하는 데는 한계가 있습니다. 따라서 전문가가 직접 집단 프로그램 참여자들에게 체험적 방법을 일정 기간 교육하고 직접 사용하도록 안내함으로써, 그 결과 우울 및 불안과 같은 불쾌한 정서가 감소하는 정서 조절 효과가 있는지 확인하였습니다. 아울러, 체험적 방법의 효과가 기존에 이미 정서 조절 효과가 있는 것으로 확인된 인지적 방법과 비교하여 어느 정도로 효과가 있는지 살펴보았습니다.

### 체험적 정서 조절 방법은 인지적 정서 조절 방법만큼 효과가 있다

인지적 방법을 교육하여 학습시키고 많이 사용하게 한 집단은 프로그램이 끝난 직후에 측정한 우울, 불안, 분노 세 가지 불쾌한 정서 수준에서 모두 의미 있는 감소를 보였습니다. 프로그램이 끝나고 2주 후에 다시 측정하였을 때에도 인지적 방법의 정서 조절 효과는 지속되었습니다. 체험적 방법을 자주 사용한 집단원들은 우울과 불안 수준이 의미 있게 감소하였고, 프로그램에 더 이상 참여하지 않는 2주 동안에도 그 효과는 의미 있게 지속되었습니다. 분노는 통계적으로 의미 있는 차이는 발견되지 않았지만, 체험적 방법을 학습하기 전보다 점진적으로 감소하는 경향을 보이더니 프로그램을 마친 2주 후에 측정했을 때는 정서 조절 효과가 상당히 있는 것으로 관찰되었습니다. 체험적 방법의 정서 조절 효과를 인지적 방법과 비교한 결과, 우울, 불안, 분노 세 가지 정서 모두에서 통계적으로 의미 있는 차이는 나타나지 않았습니다. 즉, 체험적 방법은 기존에 자주 사용된 인지적 방법만큼이나

---

26 이지영과 권석만이 2010년에 「한국심리학회지: 상담 및 심리 치료」의 22(1)권에 발표한 논문 '체험적 정서 조절 방략의 효과'의 일부 내용을 수정 및 보완하였습니다.

정서를 조절하는 데 효과가 있는 것으로 확인되었습니다. 이 결과는 심리 치료적 장면에서 오랫동안 효과가 있는 것으로 제기되어 왔던 체험적 방법의 효과를 직접 경험적으로 검증하였다는 점에서 그 의의가 있습니다.

심리 치료 영역에서 인지적·행동적 접근에 대한 대안 모델로서 '제3세력'이라 일컬어지는 체험적 접근이 북미와 유럽을 중심으로 대두되었습니다Greenberg, Watson, & Lieter, 1998. 체험적 치료는 심리 치료 장면에서 정서와 과정에 초점을 맞추면서 정서적 체험의 정보처리 과정을 강조합니다. 또한 공감, 알아차림, 탐색, 실험 등의 요소를 통해서 내담자의 정서적 경험과 표현을 촉진하여 치료 장면에서 새로운 정서적 체험과 정서적 통합을 유도합니다Elliott, Watson, Goldman, & Greenberg, 2004; Greenberg & Paivio, 1997; Greenberg, Rice, & Elliott, 1993; Greenberg et al., 1998. 이러한 접근은 기존에 주류를 이루었던 인지적 접근과 행동적 접근, 역동적 접근으로 충분히 설명하거나 개입하지 못했던 부분을 다루고 있다는 점에서 많은 관심을 끌었습니다.

카타르시스 이론에서는 체험적 방법이 억눌렸던 불쾌한 감정이나 충동의 표출과 해소를 통해 심리적 상태를 긍정적으로 향상시킨다고 제안하였습니다Bushman, Baumeister, & Phillips, 2001. 대표적인 체험적 접근 중 하나인 게슈탈트 치료에서는 빈 의자 기법, 두 의자 기법 등의 다양한 방법을 통해 해결되지 않은 채 억압된 감정이나 욕구를 알아차리고 느끼고 표현함으로써 해소해야 한다고 주장하였습니다김정규, 1995. 정서 초점 치료를 제안하며 체험적 심리 치료를 체계화한 Greenberg는, 자신의 감정을 알아차리고 표현하는 것이 정서를 이해하는 인지적 방법에 비해 더 효과적이고 치료적 변화를 촉진한다고 보았습니다Greenberg, 2002; Greenberg et al., 1998. 그러나 인지적 방법의 효과 연구가 활발하게 이루어진 데 반해, 체험적 방법은 그 정의와 개입 방식이 모호하고 복잡한 측면이 있어 연구가 활발하게 이루어지지 못했습니다. 또한 체험적 접근과 관련된 대부분의 연구는 체험적 심리 치료를 내담자에게 일정 기간 실시한 이후 그 효과를 확인하는 방식이 주를 이루었습니다Greenberg & Paivio, 1997; Pos, Greenberg, Goldman, & Korman, 2003; Watson & Bedard, 2006.

본 연구는 치료적 접근으로서가 아니라 심리 치료 장면이나 일상생활에서 개인이 불쾌한 감정을 다루기 위해 사용할 수 있는 방법의 한 종류로서 체험적 방법에 초점을 맞추어 정의하고 구현해냄으로써 불쾌한 정서를 감소시키는 정서 조절 효과를 입증하였습니다. 또한 그동안 체험적 방법과 대비되어 다루어졌던 인지적 방법과 체험적 방법의 효과를 직접 비교함으로써, 체험적 방법의 정서 조절 효과가 인지적 방법과 통계적으로 유의미한 차이가 나지 않음을 보여 주었습니다.

### 평소 체험적 방법을 자주 사용한 여성에게는 인지적 방법의 사용을 증가시키는 개입이 더 효과 있다

모든 사람에게 동일한 정서 조절 방법이 똑같이 효과가 있을까요? 혹시 여성과 남성에 따라서, 성격 유형에 따라서 특정 정서 조절 방법이 더 효과가 있지는 않을까요? 이러한 궁금증을 해소하기 위해서, 대표적인 두 가지 개인차 요인인 성별과 성격 유형에 대해서 조사하고자 했습니다. 안타깝게도 성격 유형은 두 집단 간에 편차가 심해서 확인할 수 없었지만, 성별에 따라서 정서 조절 효과의 차이는 조사할 수 있었습니다. 연구 결과, 인지적 방법 집단에서는 여성이 남성보다 정서 조절 효과가 크게 나타났고, 체험적 방법 집단에서는 남성이 여성보다 컸습니다. 이는 개인차에 대한 연구[27]에서 여성이 남성에 비해 체험적 방법을 평소에 자주 사용한다는 점과 대비되는 결과입니다.

### 인지적 방법과 체험적 방법의 통합이 정서 조절 효과를 극대화한다

체험적 접근을 강조한 연구자들은 감정을 느끼고 표현하는 과정 자체만으로는 긍정적인 효과를 초래하는 데 한계가 있고, 그 감정의 원인과 과정을 이해하는 작업이 함께 따름으로써 체험적 요소와 인지적 요소를 통합하는 작업이 필요하다고 강조하였습니다Greenberg, 2002; Greenberg & Pascual-Leone, 1995; Greenberg & Safran, 1987. 인지적 방법을 주로 사용하였던 인지 치료자들은 인지적 방법으로 다룰 수 있는 치료적 영역의 한계를 인정하면서, 최근에는 수용이나 명상과 같은 체험적인 성격의 접근들과 빈 의자 기법이나 심상과 같은 대표적인 체험적 기법들을 인지 치료에

27 이지영과 권석만이 2009년에 「한국심리학회지: 일반」의 28(3)권에 발표한 논문 '성별과 성격 유형에 따른 정서 조절 방략 사용의 차이'를 참고하기 바랍니다. 일부 내용은 마지막 부록 부분에서 언급하였습니다.

통합하는 시도를 꾸준히 하고 있습니다.

이렇듯 인지적 방법이나 체험적 방법, 어느 한쪽만을 사용하여 정서를 조절하는 데는 한계가 있습니다. 체험적 방법을 사용한 후에는 인지적 측면을 다루는 작업이 반드시 있어야 하고, 인지적 방법을 사용하면서 체험적 방법이 동반되어야만 불쾌한 감정이 이해되고 해소됨으로써 궁극적인 정서 조절 과정을 거칠 수 있습니다. 즉, 인지적 방법과 체험적 방법을 함께 사용해야 하는 것입니다.

### 여성에게는 인지적 방법의 사용을 증가시키는 개입이 효과적이고, 남성에게는 체험적 방법의 사용을 증가시키는 개입이 효과적이다

위 견해에 따르면, 평소 체험적 방법을 자주 사용한 여성에게 인지적 방법의 사용을 증가시키는 개입은 이런 통합을 이끎으로써 정서 조절 효과가 극대화되었을 것입니다. 반면, 평소에 체험적 방법을 자주 사용하지 않는 남성에게 체험적 방법을 자주 사용하게 하는 것은 인지적 방법과 체험적 방법의 고른 사용으로 인한 통합을 야기하여 좀 더 큰 정서 조절 효과가 초래되었을 것입니다. 따라서 여성에게는 인지적 방법의 사용을 증가시키는 개입이 더 효과적이고, 남성에게는 체험적 방법의 사용을 증가시키는 개입이 정서 조절 효과를 더 높일 수 있습니다.

### 감성형에는 인지적 방법의 사용을 증가시키는 것이 효과적이고, 지성형에는 체험적 방법의 사용을 증가시키는 것이 효과적이다

비록 성격 유형에 따른 정서 조절 방법의 효과 차이를 조사하지 못했지만, 인지적 방법과 체험적 방법의 통합적인 측면에서 볼 때 다음과 같은 정서 조절 코칭이 가능할 것입니다. 감성형과 지성형 중에서 평소에 체험적 방법을 자주 사용하는 감성형에는 인지적 방법의 사용을 증가시키는 것이 효과적이고, 평소에 체험적 방법을 덜 사용하는 지성형에는 체험적 방법의 사용을 증가시키는 것이 효과적일 것입니다.

### 외향형에는 인지적 방법의 사용을 증가시키는 것이 효과적이고, 내향형에는 체험적 방법의 사용을 증가시키는 것이 효과적이다

마찬가지로 외향형과 내향형 중에서 체험적 방법을 자주 사용하는 외향형에는 인지적 방법을 자주 사용하도록 하는 것이 효과적이고, 체험적 방법을 덜 시도하는 내향형에는 체험적 방법을 사용하도록 개입하는 것이 좀 더 효과적일 것입니다.

2

part

# 감정의 주인이 되기 위해 필요한 실습

제1부에서
감정의 주인이 되기 위해 필요한 지식을 배웠다면,
제2부에서는 이 지식을 토대로 감정의 주인이 되기 위한
방법을 익히는 시간입니다.

자, 준비가 되었나요?
지금부터 감정의 주인이 되는 연습을 시작하겠습니다.

감정의 주인이 되기 위해서는 크게 두 가지 측면에서
노력해야 합니다.

첫째,
지금껏 사용해 온 부적응적인 정서 조절 방법의
사용을 줄이십시오.

둘째,
효과적인 정서 조절 단계에 따라
적응적인 정서 조절 방법을
효율적으로 사용하십시오.

# 부적응적인 정서 조절 방법의 사용을 줄여라

## 평소 자주 사용해 온 부적응적인 정서 조절 방법을 확인하라

정서 조절 능력과 정신 건강의 가장 많은 부분을 설명하는 것은 정서 조절 방법 중 부적응적인 방법이었습니다. 따라서 여러분이 좀 더 자신의 감정을 효과적으로 조절하기 원한다면, 먼저 여러분이 평소 사용한 부적응적인 정서 조절 방법의 사용을 줄여야 합니다. 각자의 정서 조절 방략 프로파일을 참고하여, 평소에 자주 사용한 좋지 않은 정서 조절 방법들은 어떤 것이 있는지 확인하기 바랍니다.

인지적 방법: ________________________________

체험적 방법: ________________________________

행동적 방법: ________________________________

## 부적응적인 정서 조절 방법을 왜 사용하는가

정서를 조절하는 데 효과도 없고 오히려 불쾌한 정서를 더욱 증폭시켜 정신 건강을 해롭게 하는데, 사람들은 왜 부적응적인 정서 조절 방법을 자꾸 사용하는 걸까요? 방법마다 사용하게 되는 이유는 조금씩 다르지만, 공통적인 이유를 찾자면 다음과 같습니다. 바로 시도하는 그 순간에 여러분 마음속에는 '이 방법이 불쾌한 감정을 줄여 줄지 몰라.', '이렇게 하면 정서를 조절하는 데 뭔가 도움이 될 거야.'와 같은 생각이 들기 때문입니다. 즉, 모두 정서 조절이나 문제해결에 도움이 될 거라는 기대에서 출발합니다.

## 부적응적인 정서 조절 방법의 특징

이 방법들이 정서 조절이나 문제해결에 도움이 될 거라는 기대와는 달리, 불쾌한 감정을 증폭하고 정신 건강에 해로운 방향으로 작용하게 되는 것은 다음 특징들 때문입니다.

첫째, 잠깐 사용하고 멈추면 일시적인 정서 조절 효과를 얻을 수 있지만, 그러지 못하고 반복적으로 과도하게 사용하게 된다.

부적응적인 정서 조절 방법에 속하는 방법 대부분은 그 자체는 일시적으로 사용했을 때 불쾌한 감정을 완화할 수 있는 일시적인 조절 효과가 있습니다. 극도로 긴장되거나 우울할 때 마시는 술 한잔은 긴장감을 완화시켜 주고 기분을 좋게 합니다. 그러나 필름이 끊길 때까지 술을 마시거나 거의 매일 술에 빠져 산다면, 일시적인 효과는 사라지고 수많은 문제를 야기하며 정서 조절에 필요한 효과적인 방법은 시도도 하지 못한 채 더욱 힘들어질 것입니다. 화가 나고 불쾌할 때 맛있는 음식을 잔뜩 먹으면 포만감을 느끼고 기분이 좋아지지만, 속에서 구역질이 올라올 만큼 먹거나 거의 매일 폭식을 한다면, 역시 이로 인한 갈등과 문제들에 허덕이고 말 것입니다.

둘째, 궁극적으로 정서를 조절하는 데 필요한 방법을 시도하지 못하게 한다.

부적응적인 정서 조절 방법은 그것 자체의 사용에서도 문제가 발생하지만, 궁극적으로 정서를 조절하는 데 필요한 효과적인 방법을 시도할 기회를 차단한다는 데 문제가 있습니다. 우리는 제1부에서 궁극적인 정서 조절을 위해서는 먼저 불쾌한 감정을 회피하지 않고 그대로 느끼고 충분히 표현하여 해소하고, 그 원인과 과정을 이해하고 대안적으로 생각하는 접근적 정서 조절 방법을 반드시 사용해야 한다는 것을 배웠습니다. 그러나 부적응적인 정서 조절 방법 대부분이 불쾌한 감정을 회피하거나 과도한 반복적 사용에 빠져서 정작 필요한 방법은 시도할 생각조차 못하게 합니다.

반추나 걱정에 빠진 사람은 부정적인 생각만을 반복적으로 떠올리며 현실적인 해결 방법을 찾거나 실행하지 못합니다. 자꾸만 다른 사람에게 탓을 돌리는 사람은 불쾌한 감정을 유발한 자극과 그것에 대한 자신의 해석과 반응을 돌아볼 여유가 없습니다. 술이나 게임에 빠진 사람은 자신의 불쾌한 감정이나 상황을 잊으려고 애쓸 뿐, 그러한 감정을 마주하거나 살펴볼 생각을 하지 못합니다. 이렇듯 정서 조절에 효과적인 방법을 사용하지 못함으로써 불쾌한 감정은 더 쌓이게 되는 것입니다.

셋째, 정서 조절에 효과적인 방향으로 사용하거나 진전시키지 못한다.

반추나 걱정 등 일부 방법의 시작은 불쾌한 감정을 유발한 원인을 찾아봄으로써 뭔가 해결할 수 있는 방법을 모색할 수 있을 거라는 기대에서입니다. 그러나 일단 부정적인 측면에 주의가 가면 부정적인 자극, 생각, 상황만을 반복적으로 떠올림으로써 원인을 구체적이고 객관적으로 파악하여 해결 방법을 모색하는, 좀 더 생산적인 사고 방향으로 진전하지 못합니다. 즉, 생산적인 방향으로 사용하지 못하거나 진전시키지 못한 채, 부정적인 방식만을 반복하게 됩니다.

넷째, 사용하는 과정에서 다른 문제가 발생하거나 불필요한 갈등이 초래됨으로써 불쾌한 감정이 증폭되고 확대된다.

부적응적인 정서 조절 방법 대부분이 그것을 사용하는 과정에서 부정적인 부수적 문제가 발생합니다. 따라서 조절하려고 했던 원래 불쾌한 감정 이외에 추가로 발생한 문제 때문에 또 다른 불쾌한 감정을 경험하여 불쾌한 감정은 더욱 증폭됩니다.

예를 들어, 지섭 씨는 불쾌한 감정이 들 때 다른 사람을 탓하는 방법을 자주 사용합니다. 그런데 아무리 티를 내지 않으려고 해도 다른 사람을 비난하는 생각을 하는 것은 그것 자체에서 머물지 않고 다양한 방식으로 주변 사람들에게 전달되기 마련입니다. 자신은 다른 사람과 마찬가지로 대하고 있다고 생각할지 모르지만, 은연중에 차갑게 대하거나 사소한 것에 짜증을 내기도 합니다. 또는 그 사람에 대해 다른 사람이 말할 때 냉소적이거나 부정적인 방식으로 대꾸하거나 말을 보탭니다. 사람들은 다른 사람에게 탓을 돌리는 듯한 지섭 씨를 탐탁지 않게 생각하게 되었고, 당사자인 동건 씨는 지섭 씨가 자신을 호의적이지 않고 은근히 비난하는 듯한 태도로 대하는 것을 눈치챘습니다. 그래서 동건 씨도 지섭 씨에게 비호의적으로 대하게 되었습니다. 지섭 씨는 동건 씨와 주변 사람들이 자신에게 냉랭하게 대하거나 못마땅해 하는 것 같은 느낌을 받고서는 마음이 불편해지기 시작했습니다. 결코 주변 사람들과 불편한 관계를 만들고 싶지는 않았기 때문입니다. 지섭 씨는 이제 다른 사람들과의 관계를 어떻게 하면 좋게 할 수 있을지를 걱정하고 자신에게 불이익이 오지 않을까 불안해합니다. 이렇듯 불필요한 갈등과 부정적인 영향으로 인해 또 다른 불쾌한 감정이 유발되고 힘들어지는 것입니다.

## 인지적 정서 조절 방법

### 반추

여러분은 다음을 얼마나 자주 합니까?

□ 문제 상황과 관련된 과거의 안 좋았던 기억을 계속 떠올린다.
□ 상황이나 문제에 대해 내가 실수하거나 잘못한 점들을 계속 떠올린다.
□ 그 상황이나 문제에 대해 그렇게 하지 않았더라면 하고 계속 후회한다.
□ 불쾌한 감정을 유발했던 자극이나 상황을 계속 생각한다.

## 반추란 무엇인가

불쾌한 감정에 사로잡혀 있을 때 많은 사람이 반추합니다. 반추는 부정적인 측면을 반복해서 생각하는 것입니다. 생각하고 또 생각하고, 곱씹고 또 곱씹습니다. 예를 들어, 버스를 타고 가는데 좀 전에 길에서 넘어졌던 것을 떠올리며 '내가 그때 그렇게 해서 넘어졌지.', '아이고, 내가 길을 가다 그때 넘어졌지.', '다른 사람들이 쳐다보고 얼마나 한심하게 생각했을까.'라고 생각합니다. 지하철로 옮겨 타서도 '내가 그때 그렇게 넘어졌지.'라고 반복해서 생각하고, 집에 와서도 또 생각합니다. 마치 고장 난 비디오에서 테이프가 일정 부분만 계속 반복해서 되돌려 재생되는 것과 같습니다. 바로 불쾌했던 사건이나 상황을 떠올리고, 그 상황에서 자신이 한 실수나 잘못된 점에 대해 계속해서 생각하는 것입니다.

반추에 대해 Martin과 Tesser[1996]는 목표한 것을 달성하지 못했거나 해결되지 않은 문제를 반복적으로 생각하는 것이라고 정의하였습니다. 즉, 자신이 기대했거나 원했던 바에 이르지 못한 개인의 측면이나 상황 등에 대해 계속 반복해서 생각하는 것입니다. Nolen-Hoeksema[1991]는 반추를 우울에 대한 반응으로 좀 더 국한하여 정의하였습니다. 우울한 기분이 들 때 그 원인에 대해 생각하며 우울한 기분이나 신체 증상에 계속 초점을 맞추는 것이라는 거지요. 불쾌한 감정과 관련된 문제 상황이나 안 좋았던 기억을 자꾸만 떠올립니다. 특히 자신의 실수나 잘못했던 점에 대해 후회하고 끊임없이 부정적인 측면을 떠올리며 집착합니다.

## 반추는 왜 하는 것일까

우리는 자신과 주변 상황에 대해 '이렇게 되었으면.'하고 기대하거나 목표한 바가 있습니다. 예를 들어, '다른 사람에게 칭찬을 받고 싶다.', '다른 사람에게 인정을 받고 싶다.', '저 사람이 나에게 호의적이었으면 좋겠다.'처럼요. Martin과 Tesser는 개인의 목표와 현실 간에 불일치가 발생하였을 때, 이러한 불일치를 줄이기 위한 수단으로 반추사고를 한다고 보았습니다. 좀 더 자세히 설명하자면, 목표하거나 기대한 상태와 현재 상태 사이에 괴리가 있을 때 그 차이를 좁히고자 하는 작용이 일어나며, 이는 스트레스로 작용할 수 있습니다. 기대한 바와 현실의 차이는 불쾌한 감정을 유발하고, 개인의 현재 상태와 목표 상태의 차이를 조절하기 위한 시도로서 반추를 합니다. 예를 들어, 관심이 있는 여자가 있는데 그녀 앞에서 넘어졌을 때, 그녀에게 멋지고 괜찮은 사람으로 보이고 싶은 목표로부터 현실은 멀어집니다. 이런 차이 때문에 불편함이 발생하며, 현실과 목표 간의 차이를 줄이기 위해서 '아이고, 내가 그때 왜 넘어졌지?'하면서 넘어졌던 상황을 자꾸 반복해서 떠올리게 됩니다. 물론 아무리 그렇게 생각해도 좁혀지지 않고 달라질 건 없는데도 말입니다.

반추는 적응적인 방법으로 잘 알려진 반성과 구분됩니다. 반성reflection은 부정적인 감정에 직면하여 그 원인과 기저의 사고 과정을 능동적으로 검토하는 것을 말합니다. 즉, 불쾌한 감정을 경험하게 된 원인이 무엇이고 자극에 대해 어떻게 생각하였던 것인지를 살펴봅니다. 반성은 원인을 살펴보고 해결 방안을 모색하는 건강한 방식으로 접근하는 반면, 반추는 부정적인 측면만을 반복해서 떠올립니다. 그렇다면 사람들은 왜 반추를 하는 것일까요? 그들은 이렇게 대답합니다. "원인과 해결 방법을 찾아봐야죠."라고요. 즉, 반추는 반성과 마찬가지로 정서 조절이나 문제해결에 도움이 되기 위해서 시작하지만, 반성과 같이 생산적인 방향으로 나아가지 못한 채 부정적인 측면에만 집착하여 이를 반복해서 생각합니다.

## 반추는 불쾌한 감정을 증폭시킬 뿐이다

불쾌한 감정과 관련된 부정적인 측면을 계속해서 떠올리면 어떻게 될까요? 불쾌한 감정이나 상황에 기여한 자신의 실수나 잘못을 자꾸 떠올리면 어떻게 될까요? 결과는 두말할 나위 없이 더욱 불쾌해질 뿐입니다. 처음에는 기분이 조금 상하는 정도였을지 모릅니다. 그러나 반추를 계속 하다 보면 처음의 작은 사건은 어느새 엄청나게 커다란 사건이 되고 맙니다. 예를 들어, 길을 가다가 넘어져서 창피한 사건이 있었다고 합시다. 처음에는 조금 창피하고 바닥에 쓸린 부분이 아픈 정도였겠지요. 그런데 넘어졌던 일을 계속 생각하다 보면, 어느새 그 광경을 지켜봤던 이들이 주변에 지나가던 한두 명에서 여러 명이 되고 수십 명이 되며, 급기야는 온 세상 사람이 다 지켜본 것처럼 느껴집니다. 그래서 모든 사람이 지켜본 가운데 일어난 우스꽝스럽고 극도로 수치스러운 경험이 되는 것이지요.

또한 반추는 효과적인 정서 조절에 필요한 작업을 방해합니다. 첫째, 불쾌한 감정을 유발한 원인 등에 대해 생산적으로 생각할 기회를 갖지 못하게 합니다. 둘째, 부정적인 측면에 대한 생각에 치중함으로써 정작 그로 인해 유발된 불쾌한 감정을 제대로 느끼지 못하고 회피하게 합니다. 이런 측면에서 반추는 인지, 즉 생각을 동원한 회피적 대처라고 할 수 있습니다. 셋째, 부정적인 생각에 매달리다 보면 문제를 해결하는 데 필요한 행동을 실행하는 것을 놓치게 됩니다김환, 2010.

## 반추의 특징

문제를 해결하기 위해서는 먼저 자신에게 무슨 일이 일어났는지부터 알아야 합니다. 따라서 불쾌한 감정이 느껴졌을 때 자신에게 주의를 기울이는 것은 어찌 보면 당연하고 타당한 반응일지 모릅니다. 그런데 왜 애초의 타당한 목적, 즉 원인을 살펴 해결 방안을 찾고자 하는 바람과는 달리 부정적인 방향으로 작용하며 좋지 않은 결과를 가져오게 되는 것일까요? 그 해답은 바로 반추의 특징에서 찾을 수 있습니다. 김환은 역기능적 자기초점인 반추의 세 가지 속성을 통해 자신에게 주의를 기울이는 자기관찰이 어떻게 반추의 형태로 진행되는지 설명하였습니다.

첫째, 반추는 자신에게 기울이는 주의의 초점을 의식적으로 적절히 조절하는 능력이 부족합니다. Duval과 Silvia2001의 객관적 자기자각objective self-awareness 이론에 의하면, 자신에게 주의를 기울이는 것이 자기성찰로 이어지기 위해서는 주의의 초점이 의식적으로 적절히 통제되어야 한다고 보았습니다. 반추처럼 자신에게 주의를 기울이지만, 긍정적인 결과를 낳는 것으로 알려진 마음챙김 명상은 주의를 조절하는 능력을 키우는 것으로 알려졌습니다. 즉, 반추는 자신에게 주의를 기울이되 부정적인 측면에 한번 집중하면 좀처럼 다른 데로 주의를 돌리기 어렵다는 것입니다.

둘째, 반추는 내면에 대한 인식이 명료하지 않습니다. 긍정적인 결과를 낳기 위해서는 자신의 상태나 행위를 구체적이고 객관적으로 인식해야 하는데, 주의의 초점이 제대로 조절되지 않으면 내면에 대한 또렷한 인식도 어려워질 수 있습니다. 마음챙김 명상은 내면의 자극들을 좀 더 분명하게 인식하도록 도와줌으로써, 자신에게 기울이는 주의의 효과를 긍정적으로 이끕니다.

셋째, 반추는 부정적인 자극이나 사고 내용에 초점을 맞추는 편향이 있습니다. 반추는 수많은 정보 중에서 자신이 잘못한 것이나 부정적인 메시지를 담는 측면들에 주의가 집중되고 맙니다. 그러니 부정적인 측면만을 계속 떠올리면 기분이 나빠질 수밖에 없겠죠. 긍정적인 측면을 볼 수 있다면, 좀 더 긍정적인 결과를 가져올 수 있을 텐데 말입니다.

## 걱정(worry)

### 여러분은 다음을 얼마나 자주 합니까?

□ 안 좋은 일이 일어나게 될지 모른다며 자꾸 걱정한다.
□ 앞으로 일어날 일에 대해 자꾸 안 좋은 쪽으로 생각한다.

### 걱정이란 무엇인가

우리는 살면서 하루에도 여러 번 그 무엇인가에 대해 '만일 …하면 어떡하지?'와 같이 염려하고 근심하며 걱정합니다. 걱정의 대상은 며칠 전에 치른 시험 결과일 수도 있고, 시험 결과로 인해 화가 날지도 모르는 부모의 태도일 수도 있으며, 용돈을 다 쓴 탓에 앞으로 남은 날을 어떻게 지내야 할지에 대한 재정 상태일 수도 있습니다. 또한 요새 무리를 느끼는 무릎과 발목 등의 건강 문제일 수도 있고, 며칠 전에 받았던 건강검진 결과일 수도 있고, 새로 취업한 곳에서 일하는 동료와의 관계일 수도 있으며, 갑자기 밀어닥치는 일들을 잘 처리할 수 있을지에 대한 업무 능력일 수도 있습니다. 이렇듯 다양한 것에 대해 미래에 일어날지도 모르는 그 무엇을 걱정합니다.

걱정은 거의 모든 사람의 일상에서 발생하는 보편적인 심리적 현상입니다. 그렇다면 과연 걱정하는 것이 문제가 될까요? 걱정이 어떻게 부적응적이 될까요? 걱정은 정상적인 걱정과 문제가 될 수 있는 병리적인 걱정으로 구분할 수 있습니다. 이

두 가지의 차이는 바로 걱정을 얼마나 자주 하는가, 얼마나 심하게 하는가, 얼마나 통제할 수 있는가, 즉 걱정의 빈도, 강도와 통제 불가능성에서 발견할 수 있습니다.

## 걱정은 왜 하는 것인가

Davey[1994]는 정상적인 걱정에 대해 미래에 일어날 수 있는 충격적인 사건을 막고, 효과적으로 대처할 수 있게 하는 정신적인 문제해결 과정이라고 정의하였습니다. 즉, 걱정 자체는 부적응적인 것이 아니며, 오히려 나중에 발생할 수 있는 스트레스 사건에 대비하기 위해 실제적으로 필요한 해결책을 찾으려는 시도로서, 정보를 탐색하고 해결 방안을 찾는 과정이라는 것입니다. Mathews[1990]는 혐오적이거나 위협적인 사건을 피하기 위한 방법을 찾으려는 시도라고 하였습니다. 한마디로 걱정하는 사람은 위협적인 사건을 피하고 문제를 해결하기 위한 방법을 찾고자 걱정을 시작합니다.

그러나 걱정 자체의 문제해결적인 속성은 걱정하는 사람이 가진 성격적인 측면이나 상황적인 측면의 영향을 받고, 인지적인 오류를 범하여 병리적인 걱정으로 발전하거나 멈추지 못하고 지속하게 됩니다. 이제 그들에게 걱정은 문제를 해결하기 위한 노력을 하고 있다는 자기위안과 만족의 역할을 하는 것입니다.

이에 병리적으로 걱정이 많은 사람은 정상적인 걱정의 문제해결적 기능을 발휘하지 못하고, 오히려 실제적으로 필요한 탐색적인 사고나 해결적인 행동을 취하지도 못한 채 '난 문제해결을 위해 뭔가 하고 있는 것이다.'라면서 걱정을 반복합니다. 이들은 걱정에 대해 다음과 같은 믿음을 가집니다. 예를 들어, '걱정은 실수를 피할 수 있도록 돕는다.', '걱정은 사랑하는 사람을 보호할 것이다.', '걱정은 나쁜 일이 일어나는 것을 막을 수 있다.' 등이 있습니다[유성진, 2000]. 이렇게 걱정을 많이 하는 사람은 걱정이 문제에 대한 해결책을 찾는 데 도움이 되고 부정적인 결과의 발생을 막는다고 믿기 때문에 걱정을 합니다.

## 병리적인 걱정의 특징

따라서 걱정 자체가 문제라기보다는, 걱정을 과도하게 할 때 문제가 됩니다. 과도한 걱정excessive worry은 강도, 기간, 빈도에서 사건이 실제적으로 영향을 끼칠 결과에 비해 지나칠 때를 말합니다. Borkovec, Robinson, Pruzinsky과 DePree1983는 병리적인 걱정을 불쾌한 감정과 관련된, 상대적으로 통제가 불가능한 사고와 심상의 연쇄라고 정의하였습니다. 즉, 불쾌한 감정을 유발할 수 있는 부정적인 생각이나 이미지가 자신도 통제할 수 없을 정도로 반복해서 떠오르는 것을 말합니다. 이런 상태에서 걱정스러운 생각을 떨쳐버리기는 힘듭니다. 과도한 걱정은 실제적이고 현실적인 해결 방안을 찾기보다는, '난 그래도 걱정은 하고 있잖아. 완전히 회피하지도 않았고, 뭔가 하고 있는 거야.'와 같이 자신에게 문제해결을 위해 노력하고 있다고 정당화하게 합니다. 그럼으로써, 정작 문제해결을 하는 데 필요한 방안을 모색하고 실행하는 기회를 막습니다. 따라서 오히려 문제 상황은 더욱 악화되고 불안은 더욱 증폭됩니다.

지나치게 걱정이 많은 사람의 특징을 살펴보면 다음과 같습니다. 첫째, 그들은 수많은 정보 중 위협과 관련된 단서를 그렇지 않은 단서들에 비해 선택적으로 찾아내고 주의를 기울입니다. 쉽게 얘기해서 부정적인 것만 본다는 것이죠.

둘째, 다른 사람들에 비해 부정적인 결과가 일어날 가능성을 크게 지각합니다. 한 연구에서 만성적으로 걱정하는 사람들에게 '당신의 건강이 악화될 것이다.', '사회적 상황에서 자신을 표현할 수 없을 것이다.'와 같은 미래의 부정적인 결과를 제시하고 각 결과들이 일어날 가능성을 평정하도록 했을 때 비교 집단보다 그러한 결과가 일어날 확률을 주관적으로 더 높게 평가하였습니다MacLeod, Williams, & Bekerian, 1991; 정지현, 2000에서 재인용. 예를 들어, 길을 가다 넘어질 확률에 대해서 보통 사람은 그리 크게 지각하지 않는 반면, 걱정이 많은 사람은 보통 지각하는 수준보다 높게 생각합니다. 심지어 모호하거나 중립적인 사건이나 자극에 대해서도 부정적이고 위협적으로 해석하는 경향이 있습니다. 따라서 걱정이 많은 사람은 실제로 미래에 일어날 수 있는 위협적인 사건에 대한 대비를 하기보다는, 그렇지 않은 상황에서조차 부정적이고 위협적인 결과를 예측함으로써 끊임없이 부정적인 결과를 걱정합니다.

셋째, 걱정이 많은 사람은 미래에 위협적인 사건이 발생했을 때, 자신이 적절하게 대처할 수 있을 거라는 믿음이 거의 없습니다. 즉, 부정적이고 위협적인 일이 발생하더라도 내가 얼마든지 그 일을 잘 수습하고 처리할 거라고 믿는다면 걱정이 덜 됩니다. 그러나 이들은 자신이 그러한 상황에서 어떻게 말하고 행동하여 대처하고 수습할 수 있을지에 대한 믿음이 적고, 오히려 적절히 대처하지 못할 것이라고 생각하기 때문에 더 부정적인 일의 발생에 신경 쓰고 걱정하는 것입니다.

## 파국화

### 여러분은 다음을 얼마나 자주 합니까?

□ 내가 경험한 일이 얼마나 끔찍스러운가를 계속 생각한다.

□ 내가 경험한 일이 사람에게 일어날 수 있는 최악의 상황이라 생각한다.

### 파국화란 무엇인가

걱정이 많은 사람이 주로 보이는 특성 중 하나로, 가장 극단적으로 불리한 결과를 예상하는 것입니다Beck, 1976; 정지현, 2000에서 재인용. 어떤 자극이나 정보에 대해 일이 잘 안 되는 경우 끔찍한 결과가 초래될 것이라고 예상하는 경향으로, 잠재적 문제에 대해 점점 더 나쁜 결과를 예상하는 과정입니다. 즉, 반복적인 나쁜 생각을 통제하지 못하고 일이 더 나빠지는 방향으로 생각하는 경향성입니다. 주로 '…하면 어떡하지?'라는 질문에 대해 좀 더 극단적인 결과를 예상하여 반응함으로써, 문제의 심각성을 더욱 키우고 적절한 해결 방안을 찾아낼 가능성을 낮춤으로써 불안을 증폭시킵니다.

예를 들어, 중간고사에서 좋은 점수를 받지 못했을 때, 다음과 같이 파국적인 생각들이 꼬리에 꼬리를 물고 이어집니다.

'기말고사까지 망치면 어떡하지?'

→ '기말고사를 망쳐서 F 학점을 받게 되면 어떡하지?'

→ '성적이 안 좋아서 원하는 대학원에 못 가게 되면 어떡하지?'
→ '그러면 취직시험을 봐야 하는데 떨어지면 어떡하지?'
→ '백수가 되어서 결혼도 못하게 되면 어떡하지?'
→ '그렇게 인생의 낙오자가 되면 어떡하지?'

이렇듯 시작은 중간고사에서 한 과목의 점수가 좋지 않은 것에서 출발하지만, 그 끝은 인생의 낙오자에까지 도달합니다.

### 왜 파국화를 하게 될까?

파국화도 걱정과 마찬가지로, 위협적인 결과를 미리 방지하려는 노력의 일환으로 시작합니다. 미래에 대해 일어날 수 있는 안 좋은 상황을 계속 가정하다 보면, 그것을 미리 막기 위해 스스로 뭔가 해야 하지 않을까라고 생각하는 것입니다.

### 파국화의 부적응적 효과

일어날 수 있는 안 좋은 상황을 가정하고 미리 방지하기 위해 필요한 행동을 취한다면, 그 결과는 생산적이고 효과적일 수 있습니다. 그러나 안타깝게도 그런 기대와 달리, 오히려 비관적이고 부정적인 생각을 하게 되면서, 현실에 닥친 위협을 지나치게 과장하여 지각하므로 더욱 긴장되고 불안해집니다. 미래에 적절히 대처하고 문제를 해결할 수 있을 거라는 자신감은 사라지고 더욱 불안해집니다. 극단적이고 파국적인 생각에 휩싸이고 극도로 증가한 불안 때문에 실재하는 현실과 상황을 제대로 파악하지 못하게 됩니다. 또한 달리 생각하거나 긍정적으로 생각할 수 있는 대안적인 해석의 기회와 문제해결 방법을 모색하거나 실행하지 못하도록 방해합니다.

## 자기비난

### 여러분은 다음을 얼마나 자주 합니까?

□ 모든 것이 나 때문이라고 생각한다.
□ 나는 왜 이렇게밖에 하지 못할까 하고 생각한다.
□ 나에게 어떤 문제가 있을 거라는 생각을 계속한다.

### 자기비난은 왜 하는 것일까

반추, 걱정, 파국화와 마찬가지로, 자신을 비난하는 이유는 불쾌한 감정의 원인을 파악하고 문제를 해결할 수 있는 방법을 찾기 위해서입니다. 다만, 그 원인이 자신에게 있다고 생각하는 것이죠. 즉, 자신이 경험한 불쾌한 감정이나 경험에 자신이 잘못했거나 기여한 부분이 있으면, 그것을 확인하여 고치면 상황을 바꿀 수 있지 않을까 하는 마음에서 자기비난을 시작합니다.

자신을 자주 비난하는 사람은 자신에 대해 끊임없이 평가하고 잘못을 찾아내며 스스로에 대해 비합리적이고 어이없을 정도로 높은 기대치와 기준을 갖는 경우가 많습니다. 이들의 어린 시절로 거슬러 올라가면, 부모가 이들을 이런 방식으로 대했을 가능성이 큽니다. 어떤 잘못된 상황에 대해 그들에게서 원인을 찾아 탓을 돌리고 비난했을지 모릅니다. "너 때문이야. 네가 좀 더 잘했으면 이런 일이 없었잖아.", "네가 말 잘 들었으면 너에게 그렇게 했겠니?", "네가 평소에 공부를 잘했으면, 선생님께서 그렇게까지 말하겠니?", "네가 잘했으면 아빠가 집을 나가진 않았을 거야.", "너 때문에 일이 이 모양이 되었잖아."라고 말입니다.

이같이 아이에게 부정적인 자기상을 만드는 말들을 끊임없이 쏟아내고, 아이가 잘 알지 못해서 한 행동에 대해서도 탓하며 비난을 서슴지 않는 부모가 있습니다. 또한 부부갈등이 있는 경우라면, 부모 중 한 사람이 아이에게 다른 부모 사이의 관계를 중재하도록 압력을 넣기도 합니다. "아빠에게 가서 좀 어떻게 해 봐. 엄마가 일부러 그런 건 아니라고. 네가 좀 가서 달래 봐."라고요. 갈등의 원인이 아이에게 있는 것처럼 비난하고 분풀이를 하기도 합니다. "너 때문에 엄마와 아빠가 자꾸 싸우는 거잖아." 이렇듯 타당하지 않은 상황에서 그 원인을 아이에게 돌림으로써 아이는 자신이 기여하지 않았던 일에 대해서도, 자신이 통제할 수 없는 일에 대해서도 막연히 '뭔가 내가 알지 못하는 잘못을 내가 했을 거야.'라고 생각하며 자신을 비난하게 됩니다. 이러한 성장 과정의 경험은 하나의 습관이 되어서 그럴 필요가 없는 상황에서도 자신을 탓하고 비난하는 행동을 하게 합니다.

## 자기비난의 부적응적 효과

'내가 달리 행동했다면 그런 일은 일어나지 않았을 텐데.', '그렇게 된 것은 내가 뭔가 잘못했기 때문이야.', '내가 그렇게 말하지 않았다면, 그 사람이 나에게 그렇게 행동하지는 않았을 텐데.' 어떤 사람은 불편한 상황의 원인이 자신에게 있다고 생각하며, 끊임없이 자신에게서 원인을 찾아내고 자신을 비난하는 경향이 있습니다. 설리 씨는 불편한 감정을 겪게 된 상황이나 문제에 대해 자신에게서 원인을 찾으며 스스로를 탓하는 경향이 심했습니다. 하루는 대학원 사람들과 함께 어울리다가 한 남자 선배와 설리 씨의 동기 한 명 간에 약간의 말다툼이 있었습니다. 동기는 밖으로 나갔고 선배는 화를 심하게 냈습니다. 설리 씨는 그때부터 긴장되고 불편해졌고 자꾸만 위축되었습니다. 설리 씨는 '내가 그 상황에서 두 사람을 잘 중재했더라면 다툼은 일어나지 않았을 텐데.', '내 잘못이야. 내가 뭔가 잘했어야 했는데.'라고 생각하며 자신을 비난했습니다.

여러분! 건강하고 성숙한 사람은 그 무엇인가에 대해 비난하지 않습니다. 타인을 비난하지도 않고 자신을 비난하지도 않습니다. 다만, 그렇게 된 원인이 어디에 있는지 발견하고자 하며, 그 원인이 자신에게 있든 타인에게 있든 간에 그것을 해결할 방안을 찾을 뿐입니다. 비난하면 화가 나고, 비난할수록 분노는 커집니다. 또한 무엇인가를 파괴하고자 하는 공격성을 야기할 뿐입니다. 자신에 대한 비난이 심해지면, 자신에 대한 증오와 공격성이 증가하여 폭식이나 자기파괴적인 행동을 하기도 합니다. 극심한 자기증오로 인한 공격성의 발현은 손목을 긋거나 머리를 때리는 등 자해를 하게 하고 급기야는 자살에 이르기도 합니다. 자신을 비난하고 자책하는 것은 혐오와 증오, 그로 인한 우울함과 무력감 등의 불쾌한 감정을 증폭시킵니다. 자책감과 자괴감 등의 감정이 증폭되면 사고는 마비되기 마련입니다. 따라서 계속 불쾌한 감정과 문제 속에 갇혀, 상황을 객관적으로 파악하지 못하고 대안적인 문제해결 방법을 실행하지 못하게 합니다.

## 자기비난이라는 동전의 뒷면에는 지나친 자기애가 숨어 있다

자기비난을 자주 하는 사람은 객관적으로 보았을 때 자신이 기여한 바가 전혀 없는 상황에서조차도 자신에게 탓을 돌리는 경향이 있습니다. 또한 자신이 기여한 것 이상으로 자신에게서 원인을 찾습니다. 타당하지 않은 상황에서도, 그럴 만하지 않은 점에 대해서도 자신의 탓으로 돌립니다. '이것도 내 탓이다.', '저것도 내 탓이다.'의 생각들을 종합하면, '모든 것이 나 때문이야.'라는 생각으로 귀결됩니다. 이것은 지극히 자기중심적인 사고방식입니다. 이 생각들을 다르게 표현하면 '모든 것이 나에게 달려 있다.'와 같은 의미입니다. 즉, 자신이 달리 했더라면 부정적인 결과가 달라질 수 있다는 생각이며, 불쾌한 상황이 유발된 원인의 중심에 자신이 있습니다. 이렇듯 자기비난을 하는 사람의 내면을 깊이 들여다보면, 세상에 일어나는 일들에 대한 자신의 기여도를 지나치게 과장하여 지각합니다. 자신의 중요성을 과장되게 생각하며 자기중심적인 사고를 하는 셈입니다.

이 설명이 낯설고 쉽게 이해되지 않을지도 모릅니다. "무슨 소리예요? 전 항상 저의 잘못을 돌아보며 반성하려 하는데, 제 자신을 과장되게 생각하고 있다니요?" 그러게 말입니다. 자신의 잘못을 찾고 반성하려 했던, 어떻게 보면 착하고 바람직해 보이는 행동 이면에, 다른 사람이 아닌 자신을 지나치게 중요하게 생각하고 자신의 힘으로 모든 것을 바꿀 수 있다는 무시무시한 생각이 깔려 있다는 것을 어떻게 인정하겠습니까? 저는 정서 조절 코칭 프로그램에 참가했던 사람들에게 자기비난의 뒷면에 대해 설명했습니다. 그들 중에는 실제로 자기비난을 굉장히 자주 해서 우울함과 무력감에 힘들어하는 사람도 많았습니다. 처음에는 생각지도 않았던 측면이라 조금 당황스러워했지만, 이내 수긍했습니다. 그리고선 모든 일에 자신을 탓했던 생각이 얼마나 허황되고 과도한 것인지 깨닫고 부끄러워했습니다. 이런 자각은 그들이 자기비난을 고집한 명분을 잃게 했습니다. 그리고 그들은 더 이상 자기비난을 하지 않겠다고 다짐하였고, 습관을 고칠 수 있었습니다.

과연 세상에 일어나는 일들 중 내가 영향을 끼칠 수 있는 부분이 얼마나 될까요? 우주는 거대하고 나 자신은 작은 점에 불과합니다. 세상은 나 이외의 무수히 많은 요소의 영향을 받으며 돌아가고 있습니다. 어쩌면 세상에 일어나고 있는 일들 중 내가 영향을 끼친 것은 얼마 안 될지 모릅니다. 내가 영향을 끼치고 바꿀 수 있는 것은 과연 얼마나 될까요? 어쩌면 이 세상의 것들 중 내가 바꿀 수 있는 것은 나 자신 밖에 없을지도 모릅니다. 그럼에도 불구하고, 일어난 모든 일에 대해 자신에게로 탓을 돌린다면 얼마나 힘들겠습니까? 물론 실제로 영향을 끼쳤다면 어느 일부분은 기여한 면이 있었을 것입니다. 그러나 딱 거기까지입니다. 여러분이 기여한 그 정도만을 자신의 탓으로 돌리고 책임지면 됩니다.

부모가 서로에게 화가 나서 싸우는 게 왜 내 탓이며, 그들을 말려야 할 책임이 왜 나에게 있겠습니까? 동생이 부모에게 반항하는 것이 왜 내 탓이며, 내가 얼마나 대단하기에 동생을 바로잡을 수 있겠습니까? 직장 상사가 화내는 것이 왜 내 탓이며, 그의 기분을 풀어 주어야 할 책임이 왜 나에게 있겠습니까? 남편이 직장에서 스트레스 받는 것이 왜 내 탓이겠습니까?

**이 세상에서 당신이 변화시킬 수 있는 것은 당신 자신이다.**

"나는 다른 사람들의 기분과 행동을 결정할 수 없다. 난 단지 나의 기분과 행동만 통제할 수 있을 뿐이다. 다른 사람들이 아파하고 내 행동에 상처받고 우울해하고 결코 자신들에게도 도움이 되지 않는 행동을 한다면 유감스러운 일이다. 하지만 나는 다른 사람들의 감정과 행동을 좌지우지할 수 없고, 그러니 그에 대해 책임을 느낄 필요가 없다. 다만 다른 사람들이 내 행동에 상처받고 우울해한다면 유감이다."

Rolf Merkle, Doris Wolf 저, 유영미 역, 2010

## 타인 비난하는 생각하기

### 여러분은 다음을 얼마나 자주 합니까?

□ 상황이나 문제의 원인을 제공한 사람을 비난하는 생각을 한다.
□ 처한 상황이나 문제가 다른 사람의 탓이라고 생각한다.
□ 다른 사람들에게 그 일에 대한 책임이 있다고 생각한다.

### 왜 다른 사람에게 탓을 돌릴까

어렵거나 불쾌한 일을 겪었을 때, 사람들은 '내게 왜 이런 일이 생겼을까?'라고 질문하며 그 이유를 찾는 데 급급합니다. 어떤 사람은 자꾸만 자신에게서 원인을 찾기 때문에, 자책감을 느낄 수 있고 자신에게 문제가 있다고 지각하여 자존감에 상처를 입게 되므로 위축되고 우울하고 불안해집니다. 그런데 그 이유를 외부에서 찾는다면, 불행한 일의 원인이 자신에게 있지 않으므로 일단 책임을 모면하게 되니 안전함을 느끼는 동시에 자존감의 손상을 막아 덜 위축되고 덜 우울해질 수 있습니다.

우울한 사람의 특징 중 하나가 자기비난이 심하다는 점입니다. 부정적인 것에 대해 자신에게 탓을 돌리기 때문에 우울합니다. 따라서 우울함을 감소시키는 응급처치의 일환으로 탓을 외부로 돌리는 연습을 하기도 합니다. 이들은 처음에는 낯설어하고 다른 사람에게 탓을 돌리는 것이 바람직하지 않다는 인식이 강해서 불편해합니다. 그러나 의도적으로 연습을 하고 나면 점차 위축되고 우울했던 감정에서 자신감이 조금씩 생기고 마음이 편안해지는 것을 보고합니다. 이렇듯 불쾌한 감정과 현상의 원인을 외부에서 찾으면 자신에 대한 분노와 공격으로 인한 자책감, 죄책감, 우울함 등의 불쾌한 감정을 줄일 수 있고, 자존감의 손상을 막을 수 있습니다.

### 타인비난의 부적응적 효과

그러나 원인을 다른 사람이나 외부에서 반복적으로 찾으면 자신의 책임은 모면

하지만, 동시에 점차 화살이 향한 사람에 대한 분노가 증가합니다. '저 사람 때문에 내가 이렇게 되었어.', '저 사람이 그렇게 하지만 않았어도 내가 그런 일을 겪지는 않았을 텐데.', '정치인들이 제대로만 했다면, 내가 이 고생을 하진 않았을 텐데.' 이와 같이 끊임없이 다른 사람을 탓하면 자신이 겪은 상황이 억울하고 분노가 점차 올라옵니다.

자꾸 화가 치밀어 오르면 공격성이 증가합니다. 자신이 아무리 내면의 공격성을 감추고 인상 관리를 한다고 해도 어떤 측면에서는 티가 날 수 있습니다. 우리는 숨긴다고 해도 누군가에게 화가 났을 때 결코 친절하게 행동하기는 쉽지 않습니다. 그 사람에게 다른 때와 달리 무덤덤하게 대하거나 차갑게 대할 수 있습니다. 때로는 은근히 불쾌한 말이나 행동을 하기도 하고, 불이익을 주기도 합니다. 이는 당사자와 주변 사람에게 부정적인 인상을 전달하고 대인관계에 갈등을 초래합니다. 이 갈등은 또 다른 문제를 야기하고 불쾌감을 유발하니 더욱 힘들어집니다. '내가 왜 그렇게 말했지?'라며 걱정하고 후회하며, '저 사람이 날 싫어하면 어떡하지? 난 그저 그게 화가 났던 것 뿐인데. 그 사람과 안 좋은 관계가 되고 싶진 않았는데.'라며 불안해합니다. 또한 불쾌한 경험의 원인을 자꾸 타인에게서 찾으면, 실질적으로 자신이 영향을 끼친 부분이 있을 때에도 그것을 바라볼 수 없습니다. 따라서 처한 상황이나 문제를 정확하게 파악할 기회와 해결 방법을 모색하고 실행으로 옮길 기회를 방해합니다.

## 체험적 정서 조절 방법

### 타인에게 불쾌한 감정 분출하기

#### 여러분은 다음을 얼마나 자주 합니까?

□ 주변 사람들에게 짜증을 낸다.
□ 엉뚱한 타인이나 대상에 분풀이를 한다.
□ 주변의 물건을 던지거나 부순다.
□ 괜히 주변 사람들의 말꼬투리를 잡는다.

## 왜 다른 사람에게 불쾌한 감정을 분출하는가

보영 씨는 두 남자아이를 키우는 직장 여성입니다. 오늘은 남편과 아침부터 다투었는데 화해하지 않은 상태로 출근했습니다. 남편은 전화나 문자 한 통이 없습니다. 직장에서는 상사가 자꾸만 실적을 걸고넘어지며 압박을 가합니다. 잘하겠다고 고개를 숙이지만, 속은 답답하고 화가 치밀어 오릅니다. 집에 돌아오니 장난감이 여기저기 널브러진 채 집 안은 잔뜩 어질러져 있습니다. 아이들은 숙제는 하지도 않고 놀고 있었습니다. 갑자기 화가 치밀어 올랐고 도저히 참을 수 없었습니다. 보영 씨는 아이들에게 고래고래 소리를 지르고 화를 냈습니다. 욕까지 퍼부었고 "너희가 그렇게 해서 잘될 것 같아? 깡통이나 차고 구걸이나 하겠지."라고 악담까지 했습니다. 그래도 분이 풀리지 않아서 옆에 있던 먼지떨이를 들고 아이들을 때리기 시작했습니다. 그 순간에 뭔가 시원해지고 풀리는 기분이 들었습니다.

이렇듯 불쾌한 일이 있었을 때 주변 사람에게 신경질을 내거나 짜증을 내는 사람은 그 순간에는 화를 내고 싶고 화를 내면 시원한 느낌이 들고 뭔가 해소되는 것 같다고 입을 모아 얘기합니다. 그 이유는 불쾌한 감정이나 충동은 내면에 쌓여서 '나 좀 표현해 줘. 발산해 줘.'라고 신호를 보내며 표현되기를 요구하기 때문에, 밖으로 분출하는 것 자체가 긴장감을 해소하며 일시적으로 해소되는 것 같은 느낌을 줄 수 있습니다. 그러나 보영 씨는 곧 '내가 왜 그랬지?'라며 후회하고 아이들의 성장 발달에 안 좋은 영향을 끼칠까 봐 불안해합니다.

## 주변 사람에게 흩뿌리는 불쾌감

다른 사람에게 화를 잘 내는 사람은 자신의 행동에 대해 "난 그래도 뒤끝은 없잖아."라고 포장합니다. '나는 신경질이나 화를 잘 내지만, 그러고 난 후에는 그것에 대해 담아두지 않는다.'라고 말입니다. 어찌 보면 당연한 것 아닐까요? 자신의 쌓인 감정과 충동을 밖으로 꺼내어서 풀었으니 남아 있는 게 없겠지요. 그러니 뒤끝이 없을 수밖에요. 그런데 그 사람이 분출한 화난 감정은 자신이 풀어낸 상대방이나 함께 있었던 주변 사람에게로 옮겨갑니다. 짜증이나 신경질을 받은 사람은 불쾌해지고 짜증이 납니다. 또한 주변 사람은 받을 필요가 없는 부당한 화와 공격을 받았기 때문에 억울할 것입니다. '내가 왜 저 사람에게 짜증이나 신경질을 받아야 하지?', '내가 왜 이런 대우를 받아야 하지?'라며 억울함과 부당함을 느끼고 화가 치밀어 오릅니다. 또한 자신에게 함부로 대하는 이 사람에 대한 마음이 고울 리 없겠지요. 따라서 그 사람에 대해 안 좋은 생각을 하고 언젠가 보복을 할지도 모릅니다. 그렇게 해서 대인관계에 갈등이 초래되고, 이는 다시 당사자에게 또 다른 걱정과 불안을 유발하는 등 불쾌감을 증폭시킵니다.

주변 사람에게 불쾌한 감정을 분출한 사람은 시원한 감정은 잠시일 뿐, 곧바로 찝찝하고 잘못된 행동을 했다는 것에 대한 걱정과 후회, 또는 그렇게 화를 폭발하는 자신의 행동에 대한 실망과 자괴감을 느끼기도 합니다. 자신이 부정적 감정을 분출했던 상대로부터 부정적인 평가와 대가가 올지 모른다는 불안감에 휩싸이기도 합니다. 즉, 다른 사람에게 자신에 대해 안 좋은 얘기를 하거나, 인사에서 떨어뜨린다거나, 기회를 다른 사람에게 주는 등 어떤 방식으로든 보복할지 모른다는 생각에 불안해집니다. 실제로 보영 씨는 아이들에게 화를 폭발하고 나면 며칠 아니 몇 시간이 지나지 않아서 어떤 형태로든 아이들에게 보복을 당했습니다. 아이들은 엄마가 화를 폭발하는 동안에는 조용히 있다가, 차분해지면 엄마가 하라는 숙제를 안 한다거나 하지 말라는 행동을 함으로써 엄마의 화를 돋우는 방식으로 힘들게 하였습니다. 이렇게 주변에 화나 신경질을 내다 보면, 처한 상황이나 문제를 제대로 인식하고 대안적으로 생각하거나 해결 방법을 모색하고 실행할 기회를 놓치게 됩니다.

## 행동적 정서 조절 방법

### 폭식하기

여러분은 다음을 얼마나 자주 합니까?

□ 음식을 마구 먹어댄다.
□ 필요 이상으로 많이 먹는다.
□ 폭식한다.

#### 왜 폭식을 하는가

우리는 일이 잘 풀리지 않았을 때, 기분이 나빴을 때 "맛있는 거나 먹으러 가자." 라고 자주 말합니다. 맛있는 것을 먹으면 당분이 증가하여 기분이 좋아지고 뭔가 채워지는 느낌을 받아 만족감이 듭니다. 여기서 조금 더 나아가면 배가 고프지 않음에도 불구하고, 계속 먹을 것을 입에 넣는 폭식 행동을 보일 수 있습니다. 폭식은 일시적인 포만감을 줌으로써 불쾌한 감정을 완화합니다. 즉, 불쾌했던 감정을 긍정적인 포만감이 상쇄하는 것입니다.

#### 폭식의 부적응적 효과

맛있는 것을 먹는 것은 언제나 기분을 참 좋게 해 줍니다. 기분이 가라앉아 있을 때 케이크, 사탕, 과자, 초콜릿 같은 당분은 기분 좋게 흥분시키고 에너지와 활력을 줍니다. 긴장되어 있을 때 따뜻한 우유는 긴장을 풀어 주고 이완시켜 주어 숙면을 돕습니다. 그러나 지나치게 과도한 양의 음식을 먹음으로써 발생하는 지나친 복부 팽창은 오히려 역겨움과 불쾌감을 유발합니다. 가끔씩 속에서부터 신물이 올라오기도 하고, 구역질이 나기도 합니다. 폭식을 하는 순간에는 먹는 데 신경을 빼앗겨서 잘 알아차리지 못하지만, 먹고 나면 방금 했던 자신의 행동이 자각됩니다. 마구 먹어대는 모습이 떠올라 특정 짐승에 비유되면서 혐오감이 느껴지기도 하고 부끄럽기도 합니다. 또한 자신이 스스로를 통제하지 못했다는 것에 대해 좌절감과 실망감을 느끼곤 합니다. '많이 먹지 말아야지.'라고 늘 생각하지만, 막상 오늘도 '난 많이 먹어버렸다.'라고 말입니다.

또한 폭식은 체형이나 체중에 대한 불안과 걱정을 유발합니다. 폭식을 자주 하는 여성 대부분은 자신의 체형이나 체중에 대해 불만을 느낍니다. 또한 날씬해야 한다는 강박관념으로 인해 통통하거나 살이 찐 모습을 부정적으로 지각하고 자신감을 잃기도 합니다. 따라서 '어떡하지? 살찌면?', '이대로 더 살이 찌고 말거야.', '얼굴이 부은 것 같아.' 등 폭식으로 체중이 늘고 배가 나오는 등의 체형 변화를 걱정하고 매우 불안해합니다. 다른 사람 앞에서 자신의 모습을 드러내는 것이 불편해지면서 사회적으로 위축되고, 그런 자신의 모습과 현실로 인해 우울해집니다.

## 탐닉 활동하기

### 여러분은 다음을 얼마나 자주 합니까?

□ 취할 때까지 술을 마신다.

□ 담배를 피운다.

□ 성적 행위자위나 성관계 등를 한다.

□ 컴퓨터 게임을 한다.

## 왜 탐닉 활동을 하는가

"오늘 기분도 그런데 한잔 하러 가자."

아마도 수많은 사람이 기분이 나쁘거나 쌓인 스트레스를 풀고 싶을 때 가장 많이 하는 행동이 아닐까 합니다. 알코올이 몸속으로 들어가면 뇌의 신경을 둔화시키고 긴장을 완화시킵니다. 사람들과 술잔을 기울이며 실컷 수다를 떨고 나면 기분 나빴던 일들도 잊히는 것 같습니다.

다른 방법들과 마찬가지로 술이나 담배, 게임 등을 하는 것 자체가 문제 되는 것은 아닙니다. 일의 무게감에 짓눌려 어깨가 잔뜩 쳐져 있을 때, 계속된 긴장감에 어깨에 잔뜩 힘이 들어가고 움츠려 있을 때, 술 한잔은 달콤하며 무거운 긴장감을 내려놓기에 충분합니다. 또한 알딸딸한 상태에 이르면 기분이 좋아지고 뭔가 잘될 것 같은 느낌마저 듭니다. 극도로 긴장되어 있을 때 담배 한 모금은 그 긴장을 한시름 놓게 합니다. 게임을 좋아하는 사람은 게임을 하는 그 순간에는 자신에게 있었던 일과 고민을 싹 잊어서 좋고, 게임 속의 자신을 대변하는 캐릭터가 이루는 성취에 짜릿할 뿐 아니라 현실 속에서 맛보지 못했던 성취감에 기분이 좋아집니다. 이처럼 일시적으로 사용했을 때는 기분을 전환하고 이완시킴으로써 정서를 효과적으로 조절하는 데 도움이 됩니다.

### 탐닉 활동을 지나치게 하는 것의 부적응적 효과

술, 담배, 성행위, 게임, 쇼핑을 하는 것 자체가 아니라, 지나치게 과도한 방식으로 지속하는 것이 문제가 됩니다. 왜냐하면 이 행위들은 중독을 야기하기 때문입니다. 정은 씨는 최근 1년 가까이 하루도 빠뜨리지 않고 맥주 두세 병을 마셨습니다. 저녁이 되면 하루 동안 쌓였던 스트레스가 밀려오는 것 같고, 기분이 불쾌해져서 맥주를 마셔야만 기분이 풀릴 것 같다는 것입니다. 술을 안 마시면 누워 있어도 잠이 오지 않고 불안해집니다. 그래서 또 술을 마시는데 그러고 나면 자꾸 살이 찌는 자신의 모습이 불편하고 다른 사람들의 시선이 의식됩니다. '술을 안 마셔야겠다.' 하루에도 수십 번 다짐을 하지만 뜻대로 되지는 않습니다.

동욱 씨는 한번 마시면 취할 때까지 술을 마십니다. 아침에 일어나면 '어제 술을 너무 많이 마셨나? 어휴, 머리가 지끈거리고 몸도 힘들고 짜증나네.'라는 소리가 절로 나옵니다. 어제 술을 마시게 된 이유인 불쾌한 일은 풀리지 않은 채 그대로 남아 있을 뿐입니다. 가끔씩 필름이 끊기는데 기억이 나지 않습니다. 다음 날 동료들에게 물어보니 상사와 주변 사람들에게 욕을 퍼붓고 심한 말을 했다는 것입니다. 이 일을 어떻게 수습해야 할지 난감하기만 합니다. 지성 씨는 회사에서 일 때문에 머리를 잔뜩 쥐어짜다가 담배를 한 대 물기 위해 흡연실을 찾습니다. 어느새 하루에 반 갑에서 한 갑 사이를 거뜬히 피우고 있습니다. 최근에 건강검진을 받았는데 몸 상태가 좋지 않다는 결과를 받았습니다. '담배를 끊어야지.'하고 결심은 하지만, 좀처럼 담배를 놓을 수가 없습니다. 승헌 씨는 하루 동안 받았던 스트레스를 안고 회사를 나올 때면, 늦은 시간임에도 불구하고 동료와 PC방으로 향합니다. 그렇게 게임을 몇 시간이고 해야 할 것만 같습니다. 그러나 피곤에 지친 상태에서 강력한 전자파에 너무 오랫동안 노출되면서 머리를 쓴 탓에 집으로 돌아오는 길은 더욱 피곤하기만 합니다. 시간은 이미 자정을 넘겨서 다음 날 출근할 것을 생각하면 더욱 마음이 무겁고 후회됩니다. 그리고 스트레스 받았던 일은 그대로 남아 있습니다.

이렇듯 술이나 담배, 게임 또는 자위나 성행위를 지나치게 하면 다양한 부정적인 영향을 받습니다. 그래서 그만두어야겠다는 생각이 들지만, 이미 이러한 자극이 주는 쾌감에 빠져서 도저히 하지 않고서는 고통스러움을 버티지 못할 것만 같습니다. 이 행위들은 불쾌한 감정들로부터 회피하기 위한 방법이기 때문에, 불쾌한 감정이나 상황을 살펴보고 이해하며 대안적인 생각을 하거나 문제해결적인 행위를 할 기회를 방해합니다.

## 실습지 1 부적응적 정서 조절 방법 사용 기록지

이제부터 당신은 평소 사용해 왔던 부적응적인 정서 조절 방법의 사용을 줄여야 합니다. 이를 위해서, 다음 표에 당신이 사용하는 부적응적인 정서 조절 방법의 사용 정도를 매일 기록하십시오. 매일 동일한 시간대에 기록하는 것이 좋은데, 잠에 들기 전이나 이튿날 아침이 가장 적당합니다.

각 정서 조절 방법을 사용한 정도를 0전혀 없음에서 100매우 자주 사용하였음으로 평정하십시오.

| 요일 / 방법 | 월 | 화 | 수 | 목 | 금 | 토 | 일 |
|---|---|---|---|---|---|---|---|
| 반추 | | | | | | | |
| 걱정 | | | | | | | |
| 파국화 | | | | | | | |
| 자기비난 | | | | | | | |
| 타인 비난하는 생각하기 | | | | | | | |
| 타인에게 불쾌한 감정 분출하기 | | | | | | | |
| 폭식하기 | | | | | | | |
| 탐닉 활동 | | | | | | | |
| 종합 사용 점수* | | | | | | | |

* 모든 정서 조절 방법의 사용 점수를 종합산한 점수입니다. 종합 사용 점수를 통해서 매일의 부적응적 정서 조절 방법의 사용 변화 추이를 파악할 수 있습니다.

# 효과적인 정서 조절 단계

## 정서 조절은 여러 단계를 거치는 복합적인 과정이다

정서 조절은 한 가지 방법을 단편적으로 사용하여 이루어지는 단순한 과정이 아닙니다. 정서를 조절하기 위해서는 여러 가지를 고려해야 합니다. 지금 느끼는 감정이 슬픔인지 불안인지 아니면 분노인지, 감정을 얼마나 강렬하게 느끼고 있는지, 지금 처한 상황이 어떠한지, 어디에 있는지 말입니다. 그에 따라 사용하는 정서 조절 방법이 달라지고, 동일한 종류의 방법이라도 사용 방식에 따라 효과가 달라질 수 있습니다. 이렇듯 정서 조절 과정은 여러 가지를 고려하여 한 가지 이상의 방법이 동원되고 여러 단계를 거치는 복합적인 과정입니다.

## 정서 조절을 할 때 고려해야 할 사항

**• 당신이 현재 느끼는 감정의 종류는 무엇인가?**

앞에서 정서의 종류에 따라서 효과적인 방법이 다를 수 있음을 배웠습니다. 당신이 현재 느끼는 감정이 분노인지, 불안인지, 슬픔인지에 따라 효과적으로 접근하는 방법은 달라집니다.

• **당신은 그런 감정을 얼마나 강렬하게 느끼고 있는가?**

당신이 감정을 강렬하게 느끼고 있다면, 옆에서 "잘 생각해 봐. 이러이러해서 이렇게 된 거잖아."라고 상황을 아무리 설명해도 잘 들리지 않습니다. 따라서 감정이 강렬할 때 개입이 효과적인 방법과 감정이 가라앉아 있을 때 효과적인 방법이 다릅니다.

• **당신은 현재 어떤 상황에 처해 있는가?**

분노가 치밀어 오르는데 다른 직원들과 함께 사용하는 사무실이라면 감정을 분출하기 어렵습니다. 감정을 조절할 때는 반드시 상황을 고려해야만 정서 조절로 인한 부작용을 막을 수 있습니다.

• **당신이 현재 사용할 수 있는 정서 조절 방법은 무엇인가?**

자꾸만 화가 나는데 현재 강의실이고 밖으로 나가기 어려운 상황이라면, 불쾌한 감정을 느끼고 말로 표현하여 해소하는 방법은 사용하기 어렵습니다. 이런 경우는 글과 같은 안전한 방식을 사용하여 해소하거나, 주의를 전환하거나 이완하는 방법 등을 사용할 수 있습니다.

• **당신은 그 방법을 어떤 목적으로 어떻게 사용할 것인가?**

동일한 정서 조절 방법이라도 그 방법을 어떻게 사용하느냐에 따라서 정서 조절에 효과적일 수도 있고 그렇지 않을 수도 있습니다. 예를 들어, 남자친구가 떠나갈까 봐 두려운데 화를 내는 경우를 생각해 봅시다. 감정을 느끼고 표현하여 분출하는 방법을 사용하여 화를 느껴지는 대로 표현한다고 해서 해소될까요? 그렇지 않습니다. 오리지널 감정인 두려움에 접근하여 그 두려움을 느끼면서 표현할 때 궁극적으로 해소될 수 있습니다.

## 효과적인 정서 조절 단계 이론 제안

정서와 정서 조절에 대한 많은 연구를 하면서 '과연 효과적인 정서 조절 과정은 무엇일까?'에 대해 고민하였습니다. 연구가 하나씩 진행되고 의미 있는 결과들을 얻어내면서 다행히 효과적인 정서 조절 과정에 대한 윤곽을 잡을 수 있었습니다. 저는 효과적인 정서 조절 과정을 좀 더 단순화하고 논리적이고 체계적으로 정리하여 통합하고자 했습니다. 그 결실로서 제 박사학위 논문의 종합논의 부분에 정서 조절 5단계 이론을 제시할 수 있었습니다. 이후 제가 근무하는 대학에서 한 학기 과목으로 '정서 조절 코칭'을 개설하여, 정서 조절에 대한 이론과 실습을 강의하였습니다. 여러 가지 강의 내용을 종합하여 최종적으로 효과적인 정서 조절 단계 이론을 정립하고, 효과적인 정서 조절 과정에 대해 안내하였습니다. 바로 제2부의 핵심은 이 효과적인 정서 조절 단계 이론을 여러분에게 소개하고 충분히 익혀서 적용할 수 있도록 하는 것입니다. 그러기 위해서 먼저 제9장에서 효과적인 정서 조절 단계를 간단하게 설명하고, 제10장부터 단계별로 자세히 다루어 하나씩 익히는 연습을 할 것입니다.

감정을 다루기 위해서는 감정을 제대로 이해해야 합니다. 감정 조절을 위해 알아야 하는 두 가지 감정의 속성은 다음과 같습니다. 첫째, 감정은 정보를 제공합니다. 우리는 감정을 느낄 때, 감정이 주는 다양한 정보를 파악하여 처한 상황에서 적절히 대처함으로써 생존하고 적응하며 살아갑니다. 그러나 발생한 감정은 그냥 사라지지는 않습니다. 둘째, 발생한 감정은 반드시 느끼고 충분히 표현하여 해소되기를 요구합니다. 발생은 하였으나, 느끼고 표현되지 못한 감정은 남아서 계속 해소를 요구하며 다양한 신호를 보냅니다.

감정은 해결을 요구하는 것이 아닙니다. 해결은 문제나 상황에 하는 것입니다. 문제나 상황에는 해결하려는 노력을 취하고, 발생한 감정에는 해소하려는 노력을 별개로 취해야 합니다. 순서는 선해소 후해결의 원칙을 따라야 합니다. 감정은 생존을 위해 고안된 체계로서, 강렬한 경우 뇌가 위기상황으로 지각하면서 감정 반응에 우선권을 부여하기 위해 사고 체계를 억제하기 때문입니다. 따라서 먼저 감정을 다루는 정서 조절 개입을 한 후, 처한 문제나 상황에 대한 문제해결적 개입을 하는 것이 효과적입니다.

감정을 다루는 효과적인 정서 조절 단계는 크게 네 가지 단계로 구분할 수 있습니다. 단계 I 알아차리기, 단계 II 주의분산적 방법 도입, 단계 III 접근적인 체험적 방법 도입, 단계 IV 접근적인 인지적 방법 도입으로 구성됩니다. 정서 조절의 시작은 첫 번째 알아차리기 단계입니다. 감정을 명명하고 처한 내적 및 외적 상황을 알아차려야, 그 감정을 어떻게 다룰 것인지 판단할 수 있습니다. 알아차린 감정을 궁극적으로 조절하기 위해서는 반드시 두 가지 접근적 방법을 사용해야 합니다. 하나는 단계 III 접근적인 체험적 방법 즉 감정 해소이고, 다른 하나는 단계 IV 접근적인 인지적 방법 즉 감정 이해입니다. 발생한 불쾌한 감정을 느끼고 충분히 표현하는 체험적 방법을 통해 감정을 해소하고 그 감정의 원인을 이해하고 대안적으로 생각하는 인지적 방법을 통해 감정 경험을 이해하고 통합하고 다시 발생할 수 있는 재발을 막습니다. 그러나 감정에 접근하여 다룰 수 있는 상황이 아니라면, 단계 II 주의분산적 방법을 사용하여 다른 데로 주의를 돌림으로써 불쾌한 감정을 일시적으로 완화할 수 있습니다.

이를 다시 간단하게 설명하면, 먼저 첫 번째 알아차리기 단계로 들어갑니다. 감정을 명명한 후, 감정이 고양되어 있는지 확인해야 합니다. 그 이유는 감정이 고양되어 있지 않다면, 단계 IV로 바로 넘어가서 접근적인 인지적 방법을 도입하여 감정을 조절할 수 있습니다. 그러나 감정이 고양되어 있다면, 사고가 억제되기 때문에 인지적 방법을 사용하는 것은 효과적이지 않습니다.

따라서 감정이 고양되어 있다면 두 가지 방법을 통해 고양된 감정을 완화해야 합니다. 이때 판단해야 하는 것은 그 감정에 접근하여 해소할 수 있는 안전한 상황인지 파악해야 합니다. 만약 감정에 접근하여 해소할 수 있는 상황이라면 단계 III인 접근적인 체험적 방법을 도입하는 단계로 바로 갈 수 있습니다. 그러나 감정에 접근하여 해소하기 어려운 상황이라면, 단계 II인 주의분산적 방법을 사용하여 일시적으로 감정을 완화시켜야 합니다.

그런 다음 감정에 접근하여 안전하게 해소할 수 있는 상황이 오면 단계 III으로 넘어가서 접근적인 체험적 방법을 도입하여 감정을 해소하는 것이 필요합니다. 단계 III을 통해 감정이 해소되고 가라앉으면, 마지막 단계 IV인 접근적인 인지적 방법을 도입하여 마무리합니다.

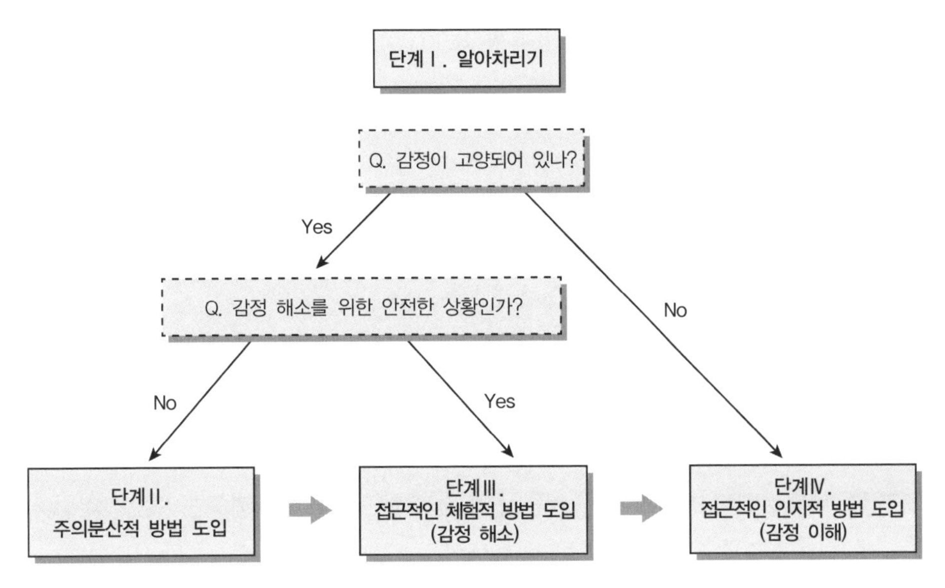


그림 9.1 효과적인 정서 조절 단계 이론

## 단계 I 알아차리기

정서를 조절하기 위해 가장 먼저 해야 할 것은 내가 어떤 감정을 느끼고 있는지 알아차리는 것입니다. 내 감정이 무엇인지 알고, 내적인 상태와 외적인 상태를 파악해야 그 감정을 조절하기 위해 어떠한 조치를 취할 것인지 결정할 수 있을 테니까요. 그런데 알아차리기 위해서는 자신의 감정에 주의를 기울이는 과정이 선행되어야 합니다. 이를 종합하면 정서를 조절하기 위한 첫 번째 단계는 자신의 감정에 주의를 기울여서, 어떤 감정을 느끼고 있는지 명명하고, 내적 또는 외적 상태를 알아차리는 것입니다. 따라서 다음의 세 가지 단계로 세분화할 수 있습니다.

I - 1. 감정에 주의를 기울인다
I - 2. 감정을 명명한다
I - 3. 내적인 상태와 외적인 환경을 파악한다

단계 Ⅰ 알아차리기에서 주요하게 알아차려야 할 사항은 다음과 같습니다.

• 현재 당신은 신체적으로 변화가 느껴지는가

신체적인 변화가 느껴진다면, 감정이 유발되었다는 신호일 수 있습니다.

• 생리적으로 어떤 신체 감각이 지각되는가

얼굴에 열이 오르고 있다면 분노나 수치심일 가능성이 있고, 가슴이 심하게 뛰고 있다면 불안이나 공포일 수 있습니다.

• 당신은 유쾌한 상태인가 아니면 불쾌한 상태인가

유쾌한 상태이면 행복이나 즐거움과 같은 유쾌한 감정을 느끼고 있을 것이고, 불쾌한 상태라면 불안, 분노, 슬픔 등의 불쾌한 감정을 느끼고 있을 겁니다.

• 불쾌해하고 있다면 어떤 감정을 느끼고 있는가

유쾌한 감정은 사회적인 시선을 특별히 고려해야 하는 상황이 아니라면 크게 문제되지 않을 것입니다. 따라서 여기에서는 불쾌한 감정에 초점을 맞추겠습니다. 만약 불쾌하다면 슬픔, 분노, 불안, 혐오, 수치심 등 어떠한 감정인지 구분합니다.

• 어느 정도로 강하게 느끼고 있는가

불쾌한 감정을 느끼고 있다면, 얼마나 강렬하게 느끼고 있는지가 중요합니다. 감정이 지나치게 고양되어 있으면, 뇌에서 사고의 작용을 억제하기 때문에 생각에 직접적으로 접근하는 인지적 방법은 제대로 작용하지 못합니다. 우리는 흥분되어 있고 감정에 압도되어 있을 때, 객관적인 사고를 하기가 어렵습니다. 예를 들어, 친구와 싸운 후 화가 치밀어 올라 열을 잔뜩 받았는데 옆에서 남편이 "좀 차분하게 생각해 봐. 이러이러하게 된 거잖아. 당신이 이러이러하게 해야 할 것 같은데."라고 말을 하면 그 얘기가 들리기는커녕 조언하는 남편이 밉고 화가 납니다. 따라서 감정이 고양되어 있을 때는 일단 감정을 가라앉힌 다음에 단계 Ⅳ인 인지적 방법을 도입해야 합니다.

고양된 감정을 가라앉히는 방법에는 두 가지가 있습니다. 하나는 접근적 체험적 방법을 통해 감정을 느끼고 충분히 표현하여 궁극적으로 감정을 해소하는 것입니다. 다른 하나를 주의 분산적 방법을 통해 주의를 다른 데로 분산시킴으로써 일시적으로 고양된 감정을 가라앉힐 수 있습니다.

그러나 감정을 느끼는 정도가 약하고 비교적 차분한 상태라면, 그로 인해 가슴에 쌓여서 발산을 필요로 하는 감정의 충동이 약하여 사고의 기능이 원활하기 때문에 바로 마지막 단계인 접근적인 인지적 방법을 도입하여 조절효과를 볼 수 있습니다. 즉, 감정을 느끼게 된 원인과 과정을 이해하고, 대안적으로 생각함으로써 감정을 변화시키는 것입니다.

| | | |
|---|---|---|
| 만약 고양된 경우라면 | → | **단계 II** 주의분산적 방법 도입 |
| | | **단계 III** 접근적인 체험적 방법 도입 |
| 만약 고양되지 않은 경우라면 | → | **단계 IV** 접근적인 인지적 방법 도입 |

• **불쾌한 감정을 해소하기에 안전한 상황인가**

일단 발생한 불쾌한 감정은 느끼고 충분히 표현되기를 요구합니다. 특히, 감정이 고양되어 있을 때는 이를 밖으로 발산하고자 하는 충동이 크기 때문에, 먼저 감정을 느끼고 표현하여 해소하는 접근적인 체험적 방법의 사용이 필요합니다.

그런데 감정을 느끼고 표현하는 작업은 상황이 매우 중요하다는 것 또한 배웠습니다. 상대방이나 주변 사람들에게 감정을 해소하는 방식에는 많은 부작용이 따릅니다. 주변 사람들에게 오해와 부정적인 인상을 유발하거나 피해를 줌으로써 대인관계적 갈등을 야기할 수 있습니다.

이러한 부작용 없이 감정을 안전하게 느끼고 표현하여 해소하기 위해서는 안전이라는 사전 조건을 충족해야 합니다. 다음의 세 가지 조건 중 하나라도 만족이 되어야 안전을 확보할 수 있습니다. 첫째, 안전한 대상에게 해야 합니다. 즉, 자신의 감정을 충분히 느끼고 표현하도록 기다려줄 수 있거나, 감정 표현을 이해해 줄 수 있는 신뢰로운 사람에게 해야 합니다. 둘째, 안전한 상황에서 해야 합니다. 안전한 대상이 있지만 지금 가용하지 않을 수 있습니다. "지금 바쁜데 어쩌지?", "오늘은 시간이

안되는데." 이런 경우 아무도 신경 쓸 필요가 없는 혼자 있는 안전한 상황을 찾아서 할 수 있습니다. 셋째, 안전한 방식을 사용해서 할 수 있습니다. 바쁜 현대인들에게 안전한 상황을 찾기란 쉽지 않습니다. 이런 경우 '글쓰기' 등과 같은 안전한 방식을 사용해 감정을 해소할 수 있습니다.

안전한 대상에게 하거나, 안전한 상황에서 하거나, 안전한 방식으로 감정 해소 방법을 사용합니다. 그렇지 않은 경우 즉 감정에 접근하여 해소하기에 안전하지 않다면, 일시적으로 강렬한 감정을 완화할 수 있는 주의분산적 기법의 도움을 받아야 합니다. 그런 다음, 체험적 기법을 사용할 수 있는 상황에 처하면 반드시 접근적인 체험적 방법을 사용함으로써 불쾌한 감정을 해소하는 작업을 거쳐야 합니다.

만약 감정을 해소하기에 안전하지 않다면 → **단계 II** 주의분산적 방법 도입

만약 감정 해소를 위한 안전한 상황이라면 → **단계 III** 접근적인 체험적 방법 도입

## 단계 II 주의분산적 방법을 도입하기

불쾌한 감정이 고양되어 있는데, 그 감정에 접근하여 해소하기에 안전하지 않다면 주의분산적 방법을 사용함으로써 일시적으로 불쾌한 감정을 완화하는 작업이 필요합니다. 감정을 고양된 상태 그대로 둔다면, 예상치 못한 일들이 벌어질 것입니다. 또한 그 상황에서 강한 감정이나 충동이 분출되는 것을 막기 위해 상당한 에너지를 쏟으므로 심한 긴장 상태에 있게 될 것입니다. 고양된 감정은 사고의 작용을 억제하고 방해하기 때문에, 수업을 들어야 하거나 회의를 해야 하거나 맡겨진 일을 처리해야 하는 등 다른 대상에 대한 인지적 작업이 필요하다면 당신은 매우 곤란해질 것입니다.

따라서 감정이 고양되거나 압도되어 있는데 감정을 직접적으로 느끼고 표현하기 어려운 상황에서 가장 효과적인 방법은 주의분산적 방법을 사용하여 고양된 감정을 일시적으로 완화하여 냉정을 찾도록 하는 것입니다.

주의분산적 방법 중 인지적 방법에는 생각하지 않으려고 하거나 잊으려 하는 인지적 회피 및 억제, 주의를 관련 없는 데로 돌리기, 다른 유쾌하고 즐거운 일을

생각하기, 위안이 되는 말을 되뇌기 등이 있습니다. 체험적 방법으로 심상을 사용하여 편안하거나 유쾌한 장면을 떠올릴 수 있습니다. 행동적 방법으로는 감정 유발 상황이나 장소 피하기, 유쾌하거나 기분 좋은 활동하기, 즐거운 장소에 가기, 중성적인 활동에 몰입하기 등이 있습니다. 신체 감각을 활용하는 생리적 방법으로는 긴장이완 훈련과 복식호흡을 사용할 수 있습니다.

### 단계 III 접근적인 체험적 방법을 도입하기

발생한 감정은 느끼고 충분히 표현되기를 요구합니다. 단계 II의 주의분산적 방법만을 사용한 채 그대로 내버려두면, 해소되지 못한 감정이 심리 구조 내에 축적되어 다양한 방식으로 부정적 영향을 끼칩니다. 계속 충동이 느껴지고 신경이 쓰여서 주의집중이 잘 되지 않거나, 다른 사람의 말이나 상황을 왜곡되게 지각할 수도 있습니다. 때로는 자신도 모르게 욱하거나 원치 않은 표현을 함으로써 후회하기도 합니다. 따라서 궁극적으로 정서를 조절하기 위해서는 감정을 느끼고 표현하고 만나는 체험적 과정이 반드시 필요합니다. 접근적인 체험적 방법은 다음의 네 가지 단계로 세분화할 수 있습니다.

#### III-1. 감정을 명명한다

정서 조절 단계 I의 알아차리기에서 감정을 명명하는 작업을 하였습니다. 그 상태에서 감정에 접근해 해소할 수 있어 바로 단계 III으로 들어왔다면 III-2로 곧바로 가도 됩니다. 그렇지 않고 단계 II를 거쳤다면 다시 감정을 명명하는 단계부터 시작하십시오.

감정을 명명하는 것에서 감정이 해소되는 변화가 시작될 뿐 아니라, 개인에게 감정에 대한 통제감을 부여하는 효과가 있습니다. '그냥 답답해.', '불쾌하다.'라고만 인식하면, 막연하게 느껴지기 때문에 정확히 어떤 감정인지 알지 못하여 구체적으로 조절하기가 어렵게 느껴집니다. 말 그대로 답답하겠지요. 또한 막연하게 불쾌한 감정을 느끼고 있다는 것을 아는 게 아니라, 정확히 자신이 어떤 감정인지 알아차리고 언어로 명명하는 과정 자체가 정서 조절 효과를 줍니다. '내가 속상해하고 있었구나!', '내가 불안해하고 있었구나!', '내가 화가 나 있었구나!', '내가 억울해하고 있었구나!'라고 명명하면, 흐릿하고 뿌옇던 것이 걷히고 맑아지는 느낌이 듭니다. 그리고 그만큼 감정이 명확해지니 그 감정에 대해 개입하고 조절할 수 있게 됩니다.

### III-2. 느끼고 표현한다

심상, 빈 의자 기법, 역할 연기 등의 방법을 통해 느껴지는 감정을 그대로 느끼고 표현함으로써 미해결된 감정, 즉 느껴지지 못했거나 표현되지 못했던 감정을 표현하여 해소합니다. 심상은 지금 여기에서 불쾌한 감정을 경험했던 상황을 떠올려 보는 것입니다. 빈 의자 기법은 앞에 의자나 쿠션을 놓고 거기에 감정을 유발한 대상이나 관련된 인물이 있다고 가정하고 표현하는 것입니다. 지금 여기의 장면에서 불쾌한 감정이 유발된 상황에 있다고 상상하거나 연기함으로써 이전 상황에서 처리하지 못한 감정을 다시 느끼고 표현합니다.

이때 다음의 세 가지 사항을 지켜야 감정이 해소됩니다. 첫째, 감정을 말로 소리 내 표현했을 때 해소의 효과가 있습니다. 말로 소리 낼 수 없는 경우는 글과 같은 대안적인 방식으로 밖으로 꺼내어 표현해야 합니다. 둘째, 오리지널 정서를 느끼고 표현해야 합니다. 남자친구가 떠날까 봐 두려워 화가 나는 경우, 화를 표현하는 것은 해소의 효과가 없습니다. 바로 남자친구가 떠날까 봐 두려운 그 감정을 표현해야 합니다. 뒤에서 자세히 다루겠지만, 감정은 체험적 관점에서 크게 일차적 감정과 이차적 감정으로 구분할 수 있습니다. 일차적 감정은 해당 자극이나 상황에서 정말 자신이 느꼈던 핵심적인 감정을 말하고, 이차적 감정은 일차적 감정을 느끼기가 불편할 때 좀 더 수용하기 쉬운 다른 감정으로 바꾸어 느끼는 것입니다. 예를 들어, 실은 아버지의 행동에 분노를 느꼈지만, '어떻게 아버지에게 분노를 느낄 수 있어? 넌 나쁜 아이야.'와 같은 무의식적 또는 의식적인 과정 때문에 좀 더 수용할 수 있는 불안이라는 감정으로 변환하여 느끼기도 합니다. 실은 공포를 느꼈는데 그것을 마주하기 어려워서 분노로 표현하기도 하고, 수치스러웠지만 화를 내고 있기도 하며, 실은 화가 났지만 우울해하기도 합니다. 셋째, 불쾌한 감정에 주의를 계속 집중해야 합니다. 감정은 주의에 반응해서 발생하는 것입니다. 불쾌한 것에 주의를 주면 불쾌해지는 것이고, 불쾌하지 않은 것에 주의를 주면 불쾌하지 않을 수 있습니다. 감정을 조절하는 데도 주의가 중요한 역할을 합니다. 그 감정에 주의를 계속 주면서 그 감정이 변화하는 것을 그대로 끝까지 따라가야 합니다. 마음이 편안해지고 시원해지는 단계에 이를 때까지 주의를 놓치지 말아야 합니다.

### III-3. 감정과 만난다

III-2에서 감정을 느끼고 표현하다 보면 그대로 해소되어 수용하는 단계에 이를 때도 있지만, 가슴 깊숙이 더욱 강한 감정이나 충동이 올라와 뭔가 밖으로 분출하고 발산하고 싶은 욕구가 느껴질 때가 있습니다. 그럴 때는 III-3으로 들어갑니다. 감정을 느끼고 표현하면서 뭔가 자꾸 치밀어 올라 때리고 싶은 충동이 들기도 하고, 울컥해서 실컷 울고 싶은 마음이 들기도 합니다. 이때 올라오는 충동을 안전한 방식으로, 몸과 행동으로써 밖으로 분출하는 것이 중요합니다. 방석이나 쿠션을 활용하는 것이 효과적입니다. 안전한 대상이나 안전한 상황에서 쿠션을 마음껏 때리거나 펑펑 소리 내어 우는 등 과격한 언어적 표현과 행동을 할 수 있습니다. 또는 글 등의 안전한 방식으로 감정을 분출해 낼 수 있습니다. 충분히 분출하고 나면 내면에 있던 충동이 해소되고 가라앉는 느낌을 받습니다. 그러나 굳이 충동이나 발산하고 싶은 욕구가 올라오지 않을 때는 III-2의 느끼고 표현하기에서 멈추어도 됩니다.

### III-4. 감정을 수용한다

감정을 표현하고 해소가 되면 자연스럽게 그 감정을 수용하는 단계에 이릅니다. 감정이 유발되었는데도 이를 표현하지 않고 담아두면, 그 감정을 애써 부인하고 억누르는 데 급급하며 상당한 에너지를 소요합니다. 그러나 감정을 그대로 느끼고 표현하고 해소하는 작업을 하다 보면, 억누르는 데 소요되었던 에너지가 자유로워지면서 여유가 생깁니다. 내가 자각하기도 불편하고 받아들이기 어려웠던 감정을 받아들일 수 있게 되는 것이지요. 이렇듯 감정과 만나고 해소하는 과정을 거치다 보면, 감정을 받아들이고 인정하는 단계에 이르게 됩니다. "좀 시원해졌어요.", "마음이 차분해지네요." 대부분의 불쾌감은 수용하지 못하는 데서 옵니다. '불안하면 안 되는데.', '우울하면 안 되는데.', '화나면 안 되는데.' 등 이렇게 자신의 감정을 받아들이지 못할 때 불쾌한 감정은 오히려 더욱 커지고 악화됩니다.

어렸을 때 자연스럽게 느낄 수 있는 감정에 대해 부모의 입장에서는 아이가 감정으로 인해 힘들어하지는 않을까 걱정되기도 하고 제대로 감당하지 못할 거라는 생각에, "두려워할 필요 없어. 걱정하지 마.", "화내는 것 아니야. 못써!"와 같은 언어적 지시를 자주 합니다. 그러면 아이는 느껴지는 감정에 대해 '그렇게 느끼면 안 되는구나!', '부모님이 걱정하시구나!', '싫어하는구나!'라고 생각하며 부정하게 되고 또는 부적절하게 느끼게 됩니다. 즉, 감정을 그렇게 느낄 만하다고 타당화해 주지 않으면 감정은 부인되고 부적절하게 지각될 뿐 아니라, 표현하지 못한 감정은 차곡차곡 쌓이게 됩니다.

타당화validation는 치료에서 매우 중요한 요소입니다. 내담자의 과거 또는 현재의 감정을 그럴 만했다고 어루만져 주는 것은 자신의 감정을 인정하고 받아들일 수 있도록 돕습니다. 그럼으로써 불필요하게 애쓰며 억누르는 데 소비한 에너지를 자유롭게 해방하고 불필요하게 느꼈던 부적절함에서 벗어날 수 있게 됩니다. 사실 타당화할 수 없는 감정은 없습니다. 모든 감정은 다 이유가 있고, 살펴보면 모두 그럴 만하니까요. 스스로 타당화하고 다른 사람으로부터 타당화받으면서 '내가 화날 만했구나!', '내가 정말 억울한 상황이었구나!', '두려워할 만했구나!'라고 자신의 감정을 수용하면서 그 감정으로부터 벗어날 수 있게 됩니다.

### • 접근적인 체험적 방법의 대안 활용법

고양된 감정이나 충동을 해소하는 대안적인 방법이 있습니다. 물론 체험적 방법을 제대로 사용했을 때만큼은 아니지만, 몇 가지 사항을 염두에 두면서 사용하면 유사한 효과를 얻을 수 있습니다. 대안적인 방법들의 공통점은 에너지를 내부에서 끌어내어 밖으로 발산할 수 있다는 것입니다. 대표적인 방법으로는 달리기, 줄넘기, 복싱, 테니스 등의 격렬한 운동과 춤 그리고 노래를 부르거나 산에 올라 소리를 지르는 방법이 있습니다.

여기서 주의할 점은 단순히 이 방법을 사용한다고 해서 체험적 효과를 얻을 수 있는 것이 아닙니다. 체험적 효과를 극대화하기 위해서는 접근적인 체험적 방법을 사용할 때와 마찬가지로, 자신의 불쾌한 감정에 집중하면서 그 감정이 무엇인지 느끼고 그것을 밖으로 표현하고 발산하는 의식으로서 이 행위들을 해야 합니다.

속에 묻어 두었던 분노를 느끼고 그 분노를 몸과 소리에 실어서 밖으로 뿜어낸다는 마음으로 운동을 하고 노래를 불러야 합니다. 달리면서 속상했던 마음을 몸에 실어 털어버리고, 땀에 실어 슬픔을 밖으로 꺼내어 놓습니다. 샌드백을 내게 상처를 주었던 사람이라 생각하며 감정을 실어 주먹을 날리고, 날아오는 공을 그 사람이라 생각하며 힘껏 때려 넘깁니다. 특히 춤은 동작 치료나 무용 치료로 구현되어 치료적 효과를 내는 데 잘 활용되고 있습니다. 몸에서 느껴지는 감각과 감정들에 주의를 기울이고, 그 감각이나 감정들이 꿈틀거리는 대로, 하고자 하는 대로 몸을 맡겨 역동적으로 표현하면서 억누르고 표현하지 못했던 감정을 해소할 수 있습니다. 이렇게 불쾌한 감정에 집중해서 발산하는 의식을 하면, 속에 응어리졌던 감정들을 어느 정도 해소할 수 있습니다.

### 단계 IV 접근적인 인지적 방법을 도입하기

불쾌한 감정을 해소했다고 하더라도, 어떤 자극에 어떤 방식으로 반응해서 불쾌해졌는지를 모른다면 동일한 자극에 또 노출되고 동일한 방식으로 반응해서 반복적으로 불쾌한 감정을 느끼게 될 것입니다. 이처럼 다시 불쾌해지는 것을 막기 위해서는 불쾌한 감정이 발생한 원인과 과정을 이해하고 대안적인 사고로 대체하는 작업이 반드시 필요합니다. 그런데 감정이 고양되어 압도되어 있을 때는 그 감정을 먼저 해소하는 작업이 필요합니다. 사고 작용이 억제되어 인지적 작업이 어렵기 때문에 단계 II와 단계 III을 통해서 해소하고 가라앉히는 과정을 먼저 거치는 것입니다. 따라서 감정이 고양되어 있을 때는 감정을 느끼고 표현하는 체험적 방법을 사용하여 그것을 해소하는 작업이 필요하지만, 감정이 고양되어 있지 않을 때는 바로 인지적 방법을 사용해도 좋습니다.

우리는 불쾌한 사건을 경험하고서 잔뜩 기분 나빠하고 있는 친구에게 내심 도움이 되고자 하는 마음에 필요한 얘기를 해 주었다가 오히려 비난을 받은 경우가 한 번쯤 있을 것입니다. "화나 죽겠는데 도대체 뭐라는 거야? 지금 불난 데 부채질하는 거야?" 감정에 압도되어 있을 때는 그 감정을 해소하는 데 에너지가 쏠리고, 인지 즉 사고의 작용을 억압하는 경향이 있습니다. 그렇다면 이제 감정이 어느 정도 누그러지고 사고가 활동할 수 있는 단계에 이르렀다면, 그 감정의 원인과 과정에 직접적으로 접근하여 이해하는 인지적 작업이 필요합니다. 만약 체험적 방법만을 사용한 채 인지적 작업을 하지 않으면, 감정의 표현이나 분출에 혼란스러워하여 감정 경험을 통합하는 데 어려움이 있을 수 있습니다. 접근적인 인지적 방법은 다음과 같이 두 가지 단계로 구분할 수 있습니다.

### Ⅳ-1. 감정의 원인과 과정을 이해한다

불쾌한 감정을 느끼게 된 원인과 과정을 이해하지 않고 그냥 넘어가면 어떻게 될까요? 우리는 살면서 얼마든지 유사한 자극이나 상황에 노출될 수 있습니다. 그럴 때마다 똑같이 반응하여 불쾌한 감정을 반복적으로 느낄 것입니다. 따라서 이를 막기 위해서는 그러한 감정을 유발한 원인이 무엇인지 찾아 똑같이 반응하지 않도록 해야 하는 것입니다. 그런 감정을 느끼게 된 상황이 무엇인지, 그런 상황에서 그 감정을 유발한 자극은 무엇이고, 그러한 자극에 대해 어떻게 의미를 부여하고 해석하였는지 확인해야 합니다.

### Ⅳ-2. 합리적이고 적응적인 사고로 대체한다

생각이 달라지면 감정이 달라집니다. 반이 채워진 물컵을 보면서 '반이나 차 있네.'라고 생각하면 안심이 되고 기분이 좋지만, '반밖에 없잖아.'라고 생각하면 실망스럽고 짜증이 납니다. 감정은 우리가 자극에 대해 어떤 의미를 부여하느냐에 따라서 달라집니다. 불쾌한 감정을 유발한 생각에 대해 과연 그렇게 생각할 만했는지 그 타당성, 현실성과 효과성, 무엇보다 그렇게 생각하는 것이 내 자신이 원하는 것을 얻는 데 도움이 되는지 따져 보아야 합니다. 그리고 달리 생각해 볼 수는 없는지 좀 더 현실적이고 긍정적인 방식으로 대안적인 생각을 찾아봅니다. 지금까지 습관적으로 떠올렸던 부정적인 사고가 아닌 다른 생각을 찾는다는 것이 쉽지는 않습니다. 그러나 자꾸 다르게 생각하고 반복적으로 연습하다 보면, 처음에는 낯설고 시간이 걸리지만 점차 익숙해지고 쉽고 빠르게 대안적이고 긍정적인 생각들이 떠오릅니다. 그래서 불쾌한 감정에서 좀 더 손쉽게 벗어나 유쾌한 감정으로의 변화를 경험할 수 있습니다.

# 단계 I: 알아차리기

## 감정에 주의를 기울이고 내적 및 외적 상태를 알아차려야 다음 단계로 진행할 수 있다

정서 조절의 첫 번째 단계가 정서를 알아차리는 것이라는 데는 이의가 없을 것입니다. 자신이 불쾌한 감정을 경험하고 있다는 것을 알아차려야 정서 조절을 위한 시도를 할 수 있다는 것입니다. 그런데 알아차림awareness을 위해서는 자신의 정서에 주의를 기울이는 과정이 필수적으로 선행되어야 합니다권선중, 김교헌, 2007; 김정호, 2004. 정서 지능 연구자들은 정서 조절을 포함한 정서적 정보를 처리하는 과정의 첫 단계는 정서를 인식하고 알아차리는 과정이라고 하였으며, 자신의 정서에 주의를 기울이는 과정과 자신이 경험하는 감정을 명확하게 범주화하고 명명하는 과정으로 구분하였습니다이서정, 현명호, 2008; 이수정, 이훈구, 1997; Swinkels & Giuliano, 1995.

불쾌한 감정을 느끼고 있는데 이를 조절하기 원한다면, 먼저 자신의 감정 상태에 주의를 기울이고 그 감정이 무엇인지 명명하는 것이 우선입니다. 그러고 나서 자신의 상태와 처한 상황을 비롯한 주변 환경을 알아차려야 합니다. 이렇게 일단 알아차려야 그다음에 정서를 조절하기 위해 어떤 단계로 넘어갈지, 어떤 방법을 사용해야 할지를 결정할 수 있습니다. 첫 번째 단계는 구체적으로 세 가지 단계로 구분합니다. 지금부터 단계별로 자세히 살펴보겠습니다.

## I-1. 정서 조절의 첫 시작: 감정에 주의를 기울인다

### 자기초점적 주의란 무엇인가

### 자신에게 주의를 기울이는 것을 말한다

"너 어디에 그렇게 정신을 빼놓고 있는 거니?"
"야, 너 무슨 생각해?"
"자꾸 그 문제에 신경을 쓰고 있구나!"

모두 주의attention에 대해 말하는 것입니다. 여러분은 매 순간 주의를 사용하는데, 그 주의의 대상은 눈앞에 있는 사람일 수도 있고 곧 먹게 될 케이크가 될 수도 있으며 아침에 남편과 싸웠던 일이 될 수도 있습니다. 주의를 어딘가에 자꾸 사용하고 있을 때, '신경을 쓴다.'라고 표현하기도 합니다.

자기초점적 주의란 주의의 초점을 자신에게 맞추는 것으로, 자신의 생각, 신체 감각, 느낌, 행동이나 외모 등에 초점이 맞추어지는 주의를 말합니다. 대부분 우리의 주의는 마치 날아다니는 파리처럼 이곳에 앉았다가 저곳에 앉았다가 하며 온 사방 곳곳을 왔다갔다 하는데, 일시적으로 자신에게 주의가 갔을 때 자기초점적 주의의 상태에 있다고 표현합니다.

그런데 일시적인 것이 아니라 비교적 자신에게 주의를 기울이는 경향이 다른 사람들에 비해서 심한 사람이 있습니다. 민호는 친구들과 어울려서 이야기하는 동안에도 자꾸만 자신의 모습이나 상태에 신경을 쓰는 바람에 다른 사람의 이야기가 잘 들리지 않습니다. 그래서 반응이 느리고 언제 어떻게 대화에 끼어야 할지를 모릅니다. 혜교는 자신에게 안 좋았던 기억들을 자꾸 떠올립니다. 이전에 친구가 자신에게 심한 말을 하면서 상처 주었던 상황을 떠올리고, 부모님이 자신에게 안 좋게 대했던 일들을 생각합니다. 그래서 자꾸 우울하고 기분이 안 좋습니다. 이런 모습들을 보면 자신에게 주의를 기울이는 것이 정신 건강에 바람직하지 않은 것이 아닐까 생각하게 됩니다. 하지만 상담이나 심리 치료 장면에서 상담자는 내담자에게 자신이 어떠한 생각을 하는지, 어떻게 느끼고 있는지, 자신의 신체감각은 어떻게 나타나고 있는지 살피라고 합니다. 매 순간 자신이 무엇을 원하는지를 알고 자신의 상태를 잘 모니터링함으로써, 자신의 욕구를 적절히 충족하며 상황에 적절하게 행동할 수 있다고 안내합니다.

흥미롭게도 자기초점적 주의는 서로 상반된 영역인 정신병리와 심리 치료 각 분야에서 모두 중요한 역할을 하는 요인으로 주목받아 왔습니다. 정신병리 영역에서는 우울, 불안 등의 정신병리를 유발 및 악화하는 요인으로Ickes, Wicklund, & Ferris, 1973; Silvia, Eichstaedt, & Phillips, 2005, 심리 치료 분야에서는 적응 및 정신 건강에 기여하는 요인으로 간주되며 꾸준히 연구되어 왔습니다Conte, Plutchik, Jung, Picard, Karasu, & Lotterman, 1990; Farber, 1989; Nyklicek, Majoor, & Schalken, 2010.

그렇다면 과연 자신에게 주의를 기울이는 경향이 정신 건강에 이로울까요? 아니면 해로울까요?

## 자신에게 주의를 많이 기울이는 것은 정신 건강에 해롭다?

많은 연구에서 자기초점적 주의는 불안, 우울 등의 정신병리적 상태 및 다양한 정신장애와 정적인 방향으로 상관이 있다고 보고되었습니다Ingram, 1990a; Ingram, Cruet, Johnson, & Wisnicki, 1988; Ingram & Kendall, 1987. 자신에게 주의를 많이 기울일수록 우울이나 불안 수준이 높고 정신병리적 증상들이 자주 나타난다는 것입니다. 정신병리 영역에서의 자기초점적 주의 연구는 크게 우울과 불안을 중심으로 이루어졌는데, 서로 다른 측면에서 연구되었습니다Ingram, 1990b.

### • 우울에 대한 자기초점적 주의 연구

우울에 대한 연구에서는 실패와 같은 불쾌한 사건 후에 나타나는 반응 양식으로서의 자기초점적 주의에 주목하였습니다Pyszynski & Greenberg, 1987; Strack, Blaney, Ganellen

& Coyne, 1985; Wood, Saltzberg, Neale, Stone & Rachmiel, 1990. 실패 후에 자기초점적 주의의 증가는 우울한 기분을 지속 및 심화시키며, 우울한 사람은 실패나 우울한 기분에 대한 자기조절 방식으로 자신의 불쾌한 감정과 관련된 자기정보에 반추적으로 주의를 집중하는 대처 양식을 취합니다Nolen-Hoeksema, 1991. 우울에 대한 자기초점적 주의는 사건이나 기분이 발생한 후에 유발되는 반응 양식이기 때문에, 평소에 자신에게 주의를 기울이는 경향인 자기초점적 주의의 일반적인 개념과는 다릅니다. Silvia 외2005는 반추가 자기초점적 주의의 유형이라기보다는 동기를 측정하는 개념에 가깝다고 주장하였습니다.

• 불안에 대한 자기초점적 주의 연구

평소에 자신에게 주의를 많이 기울이는 경향은 불안에 대한 자기초점적 주의와 관련이 높습니다. 불안에 대한 자기초점적 주의는 우울과 달리 불안 관련 상황 이후뿐 아니라, 상황에 들어가기 전과 불안 관련 상황에서 광범위하게 영향을 끼치는 것으로 보입니다Clark & Wells, 1995.

수많은 연구에서 수줍음, 사회불안, 사회공포증을 지닌 사람은 사회적 상황에서 자기초점적 주의가 증가하고Carver & Scheier, 1978; Woody, Chambless & Glass, 1997, 자기초점적 주의 성향이 높은 사람은 사회불안 수준이 높다는 결과가 나왔습니다Monfries & Kafer, 1993; Saboonchi, Lundh, & Öst, 1999. 사회불안을 설명하기 위해 제안된 여러 모델에서도 자기초점적 주의를 중요한 요인으로 포함하였습니다Hartman, 1983; Hope, Gansler, & Heimberg, 1989; Schlenker & Leary, 1982. 특히, Clark과 Wells1995는 사회불안의 발생 및 유지에 있어 자기초점적 주의의 역할을 좀 더 정교화한 인지적 모델을 제안하였습니다. 사회공포증을 지닌 사람은 사회적 상황에 처하면 자기초점적 주의가 증가하며, 이로 인해 자신의 심장박동률과 같은 생리적 각성, 느낌, 생각 등 내적 정보에 대한 자각이 증가합니다. 따라서 심장이 떨리거나 땀이 나는 등의 생리적 각성 정도를 실제보다 과장되게 지각하여 더욱 불안해하고 두려워할 뿐 아니라, 이러한 불안과 관련된 내적 정보를 바탕으로 타인에 의해 관찰되는 사회적 인상을 추론함으로써 '난 정말 망신당했다.'와 같이 부정적인 방향으로 극단적으로 인식하게 됩니다.

## 자신에게 주의를 많이 기울이는 것은 정신 건강에 이롭다?

앞의 선행 연구들을 보면 자신에게 주의를 많이 기울이는 것은 불안 수준을 높임으로써 정신 건강에 해로운 것처럼 여겨질 것입니다. 그러나 심리 치료 분야에서 자기초점적 주의는 내담자가 자신에 대한 통찰을 얻는 데 기여하는 중요한 심리 치료적 요인으로 인식되고 연구되어 왔습니다. 정신분석, 로저스이론, 실존주의를 포함하여 많은 통찰 치료는 자신의 행동, 사고, 느낌을 관찰하고 살피는 것, 그리고 그 의미와 동기를 숙고하는 성향으로 정의되는 심리적 마음 상태 psychological-mindedness를 심리 치료의 도구이자 궁극적인 목표로 삼았습니다 Hall, 1992; Trapnell & Campbell, 1999. 이처럼 자신에게 주의를 기울이는 경향은 매우 바람직하고 긍정적인 특질로 간주되어, 이를 증가시킴으로써 내담자로 하여금 자기자각과 자기수용을 증가시킬 수 있다고 보았습니다 Farber, 1989.

정신병리와 심리 치료 각 영역에서 중요한 역할을 하는 요인으로 자기초점적 주의가 연구되면서, 둘 간의 대립된 견해와 결과의 차이를 밝히고자 하는 연구들이 꾸준히 있었습니다. 저는 바로 여기에 관심을 두었습니다. 어떤 사람은 자신에게 주의를 기울이는 것이 정신 건강에 안 좋다고 하면서 다른 데로 주의를 돌리라고 말하는데, 심리 치료 장면에서 말하는 건강하고 성숙한 인상의 모습은 소위 '깨어 있는 인간', 즉 자신에게 늘 주의를 기울이며 자신의 상태를 명확하게 잘 알아차리는 인간입니다. 여기에서 혼란을 느꼈지요. 그렇다면, 과연 자신에게 주의를 기울이는 것은 건강한 것인지 그렇지 않은 것인지에 대해 명확히 하고 싶었고, 이 둘 간의 차이를 설명하는 것이 무엇인지 알아야 정신 건강에 해로운 자기초점적 주의를 밝혀서 이를 줄이고 정신 건강에 이로운 자기초점적 주의를 권장할 수 있다고 생각했습니다.

## 적응적 자기초점적 주의 vs 부적응적 자기초점적 주의[28]

### 자신에게 주의를 기울이는 것 자체는 정신 건강에 직접적인 관련이 없다

정신병리와 관련된 자기초점적 주의와 정신 건강과 관련된 자기초점적 주의, 두 가지 성향을 구분하여 측정하는 자기초점적 주의 성향 척도SDSAS[29]를 개발하였습니다. SDSAS를 사용한 일련의 연구들을 통해 자신에게 주의를 기울이는 것이 정신 건강에 끼치는 영향과 서로 다른 두 가지 자기초점적 주의의 차이를 밝히고자 하였습니다. SDSAS를 구성하는 두 가지 하위 척도 중 자신에게 주의를 기울이는 것 자체를 측정하는 일반적 자기초점적 주의 성향 척도는 불안 및 우울과 유의미한 상관을 보이지 않았고 우울에 의미 있는 영향을 끼치지 않았습니다이인혜, 2008; 이지영, 권석만, 2005; 임선영, 최혜라, 권석만, 2007. 또한 정신 건강 및 정신병리의 수준을 측정하는 데 주로 사용되는 간이정신진단검사의 전체 심도지수와도 관련성이 나타나지 않았고, 9개 하위점수 중 편집증[30]을 제외한 우울, 불안, 공포불안, 적대감, 신체화, 강박증, 정신증, 대인예민성과 전혀 관련성이 없는 것으로 나타났습니다. 이러한 결과들은 자신에게 주의를 기울이는 정도 자체는 정신 건강에 긍정적이거나 부정적인 결과와 직접적인 관련이 없음을 보여 주는 것입니다. 이렇듯 자신에게 주의를

---

28 이지영이 2010년에 「한국심리학회지: 일반」의 29(2)권에 게재한 논문 '자기초점적 주의 성향과 정신병리의 관계: 적응적 대 부적응적 자기초점적 주의'의 결과를 일부 수정 및 보완하였습니다.

29 이지영과 권석만(2005)이 사회적 상황에서 나타나는 두 가지 자기초점적 주의 성향을 구분하기 위해 개발하였습니다. 총 30문항으로, '나 자신에게 주의를 기울인다' 등 자신에게 주의를 기울이는 정도를 측정하는 일반적 자기초점적 주의 성향 척도와 관련된 9개 문항과 '어떤 기분에 자꾸 신경을 쓴다' 등 자기몰입 경향을 측정하는 자기몰입 척도와 관련된 21개 문항으로 구성되어 있습니다. 일반적 자기초점적 주의 성향 점수가 높은 사람들 중 자기몰입 점수가 높은 사람은 방어적 자기초점적 주의 성향으로, 자기몰입 점수가 낮은 사람은 비방어적 자기초점적 주의 성향으로 분류합니다.

30 일반적 자기초점적 주의 성향은 편집증과 상관계수 .14이고 유의도 .04로 비록 낮은 수준이었지만, 아홉 가지 정신과적 증상 가운데 유일하게 의미 있는 상관관계를 나타냈습니다. 이는 자신에게 주의를 기울이는 정도 자체가 편집증적 경향에 관련될 수 있음을 시사합니다. 편집증은 '자기'와 관련된 장애로서, 자기개념에 대한 위협으로부터 자신을 방어하는 시도라고 여겨졌습니다(Winters & Neale, 1983). 따라서 긍정적이든 부정적이든 자기개념과 관련된 모든 자극에 매우 민감하고, 특히 자존감에 대한 위협에 민감하기 때문에(Kinderman, 1994), 편집증적 성향이 있는 사람들은 다른 정신병리 증상들에 비해 특히 자신에게 좀 더 주의를 과도하게 기울이는 경향이 있을 것으로 생각합니다.

많이 기울이는 것 자체가 정신 건강에 영향을 끼치지 않는다면, 정신 건강에 이로운 자기초점적 주의와 정신 건강에 해로운 자기초점적 주의를 구분하는 것은 무엇일까요?

### 자신에게 주의를 기울이는 '정도'가 아니라, 자신에게 주의를 기울이는 '방식'에 따라 정신 건강에 이로울 수도 있고 해로울 수도 있다

정신 건강에 이로운 적응적인 자기초점적 주의와 정신 건강에 해로운 부적응적인 자기초점적 주의의 차이는 어디에 있을까요? 두 가지 자기초점적 주의의 차이는 자신에게 주의를 기울이는 정도에 있는 것이 아니라, 바로 자기몰입과 같은 주의를 기울이는 방식에 있습니다.

이러한 주장은 이지영과 권석만2009의 사회불안 수준이 높은 집단과 낮은 집단의 SDSAS의 결과 비교 연구에서 좀 더 분명하게 입증되었습니다. 사회불안이 높은 집단과 낮은 집단은 일반적 자기초점적 주의 성향 점수에서 0.02의 근소한 차이를 보일 뿐 거의 동일한 점수를 보인데 반해, 자기몰입 점수에서 20점 가량의 큰 점수차를 나타냈습니다. 이는 사회불안 성향자와 사회불안이 낮은 건강한 사람의 차이가 자신에게 주의를 기울이는 정도에서는 나타나지 않는다는 것을 보여 줌으로써, 두 가지 자기초점적 주의 성향을 양적인 차이라고 본 선행 연구자들Farber, 1989; Ingram, 1990a의 입장을 직접적으로 반박하였습니다.

불안 수준이 높은 사람과 건강한 사람 모두 자신에게 주의를 많이 기울이지만, 전자가 자기몰입의 방식으로 주의를 많이 기울이는 데 반해 건강한 사람은 자기몰입 수준이 낮은 방식으로 주의를 기울인다는 것을 의미합니다. 다시 정리하자면, 정신병리와 정신 건강에 긍정적으로 기여하는 자기초점적 주의 성향 모두 자신에게 주의를 많이 기울이지만, 전자는 자신의 특정 측면에는 주의를 과도하게 계속 기울이면서 다른 측면이나 외부로는 주의를 쉽게 돌리기 어려운 성향인 반면, 후자는 자신에게 주의를 많이 기울이면서도 특정 측면에 주의가 점유되지 않으면서, 다양한 측면에 적절한 주의를 할당하며 자신의 다른 측면이나 외부로 쉽게 주의를 돌릴 수 있는 성향입니다.

SDSAS를 사용해서 두 가지 자기초점적 주의 성향의 유형[31]에 따른 정신병리 측정치상에서의 차이를 살펴본 결과, 방어적 자기초점적 주의 성향 집단은 비방어적 자기초점적 주의 성향 집단에 비해 GSI와 강박증, 대인예민성, 우울, 불안, 공포불안, 편집증, 정신증에서 유의미하게 높은 점수가 나왔습니다.

종합하면, 방어적 자기초점적 주의 성향 집단은 비방어적 자기초점적 주의 성향 집단에 비해 정신병리 수준이 높고, 비방어적 자기초점적 주의 성향 집단은 자기초점적 주의 성향이 낮은 사람들과 함께 정신병리 수준이 낮았습니다. 따라서 방어적 자기초점적 주의 성향은 우울 및 불안 등의 정신병리에 기여하는 부적응적인 자기초점적 주의 성향이고, 비방어적 자기초점적 주의 성향은 심리적 적응 및 건강에 기여하는 적응적인 자기초점적 주의 성향이라고 볼 수 있습니다. 이런 결과는 정신병리와 정신 건강에 관련된 이질적인 두 가지 자기초점적 주의 성향이 존재한다는 선행 연구자들Creed & Funder, 1999; Trapnell & Campbell, 1998; Watson et al., 1996의 주장을 지지할 뿐 아니라, SDSAS의 일반적 자기초점적 주의 성향 척도와 자기몰입 척도를 사용해 두 가지 자기초점적 주의 성향을 타당하게 구분할 수 있음을 보여 주었습니다.

**• 두 가지 자기초점적 주의의 차이**

부적응적인 자기초점적 주의의 핵심은 Ingram1990a이 주장한 과도하고 지속적이고 융통성이 없는 자기몰입self-absorption으로 설명할 수 있었습니다. 반면, 심리적 건강에 기여하는 적응적인 자기초점적 주의의 핵심은 점유되지 않은 적절한 주의 할당과 융통성에 있음을 시사하였습니다. 이는 정신 건강에 긍정적으로 기여하는 자기초점적 주의의 성격이 마음챙김 개념을 중심으로 이루어지는 데 융통성이 중요한 특성으로 제안되고 있다는 점에 부합합니다Chambers, Gullone, & Allen, 2009. 즉, 부적응적인 자기초점적 주의를 기울이는 사람은 자신에게 주의를 기울이되 불편한 측면에

---

31 두 가지 자기초점적 주의 성향 집단은 SDSAS(이지영, 권석만, 2005)의 구분 및 선발 기준을 따랐습니다. 즉, 전체 참가자 중 SDSAS의 일반적 자기초점적 주의 성향 점수에서 상위 40%에 해당하는 사람 중 자기몰입 점수가 상위 35% 이내에 해당하는 사람을 방어적 자기초점적 주의 성향 집단으로, 하위 35% 이내에 해당하는 사람을 비방어적 자기초점적 주의 성향 집단으로 구분하였습니다. 즉, 방어적 자기초점적 주의 성향은 자신에게 주의를 많이 기울이되 자기몰입 수준이 높은 사람이고, 비방어적 자기초점적 주의 성향은 마찬가지로 자신에게 주의를 많이 기울이되 자기몰입 수준이 낮은 사람입니다.

주의가 매여, 너무 과도한 양의 주의를 기울일 뿐 아니라 다른 데로 주의를 쉽게 돌리기 어렵습니다. 그렇기 때문에 온통 그곳에 신경이 쓰여서 주위의 다른 사람들이 어떤 말을 하고 무슨 행동을 하는지 살필 수 있는 에너지가 별로 없을 뿐 아니라, 다른 방식으로 생각하기도 어렵습니다. 반면, 적응적인 자기초점적 주의를 기울이는 사람은 자신에게 주의를 많이 기울이지만, 정신분석에서 말하는 '떠다니는 주의'처럼 다양한 측면에 골고루 주의를 기울이고 주변 상황이나 상대방과 주변 사람들의 말과 행동에도 주의를 기울이고 있어 좀 더 효과적으로 정보를 수집하고 처리하며 적절히 반응할 수 있습니다.

## 자신에게 주의를 기울이지 않는 것은 사회적 상황에서는 부정적으로 작용하며, 주관적 행복감이나 심리적 성숙에도 긍정적이지 않다

그렇다면 자신에게 주의를 기울이지 않는 것은 정신 건강에 어떤 영향을 끼칠까요? 평소에 자신에게 주의를 기울이지 않는 사람은 부적응적인 자기초점적 주의를 기울이는 사람에 비해서 정신병리 수준이 낮았고, 적응적인 자기초점적 주의를 기울이는 사람과는 정신병리 수준에서 차이가 없었습니다이지영, 2010a. 이런 결과들에 근거할 때, 자신에게 주의를 기울이지 않는 것은 정신병리 수준을 낮추는 데 긍정적으로 기여할 것으로 기대할 수 있습니다. 일부 연구자들은 자기참조self-reference를 사용하는 것이 심리적 향상을 방해한다고 지적하였고Natale, Dahlberg, & Jaffe, 1978, 자기초점적 주의의 감소를 유도하는 방법을 사용하는 것이 심리 치료에 효과적이라고 주장하였습니다Gibbons, Smith, Ingram, Pearce, & Brehm, 1985; Ingram & Hollon, 1986; Schmitt, 1983. 우울, 불안 등의 다양한 정신과적 증상이 자신과 관련된 갈등에서 비롯된 불편함이라는 측면에서, 자신에게 주의를 기울이지 않는 것이 이런 갈등이나 불편함에 대한 인식을 감소시킴으로써 정신과적 증상의 유발 및 악화를 줄일 수 있을 것으로 판단됩니다.

그러나 자신에게 주의를 기울이지 않는 사람은 부적응적인 자기초점적 주의를 기울이는 사람에 비해 사회불안 측정치에서 높은 점수가 나왔고, 면접과 같은 사회적 상황에서 불안이 많이 증가하였습니다이지영, 권석만, 2009. 또한 자기초점적 주의 성향이 낮은 집단은 적응적 자기초점적 주의 성향에 비해 자존감이 낮았고, 부적응적 자기초점적 주의 성향과는 유의미한 차이를 보이지 않았습니다이지영, 권석만, 2005. 즉, 사회적 상황에서는 자신에게 주의를 기울이지 않는 성향이 덜 긍정적으로 작용할 수 있을 것으로 보입니다. 일부 연구자들은 자기초점적 주의가 정신병리에 영향을 끼친다는 점에서 사회불안 감소를 위해 자신에게 주의를 기울이는 것을 감소시킬 것을 제안하였지만Hartman, 1983; Ingram, 1990a, Woody, 1996, 경험적 연구들은 사회적 상황에서 자신에게 주의를 기울이지 않는 성향이 적응적으로 자신에게 주의를 기울이는 성향에 비해 사회불안 수준이 높다는 것을 일관되게 보여 주었습니다이지영, 권석만, 2005, 2009.

이는 사회적 상황에서 다른 사람과 원만한 상호작용을 하기 위해서는 자신의 기분이나 의견을 알아차리는 자기자각이 필요한데, 자신에게 주의를 기울이지 않는 사람은 자신의 느낌이나 생각을 즉각적으로 인식하여 전달하는 데 어려움을 느껴 다소 불안을 경험할 수 있기 때문으로 보입니다이지영, 권석만, 2005. 또한 이들의 자존감이 부적응적인 자기초점적 주의 집단과 마찬가지로 낮게 나타난 것은, 자기존중감이 자기에 대한 긍정적 평가에서 비롯되는데 자신에게 주의를 기울이지 않는 것은 그만큼 자기가치 및 자기평가에 관심을 덜 할애하기 때문에 그 결과 자존감 수준이 낮다는 것으로 이해됩니다. 따라서 자신에게 주의를 기울이지 않는 성향이 정신병리를 낮추는 데는 기여할 수 있지만, 자기존중감을 비롯한 주관적 행복감이나 심리적 성숙에 긍정적으로 관여한다고 보기는 어렵습니다.

## 자신에게 주의를 기울이는 것과 정서 조절 능력의 관계[32]

### 자신에게 주의를 기울이는 정도 자체는 정서 조절 능력과 직접적인 관련이 없다

자신에게 주의를 기울이는 것 자체는 정신 건강 및 정신병리와의 관계와 마찬가지로, 정서 조절 능력과도 직접적인 관련성이 없었습니다. 자신에게 주의를 기울이는 정도를 측정하는 일반적 자기초점적 주의 성향은 정서 조절 곤란 총점과 정서

32 이지영이 2011년에 「한국심리학회지: 상담 및 심리 치료」의 23(1)권에 게재한 논문 '자기초점적 주의와 정서 조절의 관계'의 내용을 일부 수정 및 보완하였습니다.

조절 곤란 수준에 가장 높은 예측력이 있는 것으로 확인된 부적응적 정서 조절 방법과도 의미 있는 상관을 보이지 않았습니다.

일부 연구자들Mayer & Gaschke, 1988; Salovey, Mayer, Goldman, Turvey, & Palfai, 1995은 자신의 감정에 주의를 기울일수록 정서적 정보를 잘 처리할 수 있다고 보았고, Gratz와 Roemer2004는 자신의 정서에 주의를 기울이는 정도를 정서 조절 곤란 척도의 한 요인인 '정서에 대한 주의와 자각 부족'에 포함하는 등 정서 조절에 긍정적으로 기여할 것으로 가정하였습니다. 그러나 박성현과 성승연2008은 자신의 정서에 주의를 기울이는 과정이 정서 조절의 필수적인 시작 단계이지만, 자기초점적 주의 성향이 그다음 단계인 정서를 명확하게 알아차리거나 효과적인 정서 조절적 개입을 보장하지는 않는다고 주장하였습니다. 저2010b는 이에 대해 자기초점적 주의에는 정서 조절을 어렵게 하는 부적응적인 측면과 정서 조절에 기여하는 적응적인 측면 두 가지가 혼재하기 때문으로 보았습니다. 이러한 입장을 지지하는 연구 결과는 정서 조절 곤란 척도[33]의 '정서에 대한 주의와 자각 부족' 요인이 수용, 마음챙김, 사고 억제 등 정서 조절 관련 구성 개념들과 상관을 보이지 않거나 낮은 상관을 나타냈고조용래, 2007, TMMS의 '정서에의 주의' 요인은 '정서 개선' 요인과 관련되지 않았습니다이서정, 현명호, 2008. 따라서 자신에게 주의를 기울이는 성향 자체는 정서 조절 곤란을 야기하는 부적응적 방법의 사용과 정서 조절 능력에 직접적으로 영향을 끼치지 않는다는 결과가 선행된 경험적 연구 결과들에 부합하며, 자기초점적 주의가 정서 조절 능력에 직접적으로 영향을 끼치지 않는다는 입장을 지지하였습니다.

### 정서 조절 과정은 자신에게 주의를 기울이는 것에서 시작한다

정서를 조절하기 위한 과정에서 필수적인 시작 단계로 자신의 기분 등에 주의를 기울이는 자기초점적 주의가 제안되고 여러 연구자들에 의해 오랫동안 정서 조절에 긍정적으로 기여할 것으로 가정되어 왔음에도 불구하고, 이를 경험적으로 입증

---

33 총점이 높을수록 정서 조절 곤란 정도가 크다는 것을 의미하며, 정서 조절 능력에 대한 지표로 사용됩니다. 6개의 하위 척도 중 '정서에 대한 주의와 자각 부족'은 자신의 감정에 주의를 기울이는 자기초점적 주의와 알아차림의 내용으로 구성되어 있습니다.

한 연구는 없었습니다.

흥미로운 점은 자신에게 주의를 기울이는 정도를 측정하는 SDSAS의 일반적 자기초점적 주의 성향이 지지추구적 방법, 주의분산적 방법, 접근적 방법 등의 정신 건강에 기여하는 정서 조절 방법과는 유의미한 정적상관을 나타냈다는 것입니다. 아울러, 자신에게 주의를 기울이지 않는 사람이 주의를 기울이는 적응적 및 부적응적 자기초점적 주의 성향 집단에 비해 자주 사용하는 정서 조절 방법은 전혀 없었습니다. 이런 결과는 자신에게 주의를 기울이는 것이 정서 조절 곤란 수준이나 정서 조절 능력에 영향을 끼치지는 않지만, 주의를 기울일수록 정서를 조절하는 데 기여하는 방법들을 좀 더 자주 사용할 가능성이 크다는 것을 의미합니다. 이는 정서를 조절하기 위한 시도를 하기 위해서는 자신에게 주의를 기울이는 과정이 필수적임을 시사하는바, 정서 조절 과정의 필수적인 첫 번째 단계가 자신에게 주의를 기울이는 것이라는 선행 연구자들Johnson, 2009; Mayer & Gaschke, 1988; Swinkels & Giuliano, 1995의 가정을 일부 지지합니다.

## 자신에게 주의를 기울이는 방식에 따라 정서 조절 능력이 달라진다

자기초점적 주의는 자신에게 주의를 기울이는 것 자체가 아니라, 주의를 기울이는 방식에 따라 효과적인 정서 조절에 기여할 수도 있고 그렇지 않을 수도 있습니다. 부적응적인 자기초점적 주의를 기울이는 사람이 적응적인 자기초점적 주의를 기울이는 사람에 비해서 정서 조절에서 한계가 많았고, 부적응적인 방법을 자주 사용하였습니다. 반면, 적응적인 자기초점적 주의를 기울이는 사람은 정서 조절에 효과적인 접근적인 성격의 방법을 자주 사용하였습니다.

두 가지 자기초점적 주의를 구분하는 기준인 자기몰입은 정서 조절 곤란과 정서 조절 곤란을 야기하는 부적응적 정서 조절 방법과 관련되었습니다. 자신의 부정적 측면에 주의가 점유되는 자기초점적 주의의 방식은 주변의 상황이나 내부 또는 외부의 다양한 측면에 주의를 할당하지 못하게 하여 정서 조절에 필요한 객관적인 정보를 처리하는 능력을 방해합니다. 이에 불쾌감이 증폭되고 부정적 사고가 활발해짐으로써 반추, 자기비난, 타인비난과 같은 부정적 사고 방법을 사용하고, 증가된 불쾌감을 즉각적으로 해소할 수 있는 폭식이나 감정 폭발 등의 부적응적 방법을 동원합니다. 반면, 원활하고 융통적으로 주의를 할당하는 것은 처한 감정과 상황을 포함한 실제적인 단서들을 처리하고, 불쾌감을 감소할 수 있는 행동을 신속하게 판단하여 실행하도록 돕습니다.

### 부적응적으로 자신에게 주의를 기울이는 사람은 일시적인 효과가 있을 뿐, 궁극적인 정서 조절에는 효과적이지 않은 회피적 방법을 주로 사용한다

부적응적인 자기초점적 주의를 기울이는 사람은 자신에게 주의를 기울이지 않는 사람에 비해서 지지추구적 방법을 자주 사용하는 경향이 있었습니다. 부적응적 자기초점적 주의와 적응적 자기초점적 주의를 기울이는 사람 모두 자신에게 주의를 기울이지 않는 사람에 비해 주의분산적 방법을 자주 사용하였습니다. 주의를 분산시키거나 타인에게 지지를 구하는 방법은 개인이 겪고 있는 불쾌한 감정이나 상황으로부터 벗어나게 함으로써 일시적으로 불쾌한 감정을 조절하는 데 기여하지만, 불쾌한 정서에 접근하여 직접적으로 처리하지는 않기 때문에 궁극적인 정서 조절에는 그리 효과적이지 않는 방법입니다.

따라서 부적응적으로 자신에게 주의를 기울이는 사람은 그렇지 않은 사람에 비해 정서 조절에 기여하는 방법을 더 동원하기는 하지만, 일시적으로 효과가 있는 회피적이고 덜 효과적인 방법들을 동원하는 경향을 보였습니다.

### 자신에게 주의를 기울이지 않는 사람은 정서 조절을 위한 시도를 잘 하지 않는다

자신에게 주의를 기울이지 않는 사람은 적응적으로 자신에게 주의를 기울이는 사람과 마찬가지로 부적응적인 정서 조절 방법을 자주 사용하지 않았고, 정서 조절에도 어려움을 덜 느끼는 것으로 나타났습니다. 이런 결과에 근거할 때, 자신에게 주의를 기울이지 않는 것은 적응적인 방식으로 주의를 기울이는 것과 함께 정서 조절에 긍정적으로 기여할 것으로 기대할 수 있습니다.

그러나 앞서 논의한 바와 같이, 자신에게 주의를 기울일수록 정신 건강에 기여하는 방법들을 자주 사용하였고, 자신에게 주의를 기울이지 않는 사람이 기울이는 사람에 비해서 자주 사용하는 정서 조절 방법은 없었습니다. 이는 자신에게 주의를 기울이지 않을수록 정서적 불편함에 대한 인식이 낮기 때문에, 정서 조절에 대한 어려움을 덜 느낄 것이고 불쾌감을 조절하기 위한 시도도 덜 하게 될 것이라는 점에서 이해할 수 있습니다.

## 효과적인 정서 조절을 위해서는 자신에게 주의를 기울이되, 비방어적으로 주의를 기울여야 한다

지금까지의 내용을 종합하면, 정서를 조절하기 위해서는 가장 먼저 자신에게 주의를 기울여야 합니다. 효과적인 정서 조절을 원한다면, 자신에게 주의를 기울이되 방어적인 방식이 아니라 비방어적인 방식으로 주의를 기울여야 합니다. 정서 조절에 어려움을 겪는 사람들 대부분은 자신에게 주의를 기울이긴 하지만, 부정적 측면에 과도하게 계속 기울이며 다른 측면이나 외부로 주의를 쉽게 돌리기 어려운 방어적인 방식의 부적응적인 자기초점적 주의를 사용하였습니다.

반면, 정서 조절을 잘 하는 사람은 자신에게 주의를 기울이되, 자신의 특정 측면에 주의를 집중하지 않으면서 적절한 수준의 주의를 다양한 측면에 할당하며, 자신의 다른 측면이나 외부로 쉽게 주의를 전환할 수 있는 비방어적인 방식의 적응적인 자기초점적 주의를 사용하였습니다.

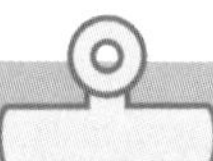

여러분은 어느 쪽에 해당합니까? 정서의 주인이 되기를 원한다면, 평소에 사용하는 자기초점적 주의의 방식을 바꾸려 노력하십시오. 즉, 자신에게 주의를 기울이되 특정적인 부정적 측면에 과도하게 주의를 집중하는 방식에서 벗어나, 다양한 측면에 적절한 주의를 기울이며 융통적으로 주의를 전환하도록 노력하십시오.

## ● 실습 자신에게 주의를 기울이는 방식의 자가진단

### • 평소에 자신에게 주의를 기울이는 편인가?

□ 당신은 평소에 자신에 대해 파악하려고 노력하는 편인가?

□ 당신은 자신이 어떻게 행동하는지 인식하는 편인가?

□ 당신은 자신에게 일어나는 생리적 변화에 민감한 편인가?

□ 당신은 자신이 어떻게 느끼는지 예민한 편인가?

□ 당신은 무슨 생각을 하는지 주의를 기울이는 편인가?

**NO** 당신은 평소에 자신에게 주의를 기울이지 않는 성향입니다. 만약 그렇다면, 당신은 자신에게 주의를 기울이는 연습이 필요합니다.

**YES** 다음의 질문에 따라 다시 판단해 보기 바랍니다.

### • 당신이 자신에게 주의를 기울이는 방식은 무엇인가?

□ 당신은 나른 사람과 함께 있을 때 자주 어떤 생각에 매여 대화 내용을 놓치는 편인가?

□ 당신은 자주 불편한 감정에 신경이 쓰여 자신이 어떤 기분인지 알아차리기 어려운가?

□ 당신은 자주 어떤 생각이 떠올라 떨치기 어려운가?

□ 당신은 타인과 있을 때, 얼굴이 붉어지거나 긴장하지는 않았는지 계속 신경 쓰는가?

□ 당신은 다른 사람과 있을 때 자신이 자연스럽게 행동하고 있는지 끊임없이 살피는가?

**NO** 당신은 평소에 비방어적인 방식으로 주의를 기울이는 적응적인 자기초점적 주의를 사용합니다. 당신은 건강한 방식으로 주의를 기울이고 있습니다.

**YES** 당신은 평소에 방어적인 방식으로 주의를 기울이는 부적응적인 자기초점적 주의를 사용합니다. 당신은 자신에게 주의를 기울이되 비방어적인 방식으로 주의를 기울이는 연습이 필요합니다.

## 정서 조절 과정의 시작 단계인 자기초점적 주의와 알아차림은 서로 구분되는 단계이다

자기초점적 주의가 정서 조절 능력 및 정서 조절 곤란과 직접적인 관련이 없다는 것은 자기초점적 주의와 알아차림을 분명하게 구분하여 측정해야 하는 필요성을 지지합니다. 선행 연구들Mayer & Gaschke, 1988; Salovey et al., 1995에서 주의를 기울이는 것과 알아차리는 것은 자주 함께 논의되었습니다. 주의는 알아차림의 배경으로서 공존하는 개념으로 간주되면서, 마음챙김 주의 자각 척도MMAS; Brown & Ryan, 2003와 정서 조절 곤란 척도에서와 같이 주의와 알아차림이 한 척도에 포함되어 측정되었습니다. 이후 Brown과 Ryan2004은 주의와 알아차림을 구분하여 정의하는 것에 대한 필요성을 제기하였습니다. 이에 대해 MAAS를 한국판으로 번안한 권선중과 김교헌2007은 주의와 알아차림을 구분하려는 시도는 개념적 논란을 가중시킬 뿐, 실용적 가치가 없을 가능성이 크다고 주장하였습니다.

그러나 Brown과 Ryan은 알아차림과 달리 자기초점적 주의는 정신병리와 정신건강과 관련이 있다고 보고되었기에이지영, 2010a; 이지영, 권석만, 2005, 2009a; Creed & Funder, 1998; Trapnell & Campbell, 1999, 주의를 기울이는 것과 알아차리는 것을 구분하여 살펴볼 필요성을 제안하였습니다. 연구 결과에서 자신에게 주의를 기울이는 것 자체가 정서 조절에 직접적인 관련이 없는 요인으로 확인된 만큼, 주의와 알아차림은 서로 명확하게 구분되는 개념으로 다루어져야 할 것입니다. 또한 마음챙김이나 명상에서 다루는 알아차림을 가능케 하는 주의는 자신에게 주의를 기울이는 방식 중 비방어적 자기초점적 주의에 가깝습니다. 특히, 부정적인 측면에 점유되지 않으면서 융통적으로 주의를 기울이고 전환시킬 수 있는 자기초점적 주의의 방식은 정신분석에서 말하는 '고르게 떠 있는 주의'와 유사하며, 로저스이론, 정신분석, 실존주의를 포함한 다양한 통찰 치료에서 강조하는 자신의 행동, 사고, 느낌을 관찰하고 살피며 숙고하는 심리적 마음 상태Hall, 1992; Trapnell & Campbell, 1999의 그것과 일맥상통합니다.

## • 실습 감정 경험 일지 작성 시작하기

최근 한 주 동안 불쾌한 감정을 경험했던 적이 있습니까? 있다면 최근에 경험한 일들 중에서 불쾌한 감정을 유발했던 일화를 적어 보십시오. 만약 특별히 기억나는 것이 없다면 과거 경험들 중에서 불쾌했거나 힘들었던 감정 경험을 기억하여 기록하십시오.

**Q 언제였습니까?**

........................................................................................................

........................................................................................................

........................................................................................................

........................................................................................................

........................................................................................................

........................................................................................................

........................................................................................................

........................................................................................................

........................................................................................................

**Q 무슨 일이 있었습니까?**

........................................................................................................

........................................................................................................

........................................................................................................

........................................................................................................

........................................................................................................

........................................................................................................

........................................................................................................

........................................................................................................

........................................................................................................

## 정서 경험 일지 기록하기

이제부터 정서 경험을 적을 수 있는 노트나 일기장을 별도로 마련하십시오. 그리고 하루하루를 살면서 여러분에게 감정의 변화가 발생했을 때 자신에게 주의를 기울여서 그것을 기록하십시오. 즉시 기록할 수 없다면 하루 중에 여유가 생겼을 때 노트를 펴고 그동안 기록하지 못했던 기간에 경험한 감정 일화를 적어 보십시오.

감정의 주인이 되기 위해서는 먼저 여러분이 경험하는 감정에 대해 알아야 합니다. 내가 주로 어떤 감정 경험을 하는지, 무슨 일이 있을 때 우울해하는지, 어떤 상황에서 불안해하는지 말입니다. 여러분이 매일 경험하는 감정 일화를 기록하다 보면, 여러분의 감정 경험에 어떤 패턴이 있다는 것을 발견할 수 있을 것입니다.

반복되는 특정 감정이 무엇인지, 자신에게 좀 더 특별히 더 민감하게 받아들여지는 정서적 자극이 무엇인지, 특정 감정을 경험할 때 어떻게 반응하는지 등 그 패턴을 알 수 있습니다. 또한 감정 경험을 기록하는 일은 자신에게 일어난 감정 경험을 이해할 수 있도록 돕고, 감정을 간접적으로 표출하는 효과도 있어서 감정을 진정시키는 데 효과적입니다.

감정 경험을 기록하는 일은 자신의 감정 경험으로부터 거리를 두게 하고, 좀 더 중립적이고 객관적으로 바라볼 수 있는 여유를 줍니다. 또한 방어적으로 주의를 기울였던 방식에서 경험과 어느 정도 거리를 두며 비방어적으로 주의를 기울일 수 있도록 안내합니다. 감정 경험을 밖으로 꺼내지 않으면 자신의 감정과 그 감정을 유발한 평가나 관점에 고착되어 다른 관점이나 시각을 떠올리지 못합니다. 그렇게 되면 아무리 반복해서 자신의 감정 경험을 떠올리고 되짚어도 여전히 그대로이고 감정 변화의 여지는 없습니다.

그렇다면 이제 여러분의 감정에 대해 변화를 유도할 수 있는 작업을 해 보겠습니까? 준비되셨나요?

그럼 시작합니다.

## ● 실습 실습 감정 경험의 요소 파악하기

여러분이 경험하는 감정은 다양한 형태로 표현됩니다. 정서는 인지적 요소, 체험적 요소, 행동적 요소, 생리적 요소로 구분할 수 있습니다. 인지적 요소는 감정을 느낄 때 떠오르는 생각으로, '잘못되면 어떡하지?'를 예로 들 수 있습니다. 행동적 요소는 행동적으로 어떻게 표현되는지, 예를 들어 손톱을 물어뜯는지, 머리카락을 자꾸 만지는지, 눈을 깜빡이는지, 휴지를 찢는지, 다리를 흔드는지와 같이 표현되는 행동을 말합니다. 생리적 요소는 호흡, 땀, 심장박동, 피부감각, 근육긴장 등의 신체감각적 요소입니다. 예를 들어, 식은땀이 나거나, 침이 마르거나, 심장이 요동치는 것 같다거나, 목이 막힙니다. 마지막으로 체험적 요소는 감정을 어떻게 느끼고 표현하는지와 관련된 부분으로, 주관적으로 어떻게 느끼는지, 화가 나는지, 우울한지, 주변에 소리를 지르며 감정을 폭발하는지 등에 대한 부분입니다.

요소의 구분은 헷갈리고 어려울 수 있습니다. 왜냐하면 감정 경험은 한꺼번에 총체적이고 복합적으로 경험되는 것인데, 이것을 세부적인 요소로 나누다 보니 중복될 수 있고 구분이 모호할 수도 있습니다. 또한 이 요소들이 밀접하게 서로 연관되어 있으니 더욱 명확하게 구분하기는 어려운 일입니다. 그러나 감정 경험을 각 요소로 구분해서 살펴보는 작업은 자신의 감정 경험을 좀 더 섬세하게 이해할 수 있게 합니다. 감정의 덩어리였던 것이 감정이 나타나기 이전의 전조 증상에서부터 감정이 경험되는 동안 일어나는 미묘한 변화들과 현상들까지 세밀하게 인식할 수 있도록 돕습니다. 이러한 작업을 반복하다 보면 자신의 감정 경험에 대한 유발에서부터 과정 그리고 변화에 이르는 전반적인 통찰로 쉽게 이어질 수 있습니다.

최근에 경험한 사건들 중 불쾌감을 느끼게 한 상황을 하나 정도 떠올려 보세요.

## 실습지 2 감정 경험 요소 기록지

**Q** 언제였습니까?

..............................................................................................................................

..............................................................................................................................

**Q** 어떤 상황이었습니까?

..............................................................................................................................

..............................................................................................................................

**Q** 어떤 신체 감각의 변화가 있었습니까?

..............................................................................................................................

..............................................................................................................................

**Q** 어떤 행동의 변화가 있었습니까?

..............................................................................................................................

..............................................................................................................................

**Q** 어떤 생각이 떠올랐습니까?

..............................................................................................................................

..............................................................................................................................

**Q** 주관적으로 어떻게 느꼈습니까?

..............................................................................................................................

..............................................................................................................................

## Ⅰ-2. 감정을 명명한다

불쾌한 감정을 적극적으로 다루기 위해서는 감정덩어리에 이름을 붙여 주는 것이 필요합니다. 이름을 불러 주지 않으면 그것은 감정을 품고 있는 덩어리에 불과합니다. 상대의 정체를 알 수 없기 때문에 여러분은 막연함을 느낄 것이고 답답해질 것입니다. 한편으로는 정체를 몰라 이 녀석이 나에게 어떠한 해코지를 할까 조마조마하고 불안합니다. 내가 지금 하고 있는 일을 망칠지도 모르고, 소중한 사람을 잃게 할지도 몰라서 두렵기까지 합니다. 또한 이 녀석의 정체가 드러나면 내 자신이 압도되어 통제를 못 하게 될지 몰라 겁이 납니다. 그래서 감정의 주인이 되기 위한 첫 번째 단계는 그 녀석의 정체를 밝히는 것입니다.

대부분의 것이 그러하듯 막상 정체가 드러나면, 그 전에 생각했던 것만큼 두렵거나 위협적인 존재가 아닌 경우가 많습니다. 감정 또한 마찬가지입니다. 감정에 이름을 붙여 그 정체를 노출시키면 덜 위협적인 존재가 됩니다. 또한 감정이 무엇인지 정확히 정체를 밝혀 대면하는 순간, 감정에 좀 더 당당해지고 이를 다룰 수 있는 자신감이 생깁니다.

우리가 주인이 되고자 하는 부하의 이름을 정확히 알아야 그 부하와 관련된 신상명세뿐 아니라 경력, 성격 등을 파악하고 어떻게 다룰 수 있는지 알 수 있을 것입니다. 감정도 마찬가지입니다. 그 이름이 무엇인지 알아야 감정이 어디에서 왔는지, 무엇을 원하는지 파악하고 다룰 수 있습니다. 그러나 자신이 어떤 감정을 자주 경험하는지조차 모르는 사람들이 있습니다. 온몸을 부들부들 떨 정도로 화가 나 있는데도 자신이 화가 나 있는지조차 인식하지 못한다면, 화난 감정을 어떻게 다룰 수 있을까요? 또한 주변 사람은 그 사람의 감정 상태를 알아차리거나 추측할 수 있어서 화난 감정에 대해 소통하려 하지만, 당사자가 "난 화가 나지 않다니까요."라면서 부인한다면 서로에게 쌓인 갈등을 어떻게 해결할 수 있겠습니까?

우리가 어떤 대상에 이름을 붙이는 이유 중 하나는 소통을 하기 위함도 있습니다. "난 화가 나 있어."라고 말한다면 상대방도 "너 화가 나 있구나!"라고 이해할 수 있습니다. 그러나 이름을 붙이지 못하고 "그냥 답답해."라고 한다면, 상대방 또한 무슨 감정인지 모르고 어떻게 해야 할지 몰라서 답답할 것이며, 결국 서로 소통할 기회는 갖시 못하겠지요. 이름을 모르는 사람들과 함께 있을 때는 저 사람들이 왜 여기에 있는지, 나에게 어떻게 할 것인지 모르기 때문에 불편하고 불안합니다. 하지만 "너는 옆집에 사는 영철인데 가끔 우리 집을 훔쳐보더구나.", "너는 앞집에 사는데 가끔 우리 집의 초인종을 누르고 가는 민호구나." 등 정체가 탄로 나면 이들은 훔쳐보던 행위를 잠시 멈추게 되고, 초인종을 누르고 도망가던 일도 못 하게 됩니다.

불편한 감정에 힘들어하던 사람이 '화가 났구나!'라고 감정에 이름을 붙이는 것만으로도 불쾌하고 화난 감정이 조금은 가라앉는 것을 자주 봅니다. 가슴이 답답하고 먹먹하던 사람이 '많이 억울했구나!'라고 감정에 이름을 붙이면, 답답하던 가슴이 조금은 풀리는 듯하고 자신의 감정을 어루만지며 위로할 수 있게 됩니다. 이렇듯 감정을 명명하는 것 자체는 감정을 해소하는 데 효과가 있습니다.

## • 실습 감정에 이름 붙이기

여러분은 감정 일지를 통해서 한 주 동안 있었던 다양한 감정 경험을 기록하고 있습니다. 이제 그 감정 경험들에 대해 어떤 감정이었는지 이름을 붙이는 작업을 할 것입니다. 혹시 나중에 하려고 미루었다면, 지금이라도 한 주 동안 경험했던 감정들을 기록해 보십시오. 그리고 다음의 안내에 따라 감정에 이름을 붙여 보도록 하십시오.

**Q 언제였습니까?**

..............................................................................................................................

**Q 어떤 상황이었습니까?**

..............................................................................................................................

..............................................................................................................................

..............................................................................................................................

..............................................................................................................................

..............................................................................................................................

..............................................................................................................................

..............................................................................................................................

..............................................................................................................................

**Q 어떤 감정을 느꼈습니까?**

..............................................................................................................................

..............................................................................................................................

**Q 그 감정의 강도는 어느 정도였습니까?**

➲ 사람마다 감정을 강렬하게 느끼는 정도가 다르고, 자극이나 상황에 따라서 경험하는 감정의 강도가 다릅니다. 0에서 100을 기준으로 당신이 느끼고 있는 감정의 강렬함 정도를 주관적으로 평가해 보십시오.

..............................................................................................................................

..............................................................................................................................

## 감정 명명 기록지

다음과 같이 감정이 발생한 상황을 구체적으로 적은 다음, 그 상황에서 느꼈던 감정이 무엇인지 명명해 보십시오. 이때 한 가지 감정만 느낄 수도 있고, 다양한 감정을 함께 느낄 수 있으며, 서로 모순되는 양가감정이 생길 수도 있습니다. 각 감정에 대해 그 강도가 어느 정도인지 0~100을 기준으로 주관적으로 느끼는 강렬함의 정도를 평가해 보기 바랍니다.

| 날짜(요일) | 상황 | 감정 이름 | 정서 강도(0~100) |
|---|---|---|---|
| 4/28(화) | 친한 친구에게 오랜만에 밥 먹자고 문자를 보냈는데, 답장이 없다. 이런 적이 한두 번이 아니다. | 짜증스러움 | 60 |
| 4/30(목) | 어제 세미나에서 발표하는데, 받은 질문에 대답을 잘하지 못했다. | 창피함 | 90 |
| | | | |
| | | | |
| | | | |

## 감정을 명명하기가 쉽지 않다

작성하면서 어땠습니까? 막상 자신이 느낀 감정이 불쾌하기는 하지만, 그 감정이 무엇인지 딱히 뭐라고 말하기 어렵지는 않았습니까? 또는 자꾸만 '답답함'만을 지각하고 있지는 않습니까? 만약 그랬다면 그것은 비단 당신만은 아닙니다. 많은 사람이 감정에 어떠한 것들이 있는지 잘 알지 못할 뿐 아니라, 자신의 감정을 정확하게 무엇이라고 말하기 어려워합니다.

이러한 현상을 감정 분화가 덜 되었다라고 볼 수도 있습니다. 감정에도 발달의 역사가 있습니다. 어린 아이는 "나빠.", "좋아." 정도밖에는 말을 잘하지 못합니다. 그러나 성장하면서 점차 단순하게 "기분 나쁘다."라고 말했던 감정이 불안이라는 것을, 슬픔이라는 것을, 두려움이라는 것을, 창피함이라는 것을 알게 됩니다. "기분 좋다."라고 말했던 감정이 설렘이라는 것을, 좋아하는 것이었음을, 사랑하는 것이었음을, 안도감이었음을, 행복이라는 것이었음을 알게 됩니다. 이렇게 다양한 경험을 통해 자신의 감정덩어리가 구체적으로 무엇인지를 쪼개어서 살펴볼 수 있게 됩니다.

## 한 상황에서 여러 감정이 느껴질 수 있다

어떤 경우는 사랑하는 감정과 미워하는 감정처럼 공존하기 어려운 모순되는 감정들을 함께 느끼기도 합니다. 어릴 때는 이런 양가감정이 들면 혼란스러움을 느낍니다. 좋아하는데 미운 마음이 드는 것이 가능한지, 이것이 무엇인지 이해하지 못하니까 말입니다. 그러나 실제로 대부분의 사람은 수많은 사건이나 대상에 대해 하나 이상의 다양한 감정을 느끼고, 상반된 양가감정을 종종 느끼기도 합니다. 서운하기도 하지만 시원하기도 하고, 좋아하기도 하지만 두렵기도 하고, 사랑하기는 하지만 증오스럽기도 하고, 행복하기도 하지만 슬프기도 합니다.

또한 한 상황이더라도 여러 감정이 순차적으로 들 수 있습니다. 매 순간 상황은 진행이 되고 있고, 내적 및 외적 자극은 무수히 많습니다. 내가 어떤 자극에 주의를 기울이느냐에 따라 감정이 변화합니다. 예를 들어, 약속에 늦는 상황을 가정해 봅시다. 약속장소에 가고 있는 상황에서 늦을까 봐 긴장되고 불안합니다. 결국 늦었을 때 허탈함을 느낍니다. '그렇게 달렸는데 늦고 말았구나.'라는 생각이 들었기 때문이지요. 그런데 상대방이 심하게 화를 냅니다. “너는 항상 그렇게 약속시간에 늦더라.” 순간, ‘늘 그런 것은 아닌데.’라는 생각이 들면서 억울하고 화가 납니다. 따라서 감정 명명 기록지를 작성하면서 한 상황에 대해 한 가지 이상의 여러 감정을 기입하는 것은 자연스러운 일입니다.

## 감정 강도를 평가하는 일은 어떤 정서 조절 개입을 해야 할지를 안내한다

화가 났다고 하더라도 살짝 난 정도인지 뭔가 부수고 싶을 정도로 극도로 치밀었는지 등에 따라 그 상황에서 감정에 어떻게 개입할 것인지, 이후 사용할 정서 조절 방법이 달라집니다. 예를 들어, 약간 기분이 나쁜 정도라면 접근적인 인지적 방법을 사용하여 감정을 이해하고 대안적으로 생각함으로써 어렵지 않게 감정을 조절할 수 있습니다. 그러나 강한 분노가 치밀어 오른다면 그 감정을 표현하고 발산하는 접근적인 체험적 방법을 사용하여 안에 머물러 있는 충동과 공격성을 밖으로 꺼내야 합니다. 그래야 충동이 가라앉고 이성을 작동시킬 수 있는 여유가 생깁니다. 그러나 접근적인 체험적 방법을 사용할 수 없는 상황이라면, 다양한 주의분산적 방법을 동원하여 일단 감정의 강렬함을 어느 정도 가라앉혀야 합니다.

심리 치료 장면에서는 경험하는 감정의 강도에 따라 치료적 효과가 달라집니다. 정서를 조절하는 과정에서도 동일한 관점이 적용될 수 있습니다. 만약 강렬한 감정을 경험하고 있다면 정서를 유발한 자극이나 상황이 그 사람의 핵심적인 문제를 건드렸을 가능성을 배제할 수 없습니다.

## 감정과 관련된 단어는 생각보다 무수히 많다

여러분의 감정 분화 과정을 돕기 위해서 여기에서는 수많은 감정이나 기분에 대한 단어들을 소개하고자 합니다. 감정에 익숙하지 않거나 이름을 붙이는 데 어려움을 겪는 분은, 다음의 단어 목록을 살펴보면서 적절한 감정 단어를 찾아 기입하면 많은 도움이 될 것입니다. 이런 작업을 반복하다 보면 서서히 수많은 감정 단어가 머릿속의 레퍼토리에 들어가게 되고, 자신이 경험하는 감정이 무엇인지 좀 더 수월하게 명명할 수 있을 것입니다.

## • 자료 감정 단어 목록

아래에 제시된 단어들은 우리의 기분이나 감정을 표현하는 데 사용되는 단어입니다. 느낌이나 감정을 표현할 때 참고할 수 있도록 임의로 정리하였습니다.

### 불쾌한 정서

**분노**

화난, 분한, 울화가 치미는, 분개한, 격분한, 성난, 열 받은, 신경질 나는, 짜증나는, 약 오른, 격앙된, 격노한, 머리 뚜껑이 열리는, 욱하는

**긴장, 불안, 두려움**

긴장된, 초조한, 조바심 나는, 안절부절못하는, 전전긍긍하는, 안달복달하는, 조급한, 조심스러운, 걱정스러운, 겁나는, 겁먹은, 굳어버린, 다리가 후들거리는, 떨리는, 불안한, 손에 땀을 쥐게 하는, 무서운, 두려운, 소름 끼치는, 등골이 오싹한, 애타는, 얼어붙은, 숨이 막힐 것 같은, 심장이 멎는 것 같은

**슬픔, 절망, 무기력**

상심한, 슬픈, 기운 없는, 눈물이 나는, 서글픈, 코가 시큰한, 기분이 처지는, 불행한, 서러운, 무기력한, 암담한, 앞이 안 보이는, 우울한, 울고 싶은, 울적한, 우수에 젖은, 의기소침한, 위축된, 침울한, 의욕 없는, 절망하는, 주눅이 든, 막막한, 희망이 없는, 힘 빠진, 맥 빠진, 힘없는, 낙심한, 기분이 가라앉는, 참담한, 가슴이 찢어지는, 다리가 후들거리는, 비통한, 후회스러운

**수치심, 죄책감**

부끄러운, 쑥스러운, 창피한, 수치스러운, 죄스러운

**놀람**

놀란, 깜짝 놀란, 덜컥하는, 기막힌, 경악을 금치 못하는, 아찔한, 쇼크 받은, 아연실

색하는, 어안이 벙벙한, 움찔하는, 충격적인, 하늘이 무너지는, 할 말을 잃은, 황당한

**고통스러움**

고통스러운, 괴로운, 비참한, 상처받은, 속상한, 억울한, 억장이 무너지는, 가슴이 찢어지는, 원통한, 참담한, 한 맺힌, 한스러운

**고민스러움**

고민되는, 성가신, 짜증스러운, 불편한, 귀찮은, 낭패스러운, 난감한, 거슬리는, 신경이 날카로운, 예민해진, 민감해진, 심란한, 마음이 복잡한, 힘겨운, 부담스러운, 중압감을 느끼는, 수심에 찬

**외로움**

쓸쓸한, 고독한, 고립된, 외로운, 처량한, 처절한

**당황**

겸연쩍은, 곤혹스러운, 난처한, 당혹스러운, 어리둥절한, 멋쩍은, 민망한

**단절감**

멍한, 몽롱한, 무감각한, 냉담한, 거리감이 느껴지는, 냉랭한, 넋이 나간, 단절된, 마비된, 마음이 닫힌, 물러선, 무감동한, 무관심한, 무신경한, 무심한, 시큰둥한, 따분한, 심드렁한, 싸늘한, 얼이 빠진, 재미없는, 흥미 없는

**서운함, 불만족**

뚱한, 고까운, 기분 상한, 낙담한, 뒤틀린, 망연자실한, 불만족한, 서운한, 섭섭한, 실망한, 심통 나는, 야속한, 원망스러운, 좌절한, 거슬리는, 못마땅한

**불안정감**

불편한, 산만한, 찜찜한, 동요되는, 마음이 편치 않은, 망설이는, 아리송한, 안심이 안 되는, 신경 쓰이는, 불안정한, 미심쩍은, 어리둥절한, 얼떨떨한, 주저하는, 의아한, 의심스러운, 안절부절못하는, 어쩔 줄 모르는, 미칠 것 같은, 혼란스러운

**부러움**

샘나는, 애타는, 간절한, 못 견디는, 부러운, 안달하는, 질투 나는

**혐오감**

싫어하는, 증오스러운, 구역질나는, 피하고 싶은

**경멸**

비판적인, 거부적인, 무례한, 씁쓸한

## 유쾌한 정서

**고양, 흥분**

설레는, 들뜬, 날아갈 것 같은, 벅찬, 가슴이 터질 것 같은, 신이 나는, 각성한, 고양된, 기쁨에 넘치는, 뛸 듯이 기쁜, 만끽하는, 매혹된, 야릇한, 열렬한, 자극받은, 열정적인, 우쭐한, 짜릿한, 통쾌한, 황홀한, 흥분되는, 환희에 찬, 하늘로 붕 뜨는 것 같은

**즐거움, 유쾌**

기쁜, 기분 좋은, 반가운, 상쾌한, 유쾌한, 재미있는, 좋은, 즐거운, 흥겨운, 명랑한, 쾌활한

**만족, 행복**

만족스러운, 충족된, 행복한, 흐뭇한, 흔쾌한, 흡족한, 흥겨운, 마음에 드는, 충만한

**편안함**

이완된, 잔잔한, 진정된, 차분한, 고요한, 긴장이 풀린, 마음이 놓이는, 맑은, 안도하는, 안락한, 안심되는, 안정된, 유유자적하는, 침착한, 편안한, 평온한, 평화로운, 한가로운, 포근한

**사랑스러움**

다정한, 따뜻한, 마음이 끌리는, 마음이 통하는, 애틋한, 사랑을 느끼는, 사랑이 넘치는, 애정을 느끼는, 애착이 가는

**자비심**

동정심을 느끼는, 마음이 쓰이는, 온화한, 자애로운, 푸근한, 친근한

**감동**

찡한, 가슴 뭉클한, 감격한, 감동적인, 감사하는, 고마운, 깜짝 놀란, 놀라운, 신기한, 경이로운

**활력**

밝은, 생기 있는, 발랄한, 기운찬, 기운이 나는, 신선한, 살아 있는, 상쾌한, 생생한, 되살아난, 열의가 생기는, 쾌활한, 의욕이 넘치는, 활기가 넘치는, 활기찬, 힘이 넘치는, 힘찬

**자신감**

뿌듯한, 당당한, 의기양양한, 긍지를 느끼는, 자랑스러운, 자부심을 느끼는, 자신 있는, 자신만만한, 확고한, 확신하는

**희망**

기대하는, 낙관하는, 기운을 내는, 용기를 얻은, 자신감을 얻은, 희망을 느끼는, 가슴 벅찬

**흥미**

재미있는, 관심이 가는, 궁금한, 흥미로운, 홀린, 넋이 빠진, 도취한, 마음을 뺏긴, 매료된, 몰두하는, 열심인, 열중하는, 열렬한, 몰입하는, 무아지경인

## I-3. 알아차림: 내적인 상태와 외적인 환경을 파악한다[34]

당신이 느끼는 감정이 무엇인지 이름을 붙였습니다. 그리고 얼마나 강렬하게 느끼는지 진단하였습니다. 그렇다면, 이제 다음 단계로 넘어가기 위해서는 현재 당신의 내적 상태와 외적 상황을 정확히 파악해야 합니다. 알아차림은 현재 순간에 중요한 자신의 욕구나 감각, 감정, 생각, 행동, 환경, 자신이 처한 상황 등을 지각하는 것을 말합니다. 또한 자기 행동의 주체가 자기 자신이라는 것을 깨닫는 것, 특정 상황에서 자신이 선택할 수 있는 행동 반응을 아는 것입니다. 이렇듯 알아차림은 매우 포괄적인 개념입니다. 알아차림은 누구나 가진 능력이며 또한 자연스런 상태에서는 누구나 사용하는 고유의 능력인데, 이는 자신을 환경에 적응시키면서 성장하기 위해 반드시 필요한 생존 도구입니다. 한편, Perls는 "알아차림 그 자체가 바로 치료적일 수 있다."라고 말하였습니다.

예 배가 고프다 · 밥을 먹어야겠구나. 침대에 누워 자고 싶구나.
그녀에게 고백을 하고 싶구나. 내가 슬퍼하고 있구나.
그 사람에게 화가 나는구나.

알아차림은 마치 낭만적인 여행에 비유할 수 있습니다. 무엇이 나타날지, 어떤 체험을 할지 미리 알 수 없으며 그런 것을 생각하지도 않습니다. 그냥 사건이 일어나도록 자신을 개방하고 그것을 체험하는 것입니다. 이런 여행은 항상 새로운 체험을 할 수 있게 해 줍니다.

34 알아차림에 대한 내용은 김정규(1995)의 『게슈탈트 심리 치료』의 내용을 일부 인용하거나 참고하였습니다.

지금 그녀를 만나러 가는 길! 어디선가 콩딱콩딱 뛰는 소리가 느껴진다. 내 가슴이 뛰고 있다. 설레고 있다. 그녀가 나와 있기를 바란다. 그녀가 보고 싶다. 오랫동안 익숙하게 지냈던 후배라고만 생각했는데…. 내가 그녀를 좋아하고 있다.

집중이 잘 안 된다. 자꾸 다른 생각이 떠오른다. 어제 친구가 했던 말과 행동이 떠오른다. 친구가 나에게 "넌 혼자서도 잘하잖니."라고 말했다. 서운한 마음이 든다. 나 또한 힘들어하고 있다는 것을 이해받지 못한 것 같다. 아무렇지 않다고 생각했는데, 괜찮다고 생각했는데, 사실은 친구로부터 이해받고 싶었고 친구의 말에 서운하고 마음이 아프다.

## ● 실습 내적 및 외적 상태 알아차리기

알아차림에는 다음과 같은 것이 있습니다. 최근에 가장 두드러지게 지각되었던 감정 경험을 떠올리며, 지금 이 순간 다시 경험하고 있다고 상상해 보십시오. 또는 지금 현재에 적용하여도 좋습니다. 당신은 무엇을 알아차리고 있습니까?

① 신체 감각에 대한 알아차림

손에서 땀이 나고 호흡이 가빠진다.
코끝이 찡하고 눈시울이 뜨거워진다.
머리가 띵하고 지끈지끈 아프다.

.......................................................................................................

.......................................................................................................

.......................................................................................................

.......................................................................................................

② 욕구에 대한 알아차림

나는 지금 좀 쉬고 싶다.
나는 지금 분통을 터뜨리고 싶다.
나는 지금 너에게 이해받고 싶다.
나는 지금 이곳에서 뛰쳐나가고 싶다.

.......................................................................................................

.......................................................................................................

.......................................................................................................

.......................................................................................................

.......................................................................................................

③ 감정에 대한 알아차림

나는 그 사람에게 굉장히 화가 난다.
나는 시험에 떨어질까 봐 불안하다.
떠난 여자친구가 그립고, 혼자가 된 것 같아 몹시 외롭고 슬프다.
난 지금 정말 창피하다.

④ 환경에 대한 알아차림

당신의 주변 환경에 무엇이 있는지, 어떤 일이 벌어지고 있는지 알아차리는 것입니다. 단순히 사물의 존재를 알아차리는 것에서부터 시작해서 주변 사람들이 어떻게 행동하는지, 당신에게 어떻게 대하는지 등을 알아차립니다.

우리 집 담벼락에 개나리꽃이 예쁘게 피었네.
강의실 창문 커튼이 푸른색이네.
저 친구가 오늘은 예쁜 블라우스를 입고 왔네.
어, 저기 공사 중이다.
주변에 있는 사람들이 모두 나를 지켜보고 있다.
대부분의 학생이 교수님의 강의를 조용히 듣고 있다.

⑤ 상황에 대한 알아차림

당신이 처한 상황을 있는 그대로 정확히 지각하는 것입니다. 함께 있는 사람들이 당신에게 호의적인지, 호의적이지 않은지 지각합니다. 상황이 당신에게 요구하는 것은 무엇인지 파악합니다. 당신의 불편한 감정을 그대로 표현해도 괜찮은 상황인지, 만약 괜찮지 않다면 어떤 일이 발생할 수 있는지 예상합니다.

저 둘은 자꾸 자기들끼리 이야기한다. 뭔가 낌새가 수상하다. 서로 호감이 있는 것 같다. 내가 중간에 끼면 좋아하지 않겠구나. 나는 민수와 이야기해야지.

부장님이 잔뜩 얼굴을 찌푸리고 있다. 분위기가 심상치 않다. 모두 숨을 죽이고 있다. 여기에서 내가 아까 기분 나빴던 표현을 하면 안 되겠다. 조용히 꾹 참고 있자.

친구들은 모두 미선이를 칭찬하며 좋게 말하고 있다. 미선이에게 잘 보이고 싶어 하고 친해지고 싶어 한다. 그런데 조금 전에 미선이 때문에 상한 감정에 대해 표현하면 불편해할 것이다.

.........................................................................................................

.........................................................................................................

.........................................................................................................

.........................................................................................................

.........................................................................................................

⑥ 자신의 힘에 대한 알아차림

당신은 어떤 일을 할 수 있는지, 그리고 어디까지 감당할 수 있는지 알아차립니다. 어떤 상황을 견딜 수 있고 그렇지 않은지, 환경에 어떤 영향을 행사할 수 있는 능력이 있는지 알아야 합니다.

영미는 사람들 앞에서 자기 마음대로 내가 당연히 좋아할 거라고 말하며 나를 우습게 만들었다. 영미에게 굉장히 화가 치밀어 오르고, 그렇지 않다는 말을 하고 싶다. 그러나 지금 당장 말하면 심하게 화를 내며 폭발할 것 같다. 난 화를 꾹 참고 유머러스하게 내 의사를 표현하지 못한다. 결국 분위기는 싸해질 것이고 영미에게 심한 말을 해서 관계가 완전히 틀어질 것이다.

상사는 나에게 계속 부당한 대우를 하고 있다. 난 너무 괴롭고 힘들지만, 어려운 상황을 곧잘 헤쳐 나가는 힘이 있다. 지금은 괴롭지만 난 상사에게 부당함을 가능한 완곡하게 표현할 것이고, 이 상황을 견디고 극복해 나갈 자신이 있다.

⑦ 행위에 대한 알아차림

당신의 행동 방식을 알아차리는 것입니다. 당신이 평소에 어떻게 행동하는지 그 패턴을 깨닫습니다.

나는 가정형편이 안 좋거나 힘들어하는 후배나 친구가 있으면 보살펴 주어야 한다고 생각한다. 나는 강한 사람이고 그 사람들은 매우 연약하고 불쌍한 존재이기 때문에 내가 이해하고 돌봐야 한다고 믿어 왔다. 그러나 사실은 나 또한 매우 연약하고 상처받기 쉬운 측면이 있었는데, 그것을 인정하는 것이 너무나 두려웠다. 그래서 자꾸 나의 취약하고 불쌍한 측면을 다른 사람에게 투사하여 그들을 보호하는 행동을 해 온 것이다.

나는 상대방에게 거절을 잘 못 한다. 그러다 보니 계속 부탁을 들어주다 도저히 참을 수 없는 지경에 이르면, 아예 연락을 끊어버린다. 지금 난 혁준이에게도 마찬가지로 아무런 내색 없이 부탁을 들어주다가 참을 수 없는 상태에 이르렀고, 혁준이에게 심한 화를 느끼고 있다. 난 혁준이의 전화를 모두 받지 않고 있다.

## ● 실습 '알아차리기' 게임

이제부터 자신의 감정, 욕구, 신체 감각 등을 알아차리는 게임을 하겠습니다. 지금부터 말할 때는 알아차리는 것만 이야기하는 것입니다. 두 사람 이상 함께 있을 때, 이 게임을 해 볼 수 있습니다. 10분에서 15분 정도 시간을 미리 정해 놓고 시작하는 것이 효과적입니다.

지금 어떤 느낌이죠? 지금 무엇을 자각하고 있습니까? 생각을 멈추고 현재 느낌에 집중해 보세요. 당신이 원하는 것이 무엇입니까? 당신의 호흡과 신체 감각을 한번 느껴 보세요. 당신의 신체가 무엇을 표현하려고 하는지 알아차려 보세요.

자, 지금부터 시작하겠습니다. 자유롭게 지금 알아차린 것을 그때그때 말해 보세요(적어 보세요.).

'… 하고 싶다', '…하기를 원한다',
'…이 느껴진다', '…을 알아차린다' 등

예 "지금 어색함을 느낀다.", "손을 무릎에 자꾸 문지르고 있다는 것을 알아차린다.", "'어떤 말을 해야 하는 거지?'라는 생각이 떠오르는 것을 알아차린다.", "**가 무슨 생각을 하고 있는지 알고 싶다.", "그 말을 들으니 갑자기 심장박동이 빨라지고 호흡이 살짝 가빠지는 것을 알아차린다.", "'별 생각이 없는데.'라고 말하고 싶다는 것을 알아차린다.", "순간 당황스러움이 느껴진다.", "내가 자꾸 **를 신경쓰고 있다는 것을 알아차린다." 등 알아차리기 게임을 하고 나서 여러분은 무엇을 알아차리셨나요?

........................................................................................................................

........................................................................................................................

........................................................................................................................

........................................................................................................................

........................................................................................................................

........................................................................................................................

........................................................................................................................

매 순간 참 많은 자극들에 노출되고 있다는 것을 발견하셨을 겁니다. 수많은 자극 중에 우리가 무엇에 주의를 주느냐에 따라 알아차리는 대상이 달라집니다. 가족들이나 친구들과 함께 있을 때 할 말이 없어 휴대폰을 만지작거리곤 합니다. 이때 알아차리기 게임을 해 보십시오. 같은 공간에 함께 있을 때 서로가 무엇을 느끼고 경험하고 있는지 쉽고 유쾌한 게임 방식으로 공유할 수 있을 것입니다. 사실 누군가 '아'라고 하면 그 '아'에 함께 있는 모든 사람은 '어', '오', '우'와 같이 각기 다양한 반응을 보이는 것을 경험하게 됩니다. 이를 깨닫지 못하거나 무시하고 표현하지 않을 뿐인 것이죠. 또한 참으로 많은 생각들에 빠져 살고 있다는 것 또한 알아차리셨을 것입니다. 알아차리기 게임 방식으로 생각을 표현하니, 수없이 떠오르는 생각에 빠져 즉각적으로 반응하지 않을 수 있고, 거리를 두고 바라보고 선택할 수 있는 통제감 또한 느끼셨을 것입니다. 이러한 알아차리기 게임을 통해 매 순간 우리에게 일어나는 다양한 내적 및 외적 경험에 대해 보다 잘 자각하고 처한 상황에서 적응적으로 활용할 수 있기를 바랍니다.

# 단계 II:
# 주의분산적 방법을 도입하기

## 불쾌한 감정에 접근하여 다루기 어려운 상황이라면, 주의분산적 방법을 사용하여 완화하는 것이 바람직하다

불쾌한 감정을 느끼고 있다는 것을 알아차렸고 당신이 처한 상황이 감정을 해소하기에 안전한 상황이 아니라면, 일단 주의분산적인 방법을 통해 불쾌한 감정을 완화하는 것이 바람직합니다. 예를 들어, 회의실에서 중요한 발표를 해야 하는 상황에 있다고 가정해 봅시다. 안전한 대상이 곁에 있지도 않고, 안전한 상황을 찾기도 어렵습니다. 종이나 휴대폰과 같은 안전한 방식을 사용하기도 마땅치 않습니다. 감정이 별로 고양되지 않아서 단계 Ⅳ로 바로 넘어가 접근적인 인지적 방법을 사용할 수 있지만, 이처럼 급하게 일을 처리해야 하는 상황에서는 이마저도 여의치 않을 때가 많습니다. 지하철에서 기분 나쁜 일을 당했을 때, 그 감정을 그대로 표현하면 주변 사람들이 놀랄 수 있고 주목을 받거나 '저 사람 굉장히 예의 없는 사람이다.'라는 등 부정적인 인상을 줄 수 있습니다. 국회 회의장에서 국회의원들이 소리를 지르고 물건을 던지는 모습을 보았을 때, 우리는 그 국회의원의 인격에 실망하고 그 사람에게 한 표를 던지고 싶지 않을 것입니다.

불쾌한 감정에 접근하여 해소하기에 안전하지 않은 상황에서 감정이 고양된 상태 그대로 둔다면, 다음과 같은 불편한 상황이 일어날 것입니다. 일단 고양된 감정은 계속 밖으로 표출하고자 하는 충동을 수반합니다. 속에 눌린 강한 감정이나 충동은 밖으로 분출하기 위해 꿈틀거리고 움직이는데, 별도의 조치를 취하지 않은 채 내버려 두면 예상치 못한 일들이 벌어지고 말 것입니다. 자신도 모르게 연인이나 주변 사람에게 짜증이나 신경질을 내거나, 뭔가 폭발할 듯 말 듯한 분위기로 불편을 줄 수 있습니다. 불안한 사건이 발생했다면 현재 만나는 사람의 이야기에 집중하지 못한 채 손이 떨리고 땀을 흘리며 경직된 반응을 보일지 모릅니다. 함께 있는 사람은 그런 당신을 보고 당황해 하거나 자신에게서 원인을 찾아 자신과의 만남 때문에 긴장하고 초조해한다는 오해를 할 수도 있습니다. 강의실에서 수업을 듣는 중, 얼마 전 남자친구로부터 받은 이별통보로 인한 슬픔에 갑자기 울컥하여 눈물을 흘린다면 강의를 하고 있던 교수나 강의실에 있던 학생들은 울고 있는 당신을 보며 당황스러워할 것입니다.

또한 당신이 강한 감정이나 충동이 분출되는 것을 막으려 한다면, 여기에 상당한 에너지를 쏟기 때문에 잔뜩 긴장 상태가 될 것입니다. 우리가 매 순간 쓸 수 있는 에너지의 양은 한정되어 있기 때문에, 당신이 억누르는 데 쏟는 에너지로 인해 다른 데 사용할 수 있는 에너지는 얼마 남지 않습니다. 다른 사람들과 회의를 하는 중이라면 상대방의 말이 잘 들리지가 않고 요점이 파악되지 않습니다. 책을 읽고 있는데 글자에 주의가 가지 않고, 읽고 있어도 무슨 내용인지 정리되지 않습니다. 또한 고양된 감정은 사고의 작용을 억제하고 방해하기 때문에, 수업을 들어야 하거나 회의를 해야 하거나 맡겨진 일을 처리해야 하는 등 다른 대상에 대한 인지적 작업이 필요하다면 당신은 매우 곤란해질 것입니다.

따라서 감정에 접근하여 해소하기에 어려운 상황에서 할 수 있는 가장 효과적인 방법은 주의를 분산시키는 방법을 사용하여 불편한 감정으로부터 잠시 벗어나거나 고양된 감정을 완화하는 것입니다.

### 불편할 때 가장 자주 사용하지만, 그 효과는 일시적일 뿐!

> "고통은 고통으로부터 벗어나기 위한 미친 듯한 시도를 하게 한다.
> 이 얼마나 자연스러운 반응이란 말인가" (Marra, 2005)

고통스러울 때 가장 자주 사용하는 방법이 무엇일까요? 바로 회피하는 것입니다. 고통스럽기 때문에 마주하기 힘들어 그것으로부터 도망갑니다. 이렇게 사람들이 가장 자주 사용하는 방법인 회피나 주의분산적 방법은 정서를 조절하는 방법들 중 가장 먼저 관심을 받은 방법입니다. 우울이나 불안과 관련하여 연구되면서 회피나 주의분산이 우울 및 불안을 감소시킨다고 보고되었습니다. 그러나 그와 함께 여러 가지 문제점도 지적되었습니다. Marra[2005]는 사람이 불쾌한 감정에 처했을 때 가장 자주 사용하는 방법은 회피일 수밖에 없음을 역설하면서도, 회피가 오히려 불쾌감을 증가시키며 정신병리를 악화하는 데 핵심적인 역할을 한다고 주장하였습니다. Fivush와 Buckner[2000]는 주의분산적 방법은 자신의 감정을 다루지 않기 때문에 완전한 대처 방법이 아니라고 보았습니다. Rachman[1980]은 불쾌한 정서로 인한 병리적인 고통은 불완전한 정서적 정보처리에서 기인한다고 주장하면서, 회피와 주의전환이 정서 처리를 방해하는 요인이라고 제시하였습니다.

종합하면, 회피나 주의분산은 일시적으로는 불쾌한 정서를 감소하는 데 기여할 수 있지만, 불쾌한 정서를 처리하는 것을 방해하므로 장기적으로 건강하지 못한 결과를 유발할 수 있습니다. 또한 회피하던 대상이나 상황을 극복하는 경험을 하지 못하기 때문에, 다르게 느끼거나 경험될 수 있음을 깨닫지 못합니다. 회피하기만 하는 사람은 더 많은 일을 회피하게 되고, 운신의 폭은 좁아지고 두려움 등의 불쾌감은 더욱 커집니다.

그럼 주의분산적 방법을 인지적·체험적·행동적 성격의 방법별로 살펴보겠습니다.

## 인지적 방법

### 인지적으로 회피하라: '생각하지 마.'

가장 먼저 할 수 있는 방법은 인지적으로 회피하고 억제하는 것입니다. 불편한 감정을 유발한 자극이나 상황에 대해서 생각하지 않으려 하거나 잊으려고 노력합니다. 불쾌한 감정을 유발한 자극이나 생각을 떠올리지 않는다면, 그로 인한 불쾌한 감정도 덜 느껴지겠지요.

### 중요성을 낮추어라: '별것 아니야.'

불쾌한 감정이나 사건의 중요성을 낮추는 방법입니다. '정말 심각한 거야.'라고 생각하면 그 사건으로 인한 불편한 감정은 더욱 커질 것입니다. 반면, '별것 아니야.'라고 생각하면 불편한 감정 또한 완화될 수 있습니다. 감정은 자극이나 상황에 대해 자신과 관련되게 지각할 때 느껴지고, 자신의 욕구나 목표에 중요한 영향을 끼칠 때 그 감정은 더욱 강렬해집니다. 따라서 자신과 별로 관련이 없거나 중요하지 않다고 지각한다면, 불쾌한 감정은 완화될 것입니다.

### 다른 데로 주의를 돌려라: '다른 생각을 하자.'

불쾌한 감정을 유발한 생각을 하지 않기 위해서 처한 상황이나 문제와 관련 없는 다른 일을 생각하거나, 불쾌한 감정과 관련 없는 다른 것에 주의를 돌리는 방법입니다. 지금 닥친 일에 주의를 집중하거나, 해야 할 일들로 생각을 돌립니다. 예를 들어, 여자친구가 갑작스러운 이별을 통보하였는데 계속 생각하면 당황스럽고 충격적이어서, 그러한 감정과 관련 없는 현재 닥친 일이나 처리해야 하는 과제로 주의를 돌리며 몰두하는 것입니다.

감정을 조절하기 위해 자주 활용하는 주의분산적 기법들이 여기에 속합니다. 쉽게 사용할 수 있는 방법은 1부터 시작해 숫자를 순서대로 계속 세기, 100부터 거꾸로 세기, 구구단을 외우기, 색깔 단어 대기, 가구 이름 대기, 가수 이름 대기 등 다양하게 활용할 수 있습니다. 또는 책을 소리 내어 읽거나 그림이 많은 잡지를 보는 것도 도움이 됩니다.

## 즐거운 일을 생각하라

불쾌한 감정과 관련 없는, 그러면서 불쾌한 감정을 상쇄할 수 있는 유쾌하고 즐거운 대상이나 일을 생각하는 것은 보다 적극적으로 감정을 완화시키는 주의분산적 방법입니다. 예를 들어, 여행을 갈 계획이라면 여행에 필요한 정보와 사항을 생각하고 처리합니다. 또는 흥미롭고 흥분을 주는 춤이나 운동 등에 대한 취미 활동과 관련된 생각을 합니다.

## 위안이 되는 말을 되뇌라

불쾌한 감정을 완화할 수 있는 위안이 되는 말을 자신에게 하는 것 또한 불쾌한 기분을 일시적으로 감소시킬 수 있습니다. 예를 들어, '괜찮을 거야.', '나쁜 상황은 금방 지나갈 거야.', '아무 일도 일어나지 않을 거야.', '넌 잘할 수 있을 거야.' 등 자신에게 위안이 되는 구절을 반복해서 떠올립니다. 이 방법은 꽤 효과가 있으며 자주 떠올릴수록 그에 반응하여 감정도 완화되므로, 자주 볼 수 있는 수첩 등에 적어 놓거나 카드로 만들어 가지고 다니면서 기분이 불쾌해질 때 꺼내어 보거나 소리 내어 읽으면 효과가 있습니다. 자주 앉는 책상의 정면이나 휴대 전화 등에 어구를 적어 놓아도 좋습니다. 사람마다 특히 가슴에 와

'괜찮을 거야.'
'기분 나쁜 상태에 있는 것은 다른 사람들에게 매력적이지 않아.'
'나쁜 상황은 금방 지나갈 거야.'
'신은 나를 사랑해.'
'걱정한다고 문제가 해결되는 것은 아니야.'
'넌 잘한 거야.'
'아무 일도 일어나지 않을 거야.'
'더 나은 미래가 있을 거야.'
'넌 잘할 수 있을 거야.'

닿아서 불쾌한 감정을 감소시키는 데 효과를 발휘하는 생각이 다르기 때문에 여러분에게 와 닿아 위안이 되는 말이나 도움이 되는 말을 찾아서 기록해 놓고 자주 상기하면 효과적입니다.

어떤 상황에서든 가장 효과를 발휘하는 위안이 되는 말은 '괜찮아.'입니다. 우리는 괜찮지 않아서 불안하고, 화가 나고, 수치스럽고, 슬픕니다. 우리가 만난 사람의 말이나 행동이 괜찮지 않아서, 우리가 한 경험이 괜찮지 않아서 받아들이기 어렵습니다. 어찌 보면 정서를 조절한다는 것은 우리의 경험을 그럴 수 있다고, 괜찮다고 받아들여 소화할 수 있는 상태에 이르도록 하기 위한 과정일 수 있습니다. 괜찮지 않은 경험을 하고 나서 부대끼고 힘들어 하면서, 결국 '괜찮아. 그럴 수 있지.'라는 지점에 이르게 됩니다. 그 지점에 이르는 시간과 방법이 다를 뿐입니다. 따라서 그 지점에 이르는 괜찮을 수 있는 다양한 방법을 찾고 익히는 것이 우리의 삶일지 모릅니다.

불쾌한 감정을 느낄 때마다, 수시로 '괜찮아.'라고 되뇌는 것은 정서를 효과적으로 조절하는 데 매우 도움이 됩니다. 나아가 '~~해도 괜찮아.'라고 확장해서, 괜찮지 않은 상황이나 환경 등을 붙여 괜찮다는 문구를 만들어 되뇌는 것이 정서 조절에 효과적입니다. 또한 괜찮지 않은 자신의 모습을 넣어 되뇌면 자기 수용과 자기 자비를 돕습니다.

## 체험적 방법

대표적인 방법으로 심상을 활용하여 즐겁고 행복한 장면을 떠올리면 불쾌한 자극이나 감정으로부터 일시적으로 멀어질 수 있습니다. 즉, 불쾌한 감정에 대한 주의를 다른 데로 돌리기 위해서, 마음을 편안하게 해 주는 산이나 바다를 머릿속에 떠올림으로써 이완을 유도할 수 있습니다. 또는 불쾌한 감정과 관련 없는 다른 장면을 떠올림으로써 주의를 돌려 불쾌한 감정을 일시적으로 감소시킬 수 있습니다.

## ● 실습 심상을 활용한 주의분산

심상을 활용하여 주의를 관련 없는 곳으로 돌리거나, 즐겁고 편안한 장면을 떠올림으로써 이완하는 방법입니다. 먼저, 심상을 사용하기 전에 다음 페이지의 표에 현재 감정 상태를 체크해 보십시오. 어떤 감정을 느끼고 있고, 그 감정을 얼마나 강렬하게 느끼고 있는지 주관적으로 0에서 100까지 평정해 보십시오.

그리고 다음을 따라 해 보기 바랍니다. 가장 효과적인 방법은 녹음기에 다음을 천천히 읽어 녹음한 다음, 재생하여 지시를 따라가는 것입니다. 또는 주변에 도움을 청할 수 있는 사람에게 부탁하여 천천히 읽도록 합니다. 그러나 모두 여의치 않는다면, 지시문을 읽고 천천히 따라 해 보기 바랍니다.

1. 눈을 감고 당신의 호흡에 주의를 기울여 보십시오. 몇 분 동안 숨을 천천히 그리고 느리게 쉬십시오.

2. 호흡하면서, 5에서부터 거꾸로 천천히 세십시오. 천천히 이완되는 상태로 빠져들 것입니다. 당신 자신에게 말하십시오. "나는 깊이 이완되어 있다."라고 말입니다.

3. 자, 이제 당신이 쉬고 싶을 때 가고 싶었던 즐거운 장소를 상상해 보십시오. 푸른 바다나 숲, 또는 특정 장소가 될 수도 있습니다. 예를 들어, 넓은 잔디가 있는 언덕을 떠올려 보십시오. 평화롭고 조용합니다. 그 위에 작은 벤치가 놓여 있습니다. 그곳에 당신이 앉아 있다고 상상해 보십시오. 그곳에 머무르며 집중해 보세요.

4. 당신의 모든 감각으로 그곳을 느껴 보십시오. 보고, 듣고, 만지고, 냄새를 맡아 보고, 맛도 느껴 보십시오. 당신의 불편한 감정으로부터 이완되기에 충분한 시간 동안 머물러 보십시오.

5. 좀 더 상상의 나래를 펴고 그곳을 만끽해 보겠습니다. 언덕 위에 보이는 꽃을 하나씩 그려 보십시오. 풀냄새와 꽃향기를 맡아 보세요. 새들이 지저귀고 있습니다. 그 소리에 귀를 기울여 보십시오. 혼자 있기 외롭다면 함께 있었으면 하는 사람을 떠올려 보십시오. 그 사람과 당신은 벤치에 앉아서 편안하게 주변을 바라보고 있습니다.

6. 이제 돌아올 시간이 되었습니다. 상상하던 이미지들이 희미해지도록 당신의 호흡에 다시 주의를 기울여 보십시오. 이완된 느낌을 유지해 보십시오. 돌아올 준비가 되었다면, 1에서부터 5까지 천천히 세면서 눈을 뜨기 바랍니다.

무엇을 떠올렸나요? 그 곳을 적어 보세요. 그 장소의 이미지가 당신의 안전지대의 역할을 할 것입니다. 다음에 불쾌한 감정을 느낄 때, 눈을 감고 그 장소의 이미지를 떠올림으로써 그 장소가 주는 편안함이나 이완감을 빠르게 경험할 수 있습니다.

이제 심상을 사용하고 마쳤다면, 그 상태에서 느껴지는 감정은 무엇이고 감정의 강도는 어느 정도인지 적어 보기 바랍니다. 이를 통해 심상을 활용한 주의분산 방법으로 인한 변화를 체감해 보십시오.

| 구분 | 심상 전 | 심상 후 |
|---|---|---|
| 감정을 명명하세요. | | |
| 그 감정을 얼마나 강하게 느끼고 있나요?<br>(정서 강도, 0~100) | | |

## 행동적 방법

### 상황을 피하라

불쾌한 감정을 일으켰던 상황이나 장소를 피하는 것으로, 가장 많이 사용하는 방법입니다. 고통을 유발하는 대상으로부터 멀어짐으로써 일시적으로 정서적 고통이 경감되는 효과가 있습니다. 그러나 불쾌한 감정을 일으켰던 원인과 감정을 다루고 처리하는 기회를 없앰으로써 불쾌감은 더 증폭됩니다.

불안장애의 가장 특징적인 정서 조절 방법은 회피입니다. 예를 들어, 공황장애광장공포증, 사회공포증, 강박장애, 특정공포증 등이 있습니다. 공황장애 환자는 공황을 불러일으키는 대상이 있는 곳이나 장소에 가지 않습니다. 사회공포증을 지닌 사람은 사람들 앞에서 발표하거나 다른 사람들과 함께 어울리는 자리는 만들지 않으려 합니다. 강희는 발표하지 않으려고 조별 과제를 할 때 늘 자료 수집, 정리 등의 작업을 맡고 다른 친구에게 발표를 맡깁니다. 효주는 둘 이상의 사람들이 어우러져 이야기하는 자리를 피합니다. 함께 있으면 무슨 말을 해야 할지, 어떻게 반응해야 할지 몰라서 불편하고 식은땀이 흐릅니다. 강박장애 환자인 동욱이는 공중화장실에는 가지 않습니다. 공중화장실에 가면 자신의 몸이 오염될 것만 같아서 밖에서는 소변이나 대변을 보지 않으려 합니다. 그러다 보니 바깥에 나가는 것은 극히 드문 일이고, 나가더라도 화장실을 가지 않을 수 있도록 집에서 소변을 여러 차례 보고 물을 마시지 않습니다.

이렇듯 상황을 피하면 될 것처럼 보이지만, 상황을 피하기 위한 노력이 어쩔 때는 눈물겹도록 힘들고 어려워 보입니다. 오히려 상황을 피하는 데 너무 많은 에너지가 들어가고 모든 것에 우선이 되기 때문에, 다른 대인관계적 또는 사회적 일에 지장이 있을 정도입니다.

### 유쾌하거나 기분 좋은 활동을 하라

기분을 좋게 하는 활동을 함으로써 불쾌한 감정을 상쇄하고 기분을 전환할 수 있습니다. 그런 활동을 나열하면 다음과 같습니다.

영화 보기
드라마 보기
운동하기
미용실이나 이발소에서 머리 손질하기
화장을 하기
쇼핑을 하기
유쾌하고 시끄러운 음악 듣기
악기 연주하기
그림 그리기
사진첩이나 앨범을 꺼내어 보기
이성과 데이트하기
친구들과 수다 떨기
맛있는 것 먹기

## 즐거운 장소에 가라

여행 가기
산책이나 드라이브 가기
맛있는 음식점에 가기
미술관이나 박물관에서 전시물 감상하기

## 중성적인 활동에 몰입하기

책상 정리하기
파일 정리하기
퍼즐 맞추기
청소하기
설거지하기
요리나 집안일 하기
뜨개질하기
가구 만들기
가방 만들기

## 생리적 방법

감정을 강렬하게 느끼거나 감정에 압도되어 있을 때, 가장 효과적으로 사용할 수 있는 방법은 긴장이완훈련이나 복식호흡과 같은 신체적 감각에 접근하는 생리적 방법입니다. 가장 많이 활용되고 있는 감정 조절 방법이 여기에 해당합니다. 원리는 간단합니다. 우리는 감정이 주의에 반응한다는 것을 배웠습니다. 불쾌한 것에 주의를 주면 불쾌해지고, 불쾌하지 않은 것에 주의를 주면 불쾌하지 않습니다. 그 가운데 메트로놈의 추나 시계 추와 같이 좌우로 왔다갔다 하는 규칙적인 대상에 주의를 계속 주면, 그 규칙에 반응하여 안정감과 이완을 느낄 수 있게 됩니다. 그렇다면 언제 어디서나 사용할 수 있는 규칙적인 대상은 무엇일까요? 바로 호흡입니다. 우리가 벌거벗고 있는 상태에서도 호흡은 우리와 함께하고 주의를 기울일 수 있습니다.

### 복식호흡훈련

신체적 상태를 이완시키는 데 가장 자주 활용되는 것이 호흡입니다. 앞서 심상을 활용한 주의분산 기법에서도 맨 처음에 호흡에 주의를 기울여 이완된 상태를 유도했던 걸 기억하실 것입니다. 우리는 호흡훈련을 통해 흥분되거나 긴장된 상태를 완화해서 편안한 마음을 되찾을 수 있습니다. 호흡은 산소 요구량과 이산화탄소 배출량에 의해 결정되는데, 거의 자동으로 조절되는 생리적 현상입니다. 그러나 물속에서 숨을 참는다거나 풍선을 불 때처럼 호흡도 의도적으로 조절할 수 있습니다. 또한 호흡은 흥분하거나 화가 나거나 긴장되어 있는 등 감정의 영향을 받기 때문에, 역으로 호흡을 조절하면 감정에 영향을 끼칠 수 있습니다.

호흡운동에는 여러 가지가 있는데, 가장 효과적인 방법은 두 가지 요소로 이루어집니다. 첫 번째 요소는 호흡을 천천히 하는 것입니다. 우선, 부드럽게 정상적으로 호흡하면서 자신의 호흡에 집중하는 법을 배워야 합니다. 처음에는 호흡에 정신을 집중하면서 호흡 횟수를 세면 호흡이 점점 빨라지는 것을 알 수 있습니다. 점차 연습을 통해 천천히 호흡하는 방법을 배울 수 있습니다. 두 번째 방법은 호흡훈련을 통해 정신을 집중하는 것입니다. 호흡에 집중하다 보면 극도로 흥분하거나 불안한 감정이 안정됩니다.

호흡법에는 크게 복식호흡법과 흉식호흡법이 있습니다. 복식호흡법은 배로 숨을 쉬는 것이고, 흉식호흡법은 가슴으로 숨을 쉬는 것을 말합니다. 서로 다른 입장에서 각 호흡법을 권장하는데, 어느 방법을 사용해도 이완을 유도할 수 있습니다. 그러나 이 중에서 가장 자주 활용되는 방법은 복식호흡법입니다. 지나치게 흥분해 있거나, 불안하여 안절부절못하거나, 화가 치밀어 올라 있을 때 복식호흡을 시도함으로써 감정을 누그러뜨릴 수 있습니다. 복식호흡은 특별한 상황이나 조건이 필요하지 않고 다른 사람의 눈에 두드러지게 띄는 방법이 아니기 때문에, 대부분의 상황에서 효과적으로 시도할 수 있습니다.

## ● 실습 복식호흡훈련

목표는 천천히 부드럽게 길게 숨을 들이마시고, 더 길게 내쉬는 것입니다. 처음에 연습할 때는 하루에 2번, 5분에서 10분 정도 복식호흡훈련을 빠뜨리지 않고 반복하는 것이 중요합니다. 초기에는 방해받지 않는 조용하고 편안한 장소에서 시작하세요. 그러나 일단 익숙해지면, 언제 어느 곳에서나 연습을 통해 불쾌한 감정을 느끼게 되는 다양한 상황에서 사용할 수 있도록 하세요.

1. 복장허리띠, 꼭 끼는 옷 등을 느슨하게 한 다음, 소파나 침대 또는 바닥에 누우세요. 의자에 앉아 있다면, 편히 앉도록 하세요.

2. 편안한 자세로 몇 초간 숨을 고르십시오.

3. 가슴은 고정하고 배로 숨을 쉬어 보십시오. 배를 부풀리면서 숨을 들이마시고, 배를 낮추면서 천천히 숨을 내쉬세요배 위에 책을 놓고 책이 오르내리는 것에 집중하면서 연습할 수도 있습니다.

4. 왼손은 가슴 위에 올리고 오른손은 배에 얹고 숨을 쉬세요. 이때 왼손은 가만히 있고 오른손만 오르내리도록 숨을 쉬십시오. 숨을 들이마시면서 풍선처럼 배를 부풀렸다가 공기를 천천히 밀어내듯 숨을 내쉬세요.

5. 천천히 부드럽게 숨을 쉬면서 들이쉬는 숨보다 내쉬는 숨을 더 길게 쉬도록 하세요. 코로 숨을 쉬되, 내쉬는 숨이 끝나면 '하~'하고 입으로 소리를 내며 이완하세요.

6. 익숙해지면 앉은 자세와 일어선 자세에서도 반복하면서, 다양한 상황에서 복식호흡을 바로 적용할 수 있도록 연습하기 바랍니다.

## 긴장이완훈련

불안하거나 화가 치밀어 올라 있는 등 강렬한 감정 상태일 때, 근육이 긴장되고 심장박동이 증가하며, 호흡이 가빠지고, 소화가 잘 안 되거나 식은땀이 나고, 두통·위통·설사 등의 통증이 있는 등 교감신경계의 흥분으로 야기되는 신체 반응이 나타납니다.

근육이 긴장되어 있는 것은 어떤 행동을 취하기 위해서 필요한 준비 단계이며, 근육 이완은 이런 경계 태세를 푸는 것입니다. 긴장이완훈련은 근육을 강력하게 수축시키는 긴장 과정과 수축된 근육을 풀어 주는 이완 과정으로 구성됩니다. 근육을 이완하기 전에 먼저 수축하는 이유는 긴장-이완이 마치 용수철과 같은 원리를 가지고 있어서 근육을 수축하면 할수록 이완하기가 쉬워지기 때문입니다. 그리고 의도적으로 근육을 긴장시켜서 느껴지는 감각과 이완 상태에서 느껴지는 감각 간의 차이를 좀 더 분명하게 알 수 있습니다. 이런 차이를 반복해서 경험하다 보면 신체적인 긴장을 쉽게 알아차릴 수 있기 때문에, 심한 긴장 상태에 빠지기 전에 미리 이완훈련을 적용할 수 있습니다.

### 이완하는 방법을 배우기 전에 알아두어야 할 점

신체 부위를 긴장시킬 때 경련이나 떨림, 피로감, 통증, 근육의 뻣뻣해짐, 힘이 빠짐, 마비되는 느낌 등 다양한 감각이 초래될 수 있습니다. 이런 긴장 상태는 과거 불안이나 무서웠던 장면을 연상시키기 때문에 불편할 수 있지만, 전혀 위협적인 것이 아니며 단지 신체적 각성과 행동을 위한 준비 과정의 일부일 뿐입니다. 긴장 상태에 있다가 이완할 때 마치 자제력을 잃을 것 같은 느낌이 들 수도 있고, 잘 버티고 있던 방어가 무너질 것처럼 느껴질 수 있습니다. 그러나 근육이 이완되는 것은 전혀 위험하지 않습니다. 긴장이완훈련이 불편하게 느껴질수록 이 방법이 당신에게 더욱 필요하다는 증거이며, 연습을 계속하면 당신은 점점 더 편안해지고 이완될 수 있을 것입니다.

이완훈련을 하는 동안에는 신체 각 부위의 감각에 정신을 집중하는 것이 중요합니다. 다양한 잡생각이 떠오르기 쉽지만, 그냥 내버려 두십시오. 그러면 떠올랐다가 사라지고 다른 생각이 떠올랐다가 또 사라질 것입니다. 잡념에 정신을 팔지 말고, 잡념이 떠오른다고 해서 짜증을 내거나 포기하지 마십시오. 당신은 그저 이완 상태에 집중하면 됩니다.

처음 연습할 때는 이완하기에 적합한, 누구에게도 방해받지 않는 조용한 곳에서 연습하는 것이 좋습니다. 그러다가 익숙해지면 다양한 환경에서 시도할 수 있습니다. 그러면 불쾌한 감정을 느끼는 다양한 상황에서 즉시 시도할 수 있기 때문입니다. 처음에 연습할 때는 조용한 장소에서, 등받이가 높고 목을 받칠 수 있는 안락한 의자나 침대 등에 등을 기대십시오. 연습하면서 몸의 어느 부위도 외부의 압력을 받지 않도록 팔과 다리를 꼬지 말고 옷을 느슨하게 푸십시오.

연습을 시작했다면, 매일 2회 정도 하기 바랍니다. 처음에는 30분씩 하루에 두 차례 연습하십시오. 연습을 반복하다 보면, 긴장이완의 효과를 분명히 느낄 것입니다.

## • 실습 긴장이완훈련[35]

다음의 지시문을 녹음하여 틀어 놓고 따라가면 훨씬 효과적입니다. 그러나 상황이 여의치 않다면 지시문을 읽고 따라가기 바랍니다.

가능한 편안한 복장을 갖추고 편안한 자세를 취하십시오. 이제부터 눈을 감고 깊이 숨을 쉽니다. 부드럽게 복식호흡을 하십시오(10초). 이제부터 이완훈련에 들어가겠습니다.

1. 오른손부터 훈련을 시작하겠습니다. 오른손에 최대한 힘을 주고 하나부터 일곱까지 세면서 주먹을 꽉 쥐십시오. 그 상태에서 손의 긴장을 느끼며 머무르십시오(7초). 자, 이제 열까지 세면서 천천히 힘을 뺍니다. 조금 전 긴장시켰을 때와 이완할 때의 느낌을 비교하면서 천천히 주먹을 펴고 근육을 이완한 다음 손바닥을 바닥에 내려놓습니다(10초).

2. 이번에는 오른손과 같은 방법으로 왼손을 훈련합니다. 왼손에 최대한 힘을 주고 일곱까지 세면서 주먹을 꽉 쥐십시오. 자, 이제 열까지 세면서 힘을 뺍니다. 조금 전 긴장시켰을 때와 이완할 때의 느낌을 비교하면서 천천히 주먹을 펴고 근육을 이완한 다음 손바닥을 바닥에 내려놓습니다(10초).

3. 이번에는 오른팔입니다. 팔꿈치를 굽힌 다음, 힘껏 힘을 주어 근육을 최대한 긴장시키십시오. 그 상태에서 근육의 긴장을 느끼면서 머무르십시오(7초). 자, 이제 열까지 세면서 천천히 힘을 뺍니다. 따뜻한 감각과 이완되는 느낌을 느껴 보십시오(10초).

4. 같은 방법으로 이번에는 왼팔의 근육을 힘껏 수축합니다. 그 상태에서 근육의 긴장을 느끼면서 머무르십시오(7초). 자, 이제 열까지 세면서 천천히 힘을 뺍니다. 이완했을 때의 따뜻한 감각과 팔의 무게에 주의를 기울이십시오(10초).

5. 이제 오른발과 오른다리입니다. 오른다리를 들고 발끝을 쭉 뻗은 상태에서 일곱까지 세면서 발과 다리에 최대한 힘을 주십시오. 발목과 뒤꿈치, 발바닥의 긴장을 느끼십시오. 그리고 종아리와 정강이로 긴장이 퍼지는 것을 느껴 보십시오(7초). 자, 이제 서서히 힘을 빼고 편안하게 근육을 풀면서 열까지 셉니다. 이완할 때의 편안한 느낌과 다리의 무게를 느껴 보십시오(10초).

---

35 주리애, 이지영, 설순호(2003)의 『불안의 집단 인지 행동 치료』(미출판본)를 참고하였습니다.

6. 같은 방법으로 이번에는 왼발과 왼다리를 힘껏 긴장시킵니다. 발목과 뒤꿈치, 발바닥의 긴장을 느끼십시오. 그리고 종아리와 정강이로 긴장이 퍼지는 것을 느껴 보십시오[(7초)]. 자, 이제 서서히 힘을 빼고 편안하게 근육을 풀면서 열까지 셉니다. 이완할 때의 편안한 느낌과 다리가 무거워지는 것을 느껴 보십시오[(10초)].

7. 이번에는 양쪽 허벅지 근육입니다. 양쪽 허벅지를 꽉 붙이고 다리를 들어 올린 다음, 힘껏 힘을 줍니다. 오로지 허벅지에만 집중하면서 그 상태에서 일곱까지 셉니다[(7초)]. 이제 열까지 세면서 천천히 근육을 풀어 주십시오. 양다리가 매우 무거워지는 것을 느낍니다. 모든 긴장이 사라지면서 생기는 편안한 느낌에 주의를 기울이십시오[(10초)].

8. 이제 아랫배의 근육을 긴장시켜 봅니다. 아랫배를 힘껏 당긴 다음, 어떤 느낌이 드는지 주의를 집중하면서 그 상태에 머물러 일곱까지 세십시오[(7초)]. 이제 편안하게 힘을 빼면서 열까지 세십시오. 따뜻해지는 느낌과 편안함을 느껴 보십시오[(10초)].

9. 가슴 근육을 긴장시킬 차례입니다. 숨을 깊게 들이마셔 가슴을 팽창한 다음 숨을 참으며 천천히 일곱까지 셉니다. 가슴과 등에서 긴장이 느껴집니다[(7초)]. 이제 부드럽게 숨을 내쉬면서 천천히 열까지 세십시오. 긴장했을 때와 이완했을 때의 차이를 느껴 보십시오[(10초)]. 숨을 한번 들이마시고 내쉴 때마다 점점 더 편안하게 이완됩니다.

10. 자, 이번에는 어깨 근육입니다. 양쪽 어깻죽지를 귀밑까지 바짝 끌어 올린 다음 힘을 꽉 주어 서로 붙여 보십시오. 목 주위와 뒷덜미의 긴장을 느끼면서 그 상태에서 일곱까지 세십시오[(7초)]. 자, 이제 열까지 세면서 편안하게 힘을 빼고 양어깨와 등 위쪽 그리고 목이 이완되는 것을 느낍니다. 긴장했을 때와의 차이를 느껴 보십시오[(10초)].

11. 다음은 목의 근육입니다. 턱을 몸 쪽으로 힘껏 당기고 목에 힘을 주십시오. 그 상태에서 일곱까지 셉니다[(7초)]. 이제 편안하게 힘을 빼면서 이완되는 느낌을 느껴 보십시오[(10초)].

12. 이번에는 얼굴입니다. 먼저 입술입니다. 입술에 힘을 주고 입을 꼭 다물어 주십시오[(7초)]. 이제 편안하게 이완하십시오[(10초)]. 다음은 눈의 근육입니다. 눈꺼풀에 힘을 주고 두 눈을 꼭 감으십시오[(7초)]. 이제 편안하게 눈 근육을 풀면서 긴장했을 때와 이완했을 때의 차이를 느껴 보십시오[(10초)].

13. 이번에는 미간입니다. 두 눈썹을 가운데로 모으고 힘껏 미간을 찌푸려 보십시오(7초). 이제 편안함을 느끼면서 천천히 힘을 빼십시오(10초).

14. 다음은 이마입니다. 양쪽 눈썹을 위로 힘껏 치켜올리고 이마에 주름살을 만드십시오(7초). 이제 편안하게 힘을 빼면서 이완을 느껴 보십시오(10초).

15. 이제 더 깊은 이완 상태로 들어갑니다. 자, 편안하게 눈을 감으십시오. 이제부터 아주 천천히 다섯까지 셉니다. 하나씩 셀 때마다 점점 더 편안하고 고요한 상태로 들어갑니다. 하나(5초), 둘(5초), 셋(5초), 넷(5초), 다섯(5초), 아주 깊고 편안합니다. 지금처럼 편안한 상태에서 호흡에 주의를 기울이십시오. 천천히 복식호흡을 합니다. 당신은 시원한 공기를 들이마시고 따뜻한 공기를 내쉽니다. 숨을 내쉴 때마다 '나는 아주 편안하다.'라고 생각합니다. 호흡은 아주 고르고 느립니다. 이렇게 이완된 상태에서 느껴지는 편안함을 느껴 보십시오(2분).

16. 복식호흡을 계속하면서 상상의 세계로 들어갑니다. 지금 부드럽게 찰랑대는 물결이 당신의 온몸을 부드럽게 만집니다. 따스한 햇살도 느껴집니다. 당신의 몸 중 아직 긴장이 남아 있는 곳에서는 물결이 멈춥니다. 햇살도 사라집니다. 긴장을 부드럽게 풀어 날려 보내고, 물결이 당신의 온몸을 어루만지게 하십시오. 몸 전체가 부드럽고 편안합니다(1분).

17. 이제 깨어날 시간입니다. 다섯부터 하나까지 거꾸로 세겠습니다. 이제부터 조금씩 정신이 들 것입니다. 둘에 눈을 뜨고 하나를 세면 평상시처럼 정신이 깨어납니다. 다섯(2초), 당신이 지금 어디에 있는지 생각합니다. 넷(2초), 좀 더 정신이 듭니다. 셋(2초), 팔과 다리를 조금씩 움직여 보십시오. 둘(2초), 아주 천천히 눈을 뜹니다. 하나(2초), 아주 천천히 일어나 앉으십시오. 그리고 천천히 움직입니다. 매우 편안하고 기분이 좋습니다.

# 단계 III:
# 접근적인 체험적 방법 도입하기

## 발생한 감정은 반드시 느끼고 충분히 표현해야 해소된다

감정은 어떤 자극이나 대상이 우리가 관심이 있거나 바라는 것과 관련되어 있을 때 발생합니다. 우리가 바라는 것을 이루는 방향으로 작용하고 있다고 생각하는 순간 기분이 좋아집니다. 유쾌한 감정을 느끼는 것이지요. 반면, 바라는 것을 이루는 데 방해하는 방향으로 작용하고 있다고 생각하면 기분이 나빠집니다. 불쾌한 감정을 느끼게 됩니다. 따라서 감정은 우리에게 생존과 적응에 필요한 정보를 제공합니다. 즉 감정을 느끼면, 우리는 감정이 주는 정보를 파악하여 상황에 적절한 반응을 취하여 보다 적응적으로 살아남으면 됩니다.

그러나 발생한 감정은 그냥 사라지지는 않습니다. 감정이 우리에게 생존과 적응에 필요한 정보를 주고 사라져 주면 좋을 텐데 말입니다. 일단 발생한 감정은 반드시 느끼고 충분히 표현해야 해소되어 사라집니다. 따라서 불쾌한 감정을 사라지게 하고 싶다면, 그 감정에 접근해 느끼고 충분히 표현해 주어야 합니다. 그렇지 않으면 계속 느끼고 표현되기를 요구하며, 우리에게 다양한 신호를 보내 영향을 미칩니다.

특히, 감정이 강렬한 경우 생각에 접근하는 인지적 개입이 정서를 조절하는 데 덜 효과적일 가능성이 높습니다. 우리는 자주 이런 말을 내뱉거나 다른 사람들이 하는 말을 듣곤 합니다.

"알겠는데 너무 화가 나요."
"별로 그렇게 생각하고 싶지 않아요."
"대안적인 생각이 들지 않아요. 저는 이렇게밖에 생각할 수 없어요."

감정은 인간이 생존할 수 있도록 고안된 체계이기 때문에 감정이 강렬한 경우 뇌는 위기 상황으로 지각하여 감정 체계에 우선적으로 반응합니다. 또한 감정 체계에 즉각적으로 반응하기 위해, 사고 체계를 담당하는 뇌의 부위는 자동으로 억제됩니다.

따라서 먼저 감정을 완화시켜 가라앉히는 것이 필요합니다. 고양된 감정을 완화시키는 방법은 크게 두 가지 접근법이 있습니다. 하나는 감정을 체험적으로 접근하여 해소하는 것입니다. 이는 궁극적으로 감정을 완화시키는 정서 조절 방법입니다. 그러나 감정을 체험적으로 해소하는 방법이 가능하지 않을 때는, 주의분산적 방법을 통해 주의를 다른 곳으로 돌림으로써 일시적으로 감정을 완화시킬 수 있습니다.

## 정서적 체험의 효과

### 정서적 표현이 단순한 정서 이해보다 정신 건강에 이롭다

Stanton과 그의 동료들[2000]은, 유방암 환자가 정서를 표현하는 방법을 통해 신체적 건강을 증진할 수 있다고 보고하였습니다. 많은 암 환자의 공통적인 성격 특성 중 하나가 자신의 감정을 적절히 표현하지 못하고 억누르고 참고 견딘다는 것입니다. 이렇게 불쾌한 감정을 그때그때 해소하지 못하고 쌓아 놓은 것이 암을 유발할 가능성을 키웁니다. 따라서 쌓아 놓았던 감정을 표현하는 것이 그들의 정신 건강과 신체적 건강을 효과적으로 증진합니다. 정서적 표현이 단순히 정서를 이해하는 것보다 정신 건강에 유익하다고 본 것입니다.

기존의 치료적 접근은 정서를 유발한 생각을 찾아서 그 원인을 이해하는 이성을 강조하였습니다. 그러나 많은 연구자는 그것뿐 아니라 정서 자체를 체험하고 표현하는 작업, 즉 이성reason과 정서emotion를 통합하는 것이 중요하다고 주장합니다. 이것은 매우 중요합니다. 감정의 원인을 살펴보는 것뿐 아니라, 그 감정을 직접 느끼고 표현하는 작업이 있어야 한다는 것입니다. 반대로 정서를 표현하는 것뿐 아니라, 그러한 감정이 어떻게 유발되었는지 이해하는 인지적 작업이 필요합니다. 정서의 이해와 표현 중 어느 한쪽에 치우치기보다는 생각과 감정의 표현이 서로 통합되었을 때 불쾌한 감정은 제대로 해소되어 재발하지 않을 수 있고 부정적인 영향을 끼치지 않을 수 있습니다. 이것이 가장 건강한 방식의 정서 조절인 것입니다.

## 정서를 체험하는 것이 정서적 변화 과정의 핵심이다

정서를 체험하는 것은 정서적 변화 과정의 핵심입니다. 체험적 치료의 선두주자였던 Greenberg는 "두려움을 없애는 유일한 방법은 두려움을 느끼는 것이다."라고 했습니다. 아이러니컬하게 생각될 수 있지만 정말 그렇습니다. 정서를 변화시키기 위해서는 반드시 체험이 필요합니다. 대표적인 것이 강박장애, 사회공포증, 공황장애를 비롯한 불안장애입니다. 이들은 불안하고 두려워하는 것이 많습니다. 두렵기 때문에 피하게 됩니다. 그런데 피하는 것이 두려워하는 자극이나 대상에 대한 불편함을 더욱 증진시키며 두려움을 더욱 증폭시킵니다. 즉, 불안장애의 핵심은 회피가 불안을 증가시킨다는 것입니다. 불안한 감정을 느끼지 않으려고 자꾸 회피하다 보니, 오히려 불안의 민감성이 증가하고 불안 수준이 매우 높아집니다.

20년 가까이 심각한 강박장애로 정상적인 생활을 하기 힘들어하던 20대 후반의 한 남성 환자가 있었습니다. 불편하고 힘들지만, 확고한 치료 의지를 가지고 불안을 회피하지 않고 느껴 보기로 하였습니다. 5분마다 불안 수준을 0에서 100까지 주관적으로 평가하였습니다. 처음 5분이 지났을 때 95였고, 10분이 지났을 때 85로 떨어지더니, 40분 정도가 지나고 났을 때 불안 수준이 30 정도로 떨어지는 것을 경험하였습니다. 이후 불안이 느껴질 때마다 회피하지 않고 그대로 느끼는 연습을 반복하다 보니 30 정도까지 떨어지는 데 걸리는 시간이 40분에서 30분, 20분,

10분으로 단축이 되는 것을 경험하였습니다. 두렵기 때문에 피하는 것이지만, 그것이 우리를 더욱 두렵게 합니다. 비록 두렵지만 그 두려움을 마주하면, 두려움은 사라집니다.

### 체험하는 감정의 강도와 깊이의 수준은 치료적 변화의 좋은 예언자이다

감정을 느낀다 하더라도, 억압된 감정을 어느 정도의 강렬함과 깊이로 느끼느냐에 따라서 정서 조절의 효과가 달라질 수 있습니다. 억압된 감정의 원래 강렬함과 깊이를 각각 100이라고 했을 때, 아주 살짝 느끼는 30 정도로 느끼는 것과 70으로 느끼는 것은 다를 것이며, 감정의 깊이가 20이냐와 90이냐가 다를 것입니다. 즉, 억압되어 느끼기를 요구하는 감정에 가깝게 다가가서 느끼고 표현할수록 제대로 해소될 수 있습니다. 억눌렀던 감정과 해소되지 못한 감정을 충분히 느낄 때, 불쾌한 감정은 제대로 해소되고 심리적으로 안정감을 느낄 수 있습니다. 억압된 감정을 충분히, 그리고 깊이 느낄수록 좀 더 자신의 문제에서 자유로울 수 있고 성장할 수 있습니다. 그러나 이러한 감정을 충분히 느끼는 것은 쉬운 일이 아닙니다. 감정이 발생할 당시에 느끼지 못하고 억눌렀던 이유는 분명 그 감정을 느끼기에는 불편하고 두려웠기 때문일 것입니다. 불편하고 두렵기 때문에 느끼지 못한 상태로 둔 것인데, 그것을 다시 느끼려 하는 것은 그때와 마찬가지로 두려운 일입니다.

그러나 주의해야 할 점이 있습니다. 감정의 폭발 자체가 치료적으로 효과가 있는 것은 아닙니다. 때로는 아직 준비되어 있지 않은 상태에서 억눌린 감정을 분출하는 것이 오히려 심한 당황스러움과 수치심을 안겨 줄 수 있습니다. 또한 분출된 감정을 제대로 다루는 인지적 작업을 거치지 않은 채로 마친다면, 상당한 혼란을 경험하게 될 것입니다. 따라서 감정의 체험적 작업은 섣부르게 이루어져서는 안 됩니다.

심리 치료 장면에서 사용할 때는 상담자와 내담자 간에 신뢰로운 치료 관계가 형성되었을 때, 강한 정서적 각성이 일어나게 해야 합니다. 내담자가 아직 준비되어 있지 않은데 강한 정서적 각성이 일어나게 하면 내담자는 크게 당황할 수 있고, 미처 상담자가 이를 제대로 다루지 않은 채 덮어버리면 더욱 힘들어질 수 있습니다. 따라서 내담자가 준비되어 있는지 확인하고 준비된 만큼 점진적으로 강한 감정적 각성이 일어나게 해야 합니다. 혼자서 정서 조절을 하기 위해 체험적 방법을 사용할 때에는 이를 고려하여 점진적으로 시도해 보는 것이 효과적입니다.

## 정서를 다룰 때의 지침

### 단순히 정서를 느끼고 표현한다고 해서 해소되는 것은 아니다

정서를 느끼고 표현하는 체험적 방법을 통해 효과적으로 정서를 다루기 위해서는 느끼고 있는 정서의 정체가 무엇인지를 파악해야 합니다. 단순하게 유발된 감정을 느끼고 표현한다고 해서 그것이 제대로 해소되는 것은 아닙니다. 정서에도 여러 가지 모습이 있습니다. 어떤 정서는 원래의 자극으로 유발된 감정의 모습이 아닌 다른 얼굴을 하고 있기도 합니다. 자신의 정체를 가리고 말이죠. 어떤 경우는 사실 다른 자극으로 유발되어 오랫동안 숨겨 두었던 감정이면서 이 자극 때문이라고 우기기도 합니다. 어떤 정서는 자극에 반응해 자연스럽게 올라온 감정이 아니라 억지로 만들기도 하고, 실제로 느낀 정도보다 일부러 과장되게 표현하기도 합니다. 이렇듯 감정도 다양한 얼굴을 하고 옷을 입고 있습니다.

### 감정의 정체를 정확히 확인해서 다루어야 제대로 해소된다

우울증을 앓고 있는 내담자가 상담에서 우울하다며 거의 매일 눈물을 쏟지만, 진전되는 것이 없는 채 오늘도 우울하다고 호소하며 눈물을 흘립니다. 친구의 말이 기분 나쁘다면서 화를 표현하지만, 여전히 화는 가라앉지 않고 찜찜하기만 합니다. 무심한 여자친구를 비난하며 온갖 신경질과 화를 표현하지만, 전혀 시원하지 않고 여전히 알지 못하는 불안과 화가 느껴집니다. 이 모두가 자신이 느끼고 있는 감정의 정체를 제대로 알지 못한 채, 중요한 핵심 감정은 모르고 엉뚱한 얼굴의 감정을 표현하기 때문입니다.

• 어떤 정서가 행동에 적응적인 안내자이고, 어떤 정서에 직면해야 하는 것인가

중요한 것은 감정을 제대로 해소하기 위해서는 원래 감정의 얼굴과 모습을 찾아 그것을 다루어야 한다는 것입니다. 정서는 어떤 자극에 반응해서 자연스럽게 유발됩니다. 또한 우리에게 정보를 줍니다. 그 정보를 활용할 때 우리의 삶은 좀 더 건강하고 적응적이 될 것입니다. 즉, 원래의 정서는 우리 삶의 적응적인 안내자가 되지만, 다양한 과정을 통해 다른 얼굴을 하고 다른 옷을 입게 된 정서는 우리에게 잘못된 정보를 주기도 합니다. 만약 경험하고 있는 정서가 자극에 대해 자연스럽게 유발된 것이라면, 느끼고 표현하면 그만입니다. 그리고 자극이 사라지면 그만입니다. 따라서 특별히 그 감정을 다룰 필요가 없습니다. 그러나 경험하고 있는 감정이 다른 얼굴과 옷을 입고 있는 정서라면, 원래의 얼굴을 찾아야 하고 입고 있는 옷을 벗겨야 합니다. 그래서 원래 자극에 반응해 유발된 감정이 무엇인지 그 정체를 밝혀서, 과거 유발되었을 당시에 제대로 느끼고 표현되지 못했던 것을 다시 시도함으로써 해소해야 합니다.

의사소통을 좀 더 원활하게 하기 위해서 이러한 정서를 '오리지널 정서original emotion'라고 명명하였습니다. 오리지널이란 사전적 의미에서 '본래의, 원래의'라는 의미로, '그것을 낳게 한 최초의 것'이라는 점에서 오리지널 정서라고 일컫는 것이 가장 적절합니다.

• 자유로이 표현된 정서인가 vs 차단된 정서의 폭발인가

느끼고 있는 감정이 자연스럽게 표현된 정서인지, 아니면 자극에 대하여 자연스럽지 못하고 억눌린 차단된 감정의 폭발이나 해방인지 구분해야 합니다. 자연스럽게 표현되는 정서는 맞았으니까 화가 나고, 연인이 떠났으니까 슬픈 것과 같이 자극에 반응해 일차적으로 느껴지는 감정입니다. 그러나 때로는 그 자극에 대한 감정이 아니라 과거 경험 속에서 형성되어 억눌렸던 감정이 그 자극으로 인해 촉발되어 폭발하기도 합니다.

• 고통이 있음을 알리는 신호인가 vs 고통이 해소되고 있다는 신호인가

상담 및 심리 치료 장면이나 생활 속에서 어떤 감정을 표현한다면, 그 감정이

억눌린 감정으로 인해 고통스러워하고 있음을 알리는 신호인지 아니면 제대로 그 감정을 만나서 느끼고 표현하여 해소되고 있다는 신호인지 구분해야 합니다. 예를 들어, 신혜 씨가 자녀에게 자꾸 화를 내고 있다면 그것은 고통이 해소되고 있는 신호는 아닐 것입니다. 신혜 씨가 스트레스를 많이 받고 있다는 것이고, 그 스트레스 때문에 제대로 풀지 못한 감정들이 잔뜩 쌓여서 버겁고 고통스럽다는 신호입니다. 그러나 영현 씨가 남편에게 그동안 자신이 얼마나 고통스럽고 외로웠는지를 표현하며 자신의 마음을 이해해 주지 않았던 남편에 대해 원망스러움을 표현하고 있다면, 그것은 그동안 남편에게 표현하지 못했던 감정과 고통을 표현하여 해소하는 과정에서 나타나는 감정 표현일 것입니다. 전자라면 아직 자신의 오리지널 정서를 알아차리지 못한 상태이므로, 오리지널 정서를 자각하고 표현하여 해소하는 작업이 필요합니다. 이렇듯 느끼고 표현되는 감정일지라도 '속에 억눌린 감정이 있어요. 나 좀 바라봐 줘요.'라고 알리는 신호일 수도 있고, '이제야 저를 알아봐 주네요. 저 드디어 밖으로 표현되고 있어요.'라며 해소되는 신호일 수도 있습니다.

## 정서의 네 가지 구분

정서를 효과적으로 조절하기 위해서는 자신이나 다른 사람들이 경험하는 정서의 유형이 무엇인지 파악하는 것이 중요합니다. 그 유형의 정서가 주는 정보를 파악하고, 자신에게 필요한 정서 조절의 개입과 도움이 되는 반응이 무엇인지 결정해야 합니다.

최근에 정서의 체험적 측면을 강조한 심리 치료 이론이 하나씩 나타나고 있습니다. 그중에 대표적인 것이 Greenberg의 정서 초점 치료입니다. 이것은 정서의 체험을 강조하면서, 위와 같이 체험하는 정서가 무엇인지 구분하고 파악하여 다루어야 한다고 강조합니다. Greenberg가 구분하는 정서의 유형에 대해 간단하게 살펴봄으로써, 여러분의 이해를 돕고자 합니다.

정서 초점 치료EFT는 정서를 일차적 정서, 이차적 정서, 도구적 정서로 구분합니다. 일차적 정서는 다시 적응적인 일차적 정서와 부적응적인 일차적 정서로 구분합니다. 여기에서는 정서 초점 치료의 네 가지 정서 유형 구분을 받아들이되, 그 정서 유형의 정의 및 특징, 그리고 접근 방법에 대해서는 제가 오랫동안 연구한 정서 조절 이론에 따라 다시 정리하였습니다.

일차적 정서 가운데, 적응적인 일차적 정서는 자극에 반응해 자연스럽게 유발된 정서이고, 부적응적인 일차적 정서는 과거에 유발되었지만 억눌러져 있던 정서입니다. 누군가 나를 떠났을 때 슬프고 나를 때렸을 때 분노하는 것은 자연스러운 일차적 정서입니다. 그러나 어떤 정서는 만성적으로 반복되어 불쾌한 경험이 되기도 합니다. 이차적 정서는 일차적 정서가 다른 형태로 바뀌어서 나타나는 것으로, 일차적 정서로 느끼는 것이 불편해서 얼굴을 바꾸고 가면을 쓰는 것입니다. 따라서 이차적 정서는 일차적 정서를 가리는 방어적인 정서라고 할 수 있습니다. 도구적 정서는 목표, 즉 원하는 것을 얻기 위해 사용하는 정서입니다. 도구적 정서는 특히 사회적 영향을 많이 받는 정서입니다.

## 적응적인 일차적 정서

적응적인 일차적 정서는 자극 상황에 반응하여 나타나는 첫 번째 감정first feeling으로 적응적인 가치가 분명합니다. 날 때리니까 화가 나고, 사랑하는 사람이 죽어서 슬픕니다. 곰이 나타나서 무섭고, 매우 지저분한 것을 봐서 혐오스러움을 느낍니다. 이처럼 자극에 대해 즉각적으로 나타나는 첫 번째 감정이 적응적인 일차적 정서입니다. 때리는 것에 화가 나니까 방어하고 상대방을 공격함으로써 자신을 더 이상 때리지 않도록 할 수 있고, 슬퍼함으로써 그 사람과의 시간을 정리하고 다른 사람과의 유대를 강화할 수 있습니다. 무섭기 때문에 미리 죽어라 도망치거나 꼼짝 않고 얼어붙음으로써 곰에게서 자신을 보호할 수 있고, 혐오스러워서 지저분한 것을 피할 수 있습니다.

이처럼 적응적인 일차적 정서는 자연스럽게 나타나는 정서이고, 우리의 생존과 복지에 도움이 되는 방향으로 안내합니다. 어떤 것에 즉각적으로 반응해 나타나서 이를 느끼고 표현하며, 유발한 상황이나 자극이 사라지면 감정 또한 서서히 사라집니다. 건강한 사람의 삶은 적응적인 일차적 정서의 연속인 것입니다. 어떤 자극에 반응해 어떤 감정을 느끼고 자극이 사라지면 감정 또한 사라지며, 다른 자극에 반응해 다른 감정을 느끼고 사라집니다. 이런 감정은 개체가 그 순간에 실제로 어떤 상태에 있는지 알려 주고, 감정을 유발한 자극에 대한 정보를 제공함으로써 상황에 맞게 적절히 반응할 수 있도록 돕습니다.

## 부적응적인 일차적 정서

여러분은 주어진 자극 상황에 대해 지나치게 감정을 표출하는 경험을 해 봤거나 본 적이 있지 않습니까? 예를 들어, 친구의 사소한 거절에 극심한 화를 느끼며 심한 말을 퍼붓거나, 당신의 연인이 무심코 한 행동에 과도한 감정을 느껴본 적이 있습니까?

적응적인 일차적 정서가 자극에 반응해 유발되었을 때 충분히 느끼고 표현되지 못하면, 그것은 제대로 해소되지 못한 채 마음속에 축적되어 부적응적인 일차적 정서로 작용하게 됩니다. 부적응적인 일차적 정서란 과거 경험이나 학습을 통해 해결되지 못하고 형성된, 건강하지 못한 정서를 말합니다. 따라서 부적응적인 일차적 정서는 호시탐탐 기회를 엿보며, 자신이 드러나 다시 느끼고 표현될 수 있기를 바랍니다. 예를 들어, 남편에게 쌓였던 분노를, 숙제를 제대로 하지 않고 놀고 있는 아들에게 심하게 화를 내며 퍼붓는 것과 같습니다. 마치 아들이 잘못이라도 하기를 노리고 있었다는 듯이 말입니다. 따라서 부적응적인 일차적 정서는 겉으로 "이것 때문이야."라고 말하는 표면적인 유발 자극이 실제로 표현된 감정의 원인이 아닙니다. 번지수를 잘못 찾아서 느끼고 표현하니, 상대방은 당황스럽고 놀라고 억울한 마음마저 듭니다.

승원이는 지배적이고 성취지향적인 아버지와 수동적인 어머니 밑에서 자랐습니다. 성취지향적인 아버지는 승원이에게 공부만을 강요하면서 최고의 대학에 가기를 원할 뿐 정서적 돌봄을 주지 못했습니다. 미술이나 음악을 좋아했지만 승원이의 욕구는 차단되었고 무시되기 일쑤였습니다. 어머니는 그런 아버지의 눈치를 보며 살았기 때문에, 승원이의 욕구에 어떤 지지도 해 주지 못했습니다. 승원이는 외로웠습니다. 어떤 욕구를 느껴도 어느 누구 하나 자신의 욕구에 관심을 기울이고 알아주고 충족시켜 주는 사람은 없었습니다. 모두 불편해했고 무시했습니다. 이런 일이 반복되자 승원이는 자신이 무엇을 바라도 수용되지 못하고 충족되지 못할 거라는 것을 알게 되었습니다. 이제는 무언가를 바라는 욕구도 없이 무기력하고, 모든 것이 무의미하고 공허하게 느껴질 뿐이었습니다. 아버지와 어머니에게 지지를 받지 못하고 욕구가 좌절됨으로써 무력감을 느꼈던 승원이는 친구에게 사소한 욕구를 표현했을 때 그 친구가 "아, 그래."라며 무심히 지나쳤을 뿐인데, 그것에 심하게 좌절하고 깊은 슬픔을 느꼈습니다. 이때 너무 과한 슬픔과 좌절을 느끼고 있다면, 그것은 친구의 무심한 반응에 대한 것이라기보다는 과거에 부모에게서 충족되지 못한 감정이 친구와의 상호작용에 반응하여 나타난 것입니다. 친구 입장에서는 매우 당황스럽고 억울할 수 있겠지요. '내가 뭘 그리 잘못했다고.', '난 특별히 이 친구에게 나쁘게 한 게 없는데.'라고 말입니다.

대부분의 정신장애는 부적응적인 일차적 정서가 나타나는 것이라고 할 수 있습니다. 예를 들어, 공황장애를 살펴보겠습니다. 개인이 어떤 순간에 무심코 숨이 가빠지고 심하게 흥분되고 정신이 혼미해져 죽을 것만 같은 패닉 상태를 경험했다면, 이후에 유사한 자극이나 상황에 처했을 때 사소한 자극에도 과하게 반응하게 됩니다. '또 그때처럼 죽을 것 같고 패닉이 일어나면 어떡하지?'하면서 과잉되게 반응하는 것입니다. 사회공포증이나 뱀공포증과 같은 특수공포증도 비슷하게 설명될 수 있습니다.

접촉에 대한 두려움이 심한 사람을 살펴보면, 어릴 적 부모나 주변의 중요한 인물과의 관계에서 어떤 이유로 불편하고 두려웠던 경우가 많습니다. 그래서 나중에 친구나 연인에게서 유사한 메시지를 계속 발견하게 됩니다. 실제로 그리 상처를 줄 만하지 않았는데, 그럴 만한 관계가 아니었는데, 다가오고 접촉하는 것에 대해 심한 거부 반응을 보인다거나 두려움을 나타낼 때 이는 부적응적인 일차적 정서라 할 수 있습니다. 어떤 사람은 자신에게 관심을 두는 것에 불편해하고 분노를 느끼기도 합니다. 그러니 주변 사람들이 보기에는 지나치고 과하게 생각되지요. "아, 저 사람은 왜 그래? 저게 그 정도로 심하게 화를 낼 만한 건 아니지 않나?", "그렇게까지 심하게 불안해할 일은 아니지 않나?" 이처럼 생각된다면 그 사람이 실제로 느끼는 감정의 원인은 그 자극이 아닐 것입니다. 여러분이 모르는 그 사람의 과거 경험 속에서 해소되지 못하고 억눌린 감정이 축적되어서, 엉뚱한 자극에 뭉텅이로 표현되어 나가는 것이라고 이해하면 됩니다.

### 왜 일차적 정서인가

그렇다면 왜 일차적 정서인지 궁금할 것입니다. 일차적 정서의 정의는 자극에 반응해 형성된 첫 번째 감정, 즉 변형되지 않은 감정이라는 것입니다. 부적응적인 일차적 정서는 바로 내적·외적 단서에 의해 촉발된 변형되지 않은 첫 번째 감정이 맞기 때문입니다. 다만, 번지수를 잘못 찾아 표현된다는 점에서 부적응적입니다.

적응적인 일차적 정서와의 차이점은 형성될 당시에는 제대로 느끼고 표현되지 못하다가, 번지수를 잘못 찾아 표현된다는 것입니다. 물론 완전히 다른 성질의 자극이 아닌 동일한 종류의 감정을 유발하는 유사한 자극에 반응을 하는 것이지요. 따라서 결국에는 부적응적으로 작용하게 됩니다. 즉, 처음에는 자신을 보호하기 위한 적응적인 역할을 하기 위해 출연했던 감정이지만, 엉뚱한 상황에서 엉뚱한 대상에게 느끼고 표현됨으로써 상황을 곤란하게 합니다.

아이는 부모에게서 보호받을 수 있도록 애착 반응을 보입니다. 혼자서는 아무것도 할 수 없는 어린아이는, 가장 먼저 만나는 엄마에게 기대고 의존하며 보호받을 수 있도록 방긋 웃는 등 애착 반응을 보입니다. 그런데 수애에게 돌아온 것은 엄마의 통제였고, 수애가 제대로 하지 않았을 때는 때리는 등 폭력을 휘둘렀습니다. 수애는 엄마가 너무 무서웠고 원하는 것을 얻을 수 없으니 좌절하였습니다. 뉴스에서 아이가 부모의 반복되는 폭력에 맞아서 죽었다는 기사가 나오곤 합니다. 수애가 느낀 두려움과 공포는 대상인 엄마를 피하게 하였고, 점차 엄마의 통제와 폭력을 조금씩 피할 수 있었습니다. 만약 이런 감정을 느끼지 않는다면, 계속 애착관계를 유지할 것이고 아이는 더욱 통제받으며 무력감에 빠져들 수밖에 없을 것입니다.

이처럼 처음에는 처한 상황이나 환경으로부터 자신을 보호하고 적응할 수 있도록 감정이 출현합니다. 그러나 엄마에 대한 두려움은 친밀한 사람에게 다가가는 것에 대한 두려움으로 확장되면서, 남자친구나 동성 친구와 같이 누군가가 자신에게 다가오는 것을 두려워하며 중요한 순간에 도망가게 했습니다. 이 순간 수애가 보인 회피의 반응은 그 친구를 향해 보낸 것이 아니라, 바로 과거에 무서웠던 엄마에 대한 반응인 것입니다. 손을 내밀고 다가와서 두려움을 촉발한 것은 친구였지만, 이때 느낀 두려움은 실제로 친구에 대한 두려움이 아니라 과거 속에 자리 잡은, 통제하고 폭력을 휘둘렀던 엄마에 대한 두려움이었습니다. 친구가 물러서서 사라진다고 두려움이 사라지는 것이 아니라, 여전히 남아서 또 다른 누군가의 다가오는 행동에 강렬하게 반응하면서 반복될 것입니다. 따라서 친구에게 지나친 불편함과 두려움을 느꼈다면, 그 감정이 유래한 오리지널 정서를 찾아서 그것을 느끼고 표현해야 합니다.

## 부적응적인 일차적 정서를 구분하는 방법

느끼는 감정이 자극에 대한 자연스러운 감정, 즉 적응적인 일차적 정서인지 아니면 과거에 대한 감정이 다시 촉발된 부적응적인 감정인지 어떻게 구분할 수 있을까요? 부적응적인 일차적 정서의 특징은 유발한 자극에 비해 지나치며, 감정을 유발한 상황이나 자극이 사라져도 여전히 남아 있습니다. 그 대상이 사라졌어도, 상황이 종료되었어도 감정은 여전히 오랫동안 여운으로 남아 유사한 자극이나 상황에서 유사한 패턴으로 반복적으로 경험되는 정서입니다.

지현이는 과거 자신에게 중요한 인물이었던 한 선생님에게 감정을 표현했다가 친구들 앞에서 타박을 받은 경험이 있습니다. "너는 뭐 그런 걸 느끼니? 그리고 뭐 그런 걸 말하니?"라는 선생님의 말에, 지현이는 순간 모욕과 창피를 느끼고 수치심을 경험했습니다. 수치심은 숨게 합니다. 숨기 때문에 반복적으로 모욕이나 창피를 당할 기회를 피할 수 있는 것이지요. 지현이는 그런 경험 이후 감정을 표현해야 하는 상황에서조차 심한 수치심을 느끼며, 감정을 드러내지 않고 숨기게 되었습니다. 결국 창피를 준 것은 선생님이었지만, 지현이는 대부분의 사람에게, 어쩌면 자신의 감정을 받아 줄 수도 있는 성숙한 어른과의 관계에서도 감정을 표현하면 수치심을 느끼게 될 거라 생각해서 표현하지 않습니다. 자신의 감정을 살짝 표현하게 되었을 때도, 친구들은 누구도 그에게 무안하게 하지 않지만 혼자서 심하게 수치심을 느끼며 불편해합니다. 그런 지현이가 친구들은 잘 이해되지 않습니다. 왜 그렇게 자신의 감정을 숨기고 표현하지 않는 것일까요? 지현이의 수치심은 그들에게 반응한 것이 아니라, 과거에 창피와 모욕을 느끼게 했던 선생님에 대한 반응입니다. 선생님으로부터 자신을 보호하기 위해 느낀 수치심은 이후 자신에게 해를 주지 않는 사람, 어쩌면 감정을 표현했을 때 더 친밀해질 수 있는 사람에게도 반응하게 합니다. 그래서 감정을 표현할 수 있는 상황에서 표현하지 못하고, 욕구를 충족할 수 있는 상황에서 욕구를 충족하지 못하게 합니다. 이렇게 도움이 되지 않는 방향으로 작용하기 때문에, 적응에 도움이 되지 않는 부적응적인 것입니다.

모든 사람은 과거에 충족되지 못하고 해소되지 못한 감정들을 가지고 있습니다. 여러분의 부적응적인 일차적 정서가 무엇인지 알고 싶다면, 여러분이 경험하는 갈등이나 불편한 상황을 떠올려 보고 기록하기 바랍니다. 뭔가 반복되고 공통적인 것이 있을 것입니다. 부적응적인 일차적 정서인지를 확인하는 방법은 다음과 같습니다. 첫째, 자극에 비해서 지나친 반응일 때, 둘째, 동일한 감정 패턴이 반복될 때, 셋째, 자극이나 상황이 지나도 오래 남아 있을 때입니다. 이 세 가지가 충족된다면 그 감정을 부적응적인 일차적 정서라고 할 수 있습니다.

그렇다면 우리는 무엇을 해야 할까요? 오리지널 정서, 즉 원래 어떤 자극이나 상황에 대해서 유발된 감정인지를 찾아야 합니다. 그래서 감정이 유발된 원래 자극을 알아차리고 그 자극이나 대상, 상황에서 느꼈던 감정을 다시 느끼고 표현함으로써 다루어야 합니다. 이러한 체험적 과정을 통해 해소할 수 있습니다.

## 이차적 정서

### 일차적 정서에 방어적으로 반응하여 다른 감정의 얼굴을 하다

여러분은 감정을 유발한 자극 상황이 일으킬 법한 감정이 아니라, 다른 감정을 느끼거나 표현한 적이 있지 않습니까? 또는 주변 사람들 중 이 상황에서는 이런 감정일 텐데 다른 감정을 표현하는 것을 본 적이 있지 않습니까? 예를 들어, 화를 내야 하는 상황에서 심한 두려움을 느끼거나, 사실은 무서웠던 것인데 화를 내는 경험처럼 말입니다. 이차적 정서는 일차적 정서에 반응하여 방어적으로 경험하는 정서입니다. 그래서 이차적이라고 합니다.

그런데 왜 방어적으로 반응하여 다른 감정으로 경험하게 될까요? 그 이유는 일차적 감정이 그대로 느끼고 자각하기에는 스스로 수용이 안 되기 때문입니다. "어떻게 그렇게 느낄 수 있지?"라고 반응합니다. 그래서 자신이 좀 더 수용하기에 편한 감정으로 바꾸어 경험합니다. 물론 이차적 정서를 본인이 의도했다고 말할 수는 없습니다. 수용할 수 없기에 무의식적으로 반응하여 이차적 정서로 얼굴을 바꾸고 옷을 갈아입는 것입니다. 일차적 정서, 즉 오리지널 정서를 수용하지 못하고 숨기려 할 때, 그 결과로 나타나는 정서입니다.

예를 들어, 분노가 우울이나 무기력으로, 우울이 조증으로, 분노가 두려움으로, 두려움이 수치심으로 나타나기도 합니다. 우울한 사람은 그 내면에 분노가 자리 잡고 있는 경우가 많습니다. 분노를 적당한 대상에게 적절히 표출하지 못하기 때문에, '네가 잘못했어.', '넌 그런 일을 겪어도 마땅해.'라면서 자신에게 분노를 향하게 함으로써 우울해집니다.

조증 환자는 그 이면에 우울한 감정이 내재되어 있습니다. '난 무능력해. 난 아무것도 아니야. 무가치해.'라고 생각하며 우울해하는 사람은, '내가 무능력하다는 것을 인정할 수 없어.'와 같은 무의식적 사고 과정을 거침으로써 우울함의 반대 방향인 조증 상태로 전환됩니다. '난 무엇이든 할 수 있어. 난 대단한 존재야. 세상은 아름다워!'라고요.

두려움의 이면에는 중요한 대상에 대한 분노가 자리 잡기도 합니다. '그 사람에게 분노를 느껴선 안 돼. 그러다 들키기라도 하면 큰일이 날지 몰라.', '그 사람에게 분노나 공격성을 보였다가는 천벌을 받을지 몰라.'와 같이 반응함으로써 두려움의 가면을 쓰게 됩니다. 이는 분노를 느끼게 한 대상이 강력한 아버지나 어머니일 경우 특히 그러합니다. 분노는 자연스럽게 공격성을 갖는데, 자신의 공격성 때문에 부모로부터 보호받지 못할 수 있다는 두려움이 생기게 되는 것이지요. 또는 부모에게 공격적인 감정을 갖는 것을 천륜에 어긋나는 거라 생각하여 두려움을 느낄 수도 있습니다. '나에게 그런 말을 하다니. 나를 무시하는 것 같아서 창피하고 수치스러워.'와 같이 수치심을 느낀 사람이 '나의 못난 모습을 보일 수 없어. 인정할 수 없어.'와 같은 무의식적 사고 과정에 의해 '감히 나에게 어떻게 그런 말을 할 수 있지? 그건 저 사람이 무례하기 때문이야.'와 같은 분노감을 느끼기도 합니다. 이처럼 이차적 정서는 일차적 정서에 대해 '난 이런 감정을 경험하면 안 돼.'와 같은 무의식적 사고 과정을 통해 형성됩니다. 따라서 이차적 정서는 사고가 중요하게 작용하는 인지적 요소가 포함된 복합체라고 할 수 있습니다.

재중이가 상담소에 찾아왔을 때 호소했던 감정은 두려움이었습니다. 어렸을 때부터 누군가 자신을 해치려 하는 것 같아 불안하고 두렵다고 했습니다. 자신의 물건이 제대로 있는지 확인하고, 골목을 걸을 때 뒤에서 누군가 쫓아오지 않을까 불안해하였습니다. 그래서 심지어 과일 깎는 칼을 신문지에 말아서 바지춤에 지니고 다녔습니다. 누군가 나를 해치려 할 때 자신을 보호하는 데 사용하기 위해 말입니다. 그런데 상담이 진행되면서 나타난 것은 아버지를 향한 강한 분노였습니다. 아버지는 군인이었는데, 굉장히 엄격하고 강한 통제를 하는 분이었습니다. 그 통제가 너무 강해서 심지어 재중이에게 특정 반찬을 먹을 것을 강요하고, 먹지 않으면 그 자리에서 심하게 윽박질렀습니다.

그러나 재중이에게 아버지에 대한 분노는 자각하고 수용하기 어려운 위협적이고 두려운 감정이었습니다. 아버지를 죽이고 싶도록 미워하는 자신의 감정에 대해 '그런 끔찍한 생각을 하다니. 그래선 안 돼.'와 같은 무의식적 사고 과정을 겪게 됩니다. 이 과정에서 '내가 저 사람을 죽이고 싶다.'는 분노와 공격성은 투사 과정을 통해 '저 사람이 나를 해치려 한다.'와 같은 두려움으로 바뀝니다. 따라서 '누군가 나를 해칠지 몰라.'와 같은 생각과 두려움으로 자리 잡습니다. 재중이는 다른 사람에게 화난 적이 없다고 말했고, 단 한 번도 아버지에 대한 분노를 이전에는 자각하지 못했다고 하였습니다. 즉, 재중이가 호소했던 두려움은 원래의 것이 아니었고, 일차적인 정서는 분노였던 것입니다. 이에 상담자는 상담 장면에서 재중이의 오리지널 정서인 분노를 자각하고 느끼고 표현하는 작업을 반복하였고, 이를 통해 해소할 수 있었습니다. 오리지널 정서인 분노가 다루어지고 해소되고 나니, 호소하였던 이차적 정서인 두려움에 대한 문제도 자연스럽게 사라졌습니다.

태현이가 상담을 위해 처음 찾아왔을 때 눈에 초점이 없고 기분은 가라앉아 있고 무기력한 상태였으며, 수업을 제대로 들을 수도 없고 다른 사람들과 관계를 갖는 데도 심한 어려움을 겪고 있었습니다. 그가 호소하는 것은 무력감이었지만, 상담을 하면서 알게 된 것은 무기력 이면에 분노가 자리 잡고 있었다는 것입니다. 태현이의 어머니는 힘 있고 통제적이었으며, 자신의 뜻대로 하기를 원했고 그렇게 되지 않으면 심하게 화를 내었습니다. 장남이었던 태현이에게 가해진 간섭과 통제는 더욱 심했으며 숨이 막힐 정도였습니다. 이에 태현이는 간섭과 통제를 하는 어머니에게 분노를 느꼈습니다. 왜 분노를 느꼈을까요? 인간은 누군가 자신의 경계를 침범할 때 자신을 보호하기 위해 분노와 공격성을 갖게 됩니다. 그러나 강력한 어머니이기에 '엄마는 너무 강력해. 감히 화를 낼 수도, 표현할 수도 없어.'와 같은 무의식적 사고 과정을 통해 '난 아무런 힘이 없어. 내가 할 수 있는 건 없어.'와 같은 무기력감을 느끼게 됩니다.

따라서 이런 감정을 해소하기 위해서는 무력감 자체를 느끼고 표현하면서 다루기보다는, 그 감정의 오리지널 정서인 분노를 자각하여 느끼고 충분히 표현하도록 하는 것이 감정의 해소를 돕고 자연스럽게 이차적 정서로 나타난 무력감 또한 해결할 수 있습니다.

지금까지의 예와 같이, 이차적 정서는 분노의 변형된 얼굴인 경우가 많습니다. 이는 여러분도 짐작하겠지만, 우리 사회에서 분노라는 감정은 수용하고 받아들이기 불편한 감정이기 때문이겠지요. '화는 참아야 해. 화를 내서는 안 돼.'라며, 화를 굉장히 부정적이고 수용할 수 없는 감정으로 인식하는 경우가 많습니다. 또한 어린 시절 아직 독립할 수 있는 힘이 없는 상황에서 부모에게 분노와 공격성을 갖게 되는 것은 보호받지 못할 수도 있는 불안한 상황을 초래하기 때문에, 분노는 두려움으로 얼굴을 바꾸어 경험하기도 합니다. '엄마와 아빠는 모두 나에게 진정으로 관심과 애정을 주지 않았어. 그들은 자신들이 화날 때 나에게 마구 화를 내고 비난했어. 너무 화가 나.'와 같은 마음을 가진 아이가 '화를 내선 안 돼. 참아야 해.'와 같은 무의식적 사고 과정을 겪고, 이에 대한 반응으로 '네가 잘못했기 때문이야. 네가 못났기 때문이야.'라며 자신에게로 탓을 돌릴 수 있습니다. 결국 '난 쓸모없는 인간일 뿐이야. 아무런 희망이 없어.'라고 생각하며 우울을 겪을 수도 있고, '네가 할 수 있는 것은 없어.'와 같이 무력감을 느끼기도 합니다.

## 이차적 정서의 개입 방법

이차적 정서에 어떻게 개입해야 할까요? 먼저 어떤 감정을 느끼고 있을 때, 그것이 이차적 정서인지 일차적 정서인지 구분해야 합니다. 어떤 자극에 대해 화가 나는 감정을 느낄 텐데 두려움을 보인다면, 그것은 이차적 감정일 가능성이 큽니다. 이처럼 해당 자극에 대해 자연스럽게 예상되는 감정이 아닌, 다른 종류의 감정을 느낄 때 이차적 정서로 추측할 만합니다. 반면, 어떤 사건에 대해 화가 날 법한데, 화를 내고 있긴 하지만 그 정도가 너무 과한 게 아닌가 싶을 때는 부적응적인 일차적 정서일 가능성이 큽니다. 예를 들어, 친구가 약속을 잠깐 잊고서 지키지 않았을 때 너무 미안해하며 연락을 했더니, 극도의 증오감을 표현하고 절교라는 식으로 반응을 한다면 부적응적인 일차적 정서를 표현하는 것입니다.

이차적 정서라고 판단된다면 그것의 원래 얼굴, 즉 일차적 정서가 무엇인지 찾는 것이 우선입니다. 그래서 일차적 정서에 접근하여 다룸으로써 해소하는 것이 궁극적인 목표가 되어야 합니다. 이차적 정서로 나타난 두려움, 우울, 무력감은 그것의 일차적 정서, 즉 오리지널 정서를 알아차리고 충분히 느끼고 표현하도록 하면 자연스럽게 줄어듭니다.

이차적 정서는 그냥 지나칠 수도 있고, 느끼고 표현하여 그 가면을 벗겨 낼 수도 있습니다. 그것은 그때그때 상황에 맞게끔 하는 것이 좋습니다. 결과적으로는 그것의 오리지널 정서를 확실히 찾아서 다루어 해소하는 것이 중요합니다.

## 도구적 정서

여러분은 살면서 원하는 것을 얻기 위해 상대방에게 감정을 이용해 본 적이 있습니까? 예를 들어, 연인에게 실수했을 때 별로 죄책감을 느끼지 않지만, 죄책감을 느끼는 것처럼 행동하는 경우가 있지요. 목적한 바를 얻기 위해서 의도적으로 이용하거나, 인식하지 못한 상태에서 습관적으로 사용하는 정서를 도구적 정서라고 합니다. 무언가를 얻기 위해서 표현하는 감정이 다른 사람에게 영향을 끼칠 수 있다는 것을 학습합니다. 영향력을 행사하기 위해 특정 방식으로 정서를 표현하거나 조절합니다. "목소리 큰 사람이 장땡이다."라는 말이 있습니다. 서비스센터에 몇 차례 불편을 호소했는데도 전혀 조치를 취하지 않을 때, "화 한번 내야 뭔가 급하게 생각해서 일을 빨리 처리해 줘."라는 조언을 듣곤 합니다. 작정하고 전화를 해서 일부러 다급해하거나 소리를 지르며 정말 화가 많이 난 것처럼 행동하는데, 그것이 바로 도구적 정서입니다.

도구적 정서의 특징은 사회적 관계, 대인관계에서 중요하게 작용한다는 것입니다. 예를 들어, 보고서를 연기하거나 시험 대체를 위해 교수 앞에서 난처함, 곤란함을 비롯한 힘든 감정을 전달하는 것입니다. 물론 교수에 따라 다르겠지만, 어떤 경우는 그런 감정의 표현이 참작되면서 좀 더 배려하고자 하는 마음이 들기도 합니다. 타인을 지배하기 위해서 때때로 분노를 이용하기도 하는데, 예를 들어 조직폭력 관계에서는 상하관계를 정리하기 위해 화를 버럭 내고 심한 폭력을 휘두릅니다. 혜교 씨는 평소에는 남편이나 다른 사람들이 자신에게 관심을 두지 않는데, 우울하면 걱정이 늘고, 타인을 신경 쓰는 것을 깨달았습니다. 그래서 관심을 얻기 위해 기분이 가라앉을 때 우울함을 극대화하여 표현하기도 합니다. 이때 우울은 도구적 정서가 될 수 있습니다. 관심을 얻기 위해서 활용하는 것이죠. 협상할 때 결단력 있고 단호한 태도를 보이거나, 필요할 땐 불쾌함이나 분노를 전달하기도 합니다. 이때 불쾌함이나 분노는 원하는 계약 조건을 얻기 위해 활용하는 감정일 수 있습니다. 잘못했을 때는 반성, 후회, 죄책감을 전달합니다. 충분히 반성하고 후회한다고 표현하면, 용서받을 가능성이 커지기 때문입니다. 후배를 교육할 때 객관적이면서도 권위적이고 엄숙한 분위기를 전달하기도 합니다. 그 정도로 화가 난 것은 아닌데 매우 엄숙하고 무거운 분위기를 형성해서 후배가 반성하도록 할 수 있습니다.

## 알고 사용하는 것이 건강하다

이처럼 도구적 정서는 사회적 관계에서 중요하게 작용합니다. 이런 감정들은 자신이 무엇을 하는지 모르고 사용한다면 부정적인 영향을 끼칠 수 있지만, 알고 사용한다면 자신이 원하는 것을 얻는 데 효율적으로 활용하여 사회적으로 좋은 수행을 보일 수 있습니다.

도구적 정서는 대개 착취적이거나 피상적인 성격을 띱니다. '남들에게 보여 주는' 정서이기 때문입니다. 저 사람이 저 정도로 화가 난 것 같지는 않고, 저 사람이 저 정도로 우울한 것 같지는 않다는 것을 어렵지 않게 짐작할 수도 있습니다. 도구적 정서는 의사소통의 한 기법인 것입니다.

## 체험적 방법을 효과적으로 사용하기 위한 조건

해소되지 않은 불쾌한 감정은 느끼고 충분히 표현되기를 요구합니다. 우리는 답답하거나 화가 날 때, 가슴이 막히고 뭔가를 터뜨리고 싶은 충동을 느낍니다. 찌개가 끓고 있을 때 수증기가 냄비 밖으로 나가기 위해 꿈틀거리는 것과 같습니다. 뚜껑을 열지 않으면 계속 달그락거리면서 마치 폭발하여 터질 것만 같습니다. 그러다 뚜껑을 열면 밖으로 수증기가 나가면서 거품은 가라앉습니다. 감정도 마찬가지입니다. 쌓인 감성을 밖으로 꺼내어서 분출하면, 속이 시원해지면서 충동은 가라앉고 차분해집니다.

그래서 어떤 사람은 기분이 나쁠 때 그것을 반드시 표출하고자 합니다. 그런데 불쾌한 감정을 느끼고 표현하고 분출하는 것이 언제나 감정을 해소하는 것을 도와 정서 조절에 효과적인 것은 아닙니다. 전혀 관련 없는 사람에게 짜증이나 신경질을 내면서 감정을 표현한다거나, 내게 감정을 유발하긴 했지만 그 사람이 실제로 나에게 했던 것보다 과하게 반응을 한다면 상대방 입장에서는 '이건 부당하다.'라는 생각을 하고 억울함을 느낄 것입니다. 따라서 갈등이 유발되거나 깊어지고, 문제는 더욱 심각해지며 불편함은 증가할 것입니다.

강의실이나 도서관과 같이 공적인 사회적 상황에서 눌러 놓았던 슬픔을 통제하지 못하고 펑펑 운다면, '저 사람은 감정을 제대로 조절하지 못하는 사람이구나!'라는 오해를 받을 수 있습니다. 만약 불쾌한 감정을 친밀하지 않은 사람들과 함께 있을 때 표현한다면, 주변 사람에게 오해를 받거나 부정적인 인상을 줄 수도 있습니다. 또는 불쾌한 감정을 유발한 상대방이나 주변 사람들에게 그러한 감정을 그대로 분출한다면, 상대방 또한 상처를 받거나 공격적으로 인식하여 인간관계에 갈등이 초래되고 그로 인한 불쾌감이 더욱 심해질 것입니다. 이처럼 사회적 상황에서 상대방이나 주변 사람들에게 불쾌한 감정을 여과 없이 표현하고 분출한다면, 부정적인 인상과 대인관계적인 갈등을 초래하여 불쾌한 감정은 증폭되고 문제는 악화될 것입니다.

그렇다면 이런 부작용side effect 없이 불쾌한 감정을 해소하기 위해서는 어떻게 해야 할까요?

## 감정을 해소하기 위한 사전 조건: 안전

### 감정에 접근해 해소할 수 있는 상황인지 확인하라

부작용 없이 불쾌한 감정을 안전하게 해소하기 위해서는 사전 조건인 안전을 충족해야 합니다. 즉 안전한 상황에서 감정을 해소해야 합니다. 안전은 다음의 세 가지 조건 중에 한 가지 조건이라도 충족되면 됩니다. 즉, 안전한 대상에게 하거나, 안전한 상황에서 하거나, 안전한 방식으로 하면 됩니다.

첫째, 안전한 대상에게 해야 합니다. 그 대상이 자신이 그만한 감정을 솔직하게 표현해도 괜찮은 안전한 상대인지 판단해야 합니다. 불쾌한 감정을 그대로 느끼고 표현할 수 있도록 기다려 주고 수용해 줄 수 있는 믿을 만한 사람에게 감정을 표현하십시오. 여러분에게 안전한 대상은 누구입니까? 주로 마음을 잘 받아 주는 친한 친구나, 속 깊은 선후배가 될 수도 있습니다. 남편이나 남자친구, 또는 아내나 여자친구 등 가족이 될 수도 있습니다. 중요한 것은 여러분이 느끼기에 충분히 표현할 수 있고 부작용이 발생하지 않는 안전한 대상이냐는 것입니다. 그런데 안전한 대상이 있다고 할지라도, 지금 당장 가용하지 않을 수 있습니다. 그런 경우 다음의 조건들을 충족시킬 수 있는지 확인해 보십시오.

둘째, 안전한 상황에서 해야 합니다. 불쾌한 감정을 마주하고 느끼고 충분히 표현해도 별 문제가 되지 않는 안전한 상황을 찾아보세요. 대표적으로 혼자 있는 상황이 될 것입니다. 빈 집에 혼자 있을 때, 자동차 안에 혼자 있을 때 등이 있습니다. 만약 집에 혼자 있다면, 화난 감정을 알아차리고 느끼고 말로 표현합니다. 감정과 만나는 과정에서 분출하고 싶을 때는 옆에 놓인 쿠션을 때릴 수 있습니다. 또는 쌓였던 슬픈 감정을 알아차리고 느끼고 표현하며 펑펑 울 수도 있습니다. 이렇듯 자신에게 느껴지는 불쾌한 감정을 알아차리고 안전한 상황에서 느끼고 표현하고 분출하면, 쌓인 불쾌한 감정이나 충동이 해소되는 과정을 경험할 수 있습니다. 그러나 안전한 상황을 찾기가 쉽지는 않습니다. 그런 경우 마지막으로 안전한 방식을 사용할 수 있는지 확인해 보십시오.

셋째, 안전한 방식으로 감정을 해소할 수 있습니다. 감정은 말로 소리 내어 표현할 때 해소의 효과가 있습니다. 말을 할 수 없는 상황에서 말과 유사한 효과를 갖는 방식은 글입니다. 이때 손가락은 입이 되고 글은 말소리가 됩니다. 말로 소리 내어 해소하는 방식과 동일하게 글로 감정을 해소할 수 있습니다. 종이나 휴대폰의 메모장은 언제 어디서나 쉽게 사용할 수 있는 체험적 해소의 도구가 됩니다. 버스나 지하철에서 휴대폰의 메모장을 통해 체험적 해소를 하고 있다면, '누군가에게 문자 메시지를 보내나 보다.'라고 생각할 것입니다. 회의 시간에 수첩에 체험적 해소를 하고 있다면, '회의 내용을 적는구나!'라고 생각할지 모릅니다. 이처럼 글은 효과적인 감정 해소의 안전한 방식으로 사용할 수 있습니다.

## 감정 해소를 위한 필수 조건

첫째, 감정 단어를 명명해야 합니다. 많은 사람들이 감정을 표현할 때 어떠한 상황에서 누가 어떻게 했는지 식의 이야기를 합니다. 이야기를 하는 것은 자신에게 어떠한 일이 있었는지 알리고 싶은 욕구를 해소할 뿐, 감정 자체가 해소되는 효과는 부족합니다. "화나!", "슬퍼!", "미안해!"와 같이 감정 단어를 명명해야 감정 해소가 시작됩니다.

둘째, 감정을 몸 밖으로 표현해야 합니다. 감정 단어를 말이나 글, 또는 몸을 통해서 몸 밖으로 꺼내야 합니다. 감정은 똥과 같아서 몸 밖으로 꺼내어 표현되어야 비워져 해소됩니다. 화가 난다면, "화나, 화나, 화나!"와 같이 목소리를 내어 밖으로 표현해야 합니다. 그러다 보면 화가 사그라지는 것을 경험할 수 있습니다. 미안하다는 감정을 느낀다면, "미안해, 미안해, 미안해!"라고 계속 소리 내어 표현해 보십시오.

누군가에게 미안한 감정이 있지만, 직접 말하기 어려운 상황이 굉장히 많습니다. 그럴 때 안전하게 미안하다는 감정을 소리 내어 표현한다면, 미안함이 사그라지는 것을 쉽게 체험할 수 있습니다.

목소리를 내기 어려운 상황이라면, 안전한 방식인 글을 사용해서 표현할 수 있습니다. 종이에 쓰거나 컴퓨터의 한글 창을 열거나 휴대폰의 메모장을 열어서 목소리를 내어 표현하듯이 글로 감정을 표현합니다. 글로 감정을 표현하는 것은, 자신의 마음과 생각을 정리하는 인지적 방법과 다릅니다. 빈 여백에 날 것의 감정을 몸 밖으로 꺼내어 표현하는 체험적 방법입니다. 이때 손가락은 입술이 되고 오타 투성이 글자들이 목소리가 됩니다. 이 때 욕이 올라오면 욕을 해도 상관없습니다. 욕 또한 감정을 표현하고 해소하는 데 도움이 되는 효과적인 방법입니다. 글을 사용해서 감정을 해소할 때 주의할 점은 화장실에서 변을 보는 과정과 같이 반드시 몸 밖으로 꺼낸 작업 후에는 삭제해야 합니다. 다시 보지 말고 기록으로 남기지도 말고, 아무도 알 수 없도록 안전하게 찢어서 쓰레기통에 버리거나 삭제하십시오.

몸을 통해서 감정을 안전하게 해소할 수도 있습니다. 춤이나 노래, 운동이나 몸동작을 통해 내면에 쌓여 있는 감정을 몸 밖으로 꺼내놓음으로써 감정을 해소할 수 있습니다. 이에 대해서는 감정 해소를 위한 대안적인 방법 부분에서 보다 자세히 소개하겠습니다.

셋째, 해소하고자 하는 그 감정에 주의를 집중해서 끝까지 따라가야 합니다. 감정 단어를 명명하며 몸 밖으로 느끼고 표현하면서 그 변화되는 과정을 끝까지 따라가십시오. 주의가 머무르는 곳에 체험이 있습니다. 감정이 해소되지 않았다는 것은 그 감정에 주의가 머무르지 못했다는 것입니다. 따라서 감정에 주의를 계속 머무르면서 감정을 느끼고 표현하며 변화하는 그 과정을 따라가야 감정의 체험적 과정이 완결될 수 있습니다. 가능한 끝까지 따라가면서, 더 이상 아무것도 느껴지지 않고 남아 있지 않을 때까지 따라가길 바랍니다.

종합해보면, 감정을 해소하기 위해서는 사전 조건인 안전을 확보해야 합니다. 안전한 대상이나 안전한 상황, 또는 안전한 방식 가운데 하나를 충족합니다. 안전이라는 사전 조건을 확보하였다면, 감정 해소를 위한 필수 조건 세 가지를 모두 충족하십시오. 감정 단어를 명명하고, 말이나 글, 몸을 통해 느끼고 표현하여 몸 밖으로 꺼내야 합니다. 그리고 감정에 주의를 집중하여 감정이 해소되는 과정을 끝까지 따라갑니다. 이 조건들을 모두 충족시켰을 때, 감정을 효과적으로 해소할 수 있습니다.

## 효과적인 체험적 방법 사용의 4단계

### III-1. 감정을 명명한다

효과적인 정서 조절 단계 중 단계 I인 알아차리기에서 감정을 명명하고 감정에 접근해 해소할 수 있는 안전한 상황이라고 판단되어 단계 III으로 바로 넘어왔다면, III-2로 진행하면 됩니다. 그러나 감정에 접근해 해소하기 어려운 상황에서 단계 II인 주의분산적 방법을 사용하다가 감정을 해소할 수 있는 상황에 있게 되어 단계 III으로 들어가는 것이라면 다시 감정을 명명하는 단계부터 거치기 바랍니다. 이때 감정의 이름을 명명하는 것이 중요합니다. "화가 나!", "억울해.", "슬퍼." 등과 같이 감정의 이름을 명명하였을 때, 감정이 해소되기 시작합니다.

### III-2. 느끼고 표현한다

불쾌한 감정이 어떤 것인지 알아차렸다면, 그것을 그대로 느끼고 따라가 봅니다. 많은 사람이 감정에 대해, 특히 그것이 불쾌한 감정일 경우 느끼는 것을 부담스러워 합니다. 그러나 감정은 그것이 어떤 종류이든 자연스러운 것입니다. 즉, 감정은 특정 자극에 반응하여 나타나는 자발적인 것이며, 그럴 만한 것입니다. 또한 감정은 해결을 요구하는 것이 결코 아닙니다. 그저 느끼고 표현하면 그만인 것입니다. 따라서 상황이나 문제를 해결하지 못한다 할지라도, 감정을 해소할 수는 있는 것입니다. 그러니 감정을 있는 그대로 받아들이고 느끼십시오.

이때 해소하기 위해 감정을 표현하는 것과 상대방에게 전달하기 위해 감정을 표현하는 것은 별개입니다. 감정을 해소하기 위해 표현하는 과정은 결코 상대방이 필요하지 않습니다. 상대에게 감정을 전달하기 위해 표현할 것인지 하지 않을 것인지는 선택의 문제입니다. 또한 상대방에게 감정을 전달하기 위해 표현하기로 결정했다면, 어떻게 표현할 것인지는 각자가 알아서 결정할 일입니다. 그러나 일단 감정을 느끼는 것 자체까지는 당연히 이루어져야 하는 자연스러운 과정인 것입니다.

그런데 감정을 제대로 해소하기 위해서는 다음의 사항들을 지켜야 합니다.

## 오리지널 정서를 느끼고 표현해야 한다

이때 중요한 것은 자신이 느끼는 감정이 오리지널 감정인지 확인하는 것입니다. 궁극적인 효과를 얻기 위해서는 오리지널 감정을 느끼고 표현해야 합니다.

**• 일차적 감정인가 vs 이차적 감정인가**

느끼는 감정이 일차적 감정인지 이차적 감정인지 확인해야 합니다. 이차적 감정이라면 그것을 느끼고 표현하면서 일차적 감정이 무엇인지 찾아야 합니다. 그래서 처음에 형성되었던 감정의 얼굴을 찾아서 그것을 느끼고 표현하도록 합니다.

**• 적응적인 일차적 감정인가 vs 부적응적인 일차적 감정인가**

느끼는 감정이 일차적 감정이라면 적응적인 일차적 감정인지, 과거에 형성되었던 부적응적인 일차적 감정인지 확인해야 합니다. 자극에 대한 자연스러운 감정인 적응적인 일차적 감정이라면, 그대로 느끼고 표현하면 됩니다. 그러나 부적응적인 일차적 감정이라면 유발한 원래 자극과 상황을 찾아서 오리지널 감정으로 느끼고 표현해야 합니다.

## 말로 소리 내 표현해야 한다

이때 감정과 떠오르는 생각을 그대로 말로 표현하는 것이 중요한 포인트입니다. 마음속으로 담아두는 것과 말로 표현하는 것은 너무 다른 과정이라는 것을 알기 바랍니다. 속에서 화가 난다는 것을 그냥 느끼고 있는 것과 말로 화가 난다고 표현하는 것은 서로 다른 작용을 일으킵니다. 소리를 내어 몸 밖으로 표현할 때 비로소 해소됩니다. 소리를 내지 못할 때는 글로 쓰는 것도 대안이 될 수 있습니다.

친한 친구나 가족에게 내가 무엇을 느꼈는지 말로 표현해 보십시오. 혼자 있는 상황에서 시도하는 것에 대해, 어떤 사람은 "아무도 없는데 혼자 말하고 표현하는 게 이상하지 않나요? 어떻게 그렇게 해요?"라면서 난색을 표하기도 합니다. 그러나 혼자서 하는 행동은 아무도 보지 않으니, 누군가 당신을 이상하게 생각할 걱정은 하지 않아도 됩니다.

### 주의를 계속 현재 감정에 집중해야 한다

감정 조절은 주의attention를 통해 이루어집니다. 감정을 해소하는 과정도 마찬가지입니다. 지금 현재 느끼고 있는 감정에 주의를 집중하며 그 감정이 변화하는 대로 계속 끝까지 따라가야 합니다. 지금 이 순간 느끼고 있는 감정을 계속 표현해 보세요. 다른 감정이 느껴질 때까지 계속 표현하기 바랍니다. 화가 나는 감정을 느끼고 있을 때, "화가 나! 화가 나!"를 말로 계속 표현하다 보면, 화가 사그라지고 미안함과 같은 다른 감정이 올라올 수 있습니다. 그러면 또 그 미안한 감정에 집중하며 그 감정을 말로 표현합니다. "미안해! 미안해!" 그렇게 느껴지는 감정이나 생각을 말로 표현하다 보면, 미안한 감정 또한 사라지며 마음이 편안해지는 상태에 이르게 됩니다. 중요한 것은 지금 이 순간 느끼는 만큼만 감정을 표현해야 하며, 감정의 찌꺼기가 더 이상 없는 편안한 상태에 이를 때까지 감정에 주의를 놓치지 않는 것입니다. 만약 잠시 산만해져서 주의가 다른 데로 갔다 왔다면, 현재 느껴지는 감정에 집중하며 따라가 표현하는 작업을 다시 시작하면 됩니다.

♣ **방석이나 의자 사용하기** 빈 의자 기법 응용

혼자서 체험적 방법을 사용하여 느끼고 표현하는 과정을 거칠 때는 방석이나 의자를 사용하여 빈 의자 기법을 응용합니다.

① 방석이나 의자에 불쾌한 감정이나 갈등을 지닌 대상이 있다고 가정하고, 방석이나 의자를 향해 자신의 불쾌한 감정을 느끼는 대로 표현합니다.
② 필요에 따라서 상대방의 입장이 되어 볼 수 있습니다. 감정이나 생각을

표현한 후에 방석이나 의자에 직접 앉음으로써 상대방의 입장이 되어 그 사람이 느꼈을 법한 감정이나 욕구, 그리고 생각을 표현할 수 있습니다. 이것을 역할 바꾸기라고 합니다.

## III-3. 감정과 만난다

감정을 말로 표현하다 보면 그대로 해소될 때도 있지만, 더욱 강한 감정이나 충동이 올라올 때가 있습니다. 감정이 더욱 올라와서 때때로 화가 치밀어 올라 화풀이를 하고 싶다는 욕구가 느껴질 수 있습니다. 또는 슬픈 감정이 복받쳐서 울고 싶을 수도 있습니다. 이럴 때는 감정이나 충동을 말과 행동으로 표현하는 것이 해소하는 데 효과적입니다. 예를 들어, 쿠션이나 베개 등을 던지거나 때림으로써 치밀어 오르는 화를 해소할 수 있습니다. 이때 손상되지 않는 물건을 사용하십시오. 전자제품이나 가구를 사용하면 나중에 심하게 후회하는 일이 발생하겠지요? 또는 펑펑 울면서 복받치는 슬픔을 해소할 수 있습니다. 이처럼 표현하는 과정에서 자연스럽게 어떤 행동을 취하고 싶은 충동이 올라오면 그대로 몸을 통해 취하십시오.

해소하는 과정에서 올라오는 감정을 계속 말로 함께 표현하면서 할 때 더욱 효과적입니다. 감정을 표현하는 단계에서 특별히 강하게 올라오는 감정이 없을 때는, 단계 III-3을 거치지 않고 III-4로 넘어가도 됩니다. 말로 표현하는 것만으로도 감정이 해소되는 경우가 많이 있으니까요.

## III-4. 감정을 수용한다

### 감정의 수용 여부가 정서적 변화의 중요한 열쇠이다

감정을 느끼고 표현하고 해소하는 작업을 거치다 보면, 불편해서 받아들이기 힘들었던 감정을 받아들일 수 있는 단계에 이릅니다. 즉 마음이 편안해집니다. "좀 시원해졌어요.", "마음이 차분해지네요.", "아까는 답답하고 막힌 느낌이었는데, 지금은 텅 빈 느낌이에요." 또한, 감정을 표현하는 과정에서 감정에 대한 원인이 무엇인지, 왜 그러한 감정을 느끼게 되었는지 이해하는 인지적 작업 또한 자연스럽게 함께 이루어집니다. 감정을 이해하고 대안적인 생각이 떠오르면서 느끼는 감정을 받아들이고 처한 상황을 수용하게 됩니다.

감정을 받아들이는 것은 어찌 보면 당연해 보입니다. 감정은 자극에 반응하여 자연스럽게 경험되는 것이니, 당연히 받아들여야 하는 것 아닌가 하고 생각할 수 있습니다. 그러나 이런 예상과는 달리, 불쾌한 감정을 그대로 받아들이는 것은 그리 쉬운 일이 아닙니다. 슬플 때 슬픔을 인정하고 불안해하는 자신을 받아들이고, 속 좁게 삐치고 서운해하는 자신의 감정을 인정하고, 친구를 질투하는 감정을 받아들이며, 자존심을 건드는 말에 화가 났다는 것을 받아들이기란 쉽지 않습니다. '난 화나지 않았어. 그런데 왜 자꾸 속에서 뭔가 올라오는 것 같지?', '난 서운하지 않단 말이야.', '불안해선 안 되는데.'와 같이 감정 경험을 부인하면 더욱 화가 나고 불안해집니다.

감정 경험의 수용 여부는 감정 변화의 매우 중요한 열쇠입니다. 감정 경험을 거부하면 오히려 불쾌한 감정이 더욱 증폭되어 쌓이지만, 감정 경험을 수용하면 불쾌한 감정은 감소하고 다른 대안적인 감정을 경험할 수 있는 여유가 생깁니다. 슬픔을 인정하고 나면 새로운 설렘과 희망이 꿈틀거리기도 하고, 증오를 인정하고 나면 측은함이 올라오기도 합니다. 이처럼 감정을 수용하는 것은 감정의 변화에 중요한 영향을 주기 때문에, 정서적 경험의 수용이 정서의 변화와 심리 치료 효과에 끼치는 영향에 많은 사람이 관심을 두었습니다.

심리 치료 장면에서 내담자가 자신의 정서 경험을 수용하는 것이 정서적 변화를 초래하는 핵심이라는 점이 확인되었습니다Greenberg, 2002. 아버지에게 오랫동안 화가 나고 그를 증오하고 있었던 자신의 감정을 받아들일 때, '그래, 아버지가 너무 미웠어요. 죽이고 싶도록 미웠어요.'라고 인정하고 미워할 수 있었음을 받아들이게 될 때 증오는 사그라집니다. 그리고 힘들었던 자신에 대해 연민이 느껴지고 아버지를 용서할 기회가 생기는 것입니다.

## 수용을 강조한 심리 치료적 접근이 대두되다

불쾌한 생각이나 정서와 같은 사적 경험을 부인하거나 도전하지 않고 있는 그대로 체험하고 받아들이는 수용은 기존의 인지 행동 치료에 대한 대안으로 등장하면서, 인지 행동 치료의 제3세대 동향을 주도하며 중요한 심리 치료적 요인으로 주목받았습니다Campbell-Sills, Barlow, Brown, & Hofmann, 2006; Hayes, Strosahl, & Wilson, 1999. 또한 많은 연구자가 수용의 접근이 우울Segal, Williams, & Teasdale, 2002, 범불안장애Roemer & Orsillo, 2002, 강박장애Najmi, Riemann, & Wegner, 2009, 공황장애Eifert & Heffner, 2003; Levitt, Brown, Orsillo, & Barlow, 2004를 포함한 다양한 정신과적 증상을 감소하고 정신병리를 치료하는 데 효과적임을 입증하였습니다.

수용은 크게 인지적 수용과 감정적 수용으로 구분할 수 있습니다.

### • 인지적 수용

인지적 수용은 떠오르는 생각을 받아들이는 것입니다. 이때 받아들인다는 것은 생각 그 자체가 옳다고 인정하는 것이 아니라, 그런 생각이 떠오를 수 있음을 인정하는 것입니다. 또한 자신에게 일어난 상황이나 일을 받아들이는 것입니다. 이것도 그런 상황이나 일이 그럴 만했음을 받아들이는 것이 아니라, 그런 상황이나 일이 자신에게 일어날 수 있음을 받아들이는 것입니다. 그런데 대부분 그렇게 하지 못합니다.

"그런 일이 나에게 일어나지 말았어야 했어."
"그 사람은 왜 그렇게 말하지?"
"내가 그렇게 하지 말았어야 했어."
"그렇게 생각하면 안 되는데."
"왜 그것밖에 못 하지?"

아마도 이런 생각은 우리와 매우 가까이에 있었던 익숙한 생각일 것입니다. 그런데 이렇게 생각하면 기분이 어떤가요? 나빠집니다. 그러지 말아야 하는 일이 일어났으니 불안해집니다. 그렇게 말하지 말았어야 했는데 그렇게 말한 사람이 원망스럽고 화가 납니다. 그것밖에 하지 못하는 자신에게 화가 치밀어 오르고 자괴감이 느껴집니다. 이처럼 처한 상황을 받아들이지 못할 때 불쾌한 감정이 일어납니다.

만약 상황을 받아들인다면 어떻게 될까요?

"그래, 그런 일이 나에게 일어날 수 있지."
"그래, 저 사람으로서는 그렇게 말할 수 있지."
"나에게 그렇게 했는데. 뭐, 어떡해? 그냥 넘기는 수밖에."
"내 실력이 이 정도인데 뭐. 다음부터 더 잘해야지."
"내가 늦게 왔으니 내 차례를 기다릴 수밖에 없지."

불쾌한 감정은 더 이상 일어나지 않거나 감소할 것입니다.

• **감정적 수용**

감정적 수용은 느껴지는 감정을 그대로 받아들이는 것입니다.

"불안하면 안 되는데 왜 이렇게 불안하지?"
"자꾸 슬퍼지네. 그러면 안 되는데."
"난 섭섭하지 않아야 해. 섭섭하지 않단 말이야."
"왜 자꾸 화가 나지? 태연해야 하는데."
"난 삐치지 않았어. 난 마음이 넓으니 받아 줄 수 있어."
"엄마를 사랑해. 엄마를 미워하지 않아. 엄마에게 화나지 않았어."

이렇듯 불안하면 안 된다고 생각하면 더욱 불안해지며, 슬퍼하면 안 된다고 참으면 가슴에 슬픔이 더욱 쌓이게 됩니다. 화가 나면 안 되는데 꾹꾹 누르고 있다 보면 가슴에 화가 더욱 올라오는 것을 느낍니다. 이처럼 감정이란 녀석은 인정해 주지 않으면 반항하며 자신을 알아 달라고 몸부림칩니다. 즉, 느껴지는 감정을 받아들이지 못할 때, 불쾌한 감정은 억눌리고 쌓여서 증폭됩니다. 이렇게 자꾸만 올라오다가 어느 순간 갑자기 폭발할지도 모릅니다. 따라서 자신에게 느껴지는 감정을 회피하지 않고 인정하고 받아들이는 것이 중요합니다. 두려워하지 마십시오. 감정은 그저 느끼고 받아들이다 보면 자연스럽게 사그라지기 마련이랍니다.

"내가 불안해하고 있구나."
"그 친구가 멀리 간 것에 슬퍼하고 있구나. 많이 좋아했었나 보다. 마음이 아프다."
"섭섭하네. 그 사람에게 내가 기대를 많이 했구나. 날 배려하지 않은 것이 섭섭하다."

감정을 받아들이면 감정은 원하는 것을 이루며 완결되고 해소되면서 멀리 사라질 것입니다.

## ● 실습 접근적인 체험적 방법 사용하기

마음속에 쌓인 불쾌한 감정이 있다면, 지금 체험적 방법을 사용하여 감정을 해소해 보기 바랍니다. 그리고 작업한 내용을 다음 일지에 적어 보십시오.

예시

### 상황

친구가 연락도 없이 약속 시각에 나타나지 않았고, 한 시간이나 기다리다 돌아갔다.

### 감정(%)

화가 났다(70).

### 접근적인 체험적 방법의 사용 과정

집에 혼자 있을 때 방에 있던 쿠션을 앞에 놓고 그 친구라고 생각하고 화난 감성을 표현하기 시작하였다. "나 정말 화가 나. 화가 나. 화가 나. 화가 난다고. 화가 나. 너는 매번 약속을 왜 안 지키는 건데? 네가 날 계속 무시하는 것 같은 생각이 든단 말이야. 늦으면 미리 전화할 수도 있잖아. 정말 너에게 화가 나고 섭섭해. 섭섭해. 서운해. 서운해."라고 얘기했다. 그러다 보니 친구가 몹시 미워졌고 때려 주고 싶은 마음이 들었다. 그래서 "정말 미워. 미워."라고 소리 지르면서, 앞에 있던 쿠션을 속이 풀릴 때까지 주먹으로 마구 때렸다. 속이 시원해지는 느낌이 들었다. 화나는 감정도 30 정도로 줄었고, 왠지 그 친구에게 심하게 한 것은 아닌가 미안한 마음조차 들었다. 그래서 "친구야. 때려서 미안해."라고 말해 보았다.

### 결과

마음이 편안해졌다. 화나는 감정이 더 이상 느껴지지 않았다.

## 상황

## 감정(%)

## 접근적인 체험적 방법의 사용 과정

## 결과

## 접근적인 체험적 방법 사용 일지

| 날짜<br>(요일) | 상황 | 감정 | 감정<br>수준<br>(0~100) | 체험적 방법 사용 과정 | 결과 |
|---|---|---|---|---|---|
| 5/15(일) | 버스에서 기사 아저씨의 이름 때문에 문득 예전 여자친구가 떠올랐다. | 후회, 미안함 | 80 | 저녁에 침대에 누워 불을 끄고 베개가 여자친구라고 생각하고 이야기했다. “예전에 많이 힘들게 해서 미안했어. 지금 생각하면 아무것도 아닌 일에 화내고. 내가 겁이 많아서, 너보다 더 상처받기 싫어서 그랬나봐. 지금은 후회되고 너에게 많이 미안해. 정말 미안해.” | 머릿속에서만 계속 반복했던 여러 생각이 정리가 되는 듯하고, 마음이 차분해지는 듯했다. 30으로 줄었다. |
| 6/18(토) | 영화관에서 뒷좌석에 앉은 사람이 자꾸 내 의자를 발로 찼다. | 짜증스러움 | 75 | 집에 와서 벽을 보고 거기에 그 아주머니가 있다고 생각하며 짜증스러운 감정을 표현했다. “아주머니, 극장에서 의자를 차면 안 되죠. 영화를 보는데, 자꾸 의자를 발로 차니까 신경 쓰이고 몹시 짜증스럽단 말이에요. 정말 짜증나. 짜증나.”라고 계속 감정을 표현했다. | 쑥스럽기는 했지만, 재미있는 기분이었다. 짜증의 정도가 10 정도로 줄었다. |
| | | | | | |
| | | | | | |

직접 접근적인 체험적 방법을 사용해서 감정을 해소해 보니 어땠나요? 아마도 어떻게 하는 것이 체험적으로 감정을 해소하는 방법인지 감이 잘 안 오는 경우가 많았을 것입니다. 또한 감정을 표현하는 것이 서투르고 익숙하지 않아 꺼려지고 답답한 마음마저 들었을 것입니다. 평소에 잘 사용하지 않았던 낯선 방법이라 불편하고, 굳이 이 방법을 써야 하는 것일까 하는 회의까지 들었을지 모릅니다. 그러나 자꾸 반복해서 시도하고 사용하는 연습을 하다 보면 조금씩 그 효과를 느낄 것이고, 그러다 보면 체험적 방법의 핵심이 무엇인지 알게 될 것입니다. 즉, 감정은 느껴지고 표현되기를 요구하는데, 그것을 다른 사람과 함께 있는 상황에서 충분히 할 수 없다면, 그리고 감정을 유발한 상대방에게 표출할 수 없거나 표출하기 위험하다면, 내가 신뢰할 수 있는 사람에게 표현하거나 혼자서 풀 수도 있다는 것입니다.

너무 정신없이 바쁘게 살다 보면, 지치고 힘들지만 그런 자신을 돌볼 겨를도 없이 쳇바퀴 돌듯 일상을 반복하는 날이 많습니다. 그럴 때면 힘든 감정이 여러분도 모르게 가슴에 차곡차곡 쌓이게 됩니다. 한번은 집에서 혼자 저녁상을 차려서 먹으려던 참이었습니다. 그런데 갑자기 울컥하는 느낌이 들었습니다. 전 잠시 숟가락을 놓고서 그 감정과 마주해 보기로 하였습니다. 금세 눈시울이 붉어졌고 눈물이 흘렀습니다. 그 감정을 그대로 느껴 보았습니다. 펑펑 울고 싶어져서 꺼이꺼이 소리를 내어 울었습니다. 그것은 오랫동안 저를 돌아보지 못하고 숨 가쁘게 사느라고, 지치고 힘들었던 감정의 표출이었습니다. 그렇게 잠시 울고 나니 답답했던 가슴이 풀리고 시원해지는 느낌이 들었습니다. 울컥하는 느낌도 사라졌고, 가슴을 두드리던 신호도 사라졌습니다. 전 다시 차분해졌고, 오히려 기분이 좋아지는 것을 느꼈습니다. 그래서 다시 숟가락을 들고 밥을 먹기 시작하였습니다. 왠지 홀가분하고 밥맛이 더 좋게 느껴졌습니다. 이제 다시 뭔가를 새롭게 시작하고 일할 수 있을 것만 같았습니다.

여기에서 주목할 것은 달라진 것은 없다는 것입니다. 밥을 먹기 시작하기 전과 후의 상황이 달라진 것도 아니고, 문제가 해결된 것도 아니고, 일이 줄어든 것도 아닙니다. 그러나 전에는 지치고 힘들었고 가슴이 답답하였지만, 후에는 가뿐하고 새로운 시작을 할 수 있는 설렘마저 느낍니다. 단지 쌓였던 감정을 바라보고 느끼고 표현한 것만으로도 감정 상태가 달라지고 바라보는 세상이 달라질 수 있습니다. 감정은 해결하는 것이 아니라 해소하는 것입니다. 처한 상황이나 문제를 해결할 수 없다고, 내가 느끼는 불쾌한 감정이나 고통을 다룰 수 없는 것은 아닙니다. 다시 말해, 문제를 해결할 수는 없어도, 감정은 해소하여 사라지게 할 수는 있습니다.

●●●

저는 일주일간의 집단 상담에 참여했던 적이 있었습니다. 정확히 기억나지 않지만, 집단상담 과정에서 이루어지는 것들이 너무 답답하고 억울하게 느껴졌습니다. 상황에 화가 났고, 그 상황에서 실컷 마음대로 표출하지 못한 것도 화가 났습니다. 오해받는 것도 화가 났습니다. 그런 상황을 만든 몇몇 사람들에게도 화가 났습니다. 그러나 이런 날 것의 화를 그대로 집단 안에서 표현하기는 위험했습니다. 그래서 한 차례의 집단상담이 끝나고 저녁식사를 마친 다음, 저는 깜깜한 밤에 혼자서 길을 나섰습니다. 산책을 하다 보니 작은 동산이 보였습니다. 전 아무도 없는 것을 확인하고 동산의 나무들을 향해서 제 감정을 표출하기 시작했습니다. 느껴지는 대로 언어로 표현하였습니다. 하고 싶었던 말을 하기 시작했고, 그 과정에서 신경질도 내고 화도 냈고 욕도 했습니다.

언어로 표현하자 감정은 점점 올라왔고 무엇인가 때리고 싶은 공격적인 충동이 크게 느껴지기 시작했습니다. 주변을 둘러보았고 마침 작은 돌멩이들이 널려 있는 것을 발견했습니다. 저는 돌멩이를 주어 산을 향해 힘껏 던지면서 소리치기 시작했습니다. 한참을 하고 나니 가슴속에 응어리진 덩어리가 빠져 나간 듯이 시원해졌고 마음이 가라앉았습니다. 그 과정에서 제가 왜 그토록 화가 났는지 명확해졌고 이해되었습니다. 그래서 집단상담이 재개되었을 때 제 마음에 대해 좀 더 차분하고 정확하게 표현할 수 있었습니다.

승원 씨는 살면서 거의 싫은 얘기를 한 적이 없었습니다. 정말 억울한 상황에서도 항변조차 하지 못했고, 정당하게 자신의 권리를 요구할 수 있는 상황에서도 표현하지 못했습니다. 그는 일상생활에서 누구나 느낄법한 감정임에도 불구하고, 불쾌한 감정을 결코 표현하지 못했습니다. 정서 조절 코칭 프로그램이 진행되는 동안 집단원 모두 안타까워했고 도움을 주고자 했습니다. 충분히 안전하다고 지각되고 다른 사람이 도움과 지지를 주는 상황에서조차, 불쾌한 감정을 말로 표현하지 못하고 힘들어 하였습니다. 체험적 방법을 사용하여 감정을 표현하고 해소하는 것에 심각한 어려움을 느끼던 승원 씨는 홀로 큰 결심을 하고 주말에 산을 올랐습니다. 산의 정상에 올라 소리를 지르기 시작했습니다. 자신이 화가 났던 그것에 대해 표현하기 시작했습니다. 그리고 다른 사람들에게 하고 싶었던 정당한 요구를 소리 내어 말하였습니다. 그랬더니 처음으로 가슴이 시원해지는 느낌을 받았습니다. 또한 평소에 위축되어 있던 승원 씨는 자신에 대한 자신감이 조금씩 생기는 것 같았습니다.

이처럼 감정은 알아차리고 느끼고 표현하는 과정을 통해 자연스럽게 해소되고 사라집니다. 물론 이때 주의해야 할 점 중 하나는 감정을 구체적으로 느끼는 것이고, 불쾌한 감정을 느껴지는 만큼만 인식하고 표현하는 것입니다. 감정을 과장하지도 말고, 두루뭉술하게 표현하지도 마십시오. 그저 있는 그대로 감정을 좇아가는 것이 실제로 여러분 안에 쌓인 감정을 만나는 지름길입니다.

## 감정을 해소하는 데 사용할 수 있는 대안적인 방법

감정을 느끼고 표현하는 것을 소리 내어 하기는 쉽지 않습니다. 거실에서 가족과 함께 TV를 보고 있을 때, 친구들과 함께 과제를 하고 있을 때, 직장에서 동료들과 함께 일을 하고 있을 때 등 감정을 소리 내어 표현하기는 쉽지가 않습니다. 그럴 때는 대안적인 방법을 통해 체험적 효과에 준하는 감정 해소를 할 수도 있습니다. 물론 체험적 방법을 제대로 사용했을 때만큼의 효과는 아니지만, 그에 상응하는 효과가 있는 안전한 방식들을 소개하고자 합니다. 대표적인 방법으로는 글쓰기, 심상, 운동, 춤, 노래 등이 있습니다. 그러나 이 방법 자체를 단순히 사용한다고 해서 체험적 효과를 얻을 수 있는 것은 아닙니다. 이 방법을 어떻게 사용하느냐에 따라서 감정을 효과적으로 해소하는 데 도움이 됩니다.

### 발산적 효과

발산은 억눌리거나 쌓인 감정이나 충동을 밖으로 꺼내어서 분출하는 체험적인 과정입니다. "나 벗어나야 해.", "나 해방될 거야."와 같이 밖으로 나가려는 힘과 "넌 못 나가. 나가선 안 돼."라고 못 나가게 누르는 힘이 서로 맞서면 긴장감이 고조됩니다. 이때 틈을 만들어서 심리 구조 내에 쌓인 감정이나 충동을 밖으로 내보내는 것은, 긴장감을 해소하고 이완시켜 안정감을 찾아 줍니다.

## 발산적 효과를 극대화하기 위한 방법

**• 자신의 감정이나 충동을 느끼고 표현하고 발산하는 의식을 하듯 하라**

글을 쓰거나 운동을 하거나 무엇을 하든지 간에 그냥 하기보다는 자신에게 쌓여 있는 감정이나 충동에 집중하여 그것을 느끼고 표현하면서 하는 것이 중요합니다. 즉, 글을 쓰더라도 내가 느끼는 감정이나 충동을 그대로 느끼며 그것을 글로 옮겨야 합니다. 러닝머신 위에서 뛰더라도 감정을 느끼며 그 감정을 밖으로 표현하기 위해 몸에 에너지를 실어야 합니다. 뛰는 동작 하나하나에 감정과 충동과 에너지를 실어서 밖으로 내뿜는다는 느낌으로 하십시오. 노래를 부를 때에도 감정을 느끼며 그 감정을 목소리에 실어서 밖으로 표현하는 과정으로 불러야 합니다. 춤을 추더라도 감정과 충동을 동작 하나하나에 담아서 표현할 때, 손끝과 발끝을 타고 속에 담아 있던 감정이 밖으로 표현될 수 있습니다.

### 글쓰기

감정을 말로 소리 내어 해소하기 어려운 상황이 많습니다. 집에 갔더니 가족이 있고, 가슴에 응어리진 마음을 표현해 보려 해도 방에 방음 장치가 제대로 되어 있지 않습니다. 불쾌한 전화를 받고 잔뜩 화가 나지만, 동료들이 열심히 일하고 있어 어떻게 표현할 길이 없습니다. 생활하면서 내 감정을 마음껏 표현하고 꺼내어 놓을 수 있는 기회가 그리 쉽게 포착되지 않습니다.

그럴 때 사용할 수 있는 방법 중 가장 효과적인 것이 바로 말 대신 글을 사용하는 것입니다. 목소리를 손가락에 담아서 감정을 표현하는 것입니다. 종이나 컴퓨터의 화면은 감정을 꺼내 놓을 수 있는 훌륭한 여백이 됩니다. 이때 중요한 것은 말로 소리 내어 해소할 때와 마찬가지로 자신의 감정에 집중하여 그 감정이 느껴지는 대로, 표현하고 싶은 대로 글을 쓰는 것입니다. 소리를 지르고 싶으면 손가락으로 '야!'라면서 소리를 지르듯 글을 쓰고, 욕을 하고 싶으면 글로 마음껏 욕하십시오. 화를 내고 싶으면 '화 나!'라고 하면서 하고 싶은 얘기를 손가락에 힘을 실어 밖으로 꺼내 놓으십시오. 감정에 집중하며 그 감정을 글로 느끼고 표현하며 떠오르는 대로 쓰십시오. 의식의 흐름에 따라 글을 쓰십시오. 누군가에게 하고 싶은 얘기가 있다면,

그 사람에게 한다고 생각하면서 감정을 표현하십시오. 그리고 글로써 충동을 분출하십시오.

이렇게 말로 해소할 때와 같은 방식으로 글을 통해 감정에 주의를 기울이고, 여러 가지 신체 감각을 자각하여 글로 표현하고, 감정을 명명합니다. 감정을 그대로 느끼는 과정을 글로 표현하고, 이 과정에서 올라오는 충동을 만나면 글 속에 분출합니다. 이 과정을 통해 말로 해소할 때와 유사한 감정 해소의 효과를 얻을 수 있습니다. 주의할 점은 누군가에게 보여주는 글을 쓰는 게 아니라, 그저 느껴지는 것을 밖에 꺼내어 놓은 다음 휴지통에 버리고 삭제할 것이므로 오타가 나도 상관없습니다. 주어와 동사에 신경 쓸 필요 없습니다.

바쁜 생활 속에서 그때그때 발생한 감정을 표현할 수 있는 안전한 대상을 주변에서 찾는 것도 쉽지 않습니다. 사회생활을 하면서 생긴 다른 사람들과의 갈등을 쉽게 꺼내기 어려운 경우가 많습니다. 모두가 바쁘고 각자의 고민으로 힘듭니다. 또한 얘기를 했다가 상대방을 불편하게 할 수도 있고 오해를 살 수도 있습니다. 어쩌다가 내 얘기가 다른 데로 흘러들어 갈지도 모릅니다. 최근에 정서를 조절하는 방법으로 글쓰기가 주목받고 있습니다. 저 또한 현대사회에서 글쓰기만큼 안전하고 효과적인 정서 조절 방법은 없지 않을까 생각합니다. 혼란스럽거나 불쾌하거나 감정에 영향을 많이 받고 있을 때면, 휴대폰의 메모장을 엽니다. 그 안에서 제 마음을 들여다보고 느끼고 표현하고 해소합니다. 그리고 자연스럽게 효과적인 정서 조절 과정의 마지막 단계인 접근적인 인지적 방법을 사용하는 데 이릅니다. 감정을 유발한 원인이 무엇인지 확인하고 대안적인 생각이 떠오릅니다. 그렇게 혼란스럽고 흥분되었던 감정은 곧 차분해지고 해소되는 걸 느낍니다. 그런 다음 파일을 삭제해 버리죠. 그리고 저는 다른 일을 할 수 있게 됩니다.

이처럼 글을 쓰는 것은 비밀 보장이 되면서 필요할 때면 언제나 사용할 수 있는 최적의 방법이고 효과적인 체험적 방법이 될 수 있습니다. 특히, 글을 쓰다 보면 자연스럽게 자신의 감정 표현을 듣는 입장이 됩니다. 어느새 자신의 감정을 이해하고 공감하며 위로하고 있습니다. 또한 적절한 해결 방법과 필요한 조언까지 하는 자신을 발견합니다.

**심상**(imagery)

심상은 마음속에 대상이나 장면을 떠올리도록 하는 방법으로, 다양하게 활용되고 있습니다. 심상을 사용할 때는 마치 심상 속의 일이 지금 이곳에서 일어나는 것처럼 소리 내어 기술합니다. 그 안에서 느껴지는 감정이나 하고 싶은 말을 소리 내어 말합니다. 주의분산적 방법으로 심상을 활용할 수도 있지만, 감정 해소의 체험적 효과를 얻기 위해서 사용할 수도 있습니다.

### • 실습 감정 해소의 효과를 얻기 위한 심상 활용법

1단계. 먼저 복식호흡이나 긴장이완법을 사용하여 몸과 마음을 이완된 상태로 만듭니다.

2단계. 불쾌한 감정을 유발하였던 핵심 장면을 떠올려 봅니다.

당신은 무엇을 보고 있습니까? 무슨 소리가 들립니까? 그 속에 당신의 모습이 보입니까? 그렇다면 당신의 표정은 어떻습니까? 심상을 정교하고 생생하게 표현하도록 하십시오.

3단계. 심상 속의 등장 인물들에 대한 생각과 감정을 탐색합니다.

심상 속에 당신이 있나요? 신체적 반응은 어떠한가요? 무슨 생각을 하고 있나요? 당신은 무엇을 느끼고 있습니까? 어떤 충동을 느끼고 있나요? 그 심상 속에 누가 또 있나요? 그 사람은 무슨 생각을 하고 무엇을 느끼고 있나요? 그 사람은 무엇을 하고 싶어 합니까?

4단계. 등장 인물에 대한 감정과 기대하는 것, 하고 싶은 말이 무엇인지 탐색하여 표현합니다.

당신은 그 사람에게 어떤 감정을 느끼고 있습니까? 그 사람에게 어떻게 느끼고 있는지 표현해 보세요. 그 감정을 계속 느끼고 표현하며 따라가 보세요. 다른 감정이 느껴질 때까지 표현해 보세요. 말로 소리 내어 해소하는 방식과 동일하게 심상을 통해 해소합니다. 또한 뭐라고 말하고 싶나요? 당신이 그 사람에게 하고 싶은 말을 해 보기 바랍니다. 그 사람에게 하지 못했던 얘기를 해 보세요. 그 사람에게 하고 싶었던 것을 해 보세요.

이런 방식으로 심상을 통해 해소되지 못한 억눌린 감정이나 충동을 생생하게 다시 느껴 볼 수 있도록 합니다. 충족되지 못했거나 해소되지 못한 감정이나 욕구를 표현하고 충족할 기회를 갖습니다.

### 운동

달리기나 줄넘기, 자전거 타기, 권투, 테니스와 같은 운동은 발산적 효과를 가집니다. 운동은 땀 등을 통해 생리적 찌꺼기뿐 아니라 심리적 찌꺼기까지 밖으로 내보내는 효과가 있습니다. 운동을 단순히 하는 것이 아니라, 오늘 하루 동안 쌓인 감정이 무엇인지, 내게 쌓인 감정이나 충동이 무엇인지 집중하는 것입니다. 친구가 나에게 했던 말, 좀 전에 나에게 있었던 사건들, 과거에 중요한 인물에게 해소하지 못했던 감정들을 떠올립니다. 이때 체험적 효과를 제대로 얻기 위해서는 운동할 때 자신에게 쌓인 감정이나 충동에 집중하면서 몸에 에너지를 실어 그것을 밖으로 내뿜는다는 느낌을 가져야 합니다. 실제로 그런 감정을 만나고 표현하고 해소하는 작업은 아닐지라도, 운동을 통해 발산적 효과를 얻을 수 있습니다. 예를 들어, 러닝머신에서 뛰더라도 오늘 하루를 보내면서 쌓인 감정이 무엇인지 떠올리며 집중하는 것입니다. 내가 어떤 감정을 느끼는지, 표현하고 싶은지, 어떤 충동을 가지고 있는지 살펴보면서 그것을 표출한다는 느낌으로 뜁니다.

자신의 감정을 잘 표현하지 못하는 사람들이 있는데, 의외로 그들이 공통적으로 관심을 두는 운동은 권투였습니다. 자신의 감정을 전혀 표현하지 못하지만, 권투를 통해서 조금이라도 밖으로 꺼낼 수 있다는 것을 무의식적으로 알고서 자신에게 도움이 되는 운동을 찾았던 것이지요. 주먹으로 샌드백을 칠 때 단순히 치는 것이 아니라, 그동안 쌓였던 감정을 실어서 분노와 공격성을 분출할 수 있습니다. 테니스도 마찬가지입니다. 공을 힘껏 때리면서 자신의 내면에 있는 감정의 찌꺼기들까지 저 멀리 날려 버립니다.

그런데 사람마다 발산적 효과가 있는 운동이 다를 것입니다. 저에게 볼링은 스트레스를 해소하는 것이 아니라, 오히려 스트레스를 주는 운동입니다. 잘하는 사람은 스핀을 넘어뜨리면서 통쾌한 느낌을 갖겠지만, 초보자인 제게는 볼링공을 조심히 들어서 스텝에 맞춰서 떨어뜨리지 않고 굴러가게 하는 것 자체가 어려웠습니다. 늘 조심히 애쓰지만, 옆길로 빠지기가 일쑤였지요. 반면, 제게는 권투장갑을 끼고 샌드백을 때리는 것이 매우 효과적이었습니다. 쌓인 감정에 집중하며 그것을 몸에 실어 샌드백을 칠 때면 정말 시원했습니다. 감정을 말로 표현하면서 샌드백을 손과 발로 충분히 치고 나면, 감정이 해소되었습니다. 특히, 별다른 방해를 받지 않는 상황이라면, 혼잣말도 같이 표현할 때 해소 과정의 효과를 극대화할 수 있습니다. 그러나 항상 주변의 상황을 잘 살펴야 하겠지요? 자칫 격한 표현이 주변 사람들에게 오해를 불러일으킬 수 있을 테니까요.

**춤과 노래**

춤이나 노래를 부르는 것도 같은 방식으로 발산적 효과를 가질 수 있습니다. 이것도 단순하게 하는 것이 아니라, 자신의 내면에서 움직이는 충동이나 감정에 집중하며 그것을 몸을 통해 밖으로 표현할 때 발산적 효과는 더욱 커집니다. 노래를 부를 때도 감정을 실어 안에 쌓인 감정의 덩어리들을 밖으로 표출한다고 생각하면서 하면 좀 더 효과적입니다.

평소에는 매우 점잖고 조용하고 이탈이라고는 한 적도 없을 것 같은 사람이 노래방에서 의외의 모습으로 변신하는 것을 자주 보곤 합니다. 분명히 같이 일할 때는 차분하고 조용하고 절대 화낼 일이 없는 이들이 노래방에 갔을 때는 전혀 그 사람에게서 나올 것 같지 않은 노래, 저항의 정신을 담은 힙합이나 갱스터 랩을 통해 소리를 질러 대면서 부르는 모습을 봅니다. 평소에 표현하지 못하여 쌓인 감정들을 노래방에서 공식적으로 허용된 노래 부르는 행위를 통해서 밖으로 뿜어내는 것이지요. 그럴 때면 왠지 반가운 마음이 듭니다. '저 사람도 평소에 쌓인 것이 참 많았구나! 그리고 이렇게 건강한 방식으로 잘 풀고 있구나!'하는 생각이 들어서요. 즉, 그 사람은 원만한 사회적 관계를 위해 평소에는 감정을 억눌렀다가, 이탈이 허용된 노래방이라는 폐쇄적 공간을 통해 쌓인 감정이나 충동을 밖으로 안전하게 꺼내어 해소함으로써 부정적인 영향을 끼치지 않게 할 수 있는 것이겠지요.

**그림 그리기**

그림을 통해 감정을 표현하는 것도 감정을 해소하는 데 도움이 됩니다. 감정을 제대로 알아차리고 말로 표현하기 어려워하는 아동이나 청소년, 또는 성인에게 그림이나 만들기 미술 재료를 사용해서 감정을 몸 밖으로 표현하는 작업이 오랫동안 이루어져 왔습니다. 이때도 마찬가지로 지금 자신의 내면에 느껴지는 감정에 주의를 집중하고 그 감정을 몸 밖으로 꺼내는 의식처럼, 물감이나 크레파스 등 그림 재료를 사용해서 빈 도화지에 다양한 방식으로 표현합니다. 화가 나 있을 때, 강렬한 빨강색을 선택하는 경우가 많습니다. 마치 성난 불을 뿜듯이 화산의 마그마가 터져 나오는 듯한 그림으로 내면의 분노를 몸 밖으로 표출하곤 합니다. 그림을 통해 감정을 표현할 때, 표현되는 것이 그 무엇이든 괜찮습니다. 그저 자신의 감정에 집중해서 그 감정이 이끄는 대로 그림을 통해 표현하면서, 내면에 쌓여 있는 무엇인가를 해소하는 경험을 하는 것이 중요합니다.

### 악기 연주하기

피아노, 드럼, 장구, 꽹과리, 리코더 등 다양한 악기를 사용해서 지금 느끼는 감정에 집중하며, 그것을 몸 밖으로 꺼내 놓듯이 연주할 수 있습니다. 이미 만들어져 있는 곡을 악기를 사용해서 연주하면서, 내면의 감정에 집중하며 표현할 수 있습니다. 만들어져 있는 곡이 아니어도 괜찮습니다. 감정에 주의를 기울이며, 악기를 통해 감정을 몸 밖으로 표현합니다.

### 종이 찢기

가끔씩 우리는 신문지를 찢거나 종이를 찢어야 할 때가 있습니다. 이럴 때 쌓인 신문지를 바라보면 해야 할 일이나 짐처럼 생각되어서, '저걸 언제 다 찢나.'하는 마음에 한숨이 절로 나옵니다. 그런데 종이를 찢는 것 또한 불쾌한 감정을 효과적으로 해소할 수 있는 발산적인 효과가 있습니다. 신문지나 종이를 자신의 쌓인 불쾌한 감정덩어리로 생각하면서, 갈기갈기 찢는 것입니다. 또는 당신이 화가 나 있는 대상이라고 생각할 수도 있습니다. 그럴 때 종이를 찢는 것은 그 사람을 찢어서 파괴하는 행위가 됩니다. 또는 가슴에 남아 있던 감정을 그 종이에 담아서 구기고 휴지통에 버리는 의식을 반복함으로써, 쌓인 감정을 밖으로 꺼내어 버리는 의식을 치를 수 있습니다. 마치 내 가슴에 있는 묵은 감정들을 꺼내어 버리는 것과 같이요.

# 단계 IV: 접근적인 인지적 방법을 도입하기

## 정서에 대한 인지적 관점

인지적 관점에서는 사람을 컴퓨터와 같이 정보가 입력되면 내부에서 처리하여 그 결과를 밖으로 출력하는 정보처리 체계로 간주합니다. 키보드를 통해 컴퓨터에 정보를 입력하면 하드디스크에서 정보를 처리하여 그 결과를 화면에 출력합니다. 사람도 마찬가지입니다. 누가 무슨 말을 하면, 그것을 정보처리하여 그 결과로서 반응을 합니다. 이와 같은 정보처리 체계로서 인간의 행동과 정신 과정을 이해하고자 하는 입장이 인지적 관점입니다. 정서 조절에서는 정서와 관련된 정보를 인식하고 처리하여 반응하는 정서적 정보의 인지적 처리 단계에 초점을 맞춥니다.

인지적 접근을 취하는 연구자들은 다음과 같은 궁금증을 가졌습니다. 인지가 정서에 어떤 방식으로 영향을 끼치는가. 정서를 처리하는 과정에서 인지는 어떤 단계에서 어떻게 영향을 주는가. 인지가 정서에 영향을 주지만, 정서 또한 인지에 영향을 끼치는데 정서에 따라서 인지 과정이 어떻게 달라지는지 알고자 했습니다. 이런 궁금증을 해결하고자 시도했던 여러 이론 중 여러분이 알아두면 정서를 이해하는 데 도움이 될 만한 주요 이론 몇 가지를 간단하게 소개하고자 합니다.

### 귀인이론(attribution theory)

점심을 함께 먹기로 한 친구의 얼굴빛이 왠지 어둡고 잔뜩 화가 나 있는 것 같습니다. 그럴 때 당신은 어떤 생각이 듭니까? 다른 사람이 한창 이야기하고 있는데, 평소에 알고 지내던 동생이 갑자기 눈물을 흘립니다. 눈물을 흘릴 정도로 슬픈 것 같지도 않은데 말입니다. 그럴 때 당신은 어떤 생각이 듭니까? 당신은 요새 가슴이 꽉 막힌 것 같고 답답합니다. 가슴이 답답해서 몇 번 가슴을 세게 쳐 보지만, 별다른 차이가 없습니다. 그럴 때 당신은 무슨 생각을 합니까? 직장 상사가 회의 중에 얼굴을 붉히면서 화를 내고, 급기야 당신이 한 말에 꼬투리를 잡고 망신을 줍니다. 그럴 때 당신은 무슨 생각을 합니까?

우리는 자신이나 다른 사람이 어떤 감정의 변화를 경험할 때 '왜 그럴까? 무엇 때문에 저런 감정을 느끼게 된 것일까?'하고 궁금해 합니다. 이처럼 사람들이 어떤 사건이나 현상에 대해 '왜 그런 일이 발생했을까?'와 같이 원인을 찾는 것을 귀인이라고 합니다. 따라서 귀인이론이란 사람들이 '왜' 원인을 찾기 시작하는지, '어떻게' 원인들을 추론하는지, 추론에 따라 '어떤' 결과가 발생하는지와 같이 사건의 원인을 찾아나가는 과정을 설명하는 이론입니다(이훈구 외, 2002).

정서에 대한 귀인이론은 여러 가지 사건 중 자신의 감정 경험에 대한 원인을 찾아가는 과정을 설명합니다. 귀인이론에는 세 가지 가정이 있습니다. 첫째, 사람은 자신에게 중요한 사건이 발생하면 그 원인이 무엇인지 찾으려고 하고, 원인을 밝히는 데 필요한 정보를 얻으려 합니다. 물론 사소한 자극에도 원인을 생각할 수 있지만, 대체로 자신에게 중요한 사건에 대해 그 원인을 찾고자 하는 동기가 생깁니다. 둘째, 자신이 가진 정보를 활용하여 사건에 대해 체계적으로 원인을 추론합니다. 셋째, 원인을 무엇이라고 판단하느냐에 따라 느껴지는 감정이나 행동이 달라집니다.

심리학자는 기본적으로 인간의 행동을 설명하는 데 관심을 둡니다. '저 사람은 왜 저렇게 행동할까?', '이럴 때 사람들은 어떻게 반응할까?' 등 다양한 인간 행동을 설명하고자 하였고, 그럴듯한 여러 이론을 제안하였습니다. 그러나 비단 심리학자만이 그런 것은 아닙니다. 모든 사람은 자신이 만나는 사람들의 행동을 이해하고자 노력합니다. '엄마는 왜 그렇게 행동할까?', '선생님은 우리가 이렇게 하면 왜 저렇게 하실까?'와 같이 자신을 둘러싼 사람들의 행동과 자신의 행동, 그리고 주변의 현상들을 이해하기 위해 나름대로의 이론이나 체계를 가지고 설명하고자 노력합니다.

저 또한 그랬습니다. '저 사람은 왜 저렇게 행동할까?', '저 사람의 행동에 대해 이 사람은 왜 그렇게 말을 했을까?', '나는 왜 이런 감정을 느끼는 것일까?' 등 매사에 그냥 넘어가지 못하고 나 자신에게 의문을 제기하며 답을 구하고자 했던 습관은 꼬맹이에서 중고등학교, 대학교에 올라가서도 계속되었습니다. 대부분의 사람이 무심코 지나가는 것까지 제가 이해되게끔 설명하고자 애썼습니다. 물론 그렇다고 제가 공부를 열심히 한 것은 아닙니다. 오히려 다양한 학문은 저에게 별다른 흥미를 끌지 못했는지도 모릅니다. 그저 제 주변을 둘러싸고 있는 사람들 한 명 한 명이 저에게는 관심의 대상이었고, 흥미를 유발했습니다. 그리고 그 사람들이 하는 말과 행동에 대해 '왜 그럴까?'가 늘 궁금했고, 그것을 이해하고 설명하고자 애썼습니다. 그 부분에서는 누구와 비길 수 없을 정도로 집요했던 것 같습니다. 한번 궁금한 것에 대해 그럴듯한 설명을 스스로 제시하지 못 하면, 며칠이고 몇 달이고 계속 그 질문을 붙들고 있기 일쑤였습니다. 중간에 포기하는 일은 거의 없었습니다. 어떤 방식으로든 이해될 만한 답을 찾고 나서야 그러한 의문과 생각을 떠나보낼 수 있었으니까요.

이런 인간의 모습을 포착하고 이론으로 만든 사람이 Heider였습니다. 그는 1958년에 모든 인간은 사건이나 현상을 설명하고자 노력하며, 각자 인간 행동을 설명하는 나름의 이론을 가지고 있다고 주장하였습니다. Heider는 사람들이 원인을 돌리는 귀인을 할 때 사용하는 원인 분류의 기준에 관심을 두었습니다. 그가 제안한 원인 분류의 두 가지 차원은 원인의 소재와 안정성이었습니다. 즉, 원인이 어디에 있다고 보느냐, 그 원인이 얼마나 안정적이냐에 따라서 우리가 느끼는 감정과 행동이 달라진다는 것입니다.

Weiner[1974]는 Heider의 두 가지 차원에 통제성을 추가함으로써 좀 더 설명력 있는 이론을 제안하였습니다. 첫 번째 차원은 내적 요인 대 외적 요인입니다. 즉,

원인을 개인의 내부에 있는 요인으로 돌리는가, 개인의 외부에 있는 요인으로 돌리는가입니다. 내적 요인은 능력, 노력, 의도, 태도, 성격, 동기 등이 해당하며, 외적 요인은 사회적 역할, 운수, 일의 성격, 난이도, 상황적 압력, 타인의 강요가 해당합니다. 예를 들어, 약속한 시간에 후배가 늦게 나타났을 때 '일찍 올 수도 있었을 텐데 노력하지 않은 거야.'라고 원인을 돌리면 화가 납니다. 즉, 내적 요인에 원인을 돌리고 그 원인 중에서도 노력에 원인을 돌리면, 노력을 할 수도 있는데 안 했으니까 화가 납니다. 그에 반해 '뭔가 사고가 있었겠지. 상황이 따라 주지 않았을 거야.'라고 개인 밖에 있는 요인, 즉 외적 요인으로 생각하면 덜 불쾌해집니다. 오히려 걱정이 될 수 있지요.

두 번째 차원은 안정적 요인 대 불안정적 요인입니다. 안정적 요인은 시간에 따라 변하지 않는 것으로, 성격과 지적 능력이 해당합니다. 불안정적 요인은 시간이나 상황에 따라 잘 변하는 것으로, 노력, 동기, 건강, 기분입니다. 예를 들어, 약속한 시간에 후배가 늦게 나타났을 때 '저 후배는 원래 늘 늦게 나타나지. 성격이 원래 그래.'와 같이 변화가 어려운 성격 측면으로 원인을 돌리면 덜 불쾌할 것입니다. 반면, '나와의 약속을 지키고 싶은 마음이 별로 없었던 거야.'와 같이 동기나 노력과 같은 불안정적인 요인으로 돌리면 화가 날 것입니다.

세 번째 차원은 통제할 수 있는 요인 대 통제할 수 없는 요인입니다. 통제성은 파악된 원인에 대한 개인의 통제나 조절 가능의 여부를 말합니다. 통제할 수 없는 요인에는 운과 지능이 있고, 통제할 수 있는 요인에는 노력과 의도가 있습니다. 예를 들어, 기말시험 성적이 안 좋은 경우 '난 머리가 안 좋아서 그래.'라고 통제할 수 없는 것에 원인을 돌리면 '나는 늘 성적이 좋지 않을 것이다.'라고 예상하여 결과가 달라질 수 없음에 낙담할 것입니다. 그에 비해 '이번에 노력을 별로 하지 않아서 그래.'와 같이 통제할 수 있는 요인으로 돌리면, '나중에 더 노력하면 성적이 좋아질 거야.'와 같이 희망을 가질 수 있으므로 덜 불쾌할 것입니다.

이처럼 귀인하는 방식에 따라 감정은 달라집니다. 누군가와 갈등이 생기거나 불쾌한 감정이 들었을 때, "선생님, 그 사람이 이렇게 했으니까 제가 이렇게 느끼는 것이죠."와 같이 감정의 원인이 상대방에게 있다고 당당하게 주장하는 사람이 많습니다. 하지만 원인을 무엇이라고 판단하느냐에 따라서 구체적이고 독특한 정서를 경험합니다. 따라서 이런 주장은 논리적으로 타당하지 않습니다. 그보다는 “그 사람이 한 행동에 대해 내가 …하게 생각하니까 이렇게 느끼는 것이죠.”라고 말한다면 좀 더 정확한 표현일 것입니다. 예를 들어, 자동차 사고가 있었을 때 내 실수라고 생각한다면 기분이 매우 불쾌하겠지요. 그중에서도 음주운전과 같이 일시적인 자신의 실수 때문에 발생한 것이라면 죄의식이 느껴질 것이고, 평소에 부족한 운전 능력과 같이 자신의 무능력에 원인이 있다고 생각한다면 우울해질 것입니다. 반면, 상대방의 실수와 같이 외부 요인으로 원인을 돌리는데, 상대방의 휴대 전화 사용과 같이 통제 가능한 요인으로 원인을 돌리면 당시에 통제하지 못해 사고를 낸 상대방에게 분노를 느낄 것입니다. 그러나 상대방의 심장마비로 인한 사고라면, 상대방 또한 어쩔 수 없었던 것이기에 안타까움과 연민을 느낄 것입니다.

귀인과 관련하여 주로 연구된 감정은 우울입니다. 우울을 유발하는 귀인의 방식으로는 부정적인 사건에 대한 내부적·안정적·전반적 귀인과 긍정적인 사건에 대한 외부적·불안정적·특수적 귀인이 있습니다. 구체적으로 설명하면, 불쾌한 사건에 대해서는 자신에게서 원인을 찾고, 일시적이지 않고 늘 그래 왔던 것에서 원인을 찾습니다. 이처럼 자신 전반에서 원인을 찾으면 우울할 수밖에 없을 것입니다. 유쾌한 사건에 대해서는 자신이 아닌 다른 데서 원인을 찾고, 일시적으로 발생한 것이라고 원인을 돌립니다. 이처럼 특수한 조건에서 발생한 것이라 생각하면 그리 즐겁지 않을 것입니다. 이런 귀인의 방식은 결국 자주 일어나지 않는 유쾌한 사건의 긍정적 영향은 감소하고, 자주 일어나는 불쾌한 사건의 영향력은 매우 확대하는 셈이니 정말 우울하겠지요.

## Lazarus의 인지적 평가 이론

평가란, 지각된 모든 자극에 부여하는 개인적 가치를 말합니다. 사람마다 특정 대상에 대해 똑같은 가치를 부여하는 것이 아니라, 한 사람 한 사람의 각자가 대상에 부여하는 가치는 다르다는 것입니다. 그런데도 사람들은 은연중에 자신이 생각하듯 다른 사람도 생각할 것이라고 기대하는 경향이 있습니다. “저 사람이 저랬으니까 내가 이런 거지.”와 같이 자신이 그 자극에 그렇게 느끼는 것이 너무 당연한 것처럼 생각하지요. 그러나 사람은 각자 독특한 개인적 가치에 따라서 자극이나 사건에 대해 의미를 부여하고 저마다 다르게 느낍니다.

감정은 왜 발생하는 것일까요? 물론 다양한 요소가 영향을 끼치겠지만, 한 가지만을 얘기하자면 자극을 평가하기 때문입니다. 제1장에서 살펴보았듯이 정서는 개인적 관심사 및 욕구와 관련될 때 유발됩니다. 즉, 개인적 관심사나 욕구와 관련하여 자극에 대해 좋은지 나쁜지, 가까이 다가갈 것인지 멀리 피할 것인지 등 개인적인 가치를 부여하는 평가 과정 때문에 감정이 발생합니다. 자극을 어떻게 평가하느냐에 따라 즐거운 감정이 느껴질 수도 있고, 불쾌한 감정이 느껴질 수도 있다는 이론이 평가 이론입니다.

인지적인 평가를 통해 감정을 설명하는 이론가 중 대표적인 사람이 Lazarus[1966]입니다. Lazarus는 자극이나 사건에 대한 일차적 평가를 통해 감정이 유발되고, 이 감정에 대한 이차적 평가가 이루어지며 그에 따라 대처 행동이 결정된다는 이론을 제안하였습니다. Lazarus는 주로 공포나 분노와 같은 영향력이 강한 정서들을 잘 설명합니다. 이는 그가 초기에 스트레스에 대한 연구에 관심이 있었기 때문입니다. 스트레스란 지각된 위협의 정도, 자극이나 사건이 나에게 위협적으로 다가오는 정도를 의미합니다. 이때 스트레스라는 용어는 두 가지 의미로 사용될 수 있습니다. 먼저 '스트레스가 많다.'라는 것은 자신에게 위협이 될 만한 자극이 주변에 많다는 것입니다. 반면, '스트레스가 심하다.'라고 말했을 때는 자극 때문에 받는 고통의 정도를 의미하는 것으로, 그 위협에 대처하기 위해 사용하는 방어적 과정을 반영하는 것입니다.

자극이나 사건에 대한 일차적 평가를 통해 감정이 유발되는데, 일차적 평가는 다시 두 가지 단계로 구분됩니다. 첫 번째 단계는 자극을 자신의 목표와 관련지어 그 의미를 평가하는 과정입니다. 사람들은 다양한 관심과 목표를 가지고 있습니다. '나는 다른 사람들에게 사랑을 받고 싶다.', '나는 인정받고 싶다.', '나는 관심과 주목을 받았으면 좋겠어.'와 같이 자신이 원하는 것, 목표하는 것에 따라서 사건이 의미 있게 다가올 수도 있고 그렇지 않을 수도 있습니다. 즉, 자극이나 사건의 목표 관련성 여부에 따라서 감정을 느낄 수도 있고, 그렇지 않을 수도 있습니다. 자신의 목표와 관련된다고 지각하면 정서를 경험하겠지만, 관련된다고 지각하지 않으면 감정도 유발되지 않습니다. 예를 들어, 집에 가는 어두운 골목길에 멀리서 걸어오는 사람이 '마중 나온 남편일까?'라고 자신과 관련지어 생각하면 감정이 들 것입니다. 반면, '모르는 사람일 거야.'라고 생각하면 별 느낌이 없을 것입니다. 자극이나 사건이 자신의 관심사나 원하는 바와 관련된다고 판단되면 감정이 유발되지만, 관련이 없다고 판단되면 특별한 감정이 발생하지 않습니다.

일차적 평가의 두 번째 단계는 목표 합치성에 대한 것입니다. 자극이나 상황이 자신의 관심사나 목표와 관련된다고 판단되면 일단 감정이 유발되는데, 그 자극이나 상황이 자신의 목표를 이루는 데 도움이 되는 방향으로 호의적인 평가를 한다면 유쾌한 감정이 느껴질 것입니다. 그러나 자신의 목표에 방해가 되는 방향으로 위협적인 평가를 한다면 불쾌한 감정이 들 것입니다. 앞에서 제시한 다가오는 사람을 '혹시 나에게 접근하는 위험한 사람이 아닐까?'라고 생각하면 자신과 관련지어 생각하면서 감정이 유발되고, 자신의 안전에 해를 입힐 수 있다고 지각하면서 불안과 공포를 느낄 것입니다. 연재와 사귀고 싶은 마음이 있는 지욱이가 만약 연재와 함께 탱고 학원에서 탱고를 추게 되는 상황에 놓인다면 설레일 것입니다. 그런데 연재를 오랫동안 짝사랑한 은석이와 탱고를 연습하는 연재의 모습을 본다면, 기분이 나빠지고 질투심에 불타오를 것입니다. 왜냐면 지욱이가 연재와 사귀고자 하는 자신의 목표에 방해가 되기 때문이지요.

감정을 경험하면 이차적인 평가를 내립니다. 이차적 평가는 위험에 대처하는 방식에 대한 평가입니다. 자신이 처한 상황에서 무엇을 해야 하는지 또 무엇을 할 수 있는지에 대해 평가하는 것으로, 자신의 대처 자원과 미래의 의미를 평가합니다. 예를 들어, 돈을 요구하는 불량배를 만나 불안에 떨고 있을 때, '당장 도망가면 잘 벗어날 수 있을까?', '맞서 싸우면 이길 수 있을까?', '가진 돈을 몽땅 주면 다치지 않고 무사할까?' 등의 판단을 하게 됩니다. 이런 판단의 결과에 따라 어떤 대처 행동을 취할지 결정합니다. 여자친구와 걷고 있는데 불량배를 만났습니다.

그런데 불량배가 생각보다 왜소해 보이고 자신이 힘을 쓰면 이길 수도 있을 거라고 판단합니다. 그렇다면 도망가지 않고 그 자리에서 맞설 것입니다. 반면, 불량배의 몸은 커다란 문신으로 도배가 되어 있고 덩치가 너무 커서 도저히 이길 수 없을 거라고 판단한다면, 여자친구의 손을 잡고 냅다 뛸지 모릅니다.

## 주요 정서들의 원인

여기에서는 주요한 정서들의 원인에 대해서 살펴보고자 합니다. 즉, 자극에 대해 어떻게 인지적으로 평가하고 귀인하였을 때, 슬픔이나 불안 등의 정서가 유발되는지 알아보겠습니다.

감정 단어 목록에서 보았듯이 우리가 느끼는 정서는 참으로 다양합니다. 그렇다면 수많은 정서 중 무엇을 주요한 정서라고 말할 수 있을까요? 심리학자들은 인종과 지역에 상관없이 모든 사람에게 공통적이고 원시적인 형태의 정서가 있다는 가정하에 그러한 정서를 기본 정서라고 명명하였습니다. 그러나 연구자마다 기본 정서의 수와 종류는 조금씩 다르게 제안되었습니다. Tomkins는 여덟 가지 기본 정서를, Izard는 열두 가지 기본 정서를, Ekman은 여섯 가지 기본 정서를 제안하였습니다. 정확히 몇 개인지가 중요한 것은 아닙니다. 주로 어떤 정서들이 기본 정서로 간주되는지를 알면 됩니다. 기본 정서를 제안했던 여러 이론가 중에서 Plutchik[1980]은 여덟 가지를 기본 정서로 제안하였는데, 정서를 기본 정서와 복합 정서로 구분하였다는 특색이 있습니다. 그가 제안한 여덟 가지 기본 정서는 공포fear, 분노anger, 기쁨joy, 슬픔sadness, 수용, 혐오disgust, 기대expectancy, 놀람surprise이었습니다. 복합 정서는 그림 13.1과 같이 두 가지의 기본 정서가 혼합된 것으로 설명하였습니다. 기쁨과 수용이 더 해졌을 때 사랑이, 공포를 느끼면서도 수용할 때 복종이, 놀람과 슬픔이 섞였을 때 실망이, 슬프면서도 혐오스러운 것은 후회, 혐오하면서도 분노가 섞였을 때 경멸이, 분노하면서도 한편으로는 기대감을 느낄 때 공격이, 기대와 기쁨이 섞였을 때 낙관이 듭니다.

여러 정서 중 행복, 슬픔, 분노, 불안 및 공포, 수치심, 죄책감을 살펴보고자 합니다. 각 정서가 어떻게 해서 유발되고, 그 주요한 원인이 무엇인지, 그리고 이런 정서는 우리에게 어떤 영향을 주는지에 대해서 살펴볼 것입니다. 여기에서 설명하는 정서는 기본적으로 적응적인 일차적 정서입니다. 즉, 자극에 자연스럽게 반응하여 유발되는 첫 번째 감정입니다. 또한 어떤 가면이나 옷을 착용하지 않은 본래의 것, 최초의 것인 오리지널 정서에 해당합니다. 그렇다면, 이제 일차적 정서이자 오리지널 정서로서의 각 정서의 원인에 대해서 하나씩 살펴보겠습니다.

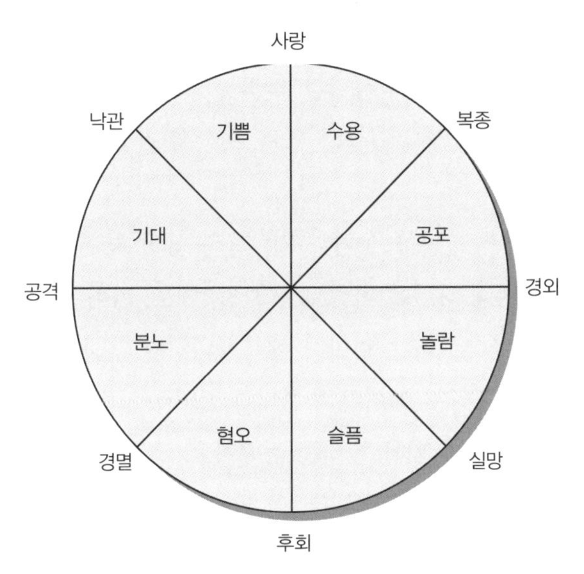


그림 13.1 Plutchik(1980)의 정서 구분

## 행복

한 연구자가 행복을 말로 표현하면 어떻게 표현할 수 있을지를 물었습니다. 사람들은 내적인 환희, 희망이 넘치는 느낌, 안녕감, 내적 평화, 붕 뜨는 느낌, 뜨거운 흥분, 성취감, 충족감, 미소 짓고 싶은 느낌 등으로 표현하였습니다. 그렇다면 어떻게 하면 행복할 수 있을까요? 한 연구자가 사람들에게 언제 행복한지를 물었습니다. 그런데 사람마다 행복을 느끼는 원인이 모두 달랐습니다. 그토록 가고 싶었던 대학의 합격 통지를 받았을 때, 오랫동안 기다렸던 임신을 확인하였을 때, 우리나라 야구팀이 올림픽에서 금메달을 땄을 때, 풀 내음을 맡으며 푸른 숲속을 거닐 때,

아침에 남편과 아이들을 챙겨 보내고 나서 커피 한 잔을 마실 때, 좋아하는 음악을 듣고 있을 때 등. 이처럼 행복은 너무 주관적이어서 행복을 유발하는 원인이 무엇이라고 단정하여 말하기는 매우 어려운 일입니다.

행복을 주관적으로 느끼는 안녕감이라고 보았을 때, 개인의 성격과 밀접한 관계가 있는 것으로 알려졌습니다. 주로 낙천적이고 외향적인 성격일수록 주관적으로 행복을 더욱 잘 느낀다고 합니다. 사람들은 살면서 행복한 순간이 얼마나 되겠냐고 말합니다. 그만큼 행복한 순간은 자주 느껴지지 않는 모양입니다. 반면, 불쾌한 감정을 느끼는 순간은 인생에서 상당한 부분을 차지하고 있을 것입니다. 행복은 욕구의 충족과도 밀접한 관련이 있습니다. 즉, 만족을 잘할수록 행복도 자주 느껴지게 마련입니다.

결론적으로 말하자면 개인이 성취한 것, 겪은 삶의 사건 등 환경적인 요인이 영향을 주지만, 대상이나 사건을 바라보는 시각, 태도, 가치판단이 행복을 느끼는 데 중요한 영향을 줍니다. "너는 얼마나 행복하니?"라고 물으면, 사람들은 "내가 행복할 일이 어디 있어?"라고 얘기하곤 합니다. 입버릇처럼 주변의 환경이 달라져야 행복할 수 있다며 외부에 탓을 돌리는 것이지요. 그러나 행복은 밖에 있는 것이 아니라 자기 안에 있는 것이라고 합니다. 이 말은 다시 얘기하자면, 어떤 상황에서도 어떻게 생각하느냐에 따라서 행복을 느낄 수 있다는 말입니다. 실제로 히틀러의 유대인 학살이 집행되었을 때 수용소 안에서조차 많은 사람이 행복을 느꼈다고 합니다.

## 슬픔

슬픔의 핵심 원인은 돌이킬 수 없는 상실이라고 합니다. 무언가를 잃었을 때 슬픔을 느낍니다. Lazarus는 상실 자체가 슬픔을 일으키는 것이 아니라, 상실로부터 돌이킬 수 없다는 무기력감을 느낄 때 슬픔을 느낀다고 보았습니다. 즉, 누군가 죽었는데 다시 살아올 수 없음에 슬퍼하고, 사랑하는 이가 떠났을 때 다시 관계가 회복될 수 없음에 슬픔을 느낀다는 것이지요.

슬픔을 느낄 때 신체적으로는 혈압이 저하되고 근육이 이완되며 활동성이 줄고 비활동성이 증가합니다. 주관적으로는 목이 메고 공허함과 박탈감을 느낍니다. 가슴이 뻥 뚫린 것 같고 그 사이로 바람이 쏴하고 지나가는 듯한 허한 느낌이 듭니다. 침울하고 의기소침합니다. 슬픈 기억이 자주 떠오르고 부정적이고 비관적인 사고를 합니다. 이처럼 슬플 때는 만사가 귀찮고 잘 안 될 것 같은 생각이 듭니다. 대표적인 행동은 눈물을 흘리며 우는 것입니다. 또한 다른 사람들과의 사회적 접촉을 회피하며 말수가 줄어듭니다.

슬픔의 다양한 원인을 살펴보면 첫째, 격리가 있습니다. 누군가와 분리되었을 때, 신체적·심리적으로 가까운 사람과 멀어졌을 때, 타인과 단절될 때 우리는 슬픔을 느낍니다. 내가 외톨이가 된 것 같고, 아무도 나에게 관심이 없는 것 같이 느껴지며, 가까운 사람들로부터 멀어져서 고립된 것처럼 느낄 때 슬픔을 느낍니다. 둘째, 친한 친구나 가족과 같이 아끼고 사랑하는 사람의 죽음을 들 수 있습니다. 친한 친구가 자살을 했을 때, 가족이 사고로 죽었을 때, 슬픔을 느끼고 그 슬픔이 극심해져 비탄에 잠깁니다. 셋째, 실망은 슬프게 합니다. 희망이 있었는데 사라졌을 때, 장학금을 받을 수 있을 거라 잔뜩 기대했는데 잘 안 되었을 때 실망스럽고 슬퍼집니다. 넷째, 중요한 목표의 실패로 슬픔에 잠길 수 있습니다. 예를 들어, 사업에 실패하거나 대학원 시험에 불합격했을 때 우리는 슬픕니다.

흥미로운 것은 이런 슬픔은 우리의 삶에서 다양한 기능을 한다는 것입니다. 첫째, 애착에 중요한 역할을 합니다. 중요한 사람과 가까운 관계를 유지하면서 그 사람으로부터 보호를 받을 수 있도록 하는 것이 애착입니다. 아이가 엄마에게 애착을 보임으로써 엄마의 보호와 돌봄을 받습니다. 누군가 가까운 사람과 멀어지거나 격리되었을 때 슬픔을 느끼는데, 그 슬픔을 알기 때문에 가까운 사람과 단절되지 않기 위해서 친구, 연인이나 가족에게 애착을 형성하고 유지합니다.

둘째, 타인과의 유대를 강화해 줍니다. 학급의 한 친구가 사고로 죽었을 때 남은 친구들은 슬픔에 잠깁니다. 이런 슬픔은 서로에게 의지하게 하고 단합하게 하면서 서로 간의 유대감을 키웁니다. 제가 아는 한 친구는 어렸을 때 어머니가 갑자기 돌아가셨습니다. 남게 된 아버지, 세 자매와 막내 남동생은 서로에게 어머니의 빈자리를 채워 주기 위해 노력하였고 가족 간의 유대감은 매우 강해졌습니다. 아버지에게는 외롭지 않도록 세 딸이 아내의 역할을 하였고, 자매들 간에는 물론 남동생에게는 돌아가면서 도시락을 싸 주는 등 따뜻한 엄마의 역할을 하였습니다.

셋째, 슬픔은 반성의 시간을 부여합니다. 바쁘게 살다 보면 가슴이 먹먹해지고 슬퍼질 때가 있습니다. 이럴 때면 내 자신에게 주의가 돌아갑니다. '내가 지금 어떻게 살고 있지?', '내가 너무 바쁘게 살면서 나와 내 주변 사람들에게 소홀하지 않았나?', '내가 놓치고 있는 것이 있지 않을까?'와 같은 생각을 하면서 주변을 돌아보고 자기 자신을 살필 기회를 갖게 됩니다.

넷째, 자신에게 중요한 가치를 환기시켜 줍니다. '내가 중요하게 생각했던 가치가 무엇이었지? 난 성취가 중요한 게 아니라 내 주변 사람들과 행복하게 사는 것이 중요했는데, 왜 이렇게 일하고 성취하는 데 급급했을까?' 이렇듯 자신에게 중요한 가치를 환기하고 다시 추구할 수 있도록 돕습니다.

다섯째, 감정을 이입할 수 있게 합니다. 슬픔을 느낄 수 있기 때문에 다른 사람의 아픈 감정을 공감할 수 있고 위로할 수 있습니다.

여섯째, 타인으로부터 도움 행동을 유발합니다. 한 친구가 별로 친하지는 않았지만 슬퍼하고 침체되어 있으면, 사람들은 그 친구에게 관심을 두고 뭔가 도와주고 싶은 마음이 듭니다. 그 친구에게 다가가고 왜 슬퍼하는지 얘기를 들으며 뭔가 도움이 되는 일을 하고 찾습니다.

## 분노

분노의 핵심 원인으로는 자신의 경계boundary가 침범당하고 공격받을 때, 목표 획득이 방해될 때, 자존감이 손상되었을 때를 들 수 있습니다. 사람마다 자신의 경계가 있습니다. 어떤 사람은 가족까지를 자신의 경계 안에 포함하기도 하고, 어떤 사람은 자신이 수집하는 구두까지를 포함하기도 합니다. 방송에서 한 여가수가 구두들을 자신의 아기라고 부르며 자신의 경계 안에 포함하는 것을 보았습니다. 그녀는 다른 사람들이 자신의 구두를 함부로 만지거나 구두에 무엇이 묻었을 때 굉장히 화를 내곤 했습니다. 그 이유는 구두를 자신의 분신이라 생각하며 자신의 사적 경계 안에 포함했기 때문입니다. 그러니 자신의 경계가 침범당하고 손상당한 것으로 지각되어 화가 난 것입니다. 그러나 구두에 별다른 애착을 보이지 않는 사람은 구두가 더럽혀지는 것에 그렇게 크게 기분이 상하지는 않을 것입니다. 이처럼 사람마다 경계의 범위가 다릅니다. 어떤 사람은 좀 더 넓은 대상까지 사적인 경계 안에 포함해서 예민하게 반응하기도 하고, 어떤 사람은 굉장히 경계를 좁게 설정하여 웬만한 것에는 크게 동요하거나 기분이 상하지 않습니다.

분노는 인간이 지닌 가장 자동적인 방어 기제일 것입니다. 자신의 마음과 몸이 상처받지 않으려고 자신을 보호하기 위해 분노의 감정이 생깁니다. 분노는 자신을 보호하기 위해 상대방에게 공격성을 갖고 대항하게 하므로, 대상에게 접근하게 하는 정서입니다. 이에 비해 슬픔이나 공포는 대상으로부터 회피하게 하는 정서입니다. 슬픔은 위축되고 사람들로부터 철회하게 하며, 공포는 그 대상으로부터 멀리 도망가게 합니다. 하지만 분노는 침입자나 공격자로 지각되는 대상에게 무엇인가를 함으로써 자신을 보호하고자 합니다. 이때 흥분되고 긴장되는 상태로서 혈압이 올라가고 맥박이 상승합니다. 이것이 분노의 신체적인 특징입니다. 화가 났을 때 어떤 충동이 느껴지는데, 자신의 경계를 침범하고 자존감을 상하게 한 대상에게 어떻게 하면 상처를 주고 보복할 수 있을지를 꾀하게 합니다. 대상에게 상처 줄 말과 행동을 하고 싶은 욕구가 생기고, 그러한 충동에 압도당하는 느낌이 들곤 합니다. '내가 얼마나 상처받았는지 퍼부을 거야.', '저걸 한 대 때려 줘?', '가만두지 않을 거야.', '너도 똑같이 해 줄 거야.' 분노는 이런 충동 때문에 분노를 유발한 상황을 자기 방식대로 바로잡고자 하는 방향으로 작용합니다. 이것이 분노의 행동 경향성입니다.

이처럼 분노는 언어적 공격성이나 신체적 공격성을 나타낼 수 있습니다. 공격적인 반응은 다시 세 가지로 구분할 수 있습니다. 첫째, 간접적인 공격이 있습니다. 직접 공격하기에는 감수해야 할 위험이 크기 때문에, 당사자 앞에서 그를 공격하지는 못합니다. 이때 제삼자에게 그 사람에 대한 욕을 하거나 안 좋은 소문을 퍼뜨림으로써 은밀하게 그 사람의 평판에 해가 되도록 합니다. 둘째, 대체된 공격으로 다른 대상을 공격하는 것이 있습니다. 정말로 화가 난 남편에게는 아무 말도 못하고 괜히 잘 놀고 있는 아이나 강아지에게 사소한 실수에도 격하게 화를 냅니다. 상사에게 꾸짖음을 당하고서는 돌아와서 부하 직원들을 갈구기도 합니다. 당하는 사람은 굉장히 억울하겠지요. 셋째, 직접적인 공격으로, 화가 난 대상에게 직접적으로 공격을 하거나 처벌을 가하는 것입니다.

그러나 분노가 늘 공격적인 행동을 수반하는 것은 아닙니다. 왜 그럴까요? 우리는 이성이 있는 동물로서 사고를 합니다. 우리의 분노 감정과 사고가 상호작용함으로써 공격할 수도 있고, 하지 않을 수도 있습니다. 화가 나면 다양한 행동을 보이는데, 비공격적인 반응으로 '괜찮아.', '화를 참자.'와 같이 억누르고 자신을 진정시키는 행동을 할 수 있습니다. 때로는 중립적으로 자신이 화가 났음을 말로 전할 수 있습니다.

분노를 유발하는 원인에는 여러 가지가 있습니다. 분노는 일차적 감정으로 나타나기도 하지만, 앞에서 다루었듯이 다른 감정에 대한 이차적 감정으로 나타나는 경우가 많습니다. 즉, 슬퍼서 화가 나고, 두려워서 화가 나고, 좌절하여 화가 나기도 하며, 부끄러워서 화가 나기도 합니다. 첫째, 신체적 통증으로, 걷다가 무엇에 부딪혔을 때 화가 납니다. 몸이 다친 것은 신체적 경계가 침범당하고 손상된 것이니 화가 납니다. 둘째, 누군가 자신을 구속할 때 화가 납니다. 자신의 경계를 침범하는 것이니까요. 사람은 내 것을 내 마음대로 할 수 없을 때 화가 납니다. 방에 가두었을 때, 친구를 못 만나게 하고 자신의 활동에 제한을 가할 때 화가 납니다. 셋째, 목표지향적 행동에 대한 방해나 중단이 일어날 때 화가 납니다. 친구들과 여행을 가기로 했는데 부모님이 못 가게 했을 때, 급하게 해야 하는 일이 있는데 동생이 그것을 못하게 방해할 때 화가 납니다. 넷째, 혐오적인 자극을 보면 화가 납니다. 길거리에 누군가 토한 음식의 잔여물을 보면 눈살이 찌푸려지고 짜증이 납니다. 다섯째, 길거리에서 어떤 청년이 노인에게 행패를 부렸을 때, 도덕적인 분개를 느끼기도 합니다. 여섯째, 자존감이 상했을 때 강한 분노를 느낍니다. 대부분의 사람이 무시당하거나 거부당하면 자존감이 상하면서 화가 납니다. 일곱째, 욕구가 좌절되었을 때 화가 납니다. 잠을 자야 하는데 못 자게 했을 때, 배가 고파서 먹고 싶은데 회의를 길게 하면서 식사시간을 늦출 때 화가 납니다. 대표적인 욕구로 사랑이 있는데, 사랑받고자 하는 대상에게서 사랑받지 못할 때 '왜 나를 사랑해 주지 않지?'하며 화가 올라옵니다. 여덟째, 사람마다 각자 신념이 있는데, 이를 인정받지 못하거나 이에 위배되는 행동을 했을 때 화가 납니다. 약속시각을 정확히 지켜야 한다는 신념을 지닌 사람은 제때 나타나지 않는 상대방을 기다리며 화를 느낍니다.

아홉째, 자신을 지배하려는 사람을 보면 화가 납니다. 지배하려는 사람의 마음에는 '내가 옳고 너는 틀리다.'라는 생각이 전제되어 있기 때문에, 지배받는 사람으로서는 자신의 신념이나 행동이 틀렸다는 것을 의미하므로 화가 납니다. 또한 자신을 구속하려 하니 화가 나고, 지배하려는 사람에게 반발심을 느낍니다.

분노는 다양한 기능을 합니다. 분노는 과하게 표현되었을 때는 문제가 될 수 있지만, 분노 자체는 위험으로부터 자신을 보호하고 힘을 주는 적응적인 정서로 간주합니다. 첫째, 당신이 원하는 바를 이루기 위해 능동적으로 행동할 에너지를 제공합니다. 분노를 느끼는 사람들을 보면 에너지가 밖으로 나오는 느낌을 받습니다. 분노는 활력을 느끼게 하고, 자신감을 갖게 하며, 자신을 신체적으로 강인하고 용감하게 느끼게 합니다. 분노를 느낄 수 있다는 것은 힘이 있다는 것을 의미합니다. 그런데 분노의 에너지를 건설적으로 사용하는 것이 중요합니다. 이를 위해서는 분노를 제대로 이해하는 눈과 효과적으로 다스릴 수 있는 기술을 가져야 합니다. 과거 어릴 적의 깊은 상처 때문에 가슴 한구석에 분노를 쌓아온 아이가 성인이 되었을 때 자신이 좋아하는 일이나 공부에 매달리는 것을 보곤 합니다. 쌓여 있던 분노는 굉장한 추진력으로 작용하며 성취를 가져다줌으로써 건강한 영향을 끼치기도 합니다.

둘째, 표현적·의사소통적 기능을 합니다. 동료가 무심코 당신에게 기분 나쁘게 대했습니다. 그런데 만약 그대로 둔다면, 동료는 다시 당신에게 똑같은 행동을 반복할 것입니다. 이때 화가 났음을 표현함으로써 상대방은 그런 행동을 조심하게 됩니다. 현빈 씨는 직장 내에서 평소에 궂은일까지 도맡아 하는 사람이었습니다. 화를 잘 내지 않고 조용한 성격의 현빈 씨에게 사람들은 잡다한 일을 맡기기 일쑤였습니다. 그래서 현빈 씨는 과중한 업무로 피곤하고 힘들었습니다. 그러던 중 모두가 맡기 싫어하는 일을 직장 상사와 동료들이 현빈 씨에게 맡기려 하였습니다. 그 과정에서 현빈 씨에게 어떠한 배려나 미안한 마음을 표현하지도 않았습니다. 장난스럽게 "네가 해."라는 식으로 떠넘겼습니다. 너무 화가 난 현빈 씨는 "나중에 얘기할게요."라며 자리를 떠났고 복도를 지나 화장실로 들어가 문을 한 번 세게 때렸습니다. 그 소리가 어찌나 컸던지 모두 현빈 씨가 때린 것이라는 걸 짐작할 수 있었습니다. 이후 일을 맡기려 했던 이사와 부장은 차례로 현빈 씨를 불러 마음을 달랬고, 주변 사람들도 과중한 일을 맡긴 것에 대해 미안함을 표현했습니다.

셋째, 분노는 자신이 아닌 다른 대상으로 주의를 돌리게 함으로써 자신에게 있는 잘못이나 문제, 그리고 책임에서 벗어날 수 있게 합니다. 이때 분노는 '나에게 잘못된 것은 아무것도 없어. 너에게 무엇인가 잘못이 있는 거야.'라는 메시지를 줍니다.

넷째, 분노는 유능감을 유발합니다. 분노를 느꼈을 때 사람들은 뭔가 할 수 있을 것 같은 자신감을 느낍니다. 분노를 표현하는 순간에는 상대방에게 타격이나 위협을 주는 것 같은 느낌을 받습니다. 타인에게 강렬한 분노를 표현하여 충격과 위협을 줌으로써 자신에게 굴복시키는 것입니다. 평소에 폭력을 잘 휘두르는 부모나 남편을 살펴보면, 평소에는 다른 사람에게 정당한 주장조차 잘하지 못하는 경우가 많습니다. 이들은 강한 열등감을 느끼며 위축되어 조용히 살려고 합니다. 그런데 가족에게 소리를 지르고 폭력을 휘두르는 순간에는, 두려움에 떨면서 웅크려 있는 아내나 자식을 보면서 '내가 저 사람에게 강한 충격을 주고 있다. 나를 두려워하고 있다.'라고 생각하며 유능함을 느낍니다. 그들에게는 그 순간이 굉장히 달콤할 뿐입니다. 그래서 그 달콤함을 맛보기 위해 다시 폭력을 휘두르게 됩니다. 그때만은 자신을 패자가 아니라 승자이고, 약자가 아니고 강자라 생각하는 것이지요.

다섯째, 건설적인 행동이나 문제를 해결하는 방향으로 사용할 경우 적응적으로 작용할 수 있습니다. 부당한 처우를 받았을 때 항의하여 정당한 권리를 행사할 수 있습니다. 예슬 씨는 몇 개월 전에 구입한 밥솥이 고장나서 근처 대리점에 전화하여 A/S를 요청했습니다. 내일 기사를 보내 준다고 했지만, 며칠을 기다려도 오지 않았습니다. 전화를 해 보니 예슬 씨의 신청이 누락되었다며 사과하였고, 내일 아침 9시에 첫 번째 순서로 보내 준다고 거듭 얘기하였습니다. 다음 날 아침, 예슬 씨는 7시 반에 전화를 받았고, 집 주소가 정확히 기재되지 않았다며 주소를 알려 달라는 것이었습니다. 그런데 기사의 얘기는 오후 6시에 방문할 예정이고, 자신은 접수된 순서대로 가기 때문에 모르는 일이라며 전화를 끊었습니다. 예슬 씨는 너무 화가 났고 서비스센터에 전화를 걸었습니다. 그리고 자신이 불쾌한 점이 무엇인지 조목조목 얘기하며 항의하였습니다. 결국 오전 중에 기사가 왔고 점심에는 맛있는 밥을 먹을 수 있었습니다.

## 불안과 공포

불안은 미래에 있을 것 같은 위협이나 위험에 대한 걱정에 의해서 유발되는 불편함 또는 긴장 상태입니다. 뭔가 잠재된 위협을 느낄 때 불안이 발생합니다. '어떻게 될까?', '잘못되지 않을까?'라고 말입니다. 불안은 눈앞에 무엇이 일어날지 모르지만, 우리 앞에 위험하고 위협적인 자극이 있거나 그것을 예상할 때 생기는 정서입니다. 그에 반해서 공포는 위협이 되는 자극이 눈앞에 있고, 정말 그 위협의 희생양이 될 것 같이 지각될 때 느낍니다.

불안과 공포의 차이를 분명하게 해 주는 예를 들어 보겠습니다. 요즘에는 이런 선생님이 없을 것 같은데, 저 어렸을 때는 시험 때문에 담임선생님께 많이 맞았습니다. 만약 중간고사 전에 선생님께서 "이번 시험을 잘 봐야 한다. 그렇지 않으면 가만두지 않을 거야."라고 말했다고 가정해 봅시다. 시험을 망친 상태에서 선생님께서 나타났을 때 느끼는 감정은 무엇일까요? 그건 불안입니다. 선생님께서 비록 가만두지 않겠다고 했지만, 맞을 수도 있고 그렇지 않을 수도 있는 정확히 알 수 없는 상황이기 때문이지요. 다른 경우로 중간고사 전에 선생님께서 "이번 시험에서 성적이 1점씩 떨어질 때마다 한 대씩 때리겠어."라고 말했다고 가정해 봅시다. 시험을 망친 상태에서 선생님께서 매를 들고 나타나서 모두 시험지를 들고 서 있으라고 했을 때 느끼는 감정은 바로 공포입니다. 특히, 앞의 친구가 맞으며 아파하고 고통스러워하는 모습을 보면서, 자신도 그런 아픔을 겪을 거라는 것을 알기에 줄이 점점 짧아질수록 공포도 커집니다. 이처럼 불안은 그 대상을 확실히 모르는 경우가 많은 데 반해, 공포는 현실적인 것이든 상상한 것이든지 간에 확실히 규명할 수 있는 위험의 대상이 분명히 있습니다. 또한 불안은 직접적으로 특정 행동으로 이어지지는 않는 반면, 공포는 위험으로부터 자신을 보호하기 위해 도망가거나 얼어붙는 행동을 즉각적으로 취합니다.

그러나 사실상 불안과 공포를 구분하는 것은 불필요한 일입니다. 구분이 모호한 경우가 많고, 불안과 공포의 신체적 반응이 거의 유사하기 때문입니다. 불안이나 두려움과 비슷한 정서 반응으로 소심하다와 공황이라는 표현을 쓰는데, 소심하다는 쉽게 두려움을 느끼는 경향을 말하며, 공황은 공포가 갑자기 솟구쳐 오르는 것을 칭합니다.

불안과 공포는 비슷한 특징이 있습니다. 첫째, 신체적으로는 교감신경계의 흥분으로 야기된 신체 반응들이 나타납니다. 근육이 긴장하고 심장박동수가 증가하며 호흡 곤란이 야기되기도 합니다. 혈압이 증가하고 식은땀이 나거나 소화 작용이 억제되기도 합니다. 시험을 앞두고 있을 때 식욕이 사라지고 음식을 먹으면 소화가 안 되는 것은 자연스러운 반응입니다. 대학입학시험을 치러 올라왔을 때, 함께 왔던 친구가 기차에서 김밥을 먹다가 체해서 시험을 망쳤다는 얘기를 들은 적이 있습니다. 둘째, 걱정이 증가합니다. 안 좋은 일이 일어날 것 같은 생각, 위험이 닥칠 것 같은 생각, 현재와 미래에 대한 걱정이 자꾸 떠오릅니다. 또한 원치 않은 사건의 진행 과정을 적절히 조절할 수 없을지도 모른다는 걱정과 그 과정에서 자제력을 잃게 될지도 모른다는 두려운 생각이 듭니다. 셋째, 주의가 위험이나 위해와 관련된 자극에 초점이 모아지면서 주의의 폭이 좁아집니다. 위협이 될 만한 요소에 지나치게 주의가 쏠리기 때문에, 주변에서 일어나는 다른 일에 대해 잘 알아차리지를 못합니다. 넷째, 안절부절못하고, 불안이나 두려운 일이 일어날 것 같은 장소나 사건을 회피하거나 도피하는 행동을 보입니다. 다섯째, 불안할 때 자주 나타나는 이차적 정서가 분노입니다. 불안한 감정이 고통스럽기 때문에 오히려 화를 냅니다. 불안하게 만든 대상이나 상황이 짜증스럽고 밉습니다. 불안한 자신을 보이고 싶지 않아서 강한 모습으로 비춰질 수 있도록 화를 내기도 합니다. 이 모든 상황에서 오리지널 감정은 분노가 아니라, 두렵고 무섭고 불안한 감정입니다.

그렇다면 불안과 공포는 언제 느낄까요? 첫째, 고통이 있거나 예상될 때 불안합니다. 엄마가 매를 들고 있을 때 아이는 맞아서 아플지도 모른다는 불안과 두려움에 울음을 터뜨리고 맙니다. 둘째, 혼자 있을 때 불안을 느끼기도 합니다. 밤에 아무도 없는 집에 혼자 있을 때 다른 방에 무엇인가 있을 것 같아 문을 열고 확인해 보기도 하고 주변을 두리번거리기도 합니다. 밤길을 혼자 걸어갈 때 뒤에서 누가 따라올 것 같고 잘못된 일이 일어날 것만 같아서 불안하고 두렵습니다. 셋째, 불안의 핵심적인 인지적 요소인 '위험하다.'라는 평가가 있을 때 불안과 공포를 느낍니다.

이런 불안과 공포의 기능을 살펴보면 첫째, 생존과 적응에 중요한 정서입니다. 불안과 두려움은 잠재적인 위험으로부터 자신을 보호하기 위한 반응으로, 다가올 수 있는 위험에 준비하고 적응할 수 있도록 돕습니다. '이런 일이 일어나면 어떡하지?' 하면서 앞으로 일어날 일이나 위험으로부터 자신을 보호하는 방향으로 대처하도록 하기 때문입니다. 둘째, 과제 수행 능률을 높입니다. 다만 적절한 수준의 각성이나 긴장감일 때 수행 효과를 높입니다. 적당한 수준의 불안은 삶에 건설적인 동기와 힘으로 작용할 수 있습니다. 그러나 불안이 극심한 경우에는 오히려 수행을 방해합니다. 어느 정도의 긴장과 불안은 시험공부에 집중하게 하지만, 심하게 불안하면 떨려서 도저히 주의집중을 할 수가 없겠지요. 셋째, 사회적 결속을 유도합니다. 우리는 위험이나 위협으로부터 자주 불안을 느끼기 때문에 자신을 보호할 수 있는 대상을 찾아 안정을 느끼려 합니다. 가족을 형성하고 친구를 만들고 어느 곳인가에 소속되려 합니다. 어디에도 소속되어 있지 않을 때 사람은 막연한 불안감을 느끼게 됩니다.

두려움은 학습되는 경우가 많습니다. 우연히 길을 가다 개에게 물리면, 나중에 개를 보고 자신을 공격할지 모르는 위험을 느끼고 두려워합니다. 두려움은 부모로부터 전해지기도 합니다. 부모가 두려워하는 모습을 보면서, 자신도 그 대상을 두려워할 만한 것이라고 학습합니다. 아이는 부모를 위험으로부터 자신을 보호해주는 유능하고 강한 존재로 인식하는데, 그런 부모가 두려워하는 것을 보면 그 대상은 자신도 마땅히 두려워해야 할 것으로 지각하기 쉽습니다. 부모가 "밖에 나가지 마라. 다칠지 모른다.", "밖에 나가면 조심해라. 무서운 아저씨들이 데려갈지 모른다."라고 아이에게 계속 말하면, 아이는 밖에 돌아다니면 위험에 빠질 수 있다고 생각하며 두려움을 느낄 수 있습니다. 또한 두려움은 텔레비전 등의 영향을 통해 무비판적으로 학습되기도 합니다.

## 수치심

정서들 중 가장 고통스러운 정서는 수치심이 아닐까 생각합니다. 수치심은 '몹시 부끄러운 마음'입니다. 다른 사람에게 비난을 받거나 놀림을 당하거나 멸시를 당할 때 느끼는 감정입니다. 존엄성과 가치가 없다는 것이 바깥에 드러나고 발각될 것 같은 감정입니다. 누군가 나를 못났다고 생각할 것 같을 때, 나를 우습게 볼 것 같을 때, 다른 사람들 앞에서 비웃음당할 만한 행동을 했다거나 스스로에 대한 기대에 자신의 행동이 미치지 못할 때도 수치심을 느낍니다. 수치심은 자신의 결점이나 부족함을 깨달으면서 느끼는 감정입니다. 수치심과 유사한 감정으로 당황스러움, 모욕감, 수줍음 등이 있습니다. 제 기억에 성장하는 동안 수치심을 자주 느꼈던 것 같은데, 그 어떤 감정보다 수치심은 괴롭고 무서웠습니다. 수치심을 느끼면 몇 날 며칠 동안 가슴이 아팠고 고통스러웠으며, 부끄러워서 다른 사람들 앞에 차마 나설 수가 없었습니다.

옷으로 가린 신체 부위가 뜻하지 않게 노출되었을 때, 선생님께서 친구들 앞에서 질문을 했는데 잘 대답하지 못해 무지가 탄로 났을 때, 잘못된 행동을 깨닫고 부끄러워할 때 느낍니다. 신체적으로는 얼굴을 붉히고, 주관적으로는 자신을 바보스럽게 여기며, 시선을 피하고 부족함이 노출된 상황이나 대인접촉을 피하는 행동적 경향을 특징적으로 보입니다. 자신의 부끄러운 모습을 본 사람들 앞에 다시는 나타나고 싶지 않습니다.

그리고 수치심은 이상적인 자기상에 미치지 못한다고 평가할 때 느낍니다. 자신의 실제 모습과 자신에게 바라는 이상적인 모습 간의 차이가 클 때 수치심을 느낍니다. '난 멋있는 사람이야.'라고 생각하는데, 멋있게 보여야 할 사람 앞에서 넘어지면 몹시 수치스럽습니다. 또한 자신이 지켜야 하는 도덕적 가치, 즉 양심에서 벗어났을 때 경험하는 정서이기도 합니다. 수치심은 대표적인 자의식적 감정인데, 특이한 것은 다른 사람의 시각에서 자신을 바라보는 감정이라는 것입니다. 즉, 타인의 존재가 중요하게 작용하는데, 타인이 자신을 부정적으로 바라본다고 생각합니다. 과거에 타인 앞에서 실수를 했거나, 사람들이 자신을 무시하거나 멸시하는 행동을 했을 때 그런 경험은 마음속에 내재됩니다. 그중 자신을 멸시하는 것 같은 타인의 시선이 마음에 자리 잡게 되는 것이지요. 이처럼 중요한 사람의 멸시나 경멸이 내재화되고, 그것이 자신을 향해서 자리 잡은 것이 수치심입니다.

오리지널 정서로서의 수치심은 다른 사람에게서 멸시를 받지 않을 수 있도록 자신을 보호하는 방향으로 작용하지만, 건강하지 못한 수치심은 영혼까지 멍들게 하는 매우 고통스러운 감정입니다. 건강하지 못한 수치심은 자신을 쓸모없는 존재로 여기게 합니다. 자신의 작은 실수에도 '나는 실수덩어리이다.', '나는 무가치하다.'라고 일반화하여 자신을 부족하고 쓸모없는 인간으로 단정 짓습니다. 이런 수치심은 어린 시절 부모로부터 가치를 인정받지 못하고 "너는 쓸모없어. 넌 늘 그 모양이야. 넌 항상 못난 짓만 한다."라는 말들이 내면화되면서 자신을 무가치한 사람으로 지각하여 발생합니다. 즉, 수치심이 마음속에 자리 잡고 있으면서 자신의 가치를 증명해 보이려고 다양한 방식으로 처절하게 몸부림치게 됩니다. 어떤 경우는 실수를 하지 않고 완벽해지려고 애씁니다. 공부를 잘해서 부모에게 인정받으려고 애씁니다. 외모에 지나치게 신경 쓰기도 합니다. 따라서 이들은 처절한 몸부림을 통해 만회하려 하지만, 마음 한구석에서는 "난 쓸모없는 인간일지 몰라."라는 의문을 가지고 있습니다. 그러니 이들의 의문을 건드릴 수 있는 작은 실수에도 민감하게 반응하며 무너지고 마는 것입니다. "내가 그런 실수를 하다니. 난 무가치한 인간이야. 아무짝에도 쓸모없는 인간이야."라고 말입니다.

그래서 이들은 과도하게 자신을 의식하는 자의식을 가집니다. 늘 자신을 바라보며 자신이 무엇을 하고 있고 다른 사람이 자신을 어떻게 지각하며 보는지 신경 씁니다. 그러면서 타인이 자신을 부정적으로 생각할 것 같은 단서에 지나치게 마음을 씁니다. 타인의 부정적인 반응으로 인해 "난 쓸모없는 인간이야."라는 명제를 스스로 인정하게 될 것처럼 생각이 들기 때문입니다. 그래서 타인에게서 늘 인정받으려 하고 완벽해 보이려고 애씁니다. 그래야 다른 사람들에게 가치 있는 존재가 될 것처럼 여기고, 자신의 내면에 있는 쓸모없는 인간이라는 생각을 수면 위로 떠올리지 않을 수 있으니까요. 이들은 쓸모없는 인간으로 보일지 몰라서 신뢰하고 친밀하게 다가가지 못합니다. 수많은 결점에 대해 자신을 처벌하려고 하고, 부족한 점이 있을 수 있다는 사실을 인정하지 못하고 부인하며, 그것을 없애고 완벽해지려고 애씁니다. 이처럼 자신을 받아들이지 못하는 데서 수치심이 생기는 것입니다. 키가 작은 것이 뭐가 부끄러운 일이며, 말하다 보면 실수할 수도 있는 것이지 그것이 뭐가 그리도 부끄러운 일이란 말입니까.

이들은 거짓자기를 발달시켜서 다른 사람으로부터 인정받으려고 애씁니다. 감추고 또 감추어서 다른 사람들에게 자신이 생각하기에 괜찮은 모습으로 보이려고 애쓰는 것이지요. 건강하지 못한 수치심은 자신을 받아들이고 가치 있는 존재로 인정할 때 사라집니다. 불완전함은 결함이 아닙니다. 우리 모두 불완전한 존재라는 것은 있는 그대로의 모습일 뿐입니다. 자신의 모습을 있는 그대로 받아들이는 것이 필요합니다. 자신의 부족한 면이나 독특한 면을 인정하고 사랑하십시오. 자신의 잘하는 면을 인정하고 가치 있는 존재임을 스스로 받아들이기 바랍니다.

### 죄책감

죄책감은 뭔가 해야 할 일을 하지 않았을 때, 하지 않아야 할 일을 했을 때 저지른 잘못에 대해 책임을 느끼는 마음입니다. 자신이 지켜야 하는 도덕적 가치, 즉 양심에서 벗어났을 때 경험하는 정서입니다. 죄책감은 네다섯 살 이전에는 경험할 수 없는 감정으로, 사회적으로 용인되는 행동 기준을 내면화하기 시작하면서 생기는 감정입니다. 옳고 그른 행동에 대한 기준을 어기거나 잘못을 저질렀을 때 죄책감을 느낍니다. 죄책감에는 사회적인 법률을 어겼을 때 느끼는 죄책감, 상호 간에 합의된 행동 기준을 위반했을 때 그 관계에 대해 느끼는 죄책감이 있습니다.

죄책감을 느끼면 누군가 내가 잘못한 것에 대해 처벌하지 않을까 하는 공포감을 느끼고, 자신의 행동에 대해 후회하고 회개하며 속죄해야 함을 느낍니다. 죄책감을 느낄 때 우리는 '그때 내가 그렇게 하지 않았더라면.'라고 후회하며, 그 사건을 반복적으로 생각합니다. 또한 자신을 혐오하기도 하고 학대하기도 합니다. 잘못을 저지른 점에 대해 타인에게 용서를 구합니다.

오리지널 정서로서의 죄책감은 뭔가 잘못되었다는 것을 느끼게 하여 잘못을 수정하거나 되풀이하지 않을 수 있도록 경고하는 역할을 합니다. 만약 죄책감을 느끼지 못한다면, 그 사람은 사회적으로 합의된 약속을 계속 어길 것이므로 주변 사람들로부터 소외될 수 있고 심한 처벌에 놓일 수 있습니다.

그러나 모든 감정이 그러하듯 오리지널 정서로서는 삶에 적응적인 기능을 하지만, 부적응적인 일차적 정서와 같이 과거 경험이나 영향으로 인해 그것이 과하거나 불필요한 곳에서까지 죄책감을 느끼게 되는 경우가 많습니다. 자신의 실수나 단점에 대해 심한 죄책감을 느끼며 자신을 쓸모없고 무가치한 인간으로 생각하게 됩니다. 또는 옳은 행동일 수 있음에도 불구하고, 불필요한 죄책감을 느낌으로써 옳은 행동을 하지 못하게 할 수도 있습니다. 과거에 저지른 실수에 대해 충분히 용서를 빌었고 만회했음에도 불구하고, 계속해서 죄책감을 느낌으로써 과거에서 벗어나지 못하고 건강한 삶을 살지 못할 수도 있습니다.

## Ⅳ-1. 감정의 원인과 과정을 이해한다

### 효과적인 정서 조절 과정의 필수 단계이다

궁극적인 정서 조절을 위해서 반드시 필요한 작업은 감정의 원인과 과정을 이해하는 것입니다. 여러분은 불쾌한 감정의 원인에 대해서 얼마나 생각해 보았습니까? 많은 사람이 감정에 대해 그저 '기분이 나빠!', '신경질 나.', '생각하지 않을래.'와 같이 단순히 불쾌한 감정을 느끼고 있다고 지각하고, 그렇기 때문에 잊겠다라는 식으로 반응하기 일쑤입니다. 이는 결국 감정의 유발 자극이 무엇인지, 그 자극이 어떻게 그런 감정을 유발했는지 파악하는 것을 방해합니다. 따라서 개인은 감정의 원인을 알지 못하기 때문에, 계속 동일한 자극에 노출되고 불쾌한 감정을 반복적으로 경험하게 됩니다. "전 자주 그런 감정이 들어요."라고 말하는 사람이 있습니다. 곁에서 보면 이 사람이 왜 그런 감정을 느끼는지 뻔히 알겠는데, 본인은 모릅니다.

대성이는 평소에 뭔가 억울하고 당한 것 같은 느낌을 사람들 사이에서 자주 느낍니다. 친구인 승현이는 대성이에게 "나 너무 힘들어. 도저히 혼자서는 못하겠어."라고 말하면, 대성이는 그냥 지나치지 못하고 안타깝게 생각되어 "그럼 내가 도와줄게."라고 말합니다. 그래서 처음에는 도와주는 것이었는데 어느새 일은 대성이가 하고 승현이는 놀고 있는 것 같아서 찝찝하고 억울하며 당한 것 같은 느낌이 듭니다. 이런 과정을 알아차리지 못한다면, 다음에 그 친구가 힘들다고 말할 때 자신도 모르게 다시 일을 대신 해 주는 양상이 반복됨으로써 계속 찝찝하고 억울하고 당한 것 같은 느낌을 받을 것입니다. 그러나 원인을 정확히 알게 된다면, 그 친구의 부탁에 다시 똑같은 방식으로 반응하지 않거나 그러한 상황에 놓이지 않게 함으로써 불쾌한 감정을 느끼게 되는 것을 막을 수 있을 것입니다.

여러분은 단계 I에서 불쾌한 감정을 알아차리고 명명하는 작업을 하였습니다. 이제 그 녀석이 어디에서부터 오게 되었는지, 왜 여러분에게 찾아왔는지 그 발생의 원인을 이해하는 작업을 할 것입니다. 그런데 감정의 원인을 찾는 작업이 그리 쉽지는 않습니다. 따라서 차근차근 단계를 밟아가며 실습하도록 안내할 것입니다. 이 과정을 통해 여러분은 궁극적으로 감정을 유발하게 한 생각을 좀 더 쉽게 찾을 수 있을 것입니다.

## • 실습 감정의 원인 파악하기

최근에 경험한 사건들 중에서 불쾌감을 느끼게 한 상황을 하나 정도 기억해 보십시오.

### 상황

그 상황을 최대한 자세히 기록하세요. 어떤 상황이었습니까?

예 어제 수업 가는 길에 아는 선배를 만났다. 그 선배에게 인사를 했는데, 선배는 모른 척하고 지나갔다.

..........................................................................................

..........................................................................................

..........................................................................................

..........................................................................................

..........................................................................................

### 기분 (감정의 강도: 0~100)

그 상황에서 어떤 기분을 느꼈는지 기억해서 적어 보세요. 그리고 그때 느낀 감정의 강렬한 정도를 0에서 100을 기준으로 주관적으로 평가해 보세요.

예 매우 불쾌했다. 화가 났다. 70

..........................................................................................

..........................................................................................

..........................................................................................

..........................................................................................

..........................................................................................

..........................................................................................

## 유발 자극

그 상황에서 당신을 불쾌하게 한 자극이나 행동은 무엇입니까? 이때 상황 안에 포함된 많은 요소 중 위에 적은 감정을 유발한 단서를 구체적으로 찾아내는 것이 중요합니다. 쉽지는 않을 것입니다. 그러나 가능한 복합적인 상황 안에서 그 감정을 유발한 자극이나 행동을 정확하게 찾는 노력을 해 보기 바랍니다.

예 인사를 받아 주지 않고 그냥 지나친 선배의 행동

## 해석

그 자극이나 행동을 당신은 어떻게 이해하거나 해석하였습니까?

그 자극이나 행동을 당신은 어떻게 느꼈습니까?

예 인사를 받지 않고 지나친 행동이 나를 무시하는 것처럼 생각되었다. 나를 무시하는 것처럼 생각되어 화가 났다.

## 감정의 원인 기록지

다음 실습지에 불쾌한 감정이 들었던 상황을 구체적으로 적고, 그때 느꼈던 감정과 감정의 강도를 먼저 적으십시오. 한 상황에서 느껴질 수 있는 감정은 매우 많습니다. 여러 감정이 들었다면 순서대로 적어 보십시오. 각각의 감정 수준에 대해서도 구분하여 평정해 보십시오. 그리고 각 감정을 유발한 자극을 찾아보십시오. 그 유발 자극을 어떻게 해석하여 그런 감정을 느꼈는지 적어 보십시오.

| 날짜(요일) | 상황 | 감정 이름 | 감정 수준 | 유발 자극 | 해석 |
|---|---|---|---|---|---|
| 5/1(금) | 친구들과 배낭여행을 떠나는 길에 아빠가 공항까지 바래다주셨다. 차를 타고 가는 길에 아빠는 준비물을 제대로 챙겼는지 하나하나 확인하셨고, 여러 가지 잔소리를 하셨다. | 부담스러움<br><br>거슬리는<br><br>의기소침한 | 80<br><br>98<br><br>70 | 준비물을 하나하나 확인하는 질문<br><br>아빠의 찡그린 얼굴<br><br>아빠의 나무라는 듯한 말투 | 제대로 준비하지 않았으면 실망하실 것 같았다.<br><br>아빠가 내 능력을 못 믿어 하시는 것 같았다.<br><br>뭔가 내가 잘못한 것 같았다. |
| | | | | | |
| | | | | | |

## 감정에 대한 인지 모델

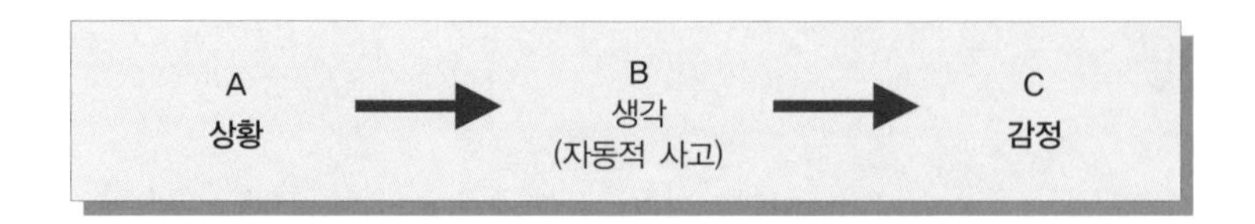


감정에 대한 인지 모델은 감정이 유발되는 데 있어 인지, 즉 생각을 중요한 요소로 초점을 맞춥니다. 그래서 사람의 감정이나 행동은 어떤 사건에 대한 자신의 지각, 즉 생각에 의해서 영향을 받는다고 가정합니다. 다시 말해, 사람의 감정을 결정하는 것은 "상황이 그러했기 때문이야."라고 말하는 그 상황 자체도 아니고, "저 사람이 나를 화나게 했어."라고 말할 때와 같은 외부 자극이 아닙니다. 감정은 외부 자극이나 상황 자체가 아니라, 그것을 해석하는 방식에 달려 있습니다. 여러분은 이 책을 읽으면서 다양한 생각이 떠오를 텐데, 그 생각에 따라서 서로 다른 감정적 반응이 일어나게 됩니다.

선예는 '아, 정말 이해가 잘되는군. 이 책을 읽고 나면 나는 이 고통에서 벗어날 수 있을거야!'라고 생각합니다. 선예는 가볍게 흥분되는 것을 느낍니다. (흥분)

예은이는 '이 책은 너무나 단순해. 이렇게 해서는 도움이 되지 않을 거야.'라고 생각하며 실망합니다. (실망)

소희는 다른 생각을 합니다. '이 책은 내가 기대했던 것이 아니야. 시간만 낭비하는 거야.' 소희는 짜증이 납니다. (짜증)

유빈이는 '나는 정말 이 모든 것을 배울 필요가 있어. 그런데 그것들을 이해하지 못하면 어떻게 하지? 익숙해지지 못하면 어쩌지?'라고 생각하며 불안해합니다. (불안)

혜림이는 다른 생각을 합니다. '이 책은 너무 어려워, 나는 정말 바보야, 나는 결코 여기서 알려 주는 방법을 숙달하지 못할 거고, 영영 불쾌한 감정들에서 벗어나지 못할 거야.' 혜림이는 슬퍼집니다. (슬픔)

사람들은 그 상황에 대해서 해석하고 생각하는 방식에 따라 감정의 변화를 느낍니다. 상황 그 자체가 그들이 어떻게 느끼는가를 직접적으로 결정하지는 않습니다. 그들의 감정적 반응은 상황을 어떻게 받아들이는가에 따라서 달라집니다.

이처럼 상황이 감정을 야기하기까지 중간에 인지, 즉 생각이 매개한다고 해서 이를 인지매개 모델이라고 합니다. 인지매개 모델은 다음 세 가지를 가정합니다.

첫째, 인지는 감정과 행동에 영향을 끼친다.

"생각을 바꾸면 세상이 달라진다."라는 말이 있습니다. 예를 들어, 지하철에서 지나가던 사람이 어깨를 툭 치고 간 일이 있었습니다. 서로 다른 생각을 하는 두 사람이 있다고 가정해 봅시다.

창렬이는 '저 사람이 일부러 나를 치고 간 거야.'라고 생각합니다. 그러고 나니 화가 치밀어 오르고 내가 아무런 행동도 취하지 못했음에 화가 납니다.

재용이는 '사람이 많아서 잘 보지 못했겠지. 그럴 수도 있지.'라는 생각을 합니다. 그러니 화가 나지 않고 가던 길을 그냥 갈 수 있습니다.

그럼 도식을 만들어 봅시다.

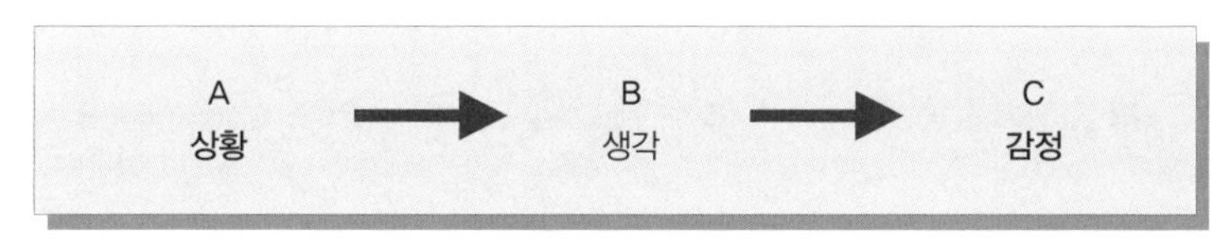


A: 지나가던 사람과 어깨가 부딪힌 일

B1: '저 사람이 일부러 나를 치고 간 거야.' ➲ C1 : 창렬이는 화가 남.

B2: '사람이 많아서 잘 보지 못했겠지. 그럴 수도 있지.' ➲ C2 : 재용이는 화가 나지 않음.

둘째, 인지는 인식될 수 있고 변화될 수 있다.

생각은 알아차릴 수 있고, 그 생각을 바꿀 수도 있다는 것입니다. 예를 들어, 창렬이는 '내가 무슨 생각을 한 거지? 아! 그 사람이 나에게 일부러 그랬다고 생각했구나.'라고 알아차립니다. 그리고는 '그렇게 생각하지 말자. 우연한 행동이었겠지. 고의는 없었던 거야.'라고 생각을 다르게 할 수 있습니다.

셋째, 인지적 변화를 통해 감정 및 행동 변화를 가져올 수 있다.

생각을 변화시키면 그에 따라 감정이 달라지고 행동 또한 달라집니다. 예를 들어, 앞에서와 같이 '우연히 그랬겠지. 고의는 없었을 거야.'라고 생각을 바꾸니 그 결과 치밀어 오르던 화가 누그러지고 괜찮아집니다. 창렬이는 그런 변화를 다음과 같이 알아차립니다. '아까는 화가 났었는데, 다르게 생각하니까 마음이 편안해지네.' 또한 좀 전에는 화가 치밀어 올라 그 사람을 쫓아가서 뭐라고 해 줄까도 생각해 봤지만, 이제는 그럴 필요가 없어지고 자신이 하던 일을 계속 할 수 있습니다.

이것을 감정에 대한 인지 모델로 도식화하면 다음과 같습니다. 즉, 촉발사건이 있고 그것에 대한 인지가 형성되고 그에 따라 정서적 결과가 나타납니다.

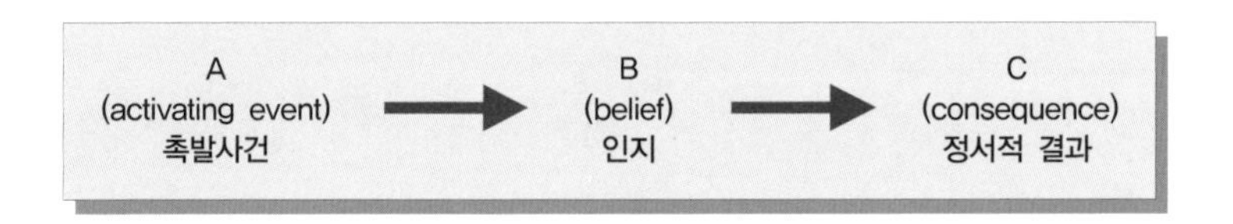


**예시**

A: 촉발사건

갑작스럽게 많은 사람 앞에서 발표를 하게 됨.

B: 인지

아무런 준비도 못 했는데 잘할 수 있을까?

앞에 나가서 괜히 망신당할지도 몰라.

이번 기회에 좋은 인상을 심어줘야 하는데 어떡하지?

C: 정서적 결과

불안감, 심장박동수의 증가, 몸의 긴장 등

## 감정을 유발하는 인지: 자동적 사고

### 인지의 세 가지 수준

인지, 즉 생각에도 여러 가지 수준이 있습니다. 인식, 즉 알아차릴 수 있는 수준에 따라서 세 가지 수준으로 구분할 수 있습니다. 쉽게 떠올릴 수 있는 생각이 있고, 금방 떠올릴 수는 없지만 곰곰이 생각하면 알아차릴 수 있는 생각이 있으며, 그보다 깊숙이 자리 잡고 있어서 웬만하면 인식할 수 없고 특별한 방법들을 동원해야 알아낼 수 있는 생각이 있습니다.

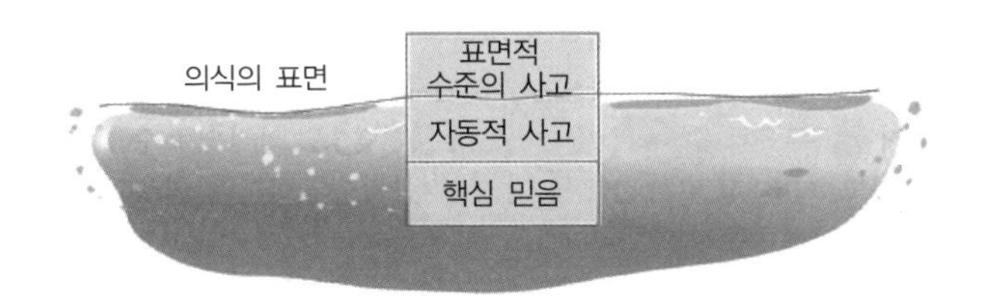


사람은 살면서 실로 셀 수도 없을 만큼 많은 생각을 합니다. 한시도 쉬지 않고 어떤 생각이 떠올랐다가 사라지고, 또 다른 생각이 떠올랐다가 사라집니다. 이처럼 표면적 수준의 인지는 쉽게 알아차릴 수 있는 것으로, 항상 머릿속에 존재하면서 쉽게 자각이 되는 생각입니다. 아침에 눈을 떠서 '아침 식사로 무엇을 먹고 몇 시까지 출근해서 무슨 일을 처리하고 누구를 만나야지.', '지금 『정서 조절 코칭북』을 읽고 있네.'와 같이 표면적으로 떠다니는 사고입니다.

자동적 사고란 우리를 불쾌하게 하는 가장 결정적인 생각으로, 효과적인 정서 조절 과정의 마지막 접근적인 인지적 방법을 사용하는 데 가장 핵심이 됩니다. 바로 떠오르지는 않지만 곰곰이 되짚어 보면 '아, 내가 이런 생각을 했구나!'라고 깨달을 수 있는 수준의 생각입니다.

핵심 믿음은 자동적 사고보다 더 깊은 수준의 생각입니다. 세상을 바라보는 틀이라고 할 수 있는데, 핵심 믿음의 영향을 받아서 특정 자극이나 상황에 대한 자동적 사고가 형성되는 것입니다. 여러분이 어떤 대상에 반응해서 떠오르는 생각을 안내하는 틀로서 자신에게 너무 익숙하기 때문에 내가 이런 생각을 하고 있었는지 알아차리기가 어려울 뿐 아니라, 찾아내는 데 많은 시간과 노력이 필요합니다. 그것은 마치 너무 오랫동안 안경을 쓰고 생활하는 사람이 안경을 낀 채로 세수를 하는 것과 같이 안경의 존재를 자주 잊고 행동하는 것과 비슷합니다.

### 감정의 변화가 있는 그 순간 바로 자동적 사고가 있었다

자동적 사고는 의식적으로 무엇인가를 의도하거나 심사숙고해서 형성되는 것이 아니며, 합리적인 사고의 결과물도 아닙니다. 어떤 자극이나 상황에 대해 특별한 의식 없이 아주 빠르고 짧게 자동으로 튀어나오는 사고입니다. 사람들은 자신이 어떤 자동적 사고를 했는지 잘 자각하지 못하고, 마치 사실인 것처럼 무비판적으로 수용합니다. 그런데 자동적 사고를 했다고 해서 반드시 감정이 유발되지는 않지만, 감정의 변화가 있을 때는 반드시 자동적 사고가 있습니다. 따라서 주로 자동적 사고에 따르는 감정의 변화를 인식함으로써, 자동적 사고의 존재와 내용을 확인할 수 있습니다.

#### • 왜 자동적(automatic)인가

자동적 사고라고 명명한 것에서 짐작하실 수 있듯이 자동으로 떠오르는 사고입니다. 자발적으로 발생하기 때문에 자극에 대해 머릿속에서 언어 또는 심상의 형태로 갑자기 빠르고 순식간에 스쳐 지나가고, 이것에 대해 신중하게 생각하려 하지 않습니다. 여러분은 자신이 그런 사고를 했는지도 잘 알지 못한 채 살아갑니다. 따라서 자동적 사고는 인식하지 못하고, 그런 사고에 뒤따라 경험하는 감정의 변화만을 인식하는 경우가 더 많습니다. '갑자기 불안해지네.', '가슴이 쿵쾅거리는데.', '이유도 없이 기분이 가라앉네.', '왜 이렇게 화가 나지?'라고 말하는 것을 자주 들었을 것입니다. 아니, 여러분도 일상생활에서 별 이유 없이 감정의 변화를 감지한

적이 많았을 것입니다. 그러나 결코 이유가 없지 않습니다. 바로 당신이 모르고 있을 뿐이죠. 그렇게 기분이나 감정이 변화하는 순간, 당신에겐 어떤 생각이 스쳐 지나간 것입니다. 그것도 아주 빠르게요. 그것이 바로 자동적 사고입니다.

### 자동적 사고의 인식 방법

자동적 사고는 어떻게 인식할 수 있을까요? 바로 자동적 사고의 결과로 나타나는 감정의 변화에 주목함으로써 그에 선행하는 자동적 사고를 식별할 수 있습니다. 예를 들어, 당신이 불쾌한 감정을 느꼈을 때 자신에게 물어보십시오. 담담했던 마음에서 울컥하기도 하고, 화가 나 있다가도 마음이 가라앉기도 하고, 문득 불안해지기도 합니다. 그때 마음속으로 어떤 생각이 스쳐 지나갔는지, 감정의 변화가 있는 그 순간 머릿속에서 어떤 생각이 스쳐 지나갔는지 스스로에게 물어보십시오.

기분이 변한 바로 그때 마음속에 무엇이 스쳐 갔습니까?

**예시**

상황(A): 수업 시간에 앉아 있음.

기분(C): 나도 모르게 초조하고 불안함을 느낌.

과연 이 사람은 수업시간에 앉아 있다가 왜 이런 감정이 느껴진 것일까요? 바로 그 순간 어떤 생각이 스쳐 지나갔습니까? 물론 처음에는 찾아내기 힘들겠지만, 알아차리게 됩니다.

자동적 사고(B): 선생님께서 무슨 말을 하는지 정말 이해를 못하겠어. 혹시 나에게 질문을 해서 대답을 못하면 어떡하지?

이렇게 생각한다면 가슴이 쿵쾅거릴 것입니다. '날 시키면 어떡하지?', '내가 대답을 못 하면 어떡하지?'라는 생각에 불안하고 초조할 것입니다.

## ● 실습 자동적 사고 찾아내기

자동적 사고는 쉽게 찾아지지 않습니다. 충분한 연습을 통해 반복적으로 자동적 사고를 찾아보려는 시도를 해야 합니다. 여기에서 몇 가지 상황을 통해 실습해 보도록 하겠습니다. 먼저 특정한 상황[36]을 제시하겠습니다. 다음 상황이 일어났다고 상상하고, 당신의 감정과 마음에 스쳐 지나가는 생각을 적어 보십시오.

### • 상황 1

당신은 가방이 낡아서 새로 사려고 여기저기 다녀봤지만, 가격이 너무 비싸거나 디자인이 마음에 들지 않았습니다. 어느 날 우연히 백화점에 들렀다가 가격과 디자인이 모두 마음에 꼭 드는 가방을 발견하였는데, 그날은 신용카드나 돈이 없었습니다. 다음 날 다시 백화점에 갔더니 점원은 그 가방이 오늘 다 팔렸다고 했습니다.

### 감정

지금 이 순간 당신은 어떤 감정이 듭니까?

......................................................................................................

......................................................................................................

### 스치는 생각(자동적 사고)

그 감정이 들었던 순간, 당신의 머릿속에는 어떤 생각이 스쳐 지나갔습니까?

......................................................................................................

......................................................................................................

예 감정: 낙담

자동적 사고: 나는 아무것도 되는 일이 없다.

36 실습의 예는 서울대병원(2000)에서 제작한 「강박장애의 인지 행동 치료 집단 매뉴얼」의 예를 인용하였습니다.

아마도 여러분은 '다 비슷하게 생각하지 않겠어?'라고 말할지 모릅니다. 그러나 그렇지가 않습니다. 놀랍게도 열이면 열 명, 모두 다른 생각과 감정을 느낀다는 것입니다. 집단상담 프로그램을 진행하면서 같은 상황에 대한 실습을 한 적이 있었는데, 참석했던 8명 모두 각자 다른 감정과 생각을 얘기했었습니다. 조금은 다르겠지만 두세 가지로 좁혀지겠지 하는 제 기대는 철저하게 무너졌습니다. 사람들이 얼마나 다양한 생각과 감정을 느끼는지 새삼스럽게 실감했습니다.

**• 상황 2**

처음으로 친구들을 집에 초대했습니다. 평소에 친해지고 싶은 사람들이어서 음식을 준비하는 데도 신경이 많이 쓰이고, 어떤 요리는 내가 직접 만들기도 했습니다. 식사 시간이 되자 몇 사람이 내가 만든 음식을 먹어 보고는 "어쩜 이렇게 요리 솜씨가 좋니?"라고 했습니다.

### 감정

지금 이 순간 당신은 어떤 감정이 듭니까?

..................................................................................................................

..................................................................................................................

### 스치는 생각(자동적 사고)

그 감정이 들었던 순간, 당신의 머릿속에는 어떤 생각이 스쳐 지나갔습니까?

..................................................................................................................

..................................................................................................................

예 감정: 우울함

자동적 사고: 음식이 맛이 없는데 그냥 인사치레로 하는 말일 거야.

• **상황 3**

출근하여 일을 하고 있을 때 부장이 다가와서 말을 걸었습니다. 이야기를 하다가 "참, 어제 작성한 보고서가 아주 좋던데, 수고했어요."라는 말을 듣는 순간 왠지 모르게 불안하고 두려워졌고, 아침 내내 그 기분을 떨칠 수가 없었습니다.

### 스치는 생각(자동적 사고)

불안하고 두려운 감정이 드는 순간, 당신의 머릿속에는 어떤 생각이 스쳐 지나갔습니까?

..............................................................................................................

..............................................................................................................

예 앞으로 나에게 기대를 많이 할 텐데, 내 능력은 기대에 미치지 못하기 때문에 언젠가는 실망할 것이다.

세 가지 정해진 상황에 대해 여러분이 어떤 감정을 느끼고 생각을 하는지에 대해 살펴보았습니다. 이제는 여러분이 최근에 경험한 일들 중 불쾌한 감정을 느꼈던 상황에 대한 자동적 사고를 찾아보도록 하겠습니다.

상황은 최대한 자세히 기록하십시오.

**상황**

..............................

..............................

..............................

..............................

..............................

**감정**

그 상황에서 당신은 어떤 기분이나 감정을 느꼈습니까?

..............................

..............................

**자동적 사고**

그 감정이 들었던 순간, 당신의 머릿속에는 어떤 생각이 스쳐 지나갔습니까?

..............................

..............................

..............................

..............................

..............................

..............................

..............................

..............................

# 자동적 사고 기록지

| 날짜(요일) | 상황 | 감정 이름(강도 %) | 자동적 사고(확신의 정도 %) |
|---|---|---|---|
| 1/15(토) | 스키장에서 케이블카를 타는데 흔들렸다. | 불안(60) | 여기서 떨어지면 어떡하지?(30) |
| 7/15(금) | 친구가 〈1:100 퀴즈쇼〉 녹화 현장에 미스코리아 100명이 온다고 해서 좋아하며 따라갔는데, 미스코리아들을 볼 수가 없었다. | 서글픔(60) | 역시 나는 되는 일이 없다.(40) |
| | | | |
| | | | |

* 상황: 어떤 상황이었는지 최대한 구체적으로 기술하세요.
* 감정: 위 상황에서 발생한 자신의 감정은 무엇이었습니까? 감정의 강도(%)는 얼마나 심했습니까? 한 상황에 대해 여러 가지 감정을 느낄 수 있으니 느껴지는 대로 적으십시오.
* 자동적 사고: 그런 감정이 드는 순간 어떤 생각이나 심상이 마음속에 스쳤습니까? 그 생각을 얼마나(%) 믿었습니까?

감정이 여러 개라면 각 감정을 들게 한 자동적 사고는 다를 수 있습니다.

## 부정적인 자동적 사고를 유발하는 원인: 인지적 오류

우리가 감정을 느끼게 되는 것은 자동적 사고 때문이었습니다. 즉, 사건이나 상황에 대해 떠오르는 자동적 사고 때문에 감정이 유발됩니다. 따라서 감정의 변화가 있는 바로 그 순간 자동적 사고가 스치고 지나갔음을 짐작할 수 있습니다. 유쾌한 감정을 느끼게 되는 것은 긍정적인 내용의 자동적 사고가 떠올랐기 때문이고, 불쾌한 감정을 느끼게 되는 것은 부정적인 내용의 자동적 사고가 떠올랐기 때문입니다.

그렇다면 부정적인 내용의 자동적 사고는 왜 떠오르는 것일까요? 어떤 자극이나 대상에 대해 자동적 사고를 하는 데는 여러 가지 요인이 영향을 끼칩니다. 자동적 사고에 영향을 끼치는 대표적인 요인으로는 인지적 오류와 핵심 믿음이 있으며, 불쾌한 감정을 유발하는 부정적인 자동적 사고를 하게 하는 것은 인지적 오류, 그리고 핵심 신념 중 역기능적인 신념입니다.

### 인지적 오류란 무엇인가

많은 사람이 생각과 반대되는 측면을 지지하는 증거를 보거나 자신도 알고 있음에도 불구하고, 여전히 불쾌한 감정을 유발하는 자동적 사고가 타당하다고 믿습니다. 곁에서 볼 때는 답답하고 이해가 안 됩니다. 여러 가지 반대 증거에도 불구하고 부정적인 사고를 하니까요. 그런 부정적 사고의 타당성에 대한 믿음은 왜 유지되는 것일까요?

사람들은 이렇게 말합니다. "생각을 곰곰이 해 보면 그런 생각이 맞지 않고 부정적이라는 것은 알겠는데, 왜 저는 자꾸 그런 생각이 들지요?", "자꾸 부정적인 생각이 드는데 어떡하죠?" 우리는 평소에 타당하지 않다는 것을 알면서 자꾸만 부정적인 생각을 하게 되는 순간들이 있습니다. 그 이유 중의 하나는 인지적 오류 때문입니다. 불쾌한 감정을 자주 느끼는 사람들을 살펴보면, 생활 사건을 해석하는 과정에서 논리적인 잘못, 즉 인지적 오류를 범하는 사람이 많습니다. 논리적인 잘못을 범하면서 자신에게 도움이 되지 않는 부정적 생각을 합니다. 현실을 부정적인 방향으로 왜곡하고 과장되게 지각합니다. 평소에 많이 불안하고 우울해하면서 불쾌한 감정을 자주 느끼는 사람은 그렇지 않은 사람들과 달리 똑같은 자극에도 부정적인 방향으로 해석하는 경향이 있습니다.

### 인지적 오류의 종류

#### • 전부 아니면 전무의 사고(흑백논리, 양극단적 사고, 이분법적 사고)

생활 사건의 의미를 '이것 아니면 저것'이라는 식의 이분법적 범주로 나누어 둘 중의 하나로 해석하는 오류입니다. 예를 들어, '완벽하게 성공하지 못하면 실패한 것이다.', '나를 좋아하지 않으면 싫어하는 것이다.', '내 편이 아니면 적이다.'가 있습니다. 이와 같이 어떤 대상이나 현상을 양극단으로 나누어서 생각하는 사람들이 있습니다. 그런데 우리가 생활하는 세상이 어디 이것 아니면 저것으로 나누어 딱 떨어질 수 있는 게 얼마나 되겠습니까? 완벽하게 성공하지 않으면 과연 실패한 것일까요?

집단상담 프로그램을 진행하는데 한 주 동안 지난주에 배운 것을 얼마나 연습했는지 숙제를 검사할 때였습니다. 다른 집단원들은 숙제를 보고했는데, 한 강박증 환자는 하지 않았다고 말하는 것입니다. 이에 어떻게 노력을 했고 얼마나 하였는지 탐색해 보니, 의외로 숙제 대부분을 해 왔습니다. 이는 모든 집단원 중에서 가장 열심히 한 것이었습니다. 그럼에도 불구하고 그는 100을 하지 않았기 때문에 숙제를 하지 않은 것이라 단정한 것입니다. 어떤 사람은 상대방이 자신을 좋아하는지 계속 살피면서, 명백하게 좋아한다는 단서가 있지 않으면 자신을 싫어할지 모른다고 염려합니다. 과연 그럴까요? 좋아하지 않으면 별로 관심이 없는 것일 수도 있는데, 그는 좋아하지 않는 것은 정반대의 축인 싫어하는 것이라 생각하며 자꾸 불쾌해집니다.

#### • 과잉일반화

한두 번의 사건에 근거하여 일반적인 결론을 내리고 무관한 상황에도 그 결론을 적용하는 오류입니다. 예를 들어, 한두 번 시험에 떨어진 사람이 '나는 어떤 시험을 치든지 나의 노력이나 상황과는 상관없이 실패할 것이 뻔하다.'라고 일반화하여 생각합니다. 소개팅을 한두 번 나갔다가 마음에 드는 여성과 커플이 되지 못했던 사람이, '여자들은 나를 안 좋아해.', '나는 소개팅을 해도 잘 되지 않아.'라고 소개팅에 대해 과대일반화하여 단정 짓습니다. 이들은 입에 '늘 그래.', '항상 그래.', '거봐, 그러잖아.'라는 말을 달고 삽니다.

• 의미 확대와 의미 축소

어떤 사건의 의미나 중요성을 실제보다 지나치게 확대하거나 축소하는 오류입니다. 불쾌한 감정을 자주 느끼는 사람은 자신의 단점이나 약점은 매우 중요한 것으로 확대해서 해석하여 심하게 걱정하면서, 장점이나 강점은 별 것 아닌 것으로 과소평가하는 예를 들 수 있습니다. 반대로, 어떤 사람은 타인의 부정적인 피드백이나 자신의 단점에 대해서는 축소해서 별 것 아닌 것처럼 해석하고, 자신이 잘한 점이나 주변 사람들의 긍정적인 피드백은 확대해서 해석합니다. 이런 사람은 본인은 항상 즐겁겠지만, 때로는 대인관계 속에서 그로 인해 발생한 주변 사람들의 불편함을 아무리 피드백해도 그다지 중요하게 받아들이지 않아, 자신의 문제점에 대해 반성하거나 수정하지 않습니다. 주변 사람들은 여전히 불편함을 겪으면서 답답해하며, 결국 그와의 관계를 피하게 될 수도 있습니다.

반면, '평범하다는 평가를 받는다는 것은 내가 얼마나 부적합한지 증명하는 것이다.'와 같이 확대 해석하기도 합니다. 또는 다른 사람들의 칭찬에 대해 '높은 평가를 받는 것이 내가 똑똑하다는 것을 의미하지는 않는다.'라며 축소 해석하여 사소하게 여깁니다. 이처럼 불쾌한 감정을 자주 느끼는 사람은 중립적인 평가나 특정 부분에 대한 부정적인 평가는 지나치게 확대 해석하고, 주변 사람들이 '정말 대단하다.'라며 칭찬하는 반응에 대해서는 '그냥 하는 말이야.'와 같이 별 것 아닌 것으로 축소해서 해석함으로써, 불쾌한 감정을 자주 느끼고 유쾌한 감정은 별로 느끼지 않는 경향이 있습니다.

• 정신적 여과 또는 선택적 추상화

어떤 상황에서 일어난 여러 가지 일 중에서 일부만을 뽑아 상황 전체를 판단하는 오류입니다. 예를 들어, 어떤 교수가 자신의 강의를 열심히 듣는 대다수의 학생보다, 졸고 있는 서너 명의 학생에 근거하여 '내 강의가 재미없나 보다, 나는 강의를 잘 못한다.'라고 결론 내린다면 정신적 여과 또는 선택적 추상화에 해당합니다. 발표를 경청하는 70~80%는 지나치고, 딴짓하는 몇 명의 학생들의 정보에 근거해서 '내가 발표하는데, 사람들이 딴짓을 하네. 발표가 별로인가 보다.'와 같이 결론을 내립니다.

- 개인화

자신과 무관한 사건을 자신과 관련된 것으로 잘못 해석하는 것으로, 다른 사람의 행동에 대한 좀 더 타당한 설명을 고려하지 않고 자신 때문에 다른 사람이 부정적으로 행동한다고 믿는 오류입니다. 우리는 살면서 개인화를 굉장히 많이 합니다. 왜냐고요? 세상의 중심은 바로 나니까요. 그러니 우리는 주변에서 일어나는 일을 자신과 관련해서 자주 해석하게 됩니다. 컴퓨터를 수리하러 온 엔지니어의 표정을 보고서 '그 엔지니어가 나에게 퉁명스럽게 대했던 것은 내가 무엇인가 잘못했기 때문이야.'라고 생각합니다. 화장실에 갔다가 사무실로 들어오는데 동료들이 웃고 있는 모습을 보고서, '나에 대해 뭔가 얘기하고 있었던 것 아냐?'라고 생각하면 기분이 왠지 불쾌해집니다.

우리 모두가 개인화 오류를 얼마나 자주 하는지를 체감했던 일화가 있습니다. 제가 박사과정에 있었을 때 매주 지도교수님을 모시고 석사 및 박사과정에 재학 중인 지도학생들이 모두 모여서 세미나를 하였습니다. 하루는 지도교수님이 세미나 중에 뭔가 심기가 불편하다는 메시지의 얘기를 하셨습니다. 세미나가 끝난 다음 학생들은 모였습니다. 모두 교수님의 말씀에 신경이 쓰이면서 무엇 때문일까를 생각하는 것 같았습니다. 그러던 중에 A가 "얼마 전에 교수님이 시킨 일을 제가 조금 실수했는데, 그것 때문인 것 같아요."라고 말했고, B는 "아니야. 오늘 제가 준비를 제대로 해 오지 않아서 그러신 것 같아요."라고 말했습니다. C는 "최근에 교수님과의 사이에서 어떤 일이 있었는데 그것 때문에 심기가 불편하셔서 한 얘기인 것 같아요."라고 말했습니다. 정말 신기했던 것은 모였던 대여섯 명의 학생 모두 자신과 관련해서 해석하였던 것입니다.

• 재앙화

파국화라고도 하는데, 미래에 대하여 좀 더 현실적인 다른 고려도 없이 부정적으로 예상하는 것을 말합니다. 화를 잘 내지 못하고 억누르는 사람들 중에는 '내가 한번 화를 내면 폭발하고 말 거고, 그렇게 되면 난 전혀 제어하지 못하고 끔찍한 일이 일어나고 말 거야.'라고 생각하는 사람이 적지 않습니다. 이렇게 근거가 있지도 않으면서 안 좋은 방향으로 자주 걱정하는 사람은 쉽게 불안하고 기분이 안 좋아질 것입니다.

• 감정적 추론

충분한 근거도 없이 막연히 느껴지는 감정에 근거하여 결론을 내리는 오류입니다. 예를 들어, '내가 그렇게 느껴지는 것을 보니, 사실임에 틀림없다.', '불길한 느낌이 들어. 일이 잘못된 게 틀림없어.'라고 생각하는 것입니다.

• 독심술적 오류

감정적 추론이 자신의 감정에 근거해서 판단을 내렸다면, 독심술적 오류는 충분한 근거 없이 다른 사람의 마음을 자기 마음대로 추측하고 단정하는 것입니다. 예를 들어, '그는 내가 이 계획의 기초적인 것도 모른다고 생각하고 있다.'라고 믿는 것입니다. 자주 범하는 독심술적 오류로 '나를 무시하는 거야.'를 들 수 있습니다. 상대방이 보인 행동에 대해 충분한 근거 없이 자신을 무시하는 거라고 자기 마음대로 단정지어 버립니다.

• 잘못된 명명의 오류

덜 위험한 결론으로 이끄는 좀 더 합리적인 증거를 고려하지 않고, 자신이나 다른 사람에게 과장되거나 부적절한 명칭을 사용하여 기술하는 것입니다. 예를 들어, '나는 실패자야.', '그는 성격이상자이다.'와 같이 명명하는 것입니다. 대학 교양강좌를 하면서 잘못된 명명의 오류를 설명하는데, 많은 학생이 공감을 하면서 웃었습니다. 알고 보니 대학가에서 학생들끼리 너무 쉽게 서로를 "넌 쓰레기야."라고 부른다고 합니다. 물론 이런 명명은 허물없이 친하게 지내고자 하는 뜻에서 나온 것이겠지만, 계속 이런 식으로 부르면 그런 명칭의 영향을 은연중에 받게 됩니다. 즉, 스스로 또는 타인에게 불리는 명칭에 부합하는 행동을 하게 되거나, 사소한 일에도 "거봐. 넌 쓰레기야."라면서 부정적인 명칭을 확증하는 것처럼 생각합니다.

## 성숙한 사람과 미성숙한 사람의 사고 방식은 다르다

인지적 오류를 자주 범하는 사람은 현실의 여러 가지 정보를 조직화하는 방식을 극단적이고 부정적인 방향으로 해석하는 경향이 있습니다. 또한 "저 사람은 저런 부류야."라고 말하는 것과 같이 범주를 나누고 절대적이며 판단적인 사고를 자주 합니다. 이런 식으로 생각하면 그에 따라 경험하는 감정 반응도 극단적이고 불쾌한 것은 당연합니다. 반면, 성숙한 사람은 다양한 정보를 여러 가지 측면에서 조직하고, 구체적인 정보에 따라 특정한 부분에 국한하여 해석합니다. 또한 상대적이고 비판단적으로 생각하는 경향이 있습니다. 여러분은 다음의 사고 방식 중 어디에 더 가깝습니까? 만약 미성숙한 사고 방식을 자주 취한다면, 자신의 사고를 한번 점검해 보는 것도 좋을 것입니다.

첫째, 미성숙한 사고는 비차원적이고 전반적인 반면, 성숙한 사고는 다차원적입니다. 전자는 '나는 겁이 많다.'와 같이 자신에 대해 전반적으로 판단합니다. 그러나 뱀을 볼 때는 겁먹겠지만, 밤에 어두운 골목길을 갈 때는 과감할 수도 있습니다. 이에 성숙한 사람은 '나는 약간 겁이 많고, 꽤 관대하며 상당히 성숙하다.'와 같이 다양한 측면에서 바라봅니다.

둘째, 미성숙한 사고는 절대적이고 도덕적입니다. 어떤 행동을 했을 때 '나는 비열한 겁쟁이'와 같이 늘 그런 것처럼 못 박습니다. 반면, 성숙한 사고는 '나는 내가 아는 대부분의 사람보다 더 겁이 많다.'와 같이 상대적으로 겁이 많은 편이라고 인식합니다.

셋째, 미성숙한 사고는 언제나 변하지 않을 것처럼 단정 짓습니다. '나는 지금까지 늘 겁쟁이였고, 앞으로도 항상 겁쟁이일 것이다.'와 같이 불변적인 사고를 하는데 반해, 성숙한 사고는 '나의 두려움은 시간에 따라 상황에 따라 변한다.'라고 생각하며 때와 장소에 따라 달라질 수 있음을 고려합니다.

넷째, 미성숙한 사고는 '나는 성격에 결함이 있다.'처럼 잘 변하지 않는 안정적인 성향인 성격적 진단을 합니다. 성숙한 사고는 '나는 게으름을 너무 많이 피운다.'와 같이 특정 행동에 대한 진단을 합니다.

다섯째, 미성숙한 사고는 개입을 통해 변화시킬 수 없는 불가역적인 것으로 판단합니다. '나는 근본적으로 약하기 때문에, 이에 대해 할 수 있는 일이 없다.'와 같이 말입니다. 반면, 성숙한 사고는 '나는 상황에 직면하여 두려움과 싸우는 법을 배울 수 있다.'와 같이 가역적으로 사고합니다.

## ● 실습 인지적 오류 찾기

인지적 오류에 어떠한 것이 있고 그것들이 무엇을 의미하는지 충분히 이해했다면, 인지적 오류를 발견하는 연습을 해 봅시다. 이때 어떤 상황에 대해 떠올리는 사고에는 한 가지 인지적 오류만 적용되지 않을 수도 있습니다. 여러 가지 인지적 오류가 관련될 수 있으며, 때로는 정확히 특정 인지적 오류라고 말하기 어려울 때도 있습니다. 여기에서 여러분이 익혀야 할 중요한 포인트는 불쾌한 감정을 유발하는 부정적인 자동적 사고가 어떻게 인지적으로 왜곡되어 발생하는지 그 과정을 이해하는 것입니다. 자, 그럼 예시 상황을 통해 연습해 보겠습니다.

**• 상황 1**

유럽으로 여행을 가는 비행기 안에서 귀가 먹먹해졌다.

### 감정(강도 %)

불안(90)

### 자동적 사고(확신의 정도 %)

귀가 계속 안 들리면 어떡하지?(50)

### 인지적 오류

귀가 먹먹해진 순간 '귀가 계속 안 들리면 어떡하지?'라고 생각하게 한 오류는 무엇입니까?

............................................................

............................................................

............................................................

............................................................

➲ 재앙화

해설: 귀가 먹먹해진 단서들을 부정적인 방향으로 생각하면서 극단적인 방향인 귀가 안 들리는 상태로까지 생각이 이르게 되었습니다.

• **상황 2**

엠티를 가기 위해서 짐을 챙기는데 그 모습을 본 언니가 “넌 쓸데없는 것을 가지고 다니니?”라고 한마디 하였다.

### 감정(강도 %)

화남(70)

### 자동적 사고(확신의 정도 %)

날 무시하는구나!(80)

### 인지적 오류

“넌 쓸데 없는 것을 가지고 다니니?”라는 말에 ‘날 무시하는구나!’라고 생각한 것은 어떤 인지적 오류가 작용한 것입니까?

..........................................................................................

..........................................................................................

..........................................................................................

➲ 독심술적 오류

해설: 언니의 무심코 던진 말 한마디를 언니가 자신을 무시하고 있다는 전제하에 해석하였습니다. 즉, 언니의 마음을 아는 것처럼 생각하는 독심술적 오류를 범하였습니다.

인지적 오류를 찾는 것이 어느 정도 가능할 것 같습니까? 그렇다면 이제는 여러분이 지금까지 실습지에 기록했던 상황들도 괜찮고, 최근에 경험한 사건에 대해서도 좋으니 여러분에게 영향을 끼쳤던 인지적 오류를 찾는 연습을 해 봅시다.

이전에 기록한 것을 보고 그런 자동적 사고를 하게 된 인지적 오류가 무엇인지 찾아보기 바랍니다.

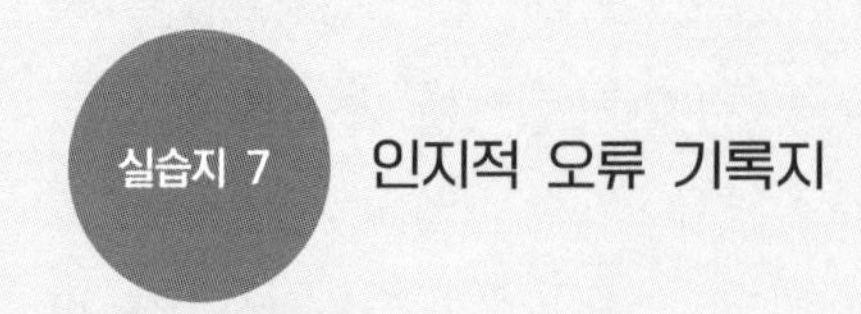


# 인지적 오류 기록지

| 날짜(요일) | 상황 | 감정<br>(강도 %) | 자동적 사고<br>(확신의 정도 %) | 인지적 오류 |
|---|---|---|---|---|
| 5/3(화) | 프로그램에 참여하는데 늦었다. | 죄책감(85) | 다른 사람에게 나의 존재가 방해될 것이다.(90) | 이분법적 사고 |
| | 과제물도 하지 않았다. | 수치심(70) | 나는 끈기가 없다.(80) | 과잉일반화 |
| | | | | |
| | | | | |
| | | | | |

* 상황: 불쾌한 감정이 들었던 상황을 최대한 구체적으로 기술하세요.
* 감정: 그 상황에서 발생한 자신의 감정은 무엇이었습니까? 감정의 강도(%)는 얼마나 심했습니까?
* 자동적 사고: 감정이 들었던 순간 어떤 생각, 어떤 심상이 마음속을 스쳤습니까? 그 생각을 얼마나 믿었습니까?
* 인지적 오류: 그 생각에는 어떠한 인지적 오류가 작용하였습니까?

## 부정적인 자동적 사고를 유발하는 원인: 역기능적 신념

똑같은 자극이나 상황을 사람마다 다르게 해석하는 이유는 무엇 때문일까요? 그 원인은 바로 핵심 믿음에 있습니다. 우리는 자신의 경험 밖에 있어서 이해할 수 없는 사건을 경험했을 때, 매우 당황스럽고 혼란스러워하며 힘들어하지만, 이런 다양한 경험을 통해 자신과 타인, 그리고 세상에 대한 믿음을 형성합니다. 이 믿음은 매일 생활 속에서 마주하는 다양한 사건에 대한 이해를 돕습니다. 수많은 자극이 몰려 올 때 이런 자극들을 쉽게 이해하고 정리할 수 있다면, 좀 더 마음이 편안하고 안정될 것입니다. '아, 이런 거구나.', '아, 이래서 저런 거구나.' 등. 세상을 좀 더 쉽게 이해하기 위해 형성한 믿음은 세상과 어울리면서 만나는 다양한 자극, 상황과 사람을 이해하는 데 영향을 줍니다. 핵심 믿음은 생활하면서 형성한 자신과 타인, 세상에 대한 초기 믿음을 말합니다. 이러한 믿음 때문에 똑같은 자극에 대해서도 서로 생각하는 것이 달라지는 것입니다. 핵심 믿음은 개인에게 있어서 가장 중요하게 영향을 끼치는 생각입니다. 개인의 전 영역에 걸쳐 영향을 끼치는데, 한번 형성된 생각은 좀처럼 잘 바뀌지 않아서 경직되어 있고, 지나치게 일반적인 것이 특징입니다.

핵심 믿음 중 자극이나 상황에 대해 부정적인 방향으로 자동적 사고를 유발시킴으로써 불쾌한 감정을 자주 경험하게 하는 것들이 있습니다. 불쾌한 감정을 자주 경험하면 정신 건강에 해롭고 적응하는 데 어려움을 겪습니다. 이런 생각을 심리적 건강과 적응에 도움이 되지 않는 방향으로 작용한다고 해서 역기능적 신념이라고 합니다. 이것은 대체로 절대주의적이고 당위적이며, 단정적이고 비차원적이고, 전반적인 것이 특징입니다.

역기능적 신념의 대표적인 예로, '나는 무능하다.'라는 생각을 살펴봅시다. 과연 이 신념이 합리적일까요? 일부분에서 무능할 수는 있지만, 개인의 모든 영역이 무능할 수는 없습니다. 어떤 면은 잘하고 어떤 면은 못하는 것이지요. 그러나 자신의 전반에 대해 무능하다는 신념은 자신감을 잃게 함으로써, 좀 더 잘할 수 있는 일에 대해서도 사기를 떨어뜨리고 결국에는 '내가 그렇지 뭐.'라는 생각을 하는 좋지 않은 결과가 나타납니다. 또한 이런 신념을 가지고 있으면, 타인의 사소한 반응에도 '내가 무능해서 무시하는구나.'와 같은 자동적 사고를 떠올림으로써 불필요하게, 그리고 쉽게 불쾌한 감정을 경험할 것입니다. 또한 신념들은 견고해서 이를 입증하는 정보에만 관심을 두고, 반증하는 정보들은 무시하는 경향이 있습니다. 따라서 자신이 형성한 핵심 믿음을 계속 유지하는 방향으로 정보를 수집하게 됩니다. 역기능적 신념은 접하는 자극이나 상황을 해석하는 과정에서 인지적 오류를 범하게 함으로써 부정적인 자동적 사고를 발생합니다. 따라서 역기능적 신념을 변화시킴으로써 인지적 오류를 범하는 빈도와 부정적인 자동적 사고도 줄일 수 있습니다.

다음은 불쾌한 감정을 유발하는 주요한 핵심 믿음들을 주제별로 제시한 것입니다. 각 핵심 믿음을 천천히 읽으면서 자신에게 해당하는 것을 체크해 보기 바랍니다.

### 핵심 믿음 체크 리스트

1. 수용

- 다른 사람들은 나를 거절할 거야. (　)
- 내가 사랑받지 못한다면, 나는 아무것도 아니다. (　)
- 비난을 한다는 것은 나를 거부하는 것이다. (　)
- 나는 항상 다른 사람들을 즐겁게 해야 한다. (　)
- 다른 사람들은 나를 좋아하지 않을 거야. (　)
- 아무도 나를 이해하지 못할 거야. (　)
- 주변 사람들에게 나에 대해 좋은 인상을 주어야 해. (　)
  그렇지 않으면 그들이 날 싫어할 거야.

## 2. 능력

- 만일 실수한다면, 나는 실패할 것이다. ( )
- 인생에는 오직 승자와 패자만이 있다. ( )
- 성공하지 못한다면, 내 인생은 낭비된 것이나 마찬가지야. ( )
- 다른 사람들만큼 잘하지 못한다면 열등한 거야. ( )
- 다른 사람이 성공한다면, 나는 그만큼 실패한 거야. ( )
- 내가 시도하는 어떤 일이라도 잘할 수 있어야 해. ( )
- 나는 타인보다 항상 우월해야만 해. ( )

## 3. 통제

- 모든 것이 내 뜻대로 되어야 해. ( )
- 내 문제를 해결할 수 있는 유일한 사람은 나 자신이야. ( )
- 내가 어떤 사람과 너무 가까워진다면, 그 사람이 나를 통제할 것이다. ( )
- 세상은 내가 원하는 방식대로 돌아가야 해. ( )
- 나는 항상 통제력을 가지고 있어야 한다. ( )
- 감정을 드러내서는 안 된다. ( )
- 결코 실수를 해서는 안 돼. ( )
- 완벽하게 하지 않으면 뭔가 잘못될 거야. ( )

## 4. 사회적 자기

- 나는 남들에게 좋은 인상을 주지 못한다. ( )
- 다른 사람들은 나를 사교성이 부족하고 바보 같은 사람이라고 생각할 것이다. ( )
- 나는 사회적 상황에서 제대로 처신하지 못하는 바보이다. ( )
- 나는 대인관계에서 무능한 사람이다. ( )

5. 타인으로부터의 인정과 평가

- 나는 항상 타인에게 인정받아야만 해. ( )
- 다른 사람들에게 좋은 인상을 주어야 인정받을 것이다. ( )
- 다른 사람들이 나에 대해 어떻게 생각하느냐가 나에게는 매우 중요하다. ( )
- 남들로부터 인정을 받는다는 것이 나에게는 매우 중요하다. ( )
- 다른 사람이 나를 싫어한다면, 나는 견딜 수 없다. ( )
- 나는 타인에게 완벽하게 보여야만 해. ( )
- 나는 다른 사람의 관심을 얻기 위해 항상 완벽해야 한다. ( )

6. 대인관계

- 모든 사람은 공격적이고 비판적이다. ( )
- 사람들이란 다 알고 보면 남의 말 하기 좋아하고 상대방에게 진정한 관심이 없으며 거부적인 속성이 있다. ( )
- 내 자신의 모습, 특히 결점이나 허점을 남들에게 있는 그대로 보여서는 안 된다. ( )
- 사람들은 상대방이 허점을 보이면 그것이 어떤 허점이든 그 사람을 멀리할 것이다. ( )
- 다른 사람들과 같이 있을 때 그들을 즐겁게 하는 책임은 주로 나에게 있다. ( )
- 도움을 요청하는 건 내가 약하다는 것을 의미해. ( )
- 스스로 즐기기 위해 다른 사람은 필요하지 않아. ( )
- 어른은 완전해야 한다. ( )

7. 기타

- 내 모습을 바꿀 수 없다. ( )
- 내가 좋아지면 나의 창의성을 잃게 될 것이다. ( )
- 세상은 공평해야 해. ( )
- 세상은 믿을 만한 곳이 아니야. ( )

## • 실습 나의 핵심 믿음 리스트

여러분이 가진 믿음에 해당된다고 생각하는 것들을 그 영향력에 따라 모두 적어 보세요!

1.

2.

3.

4.

5.

6.

7.

8.

9.

10.

## • 실습 불쾌한 감정 발생에 영향을 준 핵심 믿음 찾아내기

아마도 수많은 생각이 여러분에게도 해당하는 것을 경험했을 것입니다. 그렇다면 이제 여러분이 자극에 반응하여 떠올리는 사고와 감정에 이러한 핵심 믿음이 어떻게 영향을 끼치는지 알아봅시다. 처음에는 잘 찾아내기 어려울 것입니다. 여기에서는 핵심 믿음을 구체적으로 접근하지는 않을 것입니다. 연습 삼아서 여러분이 경험한 감정 경험을 적어 보고, 여기에 영향을 끼쳤을 법한 핵심 믿음을 찾아보기 바랍니다.

### 상황

어떤 상황이었습니까?

..........

..........

..........

### 감정

그때 느낀 감정은 무엇이었습니까? 그 감정을 얼마나 강렬하게 느꼈나요?

..........

..........

..........

### 자동적 사고

그런 감정을 느끼는 순간, 어떤 생각이 스치고 지나갔습니까?

..........

..........

..........

### 핵심 믿음

그런 생각이 떠오르는 데 영향을 끼친 핵심 믿음은 무엇입니까?

..........

..........

..........

### 불쾌한 감정을 유발하는 핵심 믿음에 도전하기

불쾌한 감정을 유발하는 핵심 믿음은 공통적으로 미성숙한 사고의 특징이 있습니다. 전반적이고 절대적이며, 불변적이고 불가역적이며 성격적인 진단을 내립니다. 그렇다면 주요한 핵심 믿음을 통해 그런 믿음이 타당하고 현실적이며, 도움이 되는지 살펴보겠습니다.

• **다른 사람들은 나를 거절할 거야**

과연 모든 사람이 거절할까요? 그렇지는 않을 것입니다. 또한 사람이 사람을 거절한다는 것은 타당하지 않은 얘기입니다. 우리가 거절했다고 생각되는 상황을 떠올려 보십시오. 잘 들여다보면 여러분 자체를 거절하는 것이 아니라, 여러분의 특정 행동을 수용하지 못하는 것일 뿐입니다. 다른 사람들이 나를 거절할 거라는 생각을 계속 하고 있으면, 오히려 여러분 자신의 행동이 부자연스러워 상대방으로 하여금 자신을 싫어하는 것은 아닐까 하는 인상을 줄 수 있습니다. 호의적이지 않은 것처럼 비춰져서 상대방으로 하여금 더욱 멀어지게 할 것입니다.

• **비난을 한다는 것은 나를 거부하는 것이다**

어떤 경우에서는 지적할 수 있습니다. 그런데 지적에 대해 '저 사람은 나를 거부하기 때문에 비난하는 거야.'라고 생각하면, 자신에게 도움이 될 수 있는 지적임에도 불구하고 이는 받아들이지 못하고 거부했다는 생각에만 집착하며 힘들 수 있습니다.

• **나는 항상 다른 사람들을 즐겁게 해야 한다**

주변에 보면 굉장히 재미있는 사람들이 있습니다. 그들과 가끔 얘기를 나누다 보면, '항상 다른 사람들을 즐겁게 해야 한다.'라는 생각을 하는 경우를 봅니다. 그래서 다른 사람들과 함께 있을 때 분위기가 처져 있으면 스스로 불편해하며 자꾸 재미있는 이야기를 던지거나 유쾌한 분위기를 만들려고 노력합니다. 하지만 어느 누구도 누군가를 즐겁게 할 의무는 없습니다. 이런 노력이 다른 사람들에게 긍정적으로 비춰질 수도 있지만, '왜 저렇게 부담스럽게 웃기려고 하고 유쾌한 쪽으로 얘기를 하려 하지?'라는 생각이 들어 부담스럽고 불편해할 수도 있습니다. 모든 상황에서 항상 웃기를 원하지는 않으니까요.

• **아무도 나를 이해하지 못할 거야**

어떤 사람은 나를 이해하고 어떤 사람은 나를 이해하지 못할 수도 있습니다. 그런데 아무도 나를 이해하지 못할 것이라는 생각을 하면, 모든 사람에게 마음을 열지 않게 될 것이므로 소통할 기회를 놓치게 됩니다. 그러다 보면 자신과 잘 맞고 자신을 이해해 줄 수 있는 사람이 눈앞에 있음에도 놓치게 될 뿐 아니라, 결국 다른 사람들의 공감을 얻지 못함으로써 여전히 어느 누구의 이해도 받지 못한 채 외롭게 생활하게 될지 모릅니다.

• **다른 사람들만큼 잘하지 못하면 열등한 거야**

과연 그럴까요? 어떤 측면에서는 다른 사람들보다 잘하는 것이 있고, 어떤 면에서는 다른 사람이 더 잘하는 것이 있을 것입니다. 그런데 모든 면에서 최고가 되려고 한다면 불필요한 열등감을 자꾸 느끼게 될 것입니다. 열등감이 커지면 비관적이고 부정적인 방식으로 생각하고 행동하게 되므로, 오히려 다른 사람들에게 긍정적으로 성취하는 모습을 잘 보이지 못할 것입니다.

• **만일 실수한다면, 나는 실패할 것이다**

우리는 살면서 무수히 많은 실수를 합니다. 그런데 그 작은 실수에도 실패라고 생각한다면 쉽게 절망감을 느끼고 불쾌해질 것입니다. 또한 실수를 통해 성장합니다. 실수를 하지 않았다면 다르게 행동하는 것에 대해 몰랐을 것이고, 그렇게 행동했을 때 어떤 결과가 나올지 경험하지 못했을 것입니다. 실수를 했기 때문에, 다른 사람의 실수를 이해하고 관대해질 수 있으며 공감할 수 있습니다.

• **내 문제를 해결할 수 있는 유일한 사람은 나 자신이다**

자신의 문제로 힘들어하면서도 상담소의 문을 두드리지 못하는 사람들이 많습니다. 그들 중에서는 이런 핵심 믿음을 가진 사람이 적지 않습니다. 결국 문제를 해결해 가는 사람은 자신이지만, 다른 사람들과의 대화는 문제를 해결할 수 있도록 안내해 줄 수 있습니다. 대화를 통해 자신이 생각하지 못했던 측면을 깨닫게 될 수도 있으며, 알고 있지만 실천하지 못하고 있던 해결 방안을 시도할 용기를 얻기도 합니다. 또한 자신이 아닌 주변 사람의 힘으로 의외로 쉽게 해결되는 문제도 있습니다. 혼자서 자신의 문제를 계속 생각하다 보면, 고인 물이 썩듯이 그 이상으로 진전하지 못한 채 제자리에 머물 뿐입니다.

**• 나는 항상 통제력이 있어야 한다**

완벽주의적인 사람들 중 이런 생각을 하는 사람이 많습니다. 그런데 과연 세상에 내 뜻대로 될 수 있는 게 얼마나 될까요? 별로 없지 않을까 싶습니다. 그런데도 과도한 통제력을 기대한다면, 쉽게 좌절을 맛볼 것이고 절망하고 낙담하며 불필요한 불쾌한 감정에 휩싸이게 될 것입니다.

**• 나는 대인관계에서 무능한 사람이다**

어떤 대인관계에서는 비교적 수월하게 관계를 잘 맺기도 하고, 어떤 관계에서는 불편하고 당황스러워하며 어려움을 겪을 수 있습니다. 그런데도 모든 대인관계에서 무능하다는 생각을 한다면, 자신감을 잃게 될 것입니다. 따라서 다른 사람에게 위축되고 자신 없는 모습을 보임으로써 좋은 인상을 주지 못할 것이며, 상대방의 부정적인 반응에 더욱 자신감을 잃고 말 것입니다.

**• 나는 타인에게 완벽하게 보여야만 한다**

여러분! 혹시 불쾌해지고 싶으신가요? 그렇다면 자주 쉽게 불쾌해질 수 있는 방법을 알려 드리겠습니다. 그것은 바로 완벽주의를 가지라는 것입니다. 완벽주의만큼 쉽게 불쾌해질 수 있는 것은 없을 것입니다. 완벽이란 사람의 관념에서 나온 것이지 현실에는 존재하지 않습니다. 과연 완벽한 사람이 있을까요? 완벽한 아내가 있을까요? 완벽한 글이 있을까요? 세상은 불완전할 뿐입니다. 불완전한 세상에서 완벽을 좇는다면, 결국 마주하는 것은 불완전한 결과일 것이므로 완벽하지 않은 것에 대해 자꾸 화가 나고 불안해질 것이며 불쾌해질 것입니다. 그렇다고 대충하라는 것은 아닙니다. 다만, 완벽은 존재하지 않는다는 것을 인정하길 바랄 뿐입니다.

## IV-2. 합리적이고 적응적인 사고로 대체한다

### 부정적인 자동적 사고에 도전한다

이제 우리는 불쾌한 감정을 직접 유발하는 인지가 부정적인 자동적 사고임을 알았습니다. 그렇다면 그러한 사고에 대해 살펴볼 필요가 있습니다. 부정적인 자동적 사고에 도전하는 방법은 일련의 소크라테스식 질문을 통해 여러분의 자동적 사고가 현실적으로 타당한가를 평가하고 좀 더 타당하고 현실적인 생각을 하도록 하는 것입니다. 즉, 부정적인 자동적 사고를 타당성, 현실성, 효과성 차원에서 검증하는 작업입니다. 만약 타당하지 않다면, 현실적이지 않다면, 효과적이지 않다면 다르게 생각할 수는 없는지 살펴볼 수 있습니다.

#### 부정적인 자동적 사고에 도전하는 질문

**• 그렇게 생각하는 근거는 무엇인가**

당신이 그렇게 생각하는 현실적인 근거는 무엇입니까? 혹시 생각과 현실을 혼동하고 있지 않습니까? 다른 사람들도 당신의 생각이 옳다고 생각할까요? 당신이 제시한 근거가 그렇게 생각하는 정당한 이유가 될 수 있을까요?

**• 내가 하는 생각이 효과적일까**

당신이 원하는 것은 무엇입니까? 그렇게 생각하는 것이 당신이 원하는 것을 얻는 데 효과적일까요? 현재 당신이 생각하는 방식은 당신의 목표를 성취하도록 돕습니까 아니면 방해합니까?

- **내가 하는 생각에 인지적 오류가 있지는 않나**

자극이나 상황에 대해 그렇게 생각하는 것에 인지적 오류가 작용하지는 않았나요? 만약 인지적 오류가 작용했다면, 그것을 달리 생각해볼 수 있습니다.

- **달리 설명할 수는 없을까**

당신이 생각하는 결론이 유일한 것일까요? 다른 사람이라면 이 상황을 어떻게 바라볼까요? 달리 생각해 볼 수는 없을까요? 다른 사람이 동일한 생각을 당신에게 말했을 때, 당신은 그 생각을 어떻게 생각할까요?

## • 실습 자동적 사고에 도전하기

다음 상황에서 떠오른 자동적 사고에 도전해 보기 바랍니다.

### 상황

프로그램에 참여하는데 과제를 하지 않았다.

### 감정(강도)

수치심(70)

### 스치는 생각(자동적 사고)

나는 끈기가 없다.

### 인지적 오류

과잉일반화: 과제를 해오지 않은 한두 번의 사건으로 '나는 끈기가 없다'고 일반화하여 생각했다.

### 자동적 사고에 도전하기

그렇게 생각하는 것이 타당합니까? 달리 설명할 수는 없을까요?

..............................................................................................................

..............................................................................................................

..............................................................................................................

..............................................................................................................

예 항상 과제를 해오지 않는 것은 아니다. 또한 과제를 해오지 않았다고 해서 내가 모든 일에 끈기가 없다고 결론 내릴 수는 없다.

## ● 실습 당신의 불쾌한 감정을 유발한 자동적 사고에 도전하기

### 상황

어떤 상황이었습니까?

.......................................................................................................

.......................................................................................................

### 감정

그때 느낀 감정은 무엇이었습니까? 그 감정을 얼마나 강렬하게 느꼈나요?

.......................................................................................................

.......................................................................................................

### 자동적 사고

그런 감정을 느끼는 순간 어떤 생각이 스치고 지나갔습니까?

.......................................................................................................

.......................................................................................................

.......................................................................................................

### 인지적 오류

그런 생각이 떠오르는 데 작용한 인지적 오류는 무엇입니까?

.......................................................................................................

.......................................................................................................

.......................................................................................................

### 자동적 사고에 도전하기

그렇게 생각하는 것이 타당합니까? 당신에게 도움이 됩니까?

.......................................................................................................

.......................................................................................................

.......................................................................................................

# 자동적 사고 도전 기록지

| 날짜 (요일) | 상황 | 감정 (강도 %) | 자동적 사고 (확신의 정도 %) | 인지적 오류 | 자동적 사고에 도전하기 |
|---|---|---|---|---|---|
| 5/13(금) | 수업 게시판에 내가 쓴 글에 비판조의 댓글이 달렸다. | 불안(70) | 그 사람과의 관계가 껄끄러워진 거다.(80) | 개인화: 내게 기분이 나빠서 그런 행동을 했을 것이다. | 비판적으로 글을 썼다고 해서 나를 싫어한다고 말할 수 있을까? 내가 싫어서 그런 행동을 했다는 증거가 충분한가?<br>댓글 하나로 과연 관계가 끝장나는가? |
| | | | | | |
| | | | | | |

## 대안적 사고를 찾는다

부정적인 자동적 사고의 타당성과 효율성을 평가하여 좀 더 현실적이고 긍정적인 대안적 사고를 찾아서 대체한다면, 자동적 사고로 인해 발생한 감정도 변화시킬 수 있을 것입니다. 즉, 부정적 사고에는 불쾌한 감정이, 긍정적인 사고에는 유쾌한 감정이 발생합니다. 따라서 대안적 사고를 찾는 연습을 통해 불쾌한 감정을 감소할 수 있습니다.

### 대안적 사고의 특징

도움이 되는 대안적인 생각은 장황하지 않습니다. 짧고 간결합니다. 추상적이지 않고 현실적입니다. 다른 사람이 아닌 당신 자신에 의해 개발된 것입니다. 다른 사람에게는 그 생각이 도움이 될지라도, 당신에게는 그렇게 생각하는 것이 별로 와 닿지가 않고 도움이 안 될 수도 있으니까요. 또한 좋은 대안적인 생각은 부정적인 자동적 사고에 도전하는 데 효과적입니다.

### 대안적 사고를 찾아내는 질문

그런데 생각보다 대안적인 생각을 찾아내는 것은 그리 쉬운 일이 아닙니다. 사람들은 자신의 핵심 믿음에 영향을 받으며 평소에 해 왔던 대로 인지적 오류를 범할 것이고, 부정적인 방향으로 자동적 사고를 할 것입니다. 따라서 반복적인 연습을 통해 대안적인 생각을 하는 습관을 길러야 합니다. 대안적 사고를 찾아내는 데 도움이 되는 질문들은 다음과 같습니다.

1. 이 상황에서 어떤 다른 생각이 가능한가?
2. 어떤 생각이 좀 더 객관적인 생각인가?
3. 어떤 생각이 좀 더 논리적으로 올바른 생각인가?
4. 다른 사람은 이 상황에서 어떻게 생각할까?

5. 어떻게 생각하는 것이 나의 목표를 이루는 데 도움이 될까?
6. 어떻게 생각하는 것이 나에게 이로울까?

대안적 생각을 찾아내는 데 가장 도움이 되는 두 가지 방법을 추천하고 싶습니다. 다음과 같이 생각해 보십시오.

첫째, 친구가 그런 생각을 한다면 당신은 어떻게 조언을 해 줄까요?

여러분이 아닌 다른 친구가 힘들다고 고민을 털어놓을 때, 당신이 조언을 해 준다고 상상해 보십시오. 사람들은 자신의 생각에는 대안적인 생각을 잘 떠올리지 못하지만, 친구의 부정적인 생각에는 도움이 되는 대안적인 생각을 잘 떠올립니다. 그러니 당신과 동일한 생각을 하고 있는 친구가 있다고 가정하고, 그 친구의 생각에 어떻게 조언을 해 줄 수 있을지 생각해 보십시오.

둘째, 과연 당신이 원하는 바를 이루는 데 어떻게 생각하는 것이 도움이 될까요?

우리 모두 바라는 것이 있습니다. 과연 어떻게 생각하는 것이 당신이 원하는 것을 얻는 데, 그리고 당신의 삶에 유용한지 생각해 보십시오.

## ● 실습 대안적 사고 찾아내기 1[37]

### 상황

당신은 친구들과의 술자리에서 대화에 잘 참여하지 못하고 소외감을 느끼고 있습니다.

부정적 사고 1: 나는 대화에서 관심을 끌 만한 이야기를 하지 못할 만큼 아는 게 없다.

➲ 대안적 사고

..................................................

..................................................

..................................................

..................................................

예 그날 화제는 나에게 익숙하지 않은 주제였다. 내가 모든 면에서 아는 게 부족한 것은 아니다. 말을 많이 한다고 아는 게 많은 것은 아니듯이, 말이 없다고 아는 게 없는 것은 아니다.

부정적 사고 2: 나는 친구들에게 인기가 없다.

➲ 대안적 사고

..................................................

..................................................

..................................................

..................................................

예 화제를 잘 아는 사람들에게 말을 걸게 된 것이지, 내가 특별히 인기가 없기 때문은 아니다. 사실 그날 몇 사람만이 화제를 주도하고 나머지 사람들은 주로 듣는 편이었다. 사람들은 오히려 잘 들어주는 사람을 좋아한다.

37 여기에 제시한 예들은 주리애, 이지영, 설순호가 2003년에 제작한 「불안의 집단 인지 행동 치료」 미출판 워크북에서 인용하였습니다.

부정적 사고 3: 말도 하지 않는 나를 이상한 놈이라고 생각할 거다.

➲ 대안적 사고

........................................................................................................................................

........................................................................................................................................

........................................................................................................................................

........................................................................................................................................

예 말을 적게 했다고 이상한 놈이라고 보지는 않는다. 나 외에도 그날 거의 말을 하지 않은 사람이 여럿 있었다. 사실 사람들은 자기 말하는 것에 바쁘지, 남들을 유심히 살펴보지는 않는다.

부정적 사고 4: 앞으로 따돌림을 당할지도 모른다.

➲ 대안적 사고

........................................................................................................................................

........................................................................................................................................

........................................................................................................................................

........................................................................................................................................

예 그날 말을 하지 않은 사람은 나뿐만이 아니다. 사람을 따돌릴 만큼 나쁜 애들도 아니다. 또한 사람들은 조용히 자신의 이야기를 잘 들어주는 사람을 좋아하곤 한다.

## ● 실습 대안적 사고 찾아내기 2

다음 상황에서 떠오른 자동적 사고에 도전해 보기 바랍니다.

### 상황

엠티에서 한 명씩 노래를 부르는 상황인데, 내 차례에서 가사를 조금 잊어버리고 음정도 틀렸다.

### 감정(강도)

창피함(60)

### 스치는 생각(자동적 사고)

다른 사람들이 나를 우습게 볼 것이다.

### 인지적 오류

재앙화: 노래를 잘 부르지 못해서 사람들이 나를 우습게 볼 것이라는 파국적인 상황까지 예상하였다.

### 대안적 사고 찾아내기

달리 어떻게 생각할 수 있을까요? 친구가 그런 생각을 한다면 뭐라고 말해 주겠습니까?

..........................................................................................

..........................................................................................

..........................................................................................

..........................................................................................

..........................................................................................

예 모두 흥겹게 노느라 내가 가사를 틀리거나 실수한 것은 잘 알아차리지도 못할 것이다. 또한 모두가 노래를 잘 부르는 것은 아니다. 노래를 못 부르는 것이 창피한 일은 아니다. 노래를 부르다 조금 틀렸다고 해서 그것을 우습게 여기지는 않을 것이다.

## • 실습 대안적 사고 찾아내기 3

### 상황

어떤 상황이었습니까?

### 감정

그때 느낀 감정은 무엇이었습니까? 그 감정을 얼마나 강렬하게 느꼈나요?

### 자동적 사고

그런 감정을 느끼는 순간 어떤 생각이 스치고 지나갔습니까?

### 인지적 오류

그런 생각이 떠오르는 데 작용한 인지적 오류는 무엇입니까?

### 대안적 사고 찾아내기

달리 어떻게 생각할 수 있을까요? 친구가 그런 생각을 한다면 뭐라고 말해 주겠습니까?

실습지 9

## 대안적 사고 기록지

| 날짜 (요일) | 상황 | 감정 (강도 %) | 자동적 사고 (확신의 정도 %) | 인지적 오류 | 대안적 사고 | 결과 감정 (강도 %)* |
|---|---|---|---|---|---|---|
| 9/11(일) | 내가 말하는데 후배가 시비를 거는 듯한 태도를 보였다. | 화남(90) | 나를 무시하는 거야. 나를 우습게 보는구나. 내가 만만해 보이나? | 개인화: 시비 거는 듯한 태도를 보이는 것은 나에게 기분이 나빠서 그런 거야. | 사실 그의 말투가 원래 그래서 다른 사람들도 상처를 받곤 한다. 그러니 꼭 나한테 무슨 악감정이 있는 것은 아닐 것이다. | 안정됨(50) |
| | | | | | | |
| | | | | | | |

* 대안적 사고 작업에 따라 감정 변화를 체크합니다. 어떤 감정이 들었습니까? 그 감정은 얼마나 강렬합니까?

## 처한 문제나 상황에는 문제해결 행동 취하기

주님, 제가 변경할 수 없는 것은
그것을 받아들일 수 있는 평화로운 마음을 주옵시고,
제가 변화할 수 있는 일을 위해서는
그것에 도전하는 용기를 주옵시고,
또한 그 둘을 구별할 수 있는 지혜를 내려 주옵소서.

— 성 프란체스코의 기도문 중

### 상황이나 문제는 해결을 vs 감정은 해소 및 이해를 통해 소화를

처한 상황이나 문제는 해결하려는 노력을 취하고, 발생한 감정은 해소와 이해를 통해 소화하는 노력을 취해야 합니다. 이 두 가지 정서 조절 개입은 별개로 이루어져야 합니다. 상황이나 문제를 해결하지 못하더라도, 감정을 해소할 수 있습니다. 감정을 해소하고 이해하여 소화시켰다고 하더라도, 상황이나 문제를 해결하지 않는다면 다시 불쾌한 감정이 발생할 수 있습니다. 따라서 가능한 감정을 다루는 조절 방법과 문제를 해결하는 방법을 함께 사용해야 합니다.

감정이 고양되어 있을 때는 사고가 억제되기 때문에 해결을 위해 사고가 활성화되지 못할 수 있습니다. 따라서 먼저 고양된 감정 경험을 소화하는 작업을 한 다음, 사고가 활성화되었을 때 해결을 위한 정서 조절 방법을 사용하는 것이 효과적입니다.

앞서 우리는 정서를 소화시키는 정서 조절 방법을 사용하였습니다. 정서 조절 단계를 통해 접근적인 체험적 방법인 정서 해소와 접근적인 인지적 방법인 정서 이해를 통해 감정을 소화하는 조절 노력을 취했습니다. 설령 처한 상황이나 문제를 해결할 수 있다고 하더라도, 발생한 감정에 대해 정서 조절 단계를 밟는 것이 필요합니다. 그 이유는 살면서 경험하는 수많은 불쾌한 사건 중 직접 상황이나 상대방에게 개입하여 깔끔하게 해결될 수 있는 경우가 그리 많지 않기 때문입니다. 그러나 처한 상황이나 문제를 해결할 수는 없더라도, 느낀 감정을 해소하여 조절할 수는 있습니다. 따라서 내 마음부터 다스려야 할 때가 더욱 많은 것이지요. 또한 상대방에게 직접 "그러면 내가 너무 기분 나쁘잖아. 그렇게 하지 말아 줘."라고 소리치고 화를 내고 싶지만, 그러기 쉽지 않고 오히려 상황만 더 꼬이기 쉽습니다. 그리고 그렇게 호소한다고 한들, 문제를 해결한다고 한들 이미 받은 상처나 불쾌감은 사라지지 않습니다. 그래서 내 감정을 스스로 들여다보고 표현하고 해소하여 풀어내야 합니다.

## 상황이나 문제를 해결할 수 있다면 행동을 취해서 해결하라

불쾌한 감정을 경험하고 있을 때, 감정을 유발하는 상황이나 문제를 해결하여 끝내면 불쾌한 감정 또한 신속하고 효과적으로 감소시킬 수 있습니다. 문제해결 행동 취하기는 바로 문제 자체에 접근하여 그 문제를 해결할 수 있는 방안을 적극적으로 취하는 것입니다. 처한 상황이나 문제를 나은 방향으로 해결할 수 있도록 차근차근 행동을 취합니다.

시험이 다가와서 불안하다면, 주어진 시간 안에 효과적으로 공부할 수 있도록 계획해서 그대로 실천합니다. 사람들 앞에서 발표를 해야 하는 상황이어서 불안하다면, 발표 내용을 준비하고 미리 발표 연습을 해 봅니다. 남자친구의 행동에 서운한데 그것을 알지 못하여 서로 멀어지고 있고 그래서 힘들다면, 남자친구에게 무엇이 서운했는지 직접 얘기하고 자신이 원하는 것을 표현합니다. 평소 먹지 못하는 음식을 자신에게 묻지도 않고 동일하게 주문한다면, 자신은 먹지 못하므로 다른 음식을 주문하겠다고 양해를 구합니다.

## 문제해결행동을 취하는 방법

상황이나 문제를 해결하기 위해서 다음의 순서를 따라 보기 바랍니다.

**• 첫째, 문제를 정의한다**

당신을 힘들고 고통스럽게 하는 상황이나 문제가 무엇인지 확인합니다. 당신의 마음에 걸리는 문제들을 모두 적어 보십시오. 그리고 한 가지씩 정해서, 각각에 대해 해결하는 방법을 찾아봅니다. 당신의 불쾌한 감정을 유발하는 가장 급하고 중요한 문제부터 시작합니다.

문제를 선택했다면, 그 문제가 구체적으로 무엇인지 살펴보십시오. 가능한 명확하고 분명하게 정의하는 것이 효과적입니다. 예를 들면, 연아는 관심이 있는 친구인 서연이가 자신에게 별 관심이 없고 가까워지지 않는 것이 아쉽고 속상합니다.

• 둘째, 목표를 정한다

문제와 관련해서 당신이 무엇을 바라는지 목표를 구체적이고 분명하게 정하십시오. 불쾌한 감정을 유발하는 상황이나 문제와 관련해서, 당신이 원하는 것은 무엇입니까? 무엇을 진정으로 바라는지 생각해 보십시오. 연아가 진정으로 바라는 것은 서연이와 친해지는 것입니다.

• 셋째, 현재 상황을 진단한다

목표를 달성하기 위해 현재 상황이 어떠한지 확인합니다. 목표에 대해 당신이 무엇을 하고 있는지 확인합니다. 연아는 서연이와 친해지는 목표를 위해 서연이의 주변을 맴돌 뿐입니다. 말을 먼저 걸어 본 적도 없고, 같이 무엇인가를 하자고 제안한 적도 없습니다.

현재 하고 있는 행동이 목표를 이루는 데 도움이 되는지를 평가합니다. 연아가 현재 하고 있는 행동은 목표를 이루는 데 별 도움이 되지 않습니다.

• 넷째, 이용가능한 자원을 확인한다

목표를 달성하기 위해 이용가능한 자원이 무엇이 있는지 확인합니다. 목표를 이루는 데 도움이 될 만한 당신이 가지고 있는 장점들이 무엇인지 살펴보십시오. 성격 뿐 아니라, 상황적 요인과 외부적 요인 모두 자원이 될 수 있으니 찾아봅니다. 연아는 성격적으로 내성적이기는 하지만, 다른 사람의 이야기를 잘 들어줍니다. 또한 상대방을 배려하고 이해하려는 태도를 가지고 있습니다. 상황적 요인으로는 연아와 서연이가 같은 수업을 듣습니다.

• 다섯째, 대안을 모색하고 선택한다.

목표를 달성할 수 있는 방법들을 구체적으로 찾아봅니다. 그리고 각 방법들에 대해 장점과 단점이 무엇인지 검토해 보십시오. 먼저 연아는 같이 듣는 수업 시간을 활용하여, 옆자리에 앉거나 근처에 앉는 방법을 생각합니다. 서연이에게 말을 걸고 이야기를 조용히 들어주는 방법도 있습니다. 서연이에게 수업 전이나 수업 끝나고 같이 식사를 하자고 제안해 보는 것도 방법입니다. 이 방법들 가운데 식사를 같이 하는 것은 내성적인 연아에게는 지금으로서는 시도하기 어려운 방법입니다. 그보다는 첫 번째와 두 번째 방법은 시도할 수 있을 것 같습니다.

• 여섯째, 실행 계획을 세운다

앞서 목표를 이루기 위해 무엇을 할 것인지 결정했다면, 그 행동을 언제 어떻게 시작할 것인지 구체적인 계획을 세웁니다. 이때 가능한 구체적으로 계획하십시오. 또한 목표를 달성하고 있는지 확인할 수 있도록 체크리스트를 만들어 보고, 실행할 때마다 체크해 보기 바랍니다.

연아는 먼저 수업이 있는 내일 첫 번째 방법을 시도해 보기로 합니다. 이번주는 서연이가 앉는 자리 근처에 앉기로 합니다. 그리고 서연이에게 먼저 말을 걸기로 합니다. 말을 거는 주제는 이번 과제를 어떻게 하고 있는지 묻기로 합니다. 자신도 과제를 하려고 하는데 어려워서 고민이라고 말합니다. 한 주 정도는 이 방법을 실행하고, 다음 주에는 옆 자리에 앉는 시도를 해보기로 합니다. 그리고 두 번 이상 질문을 하고 이야기를 듣기로 합니다.

• 일곱째, 방해물을 제거한다

목표를 달성하는 행동을 하는 데 방해가 되는 요인이 무엇인지 확인하고 이를 제거하는 방법을 찾습니다. 연아가 이 방법을 시도하는 것을 방해하는 요인 중 하나는 서연이가 수업 시간 다 되어서 온다는 것입니다. 그래서 미리 연아가 와 있다가 근처로 자리를 옮기는 것은 눈에 띌 수 있습니다. 또한 서연이에게는 주변에 친한 친구들이 두 명 있습니다. 연아는 이 어려움에 대해 강의실 근처에 있다가 서연이가 오는 것을 보고 들어가 앉기로 합니다. 친구들과 같이 앉아 있을 때는 그 근처에 용기를 내서 앉기도 합니다. 무엇보다 연아는 내성적이어서 먼저 말을 거는 것이 무척 어렵습니다. 연아는 스스로 용기를 내 보기로 합니다. 그리고 집에서 질문을 소리 내어 연습해 보기로 합니다.

• **여덟째, 문제해결행동의 실천을 격려한다**

무엇보다 당신이 계획한 문제해결행동을 실행할 수 있도록 다양한 방법을 사용하여 격려합니다. 주변에 당신의 실행을 지지하고 격려해줄 사람이 있는지 찾아서 지지와 격려를 부탁합니다. 또는 당신의 계획을 이야기하고 당신에게 실천하고 있는지 확인하도록 요청합니다. 전화나 메신저 등 다양한 방법을 통해 확인해줄 것을 요청하십시오. 연아는 엄마나 가족, 친한 친구에게 이러한 실천 계획을 얘기하고 지키기 다짐하기로 합니다. 그리고 매일 실행하고 있는 자신에게 격려하는 말을 하십시오. "잘하고 있어.", "괜찮아.", "그냥 하는 거야.", "지금 시작하면 돼."라고 말해 보세요.

---

## 문제해결 행동을 취할 필요가 있는 상황에서도 취하지 않는 경우가 많다

문제해결 행동을 취할 수 있다면 취하는 것이 효과적입니다. 불쾌한 감정을 유발한 사건이나 상황을 개입하여 효과적으로 해결할 수 있다면, 당연히 그렇게 하는 것이 현명한 정서 조절 방법일 것입니다. 그러나 많은 사람이 알면서도 실행하는 것을 어려워하곤 합니다. 여기에서는 행동을 취할 수 있음에도 취하지 않거나 취할 수 없는 사람들에 대해 얘기하고자 합니다.

### 하지 않는 것

아무것도 하지 않은 채, 계속 걱정하고 회피하며 살아가는 사람이 많습니다. 여러분의 주변에 혹시 그런 사람 한두 명쯤은 쉽게 떠오르지 않습니까? 대부분의 사람은 자신이 현재 당면한 문제를 해결하기 위해서 무엇을 해야 하는지, 어떤 행동을 취하는 것이 필요한지 대충 짐작은 합니다. 하지만 일부 사람들은 이를 하지 않은 채 시간만 보내곤 합니다. 그러다 보면 결국 상황은 더욱 악화되고 수습하기 어려워집니다. 하지 않는 것. 이처럼 아무것도 하지 않는 것은 오히려 불쾌한 감정을 더욱 증폭할 뿐입니다. 지금 당장 무엇인가를 해야 하는데 하지 않는 것은 더욱 불안하게 만들 뿐이죠.

이들은 아무것도 하지 않은 채 다음과 같은 생각을 합니다. '내일 시험인데, 어떡하지? 자꾸 시간만 가네.', '내가 발표를 잘할 수 있을까? 준비한 게 없는데, 두렵다.', '나이만 먹고 한 게 없다. 난 왜 이렇게 살지?' 걱정만 계속 하고 주변 사람들에게 두려움을 하소연할 뿐입니다. 옆에서 보면 안타깝지요. 그냥 하면 되는데. 아무것도 하지 않은 채 미래에 대해 걱정하면서 불안해하고 과거에 대해 후회만 하는 것은 아무런 도움이 되지 않습니다.

## 하는 것

대부분 상황에서 필요한 것은 직접 하는 것doing일 겁니다. 이것을 알면서도 너무 불안해서, 후회하는 마음에 압도되어서 어려워지는 경우가 많습니다. '저 많은 것을 언제 다 하지?'하면서 막막함과 두려움에 아무것도 하지 않는 것은 결국 해야 하는 시기를 늦출 뿐입니다. 조금씩 하다 보면 하려고 했던 것에 가까워지고, 기대했던 것만큼은 아니어도 무엇인가를 해 놓게 되는 것입니다. 즉, 방법은 걱정, 불안, 후회를 뒤로 한 채 그저 필요한 것을 하는 것입니다. 불안과 두려움을 견디면서 시험 때는 시험공부를 하고, 과제물을 하고, 자료를 찾는 것입니다. 모든 결과물도 단번에 바로 나오는 것이 아니라, 작은 한 걸음에서부터 시작하여 그것에 뼈대를 세우고 살을 만들고 세부적인 사항을 다듬어서 만들어진 것일 테니까요. 이집트의 피라미드도 그렇게 해서 세워졌고, 중국의 만리장성도 매일같이 하나씩 하나씩 쌓아 올린 돌이 축적되어 만들어진 결과물입니다.

정서 조절에 필요한 효과적인 방법은 처한 상황이나 문제를 나은 방향으로 해결할 수 있도록 차근차근 행동하는 것입니다. 그렇다면 왜 사람들은 하지 않는 것일까요?

## 완벽주의와 하지 않는 것

알면서도 하지 않는 것은 완벽주의가 중요한 영향을 끼치기도 합니다. 완벽주의를 추구하는 사람은 다음과 같은 생각을 합니다.

"최고가 되지 못할 바에야 안 하는 게 낫다."
"1등이 되지 못할 바에야 아예 하지 않겠다."

주변에서 이런 생각을 하는 이들을 적지 않게 보았습니다. 예전에 상담을 했던 한 내담자는 심한 불안 증상으로 학기 수업을 듣는 것도 어려울 정도로 매우 힘들어했습니다. 그는 자신이 많이 불안하고 힘들어하고 있고, 이대로 계속 가는 것은 학업과 심리적 건강에 위험하다는 것을 알고 있었습니다. 지금 필요한 것은 작은 행동들을 하나씩 취하는 것이고, 그러한 행동들을 통해 충분히 학업 등의 문제가 해결될 수 있다는 것 또한 알고 있었습니다. 그럼에도 불구하고, 그는 무언가를 하는 것이 그 이상으로 어렵다고 말하며 하지 않고 있었습니다. 그는 왜 사소한 행동 하나를 취하는 것이 어려웠을까요? 왜 행동을 취하는 것을 스스로 용납할 수 없었을까요? 그는 자신이 취한 행동의 결과가 완벽하지 못할 것이 두려웠던 것입니다. 그러면서 "완벽한 효과가 있는 방법을 발견하면 그때 하겠다."라며 계속 고집을 피웠습니다.

과연 완벽한 효과가 있는 방법이라는 것이 존재할까요? 설령 누군가 완벽한 방법이라고 주장하더라도, 다른 사람에게는 트집 잡을 만한 문제투성이의 불완전한 것일 수 있습니다. 이처럼 완벽은 인간의 이상세계에 존재하는 것이고, 주관적인 판단에서 명명이 가능할 뿐입니다. 그에게는 완벽이 너무 중요합니다. 그리고 거기에 압도되어 완벽한 것을 스스로 발견하면 하겠다고 주장하면서, 아무것도 하지 않은 채 더욱 안 좋아지는 상황을 보면서 불안만 계속 키웠습니다. 이처럼 완벽주의가 심한 사람은 '뭔가 있을 텐데, 내가 발견하지 못하고 있을 뿐이다.'라고 생각합니다. 그러면서 행동을 취하지 않는 것을 스스로 합리화하며, 그저 아무것도 하지 않은 채 버티고 기다립니다.

모든 완벽주의가 생활에 도움되지 않는 방향으로 작용하는 것은 아닙니다. 완벽주의에는 적응적인 완벽주의와 부적응적인 완벽주의가 있습니다. 적응적인 완벽주의는 개인이 일을 할 때 완벽에 가까워지기 위해 최선을 다하게 하고, 좀 더 정확하고 꼼꼼하게 일을 처리하게 합니다. 반면, 부적응적인 완벽주의는 지나치게 꼼꼼하고 정확하게 일을 처리하려다 보니 사소한 부분이나 일부분에 시간과 에너지를 과도하게 할애하게 합니다. 한정된 시간에 해야 하는 일이 있는데 전체 작업을 다 하지 못하기도 하고, 하다가 완벽한 기준에 도달하지 못할 것만 같아 중간에 포기하기도 합니다. 예를 들어, 완벽주의가 심한 사람은 시험을 보는데 1번 계산 문제에서 막혔을 때, 그 계산 문제를 푸는 데 시간을 할애하느라 나머지 19문제를 읽어보지도 못하고 시험지를 제출하기도 합니다. 따라서 부정적인 결과를 극복하기 위해서는 부적응적인 완벽주의를 버리는 것이 필요합니다.

그 누구도 완벽에 도달할 수는 없습니다. 또한 언제나 최고의 자리에 있거나 1등을 할 수는 없습니다. 완벽은 불가능한 것입니다. 그런데도 완벽과 최고가 되지 못할 것에 대해 두려워하고, 그 결과로 극심한 불안이나 공포를 경험합니다. 극한 공포는 생물학적으로 얼어버리는 행동을 유발합니다. 즉, 아무것도 하지 않게 되는 것입니다. 적어도 하지 않았으면 행동의 결과가 완벽하지 않다는 것을 확인하지 않을 수 있을 테니까요.

이런 사람에게 다음의 얘기를 들려주고 싶습니다.

"세상은 연속선상에서 정도의 차이가 존재할 뿐이다."
"당신이 한 만큼 얻는다."
"이것을 인정하라."
"그 결과를 감사히 받아들여라."
"만족하라."
"기특한 당신을 쓰다듬어 주고 지지해 줘라."

## 완벽주의는 가장 높은 수준의 자기 학대다

– 앤 윌슨 셰프(Anne Wilson Schaef)

그대 얼마나 완벽하기를 원하는가.

완벽하기 위해 얼마나 자신과 타인을 괴롭히는가.

그대는 완벽을 추구하기 전에

가장 먼저 이것을 알아야 한다.

그대는 존재 자체로 완벽하다.

완벽함에서 시작해야 한다.

그리고 모든 일은 80%만 채워지면 된다.

그리고 다음으로 넘어가라.

나머지는 저절로 채워진다.

다만,

그대는 진정 중요한 것에만 초점을 맞춰라.

'꿩 잡는 게 매'다.

http://cafe.naver.com/oneamazinglife/822에서 인용

# 감정을 효과적으로 전달하는 방법

## 화가 나는 것과 화를 내는 것은 별개이다

상담 및 심리 치료, 강의, 정서에 대한 연구를 하면서 많은 사람이 정서에 대해 참으로 많은 오해를 하고 있음을 발견했습니다. 그 오해 중 한 가지는 '화가 나니까 화를 내는 것이지.'라며 화가 나는 것과 화를 내는 것이 마치 같은 것인 양 생각하는 것입니다.

며칠 전 후배의 고민을 들어주면서, 분노라는 감정을 느끼거나 표현하는 것에 많은 어려움을 겪고 있는 것을 보았습니다. 그 이유를 살펴보는 과정에서 다음의 사실을 알았습니다. 편하게 느끼는 아빠와 남자친구에게는 화를 그나마 느낄 수 있는데, 다른 사람들에게는 분명 화가 날 수 있는 상황인데도 화가 나지 않는다는 것입니다. 이때 제가 주목한 것은 후배가 화를 낼 수 있는 사람에 대해서만 화를 느끼는 것을 허용한 점이었습니다.

화가 나는 것과 화를 내는 것은 별개입니다. 모든 사람에게 화가 날 수 있으며, 다만 화를 낼 것이냐는 개인의 선택에 달린 별개의 것이라는 점입니다. 화를 낼 수 없다고 해서 화가 나지 말아야 할 필요는 없습니다. 또한 반대로 화가 난다고 해서 반드시 화를 내는 것은 아니라는 것입니다.

어떤 사람은 화가 나기 때문에 화를 내는 것이라며, 자신의 분노 표출을 정당하게 생각합니다. 이는 굉장히 잘못된 생각이며, 위험한 발상입니다. 화가 나는 감정은 상대의 행동이나 자극에 대해 자신이 평가하는 사고 때문에 발생합니다. 즉, 지하철을 타고 가다가 누군가가 자신의 어깨를 건드렸을 때, '나를 무시하는 거야.', '일부러 치고 간 거야.'와 같이 생각하면 화가 나지만, '사람이 너무 많아서 지나가다 무심코 건들어진 거야.'라고 생각하면 별 감정 없이 지나갈 수 있습니다. 즉, 감정은 상대방이 그러한 감정을 만든 것이 아니라, 상대방이 제공한 자극에 대해 사적인 사고 과정을 통해 형성되기 때문입니다. 물론 경우에 따라서 상대방이 그런 감정이 발생하는 데 상당 부분은 영향을 끼쳤을 수도 있습니다. 또는 작은 빌미를 제공했을 수도 있고, 유발했다고 전혀 볼 수 없는 상황도 있습니다. 어찌되었든 감정을 유발한 자극을 제공한 상대방이 당신의 감정에 대한 100%의 책임이 있지는 않다는 것입니다.

그런데 화를 내는 것은 상대방에게 짜증이나 신경질, 그리고 분노 표출 등의 방식으로 공격하는 것입니다. 따라서 공격을 받은 상대방은 당황스러울 수 있습니다. 또한 실제로 당신이 화가 난 것에 대한 60의 책임이 있는데 당신이 분출하는 화가 90 정도로 지각된다면, 그 정도의 공격을 받을 만하지는 않았다는 생각에 억울함을 느낄 수도 있습니다. 그리고 설령 화가 난 것에 대한 책임이 60 정도라고 하더라도, 상대방은 그렇게 생각하지 않을 가능성이 큽니다.

정서적으로 성숙하다는 것은 감정을 느끼는 것과 그것을 표현하는 것의 차이를 구별할 수 있다는 것도 포함합니다. 즉, 감정을 느끼는 것과 느낀 감정을 어떻게 표현하고 조절하고 전달하느냐는 별개의 문제인 것입니다. 어린아이는 이 차이를 구분하지 못합니다. 그래서 아이는 화가 나면 옆에 있던 장난감을 던지고 엄마를 때리기도 합니다. 이 아이에게 때리는 것을 나무라면, 아이는 당당하게 소리를 지릅니다. "엄마가 화나게 했잖아."라고 말입니다. 아이는 화가 나면 화풀이를 해야 한다고 생각합니다. 그런데 이런 생각이 비단 아이의 것만은 아닙니다. 감정 경험을 충분히 이해할 기회를 갖지 못하고 성장한 성인은 몸만 어른일 뿐, 마음은 아이와 마찬가지로 "나를 화나게 했으니까 난 너에게 화를 낼 것이고 너는 나의 공격을 받을 만해."라고 주장하며 자신의 감정을 주체하지 못하고 상대방에게 화를 내고 맙니다. 제가 알고 있는 한 사람은 감정을 폭발시킨 것에 대해 토로하며 늘 그렇게 얘기했습니다. "화가 나는데 어쩌란 말입니까?" 성인이 되었지만 아직도 정서적으로 성숙하지 못한 채 감정을 느끼는 것과 표현하는 것은 서로 직결되어 있다고 생각하는 것입니다. 폭력적인 남편의 반응 양상과 유사합니다. 때리고 나서는 "당신이 화나게 했잖아."라고 자신의 폭력에 대해 어쩔 수 없는 것이었음을 호소합니다.

## 화가 났음을 전달하는 것과 화를 내는 것은 구분해야 한다

"그렇다면 화가 났을 때 어떻게 해야 하나요?"라고 질문할 것입니다. 여기서 알아야 할 중요한 점은 화가 났음을 전달하는 것과 화를 내는 것은 서로 다르다는 것입니다. 사람은 누구나 그 상황에서 그 자극에 대해 어떤 의미를 부여하며 화가 날 수 있고, 이러한 감정은 "내가 이러이러해서 화가 났다."라고 전달할 때 상대방에게 자신의 감정 변화를 안전하게 알릴 수 있습니다. 반면, 화를 내는 것은 한마디로 상대방을 공격하는 것이고, 또 다른 상처와 그에 따른 보복을 낳습니다. 왜냐하면 상대방은 자신이 그만큼의 공격을 받을 만하다고 지각하지 않을 것이며, 부당하고 억울한 마음이 들 것이기 때문입니다. 또한 억울함은 분노를 일으키며 자신이 받은 상처에 대한 보상을 어떤 방식으로든 받고 싶어 할 테니까요.

## 화를 내지 않아도 당신의 말을 듣게 할 수 있다

"화를 내지 않으면 말을 듣지 않아요."

화를 잘 내는 사람들이 자주 하는 말입니다. "좋은 말로 얘기하면 아이들이 따라오지 않는다.", "화를 내지 않으면 만만하게 보고 일을 빨리 처리해 주지 않는다.", "화를 내야만 무서운 줄 알고 열심히 한다."라고 말입니다. 화를 내면 당신이 원하는 것을 얻을 수 있을지 모릅니다. 그러나 그것은 어디까지나 그 순간뿐이고, 그 순간이 너무 끔찍하고 무서워서입니다. 큰 소리에 놀라고, 놀라는 것이 혐오스럽습니다. 화를 내는 것에 무서움과 두려움을 느낍니다. 따라서 그 순간에서 빨리 벗어나기 위해, 피하기 위해 당신이 하라는 대로 하는 것입니다. 그러나 상대방은 상처를 받습니다. 상처는 흔적을 남기고, 당신에 대한 복수의 날을 세우게 할지 모릅니다. 관계는 손상되고 갈등의 골은 깊어집니다. 따라서 다음에는 당신이 원하는 것을 더욱 하지 않으려 할지 모릅니다.

화를 내어서 상대방을 움직이게 하려는 것은 효과적이지 않을 때가 많습니다. 당신이 화를 내면 상대방도 감정적으로 당신에게 반응하게 됩니다. 왜냐하면 감정이 상했으니까요. 당신이 상대방에게 전하고자 하는 내용은 제대로 전달되지 않습니다. 또한 당신이 화를 내는 상황이 반복되면, 상대방은 당신의 화에 대해 내성이 생깁니다. 이제 당신이 내는 불쾌한 태도에 웬만해서는 반응하지 않습니다. 그러니 당신은 더욱 더 크게 화를 내야겠지요.

상대방에게 상처를 주지 않으면서, 당신에 대한 불편한 감정을 만들지 않으면서, 관계를 손상시키거나 갈등을 만들지 않으면서, 당신이 원하는 것을 상대방이 하게끔 하고 싶습니까? 그렇다면 마음을 전하십시오. 제14장에서는 효과적으로 감정을 전달하는 방법에 대해 연습할 것입니다. 이 방법을 사용하여, 당신의 마음이 어떠하고 당신이 무엇을 원하는지 진심으로 전달해 보십시오. 그 효과를 맛본다면 더는 열을 올리며 화를 내지 않아도 된다는 것을 깨달을 것입니다. 화를 냄으로써 상대방은 물론 당신의 정신 건강과 신체 건강을 손상하지 않아도 될 것입니다.

## 먼저 효과적인 정서 조절 단계를 거쳐라

### 감정을 처리하는 통로와 감정을 전달하는 통로를 구분하라

감정을 전달하기 전에 반드시 효과적인 정서 조절 단계를 거치기 바랍니다. 자신이 전달하고자 하는 바를 효과적으로 전달하기 위해서는 감정을 처리하는 통로와 감정을 전달하는 통로를 이원화해야 합니다. 즉, 먼저 감정을 해소하고 처리한 다음에 감정을 전달하십시오. 그 이유에는 크게 두 가지가 있습니다. 첫째, 감정이 고양된 상태에서는 표현하는 말에 고양된 감정이 묻어나기 때문에, 상대방은 고양된 감정 상태와 태도에 주목하여 정작 전달하고자 하는 메시지에는 주의를 집중하지 못합니다. 둘째, 상대방에게 제대로 전달하기 위해서는 자신의 감정에 대한 이해가 필요합니다. 감정을 유발한 자극이 무엇이었는지, 그 자극을 당신은 어떻게 해석했는지, 그래서 어떤 감정을 느꼈는지 알아야만 당신의 감정을 효과적으로 전달할 수 있습니다.

감정이 고양된 상태에서는 타인을 공격하는 방식으로 감정을 분출할 가능성이 큽니다. 화가 나서 어찌할 바를 모를 때 표현하면, 처음에는 하고자 했던 말 이상으로 상대방에 대한 인신공격도 서슴없이 하면서 심한 말을 하게 됩니다. 그 순간에는 분노를 해소하고자 하는 동기가 커지기 때문에, 상대방을 공격함으로써 상처를 남기고자 하는 충동이 밖으로 빠져나와 힘을 발휘합니다. '어떻게 하면 너를 아프게 할 수 있지?', '내가 화나고 아픈 만큼 너 또한 아파야 해.', '네가 나에게 했던 것을 후회하게 만들 거야.', '다시는 나에게 그러지 못하도록 따끔하게 본 떼를 보여 줘야 해.', '내가 얼마나 처절하게 아파하는지 넌 알아야만 해.', '나 혼자 아프고 말 수는 없어.'라고 말입니다.

이때 상대방은 자신에게 공격을 가하고 있음을 바로 알아차립니다. 모든 사람은 자신을 보호하고자 하는 본능이 있습니다. 따라서 이러다가 자신이 상처받을 것임을 감지하고 날아오는 화살을 피하고 막기 위해서 방패를 들고 최대한 방어적인 태도를 취하게 됩니다. 상대방에게서 날아오는 화살을 피하는 데 급급하다 보면, 상대방이 전달하고자 했던 내용이 무엇인지 들리지 않습니다. 그저 '나를 보호해야 해. 상처받고 싶지 않아.'라는 생각뿐입니다.

따라서 효과적인 정서 조절 과정을 통해서 자신의 감정을 알아차리고, 고양되어 있다면 접근적인 체험적 방법을 통해 느끼고 표현하고 해소하는 작업을 거쳐야 합니다. 또한 감정이 어느 정도 해소되었다면, 왜 그런 감정을 느끼게 되었는지 불쾌한 감정의 원인과 과정을 이해하고 대안적으로 생각해 보는 접근적인 인지적 방법을 사용합니다. 감정의 원인을 이해하는 인지적 작업을 거치지 않으면 타인에게 자신의 감정과 원인을 정확히 전달할 수 없습니다.

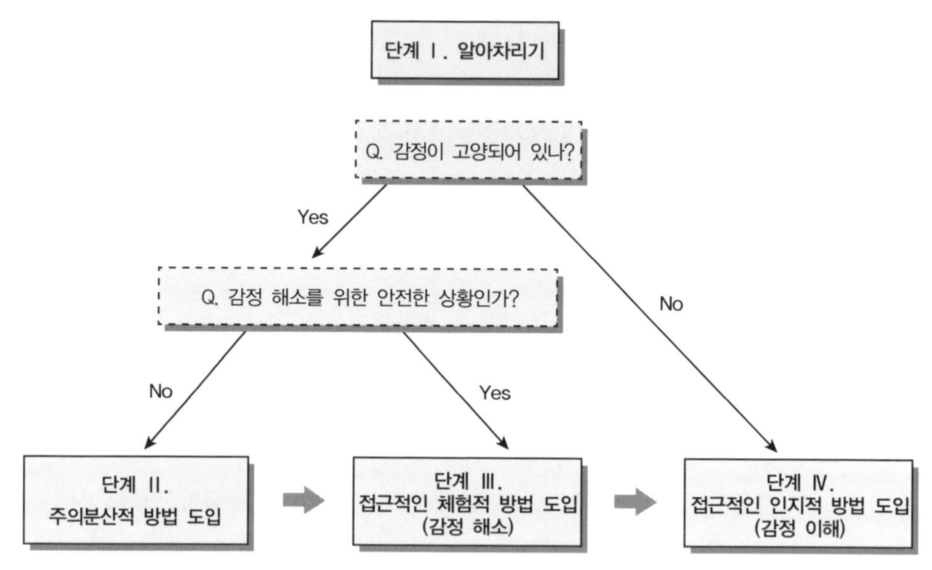

그림 14.1 효과적인 정서 조절 단계

## You-Message 화법을 사용하지 마라

우리가 일상생활에서 상대방에게 자신의 감정을 표현한다고 하면서 사용하는 가장 흔한 방법입니다. "너는 왜 매번 네 생각밖에 안 하니?", "네가 어떻게 그럴 수 있니?", "이렇게 해야 했잖아.", "너 때문에 화나 죽겠잖아.", "넌 왜 맨날 그렇게 하는데?" 등. 그러나 잘 살펴보면 모두 주어는 '너'이기 때문에, 결국은 자신의 감정을 표현하는 것이 아니라, 상대방에 대해 얘기하는 것입니다. 따라서 결코 자신의 감정을 전달하는 방법이 될 수 없습니다. 아마 이 글을 읽고 있는 여러분 중 상당수가 '난 그렇게 안 하는데.'라며 시치미를 떼고 있을지 모릅니다. 정말 흥미롭게도 강의 중에 실습을 하면, 100의 90은 'I-Message', 즉 '나 전달법'으로 얘기한다면서 'You-Message', 즉 '너 전달법'으로 얘기하는 것을 확인합니다. 그렇다면, 여러분은 평소에 어떻게 표현하는지 살펴보겠습니다.

## • 실습 당신의 표현법을 점검하라

최근에 불쾌했던 사건을 떠올려 보십시오. 그리고 그 상황에서 당신을 불쾌하게 했던 사람이 누구인지 확인해 보십시오.

### 상황

어떤 상황이었는지 구체적으로 기술하십시오.

### 대상

당신을 불쾌하게 한 사람은 누구입니까?

### 감정 전달

자, 이제 그 사람에게 당신의 감정을 표현해 보기 바랍니다.

방금 위에 당신이 쓴 문장들을 확인해 보기 바랍니다. 각 문장의 주어가 무엇인지 찾아보세요.

사람들은 상대방에게 감정을 전달한다면서 이야기하지만, 잘 들여다보면 상대방에 대해 이러이러하고 저러저러하다고 말하고 있습니다. 예를 들어, "너는 왜 말을 그렇게 하니? 이렇게 해야 하지 않니?", "너는 왜 그렇게 행동하니? 그러면 내가 좋겠니?"라고 상대방의 말과 행동을 지적하고 비난하고 있습니다. 이런 표현 방식은 상대방으로서는 결국 자신을 지적하고 비난하거나 공격하는 것처럼 지각되기 일쑤입니다. 모든 사람은 공격을 받는다고 지각하면 자신을 보호하기 위해 방어적이 되기 마련입니다. 그래야 상처를 덜 받을 수 있기 때문이지요. 비난하는 말을 회피하려 하다 보니 듣지 않으려 하고, 맞받아 공격해야 해서 말을 하는 상대방의 말과 행동에 대한 문제점을 찾기 시작합니다. "내가 언제 그렇게까지 했니?", "내가 뭘 그렇게 잘못했는데?", "너도 말을 그렇게 하면 안 되지.", "너도 예전에 그랬었잖아."라고 말입니다. 이렇게 얘기가 오가다 보면, 정작 애초에 당신이 전달하고자 했던 바는 제대로 전달되지도 못한 채, 어느새 서로에 대한 비난과 공격이 난무하는 싸움으로 바뀝니다.

당신은 좌절할 것입니다. 이렇게 당신의 감정을 전달하려고 했는데, 상대방이 받아들이질 않는다고 말입니다. 들을 생각조차 없다고 말입니다. 얘기해도 소용이 없다고 말입니다. 그러나 그렇지 않습니다. 상대방이 잘못된 것이 아니라, 전달하는 당신의 방식이 상대방으로 하여금 받아들일 여유를 주지 않았고, 들을 생각조차 하지 못하게 한 것입니다. 당신의 표현 방식은 앞으로 다가와 귀를 기울이게 하는 대신에, 방패 하나를 들고 몸을 최대한 웅크린 채 뒤로 물러서게 했으니까요.

## I-Message 기법을 사용하라

감정을 전달하는 가장 효과적인 방법은 '나'를 주어로 하는 표현법을 사용하는 것입니다. 예를 들어 "나는 …해서 속상하다.", "나는 네가 …해서 많이 서운한 마음이 들었다.", "나는 …해서 화가 난다."라고 표현하는 것입니다. 나 전달법은 첫째, 상대방의 입장에서는 자신에 대한 이야기가 아니기 때문에 경계태세와 자기방어를 풀 수 있습니다. 자신을 보호하는 데 에너지를 쓸 필요가 없기 때문에, 상대방의 얘기를 들을 여유가 생깁니다. 둘째, 화자 즉 말하는 사람 자신에 대해 얘기하기 때문에 '저 사람이 어떻다는 것이지?'라며 궁금해 합니다. 그래서 더 잘 듣기 위해 한 걸음 다가와 귀를 기울입니다.

따라서 방어적이지 않은 자세로 귀를 기울여 화자가 하고자 하는 얘기를 듣다 보면, 말하는 사람에 대해 이해하게 됩니다. '아, 그래서 속상했겠구나!', '아, …해서 화가 났구나!', '나에게 서운했던 거구나!'라고 화자의 감정에 대해 공감과 이해를 할 수 있습니다. 즉, 자신에 대한 것이 아니라, 화자 자신에 대한 것이기 때문에 그것에 대해 "왜 그렇게 느끼는데?", "왜 그렇게 생각하는데?"라고 따질 사람은 거의 없습니다. 누구나 다양한 감정과 생각을 할 자유는 있으니까요.

## 감정을 효과적으로 전달하는 세 가지 요소

감정을 효과적으로 전달하기 위해서는 다음의 세 가지 요소를 순서대로 표현해야 합니다.

### 1단계: 상대방의 입장과 감정에 대한 이해를 전달한다

#### 내 감정을 이해받고 싶다면 먼저 상대방의 마음을 이해하라

감정을 효과적으로 전달하기 위해서는 자신의 감정을 나 전달법으로 표현하기 전에, 상대방에 대한 이해를 먼저 표현해야 합니다. 우리 모두는 이해받고 싶어 합니다. 따라서 당신의 감정을 이해받고 싶다면, 먼저 상대방의 입장과 감정에 대해 이해하고 있음을 전달해야 합니다. 나 전달법을 통해 "나는 … 감정이 들었어."라고만 표현한다면, 상대방은 공격받았다고 지각하지는 않을 것입니다. 그러나 일방적으로 당신의 감정만을 들으면, 상대방은 자신의 감정은 이해받지 못한다는 느낌이 들 수도 있습니다. 먼저 자신의 상황과 감정이 어느 정도 이해받는다고 느낄 때, 방어를 풀고 당신의 입장과 감정에 대해 생각해 볼 여유가 생길 것입니다.

### 2단계: 당신이 어떤 이유로 어떠한 감정이 들었는지 전달한다

효과적인 정서 조절 과정의 결과를 I - Message 방법으로 전달하라

앞에서 살펴보았던 것처럼, 효과적인 정서 조절 단계를 통해 정리한 당신의 감정을 표현하십시오. 이때 두루뭉술하게 표현하기보다는 구체적이고 정확하게 표현하는 것이 효과적입니다. 당신의 감정을 유발한 자극은 구체적으로 무엇이었고, 그 자극에 대해 당신은 어떤 생각을 하게 되었는지, 그래서 당신은 어떤 감정이 들었는지를 나 전달법을 통해 전달합니다.

### 3단계: 상대방에게 진정으로 원하는 것이 무엇인지 전달한다

감정이 발생한 배경, 즉 당신이 원하는 것을 전달하라

감정을 느꼈다는 것은 이것과 관련해서 당신이 원하는 것이 있었음을 암시합니다. 앞에서 충분히 배웠듯이 감정은 당신의 관심사와 욕구에 자극이 영향을 끼칠 때 발생하니까요. 따라서 당신이 그러한 감정을 느낀 욕구가 무엇인지, 바라는 것이 무엇인지를 정확히 표현했을 때 상대방도 당신의 감정을 배려하여 말하고 행동할 수 있을 것입니다. 그래서 불쾌한 감정이 재발하는 상황을 막을 수 있습니다.

그럼, 예를 한번 살펴볼까요?

"(1단계) 네가 요새 많이 바빠서 나와의 약속을 깜빡 잊을 수 있다는 것은 충분히 이해해. (2단계) 그런데 네가 나와 했던 약속을 자꾸 잊는 것이, 나와의 약속을 별로 중요하게 생각하지 않는 것처럼 생각되어서 나는 참 서운해. (3단계) 앞으로는 조금만 더 나와의 약속을 잘 지켜 주었으면 좋겠어."

"(1단계) 요새 김 대리에게 떨어진 일이 많아서 힘들고 경황이 없어서 충분히

그럴 수 있다는 것 알아. (2단계) 그래도 김 대리에게 맡길 수 있는 일에 대해 짜증을 내면서 못하겠다고 하니까, 굉장히 당황스럽고 나를 무시하는 것 같아 기분이 상하더라. (3단계) 일할 때 서로 마음 다치지 않도록 우리 조금만 더 조심했으면 하는데, 김 대리는 어때?"

"(1단계) 일이 급하게 돌아가서 얼른 일을 처리해야겠다는 생각에 그랬던 것 이해해. (2단계) 하지만 내가 담당하는 일인데 나에게 한마디 말도 없이 제출해버려서 내 입장과 의사는 무시된 것처럼 생각되어 상당히 불쾌했어. 게다가 어쨌든 그 일은 내가 책임져야 하는 일인데, 이후에 무슨 일이 어떻게 생길지도 모르는 거고. (3단계) 몇 분 걸리지 않는 일이잖아. 다음에는 아무리 급하게 요구되더라도 나에게 꼭 말하고 진행했으면 좋겠어."

## • 실습 감정을 효과적으로 전달하기

### 상황

어떤 상황이었는지 구체적으로 기술하십시오.

### 대상

당신을 불쾌하게 한 사람은 누구입니까?

### 감정 전달

자, 이제 그 사람에게 당신의 감정을 표현해 보기 바랍니다.

1단계. 상대방의 입장과 감정에 대한 이해를 전달하라.

2단계. 당신이 어떤 이유로 어떤 감정이 들었는지 '나 전달법'으로 전달하라.

3단계. 상대방에게 당신의 감정과 관련하여 진정으로 원하는 것이 무엇인지 전달하라.

# 내 감정의 주인이 되어라

지금까지 감정의 주인이 되기 위한 필수 지식과 그 방법에 대해 살피고 실습하였습니다. 이 긴 여정을 마치고 여기에 도달하였다면, 당신은 감정의 주인이 될 만한 자격을 충분히 갖추었습니다. 정서는 매일 우리와 함께하고 있습니다. 우리에게 쏟아지는 수많은 자극과 다가오거나 스쳐 지나가는 사람들, 처한 상황에 가장 먼저 반응하는 것이 감정입니다. 감정은 우리에게 다양한 정보를 제공함으로써 우리가 접하는 자극과 상황, 그리고 사람들에 대해 말해 줍니다. 감정 때문에 우리는 상대를 파악하고, 적절하게 반응할 수 있습니다. 이렇게 정서는 낯설고 험난한 세상에서 우리를 안내하는 나침반이고 안내자입니다.

그러나 안타깝게도 감정은 우리에게 정보만 주고 사라지는 녀석이 아닙니다. 자극에 반응해 발생한 감정은 일단 느끼고 충분히 표현해야 해소되어 사라집니다. 그러다 보니 사람들 대부분이 감정을 어떻게 다루어야 할지 몰라 불편해하고 쩔쩔매곤 합니다. 감정을 두려워하여 보지 않으려 하고 휘둘리거나 끌려다니기도 하며, 잘못 해석하여 엉뚱한 반응을 하기도 합니다. 감정을 잘 다루지 못하여 주어진 일이나 주변 사람들과의 관계를 망치기도 합니다. 그러고는 이런 좋지 않은 결과들이 감정 때문인 양 비난하고 외면하고 깎아내립니다. 이처럼 감정은 잘 다루면 우리에게 더없이 소중한 동반자이고 벗이지만, 감정을 잘 다루지 못하면 부담스럽고 곤욕스러운 사고뭉치일 뿐입니다.

이 책을 통해 여러분은 더는 감정의 방관자나 감정에 휘둘리는 노예가 아니라, 감정의 주인이 되기를 바랍니다. 그러기 위해, 여러분은 제1부 '감정의 주인이 되기 위해 필요한 지식'을 통해 정서라는 녀석을 제대로 이해하는 작업을 하였고, 정서 조절에 필요한 지식과 소양을 얻었습니다. 제2부 '감정의 주인이 되기 위해 필요한 실습'을 통해서는 정서를 효과적으로 다루는 방법을 익혔습니다. 먼저, 여러분이 평소에 사용해 왔던 부적응적인 정서 조절 방법의 사용을 줄이는 데에서 출발했습니다. 그 어떤 효과적인 정서 조절 방법의 사용을 늘리는 것보다도, 부적응적인 정서 조절 방법의 사용을 줄이는 것이 정서 조절의 어려움을 줄이고 정신 건강을 이롭게 한다는 것을 잊지 마십시오. 이어서 효과적인 정서 조절 단계를 차례대로 익혔습니다. 이때 중요한 점은 궁극적으로 감정을 조절하기 위해서는 감정 경험에 접근하여 처리해야 한다는 것입니다. 먼저 체험적으로 안전하게 감정을 해소하는 작업과 감정의 원인과 과정을 이해하고 대안적으로 생각하는 인지적 작업이 이루어져야 합니다. 감정 해소와 감정 이해 두 가지 방법은 선해소 후이해의 원칙에 따라야 합니다.

그러나 감정은 쉽게 이해되고 조절되는 쉬운 녀석이 결코 아닙니다. 따라서 감정을 이해하고 좀 더 효과적으로 조절하는 방법과 단계를 수많은 반복과 실습을 통해 익히십시오. 자신의 것으로 만드십시오. 그런 과정을 통해 정서를 효과적으로 다루고 조절할 수 있기를 바랍니다. 그렇게 된다면, 정서가 여러분에게 주는 정보를 활용하여 삶은 좀 더 풍부해지고 환경에 더 잘 적응할 수 있을 것입니다. 또한 여러분이 원하는 방향으로 삶을 이끌어 갈 수 있음으로써, 좀 더 행복하고 건강한 삶을 누릴 수 있을 것입니다.

## 감정에게 쓰는 편지

이지영

난 더는 너를 겁내거나 두려워하지 않을 거야.
난 더는 너에게 휘둘리지 않을 거야.
난 더는 너에게 끌려다니는 노예가 되지 않을 거야.
난 예전에도 네 주인이었고 앞으로도 네 주인이야.
이제부터는 주인으로서 주인답게 행세할 거야.
주인으로서 너를 제대로 다룰 거야.
그렇다고 너를 억압하거나 통제하려는 것이 아니야.
너에게 관심을 두고 너를 이해하려 할 거야.
네가 무엇을 원하는지 귀 기울일 거야.
물론 네가 원하는 것을 그 즉시 해 줄 수 없을 때가 잦을 거야.
그건 네가 이해해 주길 바라.
그래도 여건이 마련되면, 너를 바라보고, 너의 마음을 듣고,
네가 원하는 것을 가능한 한 충족시켜 주도록 애쓸 거야.
우리 이제부터는 평생을 함께 하는 벗으로서 잘 지내보자꾸나.

# 부록

정서 조절 코칭북

# 다른 사람에게 감정을 표현하거나 조절할 때 고려해야 할 사항: 개인차[38]

사람마다 선호하는 정서 조절 방법이 다릅니다. 당신에게는 당연하게 생각되어 편하게 자주 사용하는 방법이 누군가에게는 불편할 수도 있습니다. 사람마다 주로 사용하는 정서 조절 방법이 다르므로, 상대방도 당신처럼 조절할 거라 생각하여 반응한다면 서로 오해와 갈등이 생길 수도 있습니다. 따라서 다른 사람들과 어울려 감정을 표현하거나 다른 사람의 감정을 조절하기 위해 개입할 때는 상대방의 개인적 특성을 고려해야 합니다. 여기에서는 주요한 개인차 요인별로 주로 사용하는 정서 조절 방법의 차이를 살펴볼 것입니다. 이러한 작업은 서로의 차이에 대한 이해를 높임으로써 대인관계에서 발생할 수 있는 오해와 갈등을 줄이고, 원활한 소통을 유도할 수 있으며 효과적인 정서 조절적 개입을 이끌 것이라고 생각합니다.

단, 주의해야 할 것은 여기에서 제시하는 내용은 어디까지나 통계적인 연구의 결과로서 모든 여성이나 남성, 모든 내향성이나 외향성, 모든 감성형이나 지성형이 그러하다는 것을 뜻하지는 않습니다. 다만, 그럴 경향성이나 가능성이 있음을 말한

38 이지영과 권석만이 2009년에 「한국심리학회지: 일반」의 28(3)권에 발표한 논문 '성별과 성격 유형에 따른 정서 조절 방략 사용의 차이'의 내용 일부를 참고하였습니다.

다는 것을 염두에 두고 이해하기 바랍니다.

## 남녀의 차이

### 여자는 남자보다 체험적 방법을 자주 사용한다

정서 조절 방법을 정서의 어떤 측면에 접근하여 정서적 변화를 이끄느냐에 따라 구분한 인지적·체험적·행동적 방법 중 여자는 남자보다 체험적 방법을 자주 사용하였습니다. 여성은 체험적 방법 중 적응적인 방식으로, 친구나 가족과 같은 주변 사람에게 자신의 감정을 표현하여 공감과 위안을 얻으려는 노력을 비교적 자주 사용합니다. 모든 여성은 아닐지라도 많은 여성이 공감할 것입니다. 여성은 불쾌한 일이 있을 때 친구에게 전화해서 "이런 일이 있었어."라고 말합니다. 또는 커피숍에 앉아서 자신이 경험한 불쾌한 일들에 대해 시간 가는 줄 모르고 한참을 토로합니다. 그리고 "너 그랬어? 정말 화났겠다.", "속상해서 어쩌니?"라며 서로 위안을 합니다.

그러나 감정을 표현하여 해소하는 과정에서 주변 사람에게 짜증이나 신경질을 내는 부적응적인 방식으로 감정을 자주 분출하는 경향도 있습니다. 남편에게 화가 났을 때 괜히 아이에게 짜증이나 신경질을 내거나, 속상한 일이 있는데 신경을 거슬리는 남편과 아이에게 버럭 화를 내곤 합니다. 물론 모든 여성이 그런 것은 아닙니다.

### 여자는 지지추구적 방법과 주의분산적 방법을 자주 사용한다

적응적인 정서 조절 방법은 성격에 따라 접근적 방법, 주의분산적 방법, 지지추구적 방법 세 가지로 구분되었습니다. 정서 조절에 가장 효과적인 방법인 감정에 직접 접근하는 방법의 사용은 빈도 상에서는 남성과 여성 간에 차이가 없었습니다. 그러나 여자가 남자에 비해 덜 적극적이고 일시적인 효과가 있는 지지추구적 방법과 주의분산적 방법을 자주 사용하는 경향이 있었습니다. 여성은 친구나 가족과 같은 친밀한 사람과 함께 있거나 그들에게 위안과 지지를 얻는 방법을 자주 사용합니다. 또한 되도록 불쾌한 상황과 관련 없는 일을 생각하거나 '금방 지나갈 거야.', '괜찮아.'와 같은 위안이 되는 말을 되뇌는 등 상대적으로 수동적인 방식의 사고 과정을 통해서 감정을 조절하려는 노력을 남성보다 비교적 자주 하였습니다.

### 남자는 문제해결 행동 취하기와 탐닉 활동하기를 자주 사용한다

남자는 적응적인 방법 중 문제해결 방법을 찾아서 실행에 옮기려는 경향이 있었습니다. 반면, 부적응적인 방법 중 술, 담배, 게임, 자위행위와 같은 중독에 빠질 수 있는 활동을 훨씬 자주 사용하였습니다. 이는 남성이 담배뿐 아니라 알코올이나 컴퓨터 게임 중독에 빠지는 비율이 높다고 보고된 여러 선행 연구의 보고와 일치합니다김교헌, 2001; American Psychiatric Association, 1994.

이처럼 여자와 남자가 주로 사용하는 정서 조절 방법은 다릅니다. 일례로 주변에서 한 번쯤 다음과 같은 상황을 접한 적이 있을 것입니다. 여자가 남자에게 자신의 고민을 얘기했다가 화가 난 말투로 다음과 같이 외칩니다. "난 너에게 내 감정을 공감 받기를 원했던 것이지, 해결 방법을 가르쳐 달라고 한 게 아니야!" 즉, 여자는 불쾌한 감정에 대해 공감을 얻기 위해 얘기하지만, 남자는 그러한 감정을 공감해 주기보다 구체적인 문제해결 방법을 모색해 줌으로써 도와주려 합니다. 그러나 여성으로부터 돌아오는 것은 고마움의 표현이 아니라, 오히려 비난과 불쾌한 반응일 때가 잦습니다. 다음은 여자와 남자의 주로 사용하는 정서 조절 방법의 차이를 극명하게 보여주는 대화입니다.

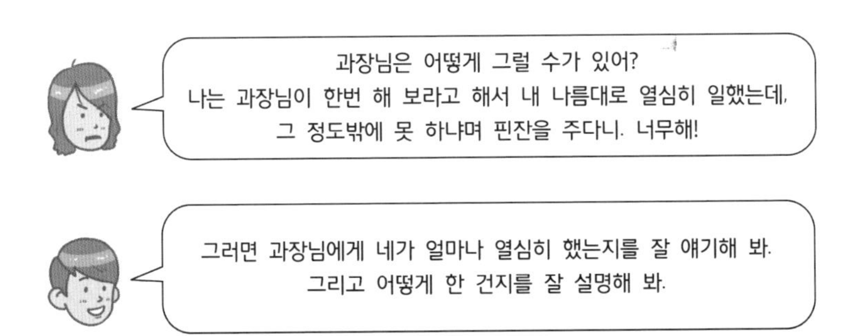

여자는 불쾌할 때 먼저 자신의 감정을 표현하고 공감을 얻는 방식으로 조절하는 경향이 있는 반면, 남자는 직접적인 문제해결 방식을 찾아서 취하는 경향이 강합니다. 자신의 정서 조절 방식만을 생각한 채 상대방은 고려하지 않는다면, 좋은 의도가 오히려 갈등을 초래할 수 있습니다. 물론 남성은 자신에게 편하고 효과가 있었던 문제해결 방법을 사용하는 것이 여성에게 도움이 될 것이라고 판단하여 개입한 것이지만, 여성은 위안을 얻지 못하는 느낌을 받고 자신이 방법을 모르는 바보가 되는 것 같은 느낌이 들 때도 있습니다. 여성은 방법을 알고 있더라도 가까운 지인에게 공감과 위안을 얻고 싶었던 것이고, 방법을 모르더라도 먼저 이해와 위안을 얻고 나서 방법을 생각해 보고 싶은 것입니다. 이처럼 관계 속에서 서로의 욕구를 충족하기 위해서는 자신의 감정과 원하는 바를 지속적으로 전달할 필요가 있습니다. 남성이라면 여성이 원하는 조절 방식에 협조하고, 여성이라면 남성의 조절 방식을 이해하고 자신의 조절 방식을 알리는 것이 좋지 않을까요?

## 내향성－외향성 성격 유형에 따른 차이

성격유형 중 내향형과 외향형에 따라 주로 사용하는 정서 조절 방법이 어떻게 다른지 성격검사[39]를 사용하여 조사하였습니다. 외향형은 외부 지향적이며 넓은 대인관계를 추구하고 사교적이며 활동적인 특성이 있는 동시에 대인기술을 잘 갖춘 데 반해, 내향형은 내부 지향적이며 사회적 활동보다는 개인적인 내면적 활동을 좋아하고 사색적이며 조용하고 한정된 생활을 추구하는 경향이 있습니다.

외향형은 내향형에 비해 체험적 방법과 행동적 방법을 자주 사용하는 경향을 보였고, 특히 행동적 방법을 두드러지게 사용하였습니다. 이는 활동적인 특성이 있는 외향형이 행동을 취함으로써 감정을 조절하는 방법을 선택할 가능성이 크기

39 김상균과 권석만(2002)이 개발한 자기보고식 척도로 외향성－내향성 차원, 감성성－지성성 차원, 추상성－구체성 차원, 안정지향성－변화지향성 차원 등의 네 가지 차원으로 구성되어 있습니다.

때문으로 보입니다. 내향형은 외향형에 비해 부적응적인 방법을 자주 사용하는 경향을 보였고, 외향형은 내향형에 비해 세 가지 적응적인 방법 모두를 자주 사용하는 경향을 보였습니다.

### 내향적인 사람은 부적응적인 방법, 특히 부정적으로 생각하기를 자주 사용한다

내향형은 외향형에 비해 정서를 조절하는 데 도움이 되지 않거나 오히려 부적응적인 방법을 자주 사용하는 것으로 보입니다. 내향적인 사람은 특히 16개 정서 조절 방법 중 '부정적으로 생각하기'만을 외향적인 사람에 비해 자주 사용하였습니다. 이는 내향적인 사람이 외향적인 사람에 비해 부정적인 사건을 반복적으로 생각하거나 파국화하며 자신을 비난하는 경향이 매우 높다는 것을 말해 줍니다. 혼자서 생각을 자꾸 하다보면 자신의 부정적인 측면이나 불쾌했던 과거 사건들을 떠올리거나 안 좋은 생각들로 빠질 가능성이 큽니다.

따라서 내향적인 사람의 정서 조절 능력을 향상하기 위해서는 먼저 부정적으로 생각하는 사고 방식에 개입해야 합니다. 또한 불쾌한 감정을 경험할 때 사용하는 효과적인 정서 조절 방법의 레퍼토리가 적습니다. 평소에 불쾌한 감정이 들었을 때 정서 조절에 효과적인 방법을 잘 알지 못하여서 정서를 조절하는 데 어려움이 있습니다. 그렇기 때문에 외향적인 사람에 비해 우울과 불안 수준이 높고 정서장애를 경험할 가능성이 큽니다. 이런 결과는 MBTI의 내향형-외향형 차원을 사용한 선행 연구들의 결과에 부합합니다. 즉, 내향성이 높은 사람은 스트레스를 해결하는 데 좀 더 어려움을 겪으며, 자살과 특히 우울장애를 포함한 정서장애의 발병에 취약하였습니다Bisbee, Mullary, & Osmond, 1982; Janowsky, Morter, & Hong, 2002. 따라서 내향적인 사람에게 정서 조절 코칭을 할 때는 먼저 부정적으로 생각하는 방식을 줄이고, 정서 조절에 효과적인 다양한 방법을 하나하나 소개하여 사용을 증가시키는 개입이 필요할 것입니다.

### 외향적인 사람은 다양한 적응적인 정서 조절 방법을 자주 사용한다

외향적인 사람은 내향적인 사람에 비해서 접근적 방법, 주의분산적 방법, 지지추구적 방법 등 적응적인 방법을 모두 자주 사용하는 경향을 보였습니다. 즉, 외향적인 사람은 불쾌한 감정을 효과적으로 조절하여 정신 건강에 기여하는 적응적인 방법들을 다양하게 사용하는 경향이 있음을 보여 주었습니다. 따라서 외향적인 사람은 우울과 불안 수준이 낮고, 정서장애의 발병 가능성이 작을 것입니다. MBTI를 사용한 선행 연구 결과, 우울장애 환자는 외향성 차원의 점수가 낮고, 증상이 회복될수록 외향성 차원의 점수가 증가하는 것으로 나타났습니다Bagby & Ryder, 2000; Heerlein, Richter, Gonalez, & Santander, 1998; Swendsen, Hammen, Heller, & Gitlin, 1995. 또한 외향성은 자살과 정서장애에 대한 보호 요인으로 작용하였습니다Janowsky et al., 2002.

## 지성성-감성성 성격 유형에 따른 차이

감성형은 감성적으로 섬세하고 예민하며 문제 상황에 대해 정서적 반응이 우세할 뿐 아니라, 자신과 타인의 정서적 느낌을 중요시하는 경향이 있습니다. 이에 비해서 지성형은 분석적이고 체계적이며 문제 상황에 대해서 인지적이고 합리적인 접근을 추구하는 반면, 자신과 타인의 감정에 비교적 둔감한 편입니다.

### 감성형은 지성형에 비해 체험적 방법을 자주 사용한다

감성형은 지성형에 비해 감정을 느끼고 표현하는 체험적 방법을 자주 사용하였습니다. 감성형이 자신과 타인의 정서적 느낌을 중요시하는 반면, 지성형은 자신과 타인의 감정에 둔감한 경향이 있다는 점에서, 감성형이 불쾌한 감정을 감소하기 위해 감정을 느끼고 표현하는 체험적 방법을 자주 사용한다는 것은 충분히 예상할 수 있습니다. 감성형은 불쾌한 감정을 느낄 때 주변 사람에게 자신의 감정을 표현하고 공감을 얻는 방법을 주로 사용하는 편이지만, 동시에 자신의 감정을 주체하지 못하고 주변 사람에게 짜증을 내거나 감정을 폭발하는 등 부적응적인 방식으로 감정을 분출하는 경향이 있었습니다.

### 감성형은 지성형에 비해 지지추구적 방법과 주의분산적 방법을 자주 사용하고, 접근적 방법은 덜 사용한다

지성형과 감성형은 부적응적인 방법을 사용하는 빈도 상에서는 차이가 없었습니다. 그러나 주로 사용하는 적응적인 방법의 성격 면에서는 뚜렷한 차이를 보였습니다. 감성형은 자신의 감정을 들여다보고 필요한 행동을 직접 취하는 접근적인 방법은 피하고, 친구나 가족과 같은 친밀한 사람을 만나서 자신의 감정을 표현하고 공감이나 위안을 얻는 지지추구적 방법과 일시적으로 주의를 분산하는 방법을 선호하였습니다. 즉, 감정이나 상황으로부터 벗어나 불쾌감을 즉각적으로 감소하거나 전환하는 방법을 사용하고 가까운 지인에게 지지나 위안을 얻으려 합니다.

### 지성형은 가장 효과적인 방법만을 선택적으로 사용한다

지성형은 정서 조절에 가장 효과적인 접근적 방법을 감성형에 비해 자주 사용하였습니다. 특히 지성형은 접근적 방법 중에서도 가장 적극적이고 효과적인 '능동적으로 생각하기'와 '문제해결 행동 취하기' 방법만을 주로 사용하였습니다. 이는 지성형이 문제 상황에 대해 인지적이고 합리적인 접근을 추구하는 경향 때문에, 불쾌한 감정을 경험하면 가장 적극적이고 문제해결적인 방법만을 효과적으로 사용한다는 것을 말해 줍니다.

따라서 감성형은 지성형에 비해 자주 사용하는 정서 조절 방법의 수는 많지만, 정작 가장 효과적인 방법은 지성형이 자주 사용하는 것으로 보입니다. 이는 감성형은 감정에 예민하기 때문에 불쾌한 감정을 들여다보는 것이 더욱 고통스럽고 불편한 데 반해, 지성형은 감정에 비교적 둔감하기 때문에 감정에 다가가 직접 다루는 것이 덜 고통스러울 수 있기 때문입니다. 지성형은 불쾌한 감정을 느끼면 감정과 상황을 회피하기보다는 적극적으로 직면하여, 감정을 유발한 원인을 살펴보고 상황을 해결할 수 있는 방법을 모색하여 취함으로써 정서적 변화를 유도할 것입니다.

지성형은 상대적으로 우울과 불안 수준이 낮고 정서장애의 발병 가능성이 작을 것입니다. 이것은 지성형과 감성형의 차원과 유사한 MBTI의 사고형과 감정형을 사용한 선행 연구에서 사고형은 자살과 정서장애에 대한 보호 요인으로 작용하고, 감정형은 자살과 정서장애에 취약성 요인으로 작용한다고 주장하였던 Janowsky와 그의 동료들2002의 주장에 부합합니다. 또한 우울증 환자의 MBTI 성격 유형을 조사한 일부 연구들에서 사고형에 비해 감정형이 우세한 것으로 나타났습니다 Bisbee et al., 1982; Janowsky et al., 2002. 이 같은 선행 연구 결과는 다음 측면에서 이해할 수 있습니다. 비록 부적응적 방법의 사용 빈도 상에서 차이를 보이지 않았으나, 지성형이 감성형에 비해 정서 조절에 가장 효과적인 방법만을 선택적으로 사용하기 때문에, 감성형에 비해 우울이나 불안과 같은 불쾌한 감정을 좀 더 효과적으로 조절할 수 있을 것입니다.

## 정서를 강렬하게 느끼는 정도에 따른 차이[40]

어떤 사람은 그렇게까지 강하게 감정을 일으킬 만하지 않은 사소한 자극에도 깜짝 놀라거나 불안해하기도 하고 심하게 화를 내는 등 강한 정서적 반응을 보입니다. 또 어떤 사람은 저 정도면 정말 충격을 심하게 받았겠다 싶거나 고통스러울 텐데 하는 마음에 걱정스러운 눈빛으로 지켜보지만, 별다른 반응 없이 담담해 합니다. 이처럼 유발 자극에 반응하는 정서적 강렬함의 수준은 사람마다 차이가 있습니다. 여러분은 어느 쪽에 해당합니까? 이를 정서 강도라고 하는데, 정서의 종류에 상관없이 개인이 전형적으로 경험하는 강도를 말합니다Larsen & Diener, 1987. 정서적 경험을 설명하는 데 중요한 요인으로 다루어지는 개인의 정서 강도에 따라 주로 사용하는 정서 조절 방법 상에서 어떠한 차이가 있는지 알아보았습니다.

40 이지영이 2009년에 「한국심리학회지: 임상」의 28(4)권에 게재한 논문 '정서 강도와 정서 조절 방략의 관계'의 일부 내용을 요약하였습니다.

## 정서를 강렬하게 경험할수록 적응성 여부에 상관없이 정서 조절 방법을 다양하게 시도한다

정서를 강렬하게 경험할수록 효과적인 방법이든 그렇지 않은 방법이든 다양한 정서 조절 방법을 시도하는 반면, 정서적 강도가 약할수록 정서를 조절하기 위한 노력을 덜 시도하는 경향이 있었습니다. 실제로 정서 강도가 높은 집단은 정서 강도가 낮은 집단보다 인지적 방법, 체험적 방법, 행동적 방법을 모두 자주 사용하였습니다. 또한 16개 정서 조절 방법 중 적응적인 방법 6개와 부적응적인 방법 5개를 자주 사용하였습니다. 반면, 정서 강도 수준이 낮은 사람은 정서 강도 수준이 높은 사람들에 비해서 자주 사용하는 정서 조절 방법은 단 한 개도 없었습니다.

그렇다면 왜 정서를 강렬하게 느끼는 사람은 이렇게 무분별하게 대부분의 정서 조절 방법을 자주 동원하는 것일까요? 정서 강도 수준이 높을수록 정서를 강렬하게 느끼기 때문에 높은 각성 상태를 유발하여 불편함은 더욱 심할 것입니다. 불편함, 즉 고통이 심할수록 그것으로부터 벗어나고자 하는 동기가 커지므로 불쾌감을 감소할 필요성도 강해질 것입니다. "필요가 발명을 낳는다."는 말처럼 심한 불쾌감을 조절하기 위해 다양한 방법을 자주 동원하는 것은 당연한 이치일지 모릅니다.

## 정서를 강렬하게 경험할수록 적극적이고 효과적인 방법을 자주 사용하지는 않는다

정서를 강렬하게 경험할수록 부적응적인 방법과 지지추구적 방법, 주의분산적 방법을 자주 사용하지만, 접근적 방법은 자주 사용하지 않았습니다. 즉, 흥미롭게도 정서를 강렬하게 느낄수록 다양한 정서 조절 방법을 시도하지만, 정작 정서 조절에 가장 효과적인 접근적 방법을 자주 사용하지는 않았습니다. 실제로 정서 강도 수준이 높은 사람은 낮은 사람보다 대부분의 방법을 자주 사용하였지만, '능동적으로 생각하기', '문제해결 행동 취하기'와 '인지적으로 수용하기', '감정 수용하기' 등 접근적 방법의 사용 빈도 상에서는 차이가 없었습니다. 평소 감정을 강렬하게 느끼는 사람은 처한 상황이나 감정을 있는 그대로 느끼고 수용하는 방법을 선택적으로 자주 취하는 일이 쉽지만은 않을 것입니다. 이런 측면에서 볼 때, 감정을 강렬하게 느낄수록 불쾌감을 줄이기 위해 여러 방법을 시도하지만, 정작 가장 적극적이고 효과적인 방법을 자주 사용하지는 않아 정서 조절 시도에 대한 효과에는 한계가 있을 것입니다.

## 정서를 강렬하게 경험할수록 회피적 방법을 주로 사용한다

정서를 강렬하게 경험할수록 불쾌한 감정이나 상황으로부터 주의를 전환하거나 주변 사람의 지지나 위안을 얻음으로써 일시적으로 불쾌한 감정을 감소할 수 있는 방법을 자주 사용하였습니다. Westen[1994]은 극도로 강렬한 감정 수준은 감정이나 상황을 숙고하거나 문제해결을 계획하기보다는, 정서를 즉각적으로 해소하거나 피할 수 있는 방법을 좀 더 자주 선택할 것이라고 보았습니다. Marra[2005]는 감정을 강렬하게 느끼는 사람일수록 불쾌한 감정에 처했을 때 그런 감정이나 상황으로부터 즉각적으로 벗어날 수 있는 회피적 성격의 방법을 자주 사용할 것이라고 주장하였습니다. 따라서 경험적인 연구에서 정서를 강렬하게 느낄수록 회피적 방법을 자주 사용한다는 결과는 선행 연구자들의 주장과도 일치합니다. 그런데 이미 다루었듯이 회피적 정서 조절 방법은 일시적으로 불쾌한 감정을 감소시킬 수 있지만, 회피적 방법만을 사용하고 궁극적인 정서 조절에 필요한 감정 해소와 감정 이해와 같은 접근적 방법을 사용하지 않는다면, 오히려 불쾌한 감정이나 유발 자극을 처리하는 것을 방해하기 때문에 심리적으로 건강하지 못한 결과를 낳을 수 있습니다.

## 정서를 강렬하게 느낄수록 누구보다 정서 조절 코칭이 필요하다

만약 당신이 다른 사람보다 정서를 강렬하게 느끼는 편이라면, 이 책을 읽게 된 것은 행운이고 기회일 수 있습니다. 당신은 다른 누구보다도 정서 조절 코칭이 필요한 사람입니다. 만약, 당신이 효과적인 정서 조절 방법을 배우고 시도하지 않는다면, 심한 우울과 불안을 경험할 수도 있고 다양한 심리적 증상과 부적응을 겪을 수도 있습니다. 아니, 이미 당신은 지금까지도 매우 고통스럽고 힘든 시간을 보내고 있었는지 모릅니다. 따라서 이 책을 계속 가지고 있으면서 불쾌한 감정을 효과적으로 조절하는 방법을 반복적으로 연습하기 바랍니다.

# 참고문헌


- 강지희, 서동욱, 서은국, 이지영(2023). 특별좌담: 타인은 누구인가? 철학과 현실, 139, 12－63.
- 권선중, 김교헌(2007). 한국판 마음챙김 주의 알아차림 척도(K－MAAS)의 타당화 연구. 한국심리학회지: 건강, 12(1), 269－287.
- 김광일, 김재환, 원호택(1984). 간이정신진단검사 실시요강. 서울: 중앙적성출판사.
- 김교헌(2001). 청소년들의 컴퓨터 사용 실태와 컴퓨터 중독. 학생생활연구(충남대), 28, 41－62.
- 김상균, 권석만(2002). 대학의 전공학과 선택을 위한 다면적 학과적성검사의 개발. 서울대학교 대학생활문화원.
- 김정규(2015). 게슈탈트 심리 치료. 2판. 서울: 학지사.
- 김정호(2004). 마음챙김이란 무엇인가: 마음챙김의 임상적 및 일상적 적용을 위한 제언. 한국심리학회지: 건강, 9(2), 511－538.
- 김진영(2000). 우울한 기분에 대한 두 가지 내부초점적 반응양식－반추적 반응양식 대 반성적 반응양식－. 서울대학교 석사학위 논문.
- 김환(2010). 자기초점의 역기능적 속성이 반추와 우울에 미치는 영향. 서울대학교 박사학위 논문.
- 민경환, 김지현, 윤석빈, 장승민(2000). 부정적 정서 조절 방략에 관한 연구: 정서 종류와 개인 변인에 따른 정서 조절 양식의 차이. 한국심리학회지: 사회 및 성격, 14(2), 1－16.
- 박성현, 성승연(2008). 자기－초점적 주의와 심리적 안녕감 간의 관계에서 마음챙김의 조절 효과. 한국심리학회지: 상담 및 심리 치료, 20(4), 1127－1147.
- 서울대병원(2000). 강박장애의 인지행동치료 집단 매뉴얼. 미출판.
- 송예헌(2001). 노인이 인지하는 가족지지와 정신 건강 및 삶의 만족도와의 관계 연구. 정신간호학회지, 10(4), 473－483.
- 양미진, 이은경, 이희우(2006). 청소년의 심리내적 요인과 환경적 요인이 정신건강에 미치는 영향. 청소년상담연구, 14(1), 63－76.
- 양익홍, 윤성철, 이규항(1994). 정신분열병의 양성아형과 음성아형에 따른 사회적 지지망의 차이. 신경정신의학, 33(2), 372－382.
- 옥수정(2001). 억압적 성격성향자의 정서적 특성과 정서 조절방략. 서울대학교 석사학위 논문.
- 유성진(2000). 걱정이 많은 사람들의 성격 및 인지적 특성: 위협에 대한 재평가가 걱정에 미치는 영향. 서울대학교 석사학위 논문.
- 윤영화, 김미라, 서혜희(1997). 나는 지적인 사람인가 감정적인 사람인가. 학지사.
- 이서정, 현명호(2008). 정서인식의 명확성과 인지적 정서 조절이 정신건강에 미치는 영향. 한국심리학회지: 건강, 13(4), 887－905.
- 이수정, 이훈구(1997). Trait Meta－Mood Scale의 타당화에 관한 연구: 정서 지능의 하위 요인에 대한 탐색. 한국심리학회지: 사회 및 성격, 11(1), 95－116.
- 이원화, 이지영(2011). 청소년의 정서 조절곤란의 수준과 정서 조절방략의 사용: 중·고등학생과 대학생의 비교 연구. 인간이해, 32(2), 195－212.
- 이지영(2003). 정서지능에 대한 연구 고찰. 학생연구(서울대학교), 37(1), 61－77.

- 이지영(2004). 게슈탈트 심리치료와 위빠사나 명상의 통합적 접근. 학생연구(서울대학교), 38(1), 45-57.
- 이지영(2009). 정서강도와 정서 조절방략의 관계. 한국심리학회지: 임상, 28(4), 1217-1226.
- 이지영(2010a). 자기초점적 주의 성향과 정신병리의 관계: 적응적 대 부적응적 자기초점적 주의. 한국심리학회지: 일반, 29(2), 371-388.
- 이지영(2010b). 정서 조절방략이 정서 조절곤란에 미치는 영향. 한국심리학회지: 상담 및 심리 치료, 22(3), 821-841.
- 이지영(2010c). 정서 조절방략이 정신병리에 미치는 영향. 한국심리학회지: 임상, 29(3), 731-749.
- 이지영(2011). 자기초점적 주의와 정서 조절의 관계. 한국심리학회지: 상담 및 심리 치료, 23(1), 113-133.
- 이지영(2012). 연령 증가에 따른 정서 조절의 차이: 청소년과 성인기를 대상으로. 한국심리학회지: 일반, 31(3), 783-808.
- 이지영(2014). 나는 왜 감정에 서툴까. 청림출판.
- 이지영(2015). 생각이 크는 인문학: 감정. 을파소.
- 이지영(2016a). 정서강도와 정신건강의 관계에서 정서 조절방략의 매개효과. 인지행동치료학회지, 16(2), 61-84.
- 이지영(2016b). 지각된 부모의 양육방식과 정서 조절곤란의 관계에서 정서 조절방략의 매개효과. 한국심리학회지: 상담 및 심리치료, 28(1), 217-244.
- 이지영(2017). 어린이 심리스쿨. 아울북.
- 이지영(2017). 성인의 기질과 정서 조절곤란의 관계에서 적응적 및 부적응적 정서 조절방략의 매개효과. 한국심리학회지: 건강, 22(4), 943-968.
- 이지영(2018). 체험적 심리치료에 대한 체계적 고찰: 효과 연구를 중심으로. 한국심리학회지: 상담 및 심리치료, 30(3), 601-633.
- 이지영(2020). 나를 잃어가면서 지켜야 할 관계는 없다-관계에서 상처받은 사람들을 위한 감정수업. 서울: 스몰빅라이프.
- 이지영(2021). 정서에 초점을 둔 심리치료에 관한 고찰: 정서중심적 치료 모델을 위한 제언. 인문사회 21, 387-407.
- 이지영(2024). 정서중심적 치료(Emotion-Centered Therapy): 변화를 위한 체험적 심리치료. 서울: 박영사.
- 이지영, 권석만(2005). 자기초점적 주의 성향 척도의 개발: 사회적 상황을 중심으로. 한국심리학회지: 임상, 24(2), 451-464.
- 이지영, 권석만(2006). 정서 조절과 정신병리의 관계: 연구 현황과 과제. 한국심리학회지: 상담 및 심리 치료, 18(3), 461-493.
- 이지영, 권석만(2007). 정서 조절방략 질문지의 개발: 대학생 집단을 대상으로. 한국심리학회지: 임상, 26(4), 963-976.
- 이지영, 권석만(2009a). 사회불안과 자기초점적 주의 성향의 관계. 인지행동치료, 9(1), 39-55.
- 이지영, 권석만(2009b). 성별과 성격유형에 따른 정서 조절방략 사용의 차이. 한국심리학회지: 일반, 28(3), 507-524.
- 이지영, 권석만(2009c). 정서장애와 정서 조절방략의 관계. 한국심리학회지: 임상, 28(1), 245-261.
- 이지영, 권석만(2009d). 정서 조절방략 질문지(ERSQ)의 16개 방략의 경험적 구분. 한국임상심리학회' 2009년도 동계 연수회 포스터 발표 초록집, 31-32.

- 이지영, 권석만(2010). 체험적 정서 조절방략의 효과. 한국심리학회지: 상담 및 심리치료, 22(1), 95－116.
- 이지영, 김은하(2018). 긍정 정서강도와 부정 정서강도의 차이: 성격특성과 정서 조절방략의 사용을 중심으로. 한국심리학회지: 일반, 37(3), 411－439.
- 이지영, 정지현(2016). 부정 정서강도와 적응적 및 부적응적 정서 조절방략의 관계에서 고통감내력의 조절효과. 한국심리학회지: 건강, 21(4), 719－740.
- 이훈구, 이수정, 이은정, 박수애(2002). 정서심리학. 서울: 법문사.
- 정옥분, 정순화, 임정하(2007). 정서발달과 정서지능. 학지사.
- 정지현(2000). 걱정이 많은 사람들의 파국적 사고경향. 서울대학교 대학원 석사학위논문.
- 조성은, 오경자(2007). 정서인식의 명확성, 정서강도, 정서주의력과 스트레스 대처 및 우울과의 관계. 한국심리학회지: 건강, 12(4), 797－812.
- 조용래(2007). 정서 조절곤란의 평가: 한국판 척도의 심리측정적 속성. 한국심리학회지: 임상, 26(4), 1015－1038.
- 존 가트맨, 최성애, 조벽(2011). 내 아이를 위한 감정코칭. 한국경제신문.
- 주리애, 이지영, 설순호(2003). 불안의 집단 인지행동치료. 미출판.
- 하현주(2007). 마음챙김 명상 경험에 영향을 미치는 명상 수행자의 심리적 특성. 서울대학교 대학원 석사학위 논문.
- 한덕웅, 박준호(2005). 스트레스 사건에 관한 생각억제와 자기노출이 행복과 건강에 미치는 영향. 한국심리학회지: 건강, 10(2), 183－209.
- 한정원(1997). 정서표현성이 건강 및 주관적 안녕에 미치는 영향. 서울대학교 석사학위논문.
- 함규정(2010). 감정을 다스리는 사람, 감정에 휘둘리는 사람. 청림출판.
- Rolf Merkle, Doris Wolf/유영미 역(2010). 감정사용설명서. 생각의 날개.
- Agras, W. S., & Telch, C. F.(1998). The effect of calorific deprivation and negative effect on binge eating in obese binge－eating disordered women. Behavior Therapy, 29, 491－503.
- Aldao, A., Nolen－Hoeksema, S., & Schweizer, S.(2010). Emotion－regulation strategies across psychopathology: A meta－analytic review. Clinical Psychology Review, 30, 217－237.
- American Psychiatric Association.(1994). Diagnostic and stational manual of mental disorders(4th ed.). Washington, DC: American Psychological Association.
- Bagby, R., & Ryder, A. G.(2000). Personality and the affective disorders: Past efforts, current models, and future directions. Current Psychiatry Reports, 2, 465－472.
- Beck, A. T.(1976). Cognitive therapy and the emotional disorders. New York: International Universities Press.
- Berenbaum, H., Raghavan, G., Le, H－N., Vernon, L. K., & Gomez, J. J.(2003). A taxonomy of emotional disturbances. Clinical Psychology: Science and Practice, 10, 206－226.
- Bisbee, C., Mullary, R., & Osmond, H.(1982). Type and psychiatric illness. Journal of Psychological Type, 4, 49－67.
- Borkovec, T. D., Robinson, E., Pruzinsky, T., & DePree, J. A.(1983). Preliminary exploration of worry: some characteristics and processes. Behaviour Research and Therapy. 21(1), 9－16.
- Brewerton, T. D., Lydiard, R. B., Ballenger, J. C., & Herzog, D. B.(1993). Eating disorders and social phobia. Archives of General Psychiatry, 50, 70.
- Brown, K. W., & Ryan, R. M.(2003). The benefits of being present: mindfulness and its role in psychological well－being. Journal of Personality and Social Psychology, 84(4), 822－848.
- Brown, K. W., & Ryan, R. M.(2004). Perils and promise in defining and measuring

mindfulness: Observations from experience. Clinical Psychology: Science and Practice, 11(3), 242-248.

- Bushman, B. J., Baumeister, R. F., & Phillips, C. M.(2001). Do people aggress to improve their mood? Catharsis beliefs, affect regulation opportunity, and aggressive responding. Journal of Personality and Social Psychology, 81(1), 17-32.
- Campbell-Sills, L., Barlow, D. H., Brown, T. A., & Hofmann, S. G.(2006). Effects of suppression and acceptance on emotional responses of individuals with anxiety and mood disorders. Behaviour Research and Therapy, 44(9), 1251-1263.
- Carver, C. S., Scheier, M. F.(1978). Self-focusing effects of dispositional self-consciousness, mirror presence, and audience presence. Journal of personality and social psychology, 36, 324-332.
- Carver, C., & Scheier, M.(1989). Assessing Coping Strategies: A theoretically based approach. Journal of Personality and Social Psychology, 56(2), 267-283.
- Catanzaro, S. J.(1997). Mood regulation expectancies, affect intensity, dispositional coping, and depressive symptoms: A conceptual analysis and empirical reanalysis. Personality and Individual Differences, 23(6), 1065-1069.
- Chambers, R., Gullone, E., & Allen, N. B.(2009). Mindful emotion regulation: An integrative review. Clinical Psychology Review, 29, 560-572.
- Cicchetti, D., Ackerman, B. P., & Izard, C. E.(1995). Emotions and emotion regulation in developmental psychopathology. Development and Psychopathology, 7, 1-10.
- Clark, D. M., & Wells. A.(1995). A cognitive model of social phobia. In R. G. Heimberg, M. R. Liebowitz, D. A. Hope, & F. R. Scheier(Ed.), Social phobia: Diagnosis, assessment, and treatment(pp.69-93). New York: The Guilford Press.
- Cole, P. M., Michel, M. K., & Teti, L. O.(1994). The development of emotion regulation and dysregulation: A clinical perspective. In N. A. Fox(Ed.), The development of emotion regulation. Biological and behavioral considerations(pp. 73-100). Monographs of the Society for Research in Child Development, 59(2-3, Serial No. 240).
- Conte, H. R., Plutchik, R., Jung, B. B., Picard, S., Karasu, B., & Lotterman, A.(1990). Psychological mindedness as a predictor of psychotherpay outcome: A preliminary report. Comprehensive Psychiatry, 31(5), 426-431.
- Creed, A. T., & Funder, D. C.(1998). The two faces of private self-consciousness: Self report, peer-report, and behavioral correlates. European Journal of Personality, 12, 411-431.
- Cronbach, L. J.(1960). Essentials of psychological testing. New York: Harper & Low.
- Dancyger, I. F., Sunday, S. R., & Halmi, K. A.(1997). Depression modulates non-eating-disordered psychopathology in eating-disordered patients. Eating Disorders: The Journal of Treatment and Prevention, 5, 59-68.
- Davey, G. C. L.(1994). Pathological worrying as exacerbated problem-solving. In Davey, G. C. L., & Tallis, F.(Eds), Worring: perspectives on theory, assessment and treatment. Chichester, England: Wiley.
- Davey, G. C. L., & Levy, S.(1998). Catastrophic worrying: Personal inadequacy and a perseverate iterative style as features of the catastrophising process. Journal of Abnormal Psychology, 107(4), 576-586.
- Deffenbacher, J. L.(1978). Worry, emotionality and task-generated interference in task anxiety: An empirical test of attentional theory. Journal of Educational Psychology, 70, 248-254.

- Derogatis, L. R.(1977). SCL－90(Revised) Manual I. Clinical Psychometrics Research Unit, Baltimore, Johns Hopkins University School of Medicine.
- Dodge, K. A., & Garber, J.(1991). Domains of emotion regulation. In M. L. Hoffman(Ed.), The development of emotion regulation and dysregulation(pp. 3－11). Cambridge: The Cambridge University Press.
- Duval, S., & Wicklund, R. A.(1972). A theory of objective self－awareness. New York: Academic Press.
- Duval, T. S., & Silvia, P. J.(2001). Self－awareness and causal attribution. Boston: Kluwer Academic.
- Eifert, G. H., & Heffner, M.(2003). The effects of acceptance versus control contexts on avoidance of panic－related symptoms. Journal of Behavior Therapy and Experimental Psychiatry, 34, 293－312.
- Eisenberg, N., Cumberland, A., Spinrad, T. L., Fabes, R. A., Shepard, S. A., Reiser, M., Murphy, B. C., Losoya, S. H., & Guthrie, I. K.(2001). The relations of regulation and emotionality to children's externalizing and internalizing problem behavior. Child Development, 72, 1112－1134.
- Eisenberg, N., Fabes, R. A., Murphy, B., Maszk, P., Smith, M., & Karbon, M.(1995). The role of emotionality and regulation in children's social functioning: A longitudinal study. Child Development, 66, 1360－1384.
- Eisenberg, N., Fabes, R. A., Shepard, S. A., Guthrie, I. K., Murphy, B. C., Reiser, M.(1993). Parental reaction to children's negative emotions: Longitudinal relations to quality of children's social functioning. Child Development, 70, 513－534.
- Elliott, R., Watson, J. C., Goldman, R. N., & Greenberg, L. S.(2004). Learning Emotion－Focused Therapy. Washington, DC: American Psychological Association.
- Farber, B. A.(1989). Psychological－mindedness: can there be too much of a good thing? Psychotherapy, 26, 210－216.
- Fenigstein, A., Scheier, M. F., & Buss, A. H.(1975). Public and private self－consciousness: assessment and theory. Journal of Consulting and Clinical Psychology, 43, 522－527.
- Fivush, R., & Buckner, J. P.(2000). Gender, sadness, and depression: The development of emotional focus through gendered discourse. In A. Fischer(Ed.), Gender and emotion: Social psychological perspectives(pp. 232－253). Cambridge: University Press.
- Flett, G. L., Blankstein, K. R., & Obertynski, M.(1996). Affect intensity, coping styles, mood regulation expectancies, and depressive symptoms. Personality and Individual Differences, 20(2), 221－228.
- Forsyth, J. P., Parker, J. D., & Finlay, C. G.(2003). Anxiety sensitivity, controllability, and experiential avoidance and their relation to drug of choice and addiction severity in a residential sample of substance－abusing veterans. Addictive Behaviors, 28(5), 851－870.
- Fosha, D.(2000). The transforming power of affect. New York: Basic Books.
- Fox, H. C., Hong, K. A., & Sinha, R.(2008). Difficulties in emotion regulation and impulse control in recently abstinent alcoholics compared with social drinkers. Addictive Behaviors, 33, 388－394.
- Garber, J. & Dodge, K.(1991). The development of emotion regulation and dysregulation. New York: Cambridge University Press.
- Gardner, H.(1983). Frames of mind: The theory of multiple intelligence. New York: Basic Books.

- Garnefski, N., Kraaij, V., & Spinhoven, P.(2001). Negative life events, cognitive emotion regulation and emotional problems. Personality and Individual Differences, 30, 1311－1327.
- Gibbons, F. X., Smith, T. W., Ingram, R. E., Pearce, K., & Brehm, S. S.(1985). Self－awareness and self－confrontation: effects of self－focused attention on members of a clinical population. Journal of Personality and Social Psychology, 48, 662－675.
- Goleman, D.(1995). Emotional intelligence. Bantom Books, U.S.A.
- Gratz, K. L., & Roemer, L.(2004). Multidimentional assessment of emotion regulation dysregulation: Development, factor structure, and initial validation of the Difficulties in Emotion Regulation scale. Journal of Psychopathology and Behavioral Assessment, 26(1), 41－54.
- Green, M. J., Cahill, C. M., Malhi, G. S.(2007). The cognitive and neurophysiological basis of emotion dysregulation in bipolar disorder. Journal of Affective Disorders, 103, 29－42.
- Greenberg, L. S.(2002). Emotion－focused therapy. Coaching clients to work through their feelings. Washington, DC: American Psychological Association.
- Greenberg, L. S., & Paivio, S. C.(1997). Working with emotions in Psychotherapy. New York: Guilford Press.
- Greenberg, L. S., & Pascual－Leone, J.(1995). A dialectical constructivist approach to experiential change. In R. Neimeyer & M. Mahoney(Eds.), Constructivism in psychotherapy(pp. 169－191). Washington, DC: American Psychological Association.
- Greenberg, L. S., & Safran, J. D.(1987). Emotion in psychotherpy: Affect, cognition and the process of change. New York: The Guilford Press.
- Greenberg, L. S., Rice, L. N., & Elliot, R.(1993). Facilitating emotional change: The moment－by－moment process. New York: The Guilford Press.
- Greenberg, L. S., Watson, J. C., & Lietaer, G.(1998). Handbook of experiential psychotherapy. New York: The Guilford Press.
- Gross, J. J.(1999). Emotion regulation: past, present, future. Cognition and Emotion, 13(5), 551－573.
- Gross, J. J., & John, O. P.(2003). Individual difference in two emotion regulation processes: Implications for affect, relationships, and well－being. Journal of Personality and Social Psychology, 85(2), 348－362.
- Hall, J. A.(1992). Psychological－mindedness: A conceptual model. American Journal of Psychotherapy, 106, 131－140.
- Hartman, L. M.(1983). A metacognitive model of social anxiety: Implications for treatment. Clinical Psychology Review, 3, 435－456.
- Hayes, S. C., Luoma, J. B., Bond, F. W., Masuda, A., & Lillis, J.(2006). Acceptance and commitment therapy: Model, processes and outcomes. Behaviour Research and Therapy, 44, 1－25.
- Hayes, S. C., Strosahl, K. D., & Wilson, K. G.(1999). Acceptance and commitment therapy: An experiential approach to behavior change. New York: Guilford Press.
- Hayes, S. C., Strosahl, K. D., & Wilson, K. G., Bissett, R. T., Piasecki, M.(2004). A preliminary trial of twelve－step facilitation and acceptance and commitment therapy with poly substance－abusing methadone－maintained opiate addicts. Behavior Therapy, 35, 667－688.
- Heerlein, A., Richter, P., Gonalez, M., & Santander, J.(1998). Personality patterns and outcome in depressive and bipolar disorders. Psychopathology, 31(1), 15－22.
- Heider, F.(1958). The psychology of interpersonal relations. NY: John wiley.
- Hinrichsen, H., Wright, F., Waller, G., Meyer, C.(2003). Social anxiety and coping strategies

in the eating disorders. Eating Behaviors, 4(2), 117－126.

- Hope, D. A., Gansler, A. D., & Heimberg, R. G.(1989). Attentional focus and casual attributions in social phobia: Implications from social psychology. Clinical Psychology Review, 9, 49－60.
- Hope, D. A., Heimberg, R. G.(1988). Public and private self－consciousness and social phobia. Journal of Personality Assessment, 52, 626－639.
- Ickes, W. J., Wicklund, R. A., & Ferris, C. B.(1973). Objective self－awareness and self－esteem. Journal of Experimental Social Psychology, 9, 202－219.
- Ingram, R. E.(1990a). Self－focused attention in clinical disorders: Review and a conceptual model. Psychological Bulletin, 107, 156－176.
- Ingram, R. E. (1990b). Attentional nonspecificity in depressive and generalized anxious affective states. Cognitive Therapy and Research, 14, 25－35.
- Ingram, R. E., & Hollon, S. D.(1986). Cognitive therapy of depression from an information processing perspective. In R. E. Ingram(Ed.), Information processing approaches to clinical psychology. Orlando, FL: Academic Press.
- Ingram, R. E., Cruet, D., Johnson, B. R., & Wisnicki, K. S.(1988). Self－focused attention, gender, gender role, and vulnerability to negative affect. Journal of Personality and Social Psychology, 55, 967－978.
- Ingram, R. E., Kendall, P. C.(1987). The cognitive side of anxiety. Cognitive Therapy and Research, 11, 523－536.
- Janowsky, D. S., Morter, S., & Hong, L.(2002). Relationship of Myers Briggs type indicator personality characteristics to suicidality in affective disorder patients. Journal of Psychiatric Research, 36, 33－39.
- Johnson, D. R.(2009). Emotional attention set－shifting and its relationship to anxiety and emotion regulation. Emotion, 9(5), 681－690.
- Keenan, K.(2000). Emotion dysregulation as a risk factor for child psychopathology. Clinical Psychology: Science and Practice, 7, 418－434.
- Kinderman, P.(1994). Attentional bias, persecutory delusions and the self－concept. British Journal of Medical Psychology, 67, 53－66.
- Kokkonen, M., & Pulkkinen, L.(1999). Emotion regulation strategies in relation to personality characteristics indicating low and high self－control of emotions. Personality and Individual Differences, 27, 913－932.
- Kopp, C. B.(1989). Regulation of distress and negative emotions: A developmental review. Developmental Psychology, 25, 343－354.
- Kring, A. M., & Bachorowski, J.(1999). Emotions and psychopathology. Cognition and Emotion, 13(5), 575－599.
- Kring, A. M., & Werner, K. H.(2004). Emotion regulation and psychopathology. In P. Philippot, & R. S. Feldman(Ed.). The regulation of emotion(pp.359－385). Lawrence Erlbaum Associates.
- Larsen, R. J., & Diener, E.(1987). Affect intensity as an individual difference characteristic: A review. Journal of Research in Personality, 21, 1－39.
- Lazarus, R. S.(1966). Psychological stress and the coping process. New York: McGraw Hill.
- Levitt, J. T., Brown, T. A., Orsillo, S. M., & Barlow, D. H.(2004). The effects of acceptance versus suppression of emotion on subjective and psychophysiological response to carbon dioxide challenge in patients with panic disorder. Behavior Therapy, 35, 747－766.
- MacLeod, C., Williams, J. M. G., & Bekerian, D. A.(1991). Worry is reasonable: The role of explanations in pessimism about future personal events. Journal of Abnormal Psychology,

100, 478 – 486.

- Marra, T.(2005). Dialectical Behavior Therapy in Private Practice. New Harbinger Publications.
- Martin, L. L., & Tesser, A.(1996). Some ruminative thoughts. In R. S. Wyer(Eds.), Advances in Social Cognition (9), 1 – 47. Mahwah: Lawrence Erlbaum Associates.
- Martin, R. C., & Dahlen, E. R.(2005). Cognitive emotion regulation in the prediction of depression, anxiety, stress, and anger. Personality and Individual Differences, 39, 1249 – 1260.
- Mathews, A.(1990). Why worry? The cognitive function of anxiety. Behaviour Research and Therapy, 28(6), 455 – 468.
- Mayer, J. D., & Gaschke, Y. N.(1988). The experience and meta – experience of mood. Journal of Personality and Social Psychology, 55, 102 – 111.
- Mayer, J. D., & Salovey, P.(1997). What is emotional intelligence? In P. Salovey, & D. Sluyter(Eds), Emotional development and emotional intelligence: implications for educator, 3 – 31. New York: BasicBooks.
- Mayer, J. D., & Stevens, A. A.(1994). An emerging understanding of the reflective (meta)experience of mood. Journal of Research in Personality, 28, 351 – 373.
- McLewin, L. A., & Muller, R. T.(2006). Attachment and social support in the prediction of psychopathology among young adults with and without a history of physical maltreatment. Child Abuse and Neglect, 30, 171 – 191.
- Mennin, D. S., Heimberg, R. G., Turk, C. L., & Fresco, D. M.(2005). Preliminary evidence for an emotion dysregulation model of generalized anxiety disorder. Behavioral Research and Therapy, 43, 1281 – 1310.
- Monfries, M. M., & Kafer, N. F.(1994). Private self – consciousness and fear of negative evaluation. The Journal of Psychology, 128, 447 – 454.
- Morris, W. N., & Reilly, N. P.(1987). Toward the self – regulation of mood: Theory and research. Motivation and Emotion, 11, 215 – 249.
- Moss, F. A., Hunt, T., Omwake, K. T., & Woodward, L. G.(1955). Manual for the george washington university series social intelligence test. Washington, DC: Center for Psychological Services.
- Muller, R. T., & Lemieux, K. E.(2000). Social support, attachment, and psychopathology in high risk formerly maltreated adults. Child Abuse and Neglect, 24(7), 883 – 900.
- Najmi, S., Riemann, B. C., & Wegner, D. M.(2009). Managing unwanted intrusive thoughts in obsessive – compulsive disorder: Relative effectiveness of suppression, focused distraction, and acceptance. Behaviour Research and Therapy, 47, 494 – 503.
- Natale, M., Dahlberg, C. C., & Jaffe, J.(1978). The relationship of defensive language behavior in patient monologues in the course of psychoanalysis. Journal of Clinical Psychology, 34, 466 – 470.
- Nolen – Hoeksema, S.(1991). Response to depression and their effects on the duration of depressive episodes. Journal of Abnormal Psychology, 100, 569 – 582.
- Nyklicek, I., Majoor, D., & Schalken, P. A. A. M.(2010). Psychological mindedness and symptom reduction after psychotherapy in a heterogeneous psychiatric sample. Comprehensive Psychiatry, 51(5), 492 – 496.
- O' Sullivan, M., Guilford, J. P., & de Mille, R.(1965). The measurement of social intelligence (Psychological Laboratory Rep. No. 34). Los Angeles: University of Southern California.
- Omaha, J.(2004). Psychotherapeutic interventions for emotion regulation: EMDR and bilateral stimulation for affect management. New York: W.W.Norton & Company.

- Parkinson, B., & Totterdell, P.(1999). Classifying affect−regulation strategies. Cognition and Emotion, 13(3), 277−303.
- Parkinson, B., Totterdell, P., Briner, R. B., & Reynolds, S.(1996). Changing moods: The psychology of mood and mood regulation. London: Longman.
- Pattison, E. M., DeFrancisco, D., Franzier, H., Wood, P., & Crower, J.(1975). A psychosocial kinship model for family therapy. American Journal of Psychiatry, 132, 1246−1251.
- Pearlin, L. I., & Schooler, C.(1978). The structure of coping. Journal of Health and Social Behaviour, 19, 2−21.
- Pennebaker, J. W., & Traue, H. C.(1993). Inhibition and psychosomatic processes. In J. W. Pennebaker & H. C. Traue(Eds.), Emotion, inhibition and health(pp. 146−163). Gottingen, Germany: Hogrefe & Huber.
- Plutchik, R.(1980). Emotion: A psychoevolutionary synthesis. New York: Harper & Row.
- Pos, A. E., Greenberg, L. S., Goldman, R. N., & Korman, L. M.(2003). Emotional processing during experiential treatment of depression. Journal of Consulting and Clinical Psychology, 71(6), 1007−1016.
- Pyszynski, T., & Greenberg, J.(1987). Self−regulatory perseveration and the depressive self−focusing style: a self−awareness theory of reactive depression. Psychological Bulletin, 102, 122−138.
- Rachman, S.(1980). Emotional processiong. Behavior Research and Therapy, 18, 51−60.
- Roemer, L., & Orsillo, S. M.(2002). Expanding our conceptualization of and treatment for generalized anxiety disorder: Integrating mindfulness/acceptance−based approaches with existing cognitive−behavioral models. Clinical Psychology: Science and Practice, 9, 54−68.
- Saboonchi, F., Lundh, L. G., & Öst, L. G.(1999). Perfectionism and self−consciousness in social phobia and panic disorder with agoraphobia. Behavior Research and Therapy, 37, 799−808.
- Salovey, P., & Mayer, J. D.(1990). Emotional intelligence. Imagination, Cognition and Personality, 9, 185−211.
- Salovey, P., Mayer, J. D., Goldman, S. L., Turvey, C., & Palfai, T. P.(1995). Emotional attention, clarity, and repair: Exploring emotional intelligence using the Trait Meta−Mood Scale. In J. W. Pennebaker(Ed.), Emotion, disclosure, & health(pp. 125−154). Washington, DC: American Psychological Association.
- Schlenker, B. R., & Leary, M. R.(1982). Social anxiety and self presentation: A concepualization and model. Psychological Bulletin. 92, 641−669.
- Schmitt, J. P.(1983). Focus of attention in the treatment of depression. Psychotherapy: Theory, Research, and Practice, 20, 457−463.
- Segal, Z. V., Williams, J. M. C., & Teasdale, J. D.(2002). Mindfulness and the prevention of depression: A guide to the theory and practice of mindfulness−based cognitive therapy. New York: Guilford Press.
- Silvia, P., Eichstaedt, J., & Phillips, A. G.(2005). Are rumination and reflection types of self−focused attention? Personality and Individual Differences, 38, 871−881.
- Southam−Gerow, M. A., & Kendall, P.(2002). Emotion regulation and understanding implications for child psychopathology and therapy. Clinical Psychology Review, 22(2), 189−222.
- Stanton, A., Danoff−Burg, S., Twillman, R., Cameron, C., Bishop, M., & Collins, S.(2000). Emotionally expressive coping predicts psychological and physical adjustment to breast

cancer. Journal of Consulting and Clinical Psychology, 68(5), 875－882.

- Strack, S., Blaney, P. H., Ganellen, R. J., & Coyne, J. C.(1985). Pessimistic self－preoccupation, performance deficits, and depression. Journal of Personality and Social Psychology, 49, 1076－1085.
- Swendsen, J., Hammen, C., Heller, T., & Gitlin, M.(1995). Correlates of stress reactivity in patients with bipolar disorder. American Journal of Psychiatry, 152(5), 795－797.
- Swinkels, A., & Guilliano, T. A.(1995). The measurement and conceptualization of mood awareness: Attention directed toward one's mood states. Personality and Social Psychology Bulletin, 21, 934－949.
- Taylor, G. J., Bagby, R. M., & Parker, J. D. A.(2000). Disorders of affect regulation: Alexithymia in medical and psychiatric illness. Journal of Psychosomatic Research, 48, 603－604.
- Teasdale, J. D., & Green, H. A. C.(2004). Ruminative self－focus and autobiographical memory. Personality and Individual Differences, 36, 1933－1943.
- Thoits, P. A.(1985). Self－labeling processes in mental illness: The role of emotional deviance. American Journal of Sociology, 92, 221－149.
- Thorndike, E. L.(1920). Intelligence and its use. Harper's Magazine, 140, 227－235.
- Tolsdorf, C. C.(1976). Social networks, support and coping: An exploratory study. Family Process, 15, 407－418.
- Trapnell, P. D., & Campbell, J. D.(1999). Private self－consciousness and the five－factor model of personality: Distinguishing rumination from reflection. Journal of Personality and Social Psychology, 76, 284－304.
- Walden, T. A., & Smith, M. C.(1997). Emotion regulation. Motivation and Emotion, 21(1), 7－25.
- Watson, J. C., & Bedard, D. L.(2006). Clients emotional processing in psychotherapy: A comparison between cognitive－behavioral and process－experiential therapies. Journal of Consulting and Clinical Psychology, 74(1), 152－159.
- Watson, P. J., Morris, R. J., Ramsey, A., Hickman, S, E,, & Waddell, M. G.(1996). Futher contrasts between self－reflectiveness and internal state awareness facrors of private self－consciousness. The Journal of Psychology, 130, 183－192.
- Weinberg, A., Klonsky, E. D.(2009). Measurement of emotion dysregulation in adolescents. Psychological Assessment, 21(4), 616－621.
- Weiner, B.(1974). Achievement motivation and attribution theory. General Learning Press. Morristown, NJ.
- Westen, D.(1994). Toward an integrative model of affect regulation: Applications to social－psychological research. Journal of Personality, 62, 641－667.
- Williams, D. G.(1989). Neuroticism and extraversion in different factors of the Affect Intensity Measure. Personality and Individual Differences, 10, 1095－1100.
- Winters, K. C., & Neale, J. M.(1983). Delusions and delusional thinking: A review of the literature. Clinical Psychology Review, 3, 227－253.
- Wood, J. V., Saltzberg, J. A., Neale, J. M., Stone, A. A., & Rachmiel, T. B.(1990). Self－focused attention, coping responses, and distressed mood in everyday life. Journal of Personality and Social Psychology, 58, 1027－1036.
- Woody, S. R.(1996). Effects of focus of attention on anxiety levels and social performance of individuals with social phobia. Journal of Abnormal Psychology, 105, 61－69.
- Woody, S., Chambless, D. L., & Glass, C. R.(1997). Self－focused attention in the treatment of social phobia. Behavior Research and Therapy, 35, 117－129.

- Young, J. E., Klosko, J. S., & Weishaar, M. E.(2003). Schema therapy: A practitioner's guide. New York: The Guilford Press.

# 찾아보기

ㅈ

지은이 이지영

서울대학교 심리학과를 졸업하고 동 대학원에서 상담 · 임상심리학을 전공하여 석사와 박사 학위를 받았다. 서울대학교 대학생활문화원에서 전임 상담원 및 특별 상담원으로 근무하였고, 서울대병원에서 임상심리 수련 과정을 이수하였다. 한국심리학회가 공인하는 상담심리사 1급이자 임상심리전문가이고, 정신보건임상심리사, 게슈탈트치료전문가이다. 또한 국제코칭연맹(ICF)이 공인하는 국제전문코치이다. 현재 서울디지털대학교 상담심리학부 정교수로 재직하고 있으며, SDU 심리상담센터 센터장을 맡고 있다. 한국상담심리학회 학술이사 및 홍보이사를 비롯해서 한국임상심리학회 학술이사 및 편집이사 등 다수를 역임했고, 보건복지부 입원적합성 심사위원과 국사편찬위원회 고충심사위원회 위원 등을 역임하였다. 네이버 프리미엄콘텐츠 <이지영 교수의 감정코칭> 채널과 정서조절코칭전문가로서 정서조절코칭센터와 정서조절코칭연구소를 운영하고 있다. 저서 『정서조절코칭북』과 『나는 왜 감정에 서툴까』의 일부 내용은 국정교과서 내용으로 채택된 바 있으며, 『생각이 크는 인문학: 감정』과 『어린이 심리스쿨』은 "청소년 권장도서", 한국어린이교육문화연구원의 "으뜸책"에 선정되었다. 그 밖에 『정서중심적 치료(Emotion-Centered Therapy): 변화를 위한 체험적 심리치료』, 『나를 잃어가면서 지켜야 할 관계는 없다』, 『최신 임상심리학』, 『특정공포증』 등 다수의 대중서 및 전공서가 있다.

정서조절코칭센터(blog.naver.com/subblack)
정서조절코칭연구소(www.emotioncoach.co.kr)
이메일 주소: subblack@hanmail.net

第3판
정서 조절 코칭북 — 내 감정의 주인이 되어라

초판 1쇄발행 2011년 12월 31일
2쇄발행 2012년 7월 10일
3쇄발행 2013년 6월 20일
4쇄발행 2014년 6월 1일
5쇄발행 2015년 9월 10일
개정판 1쇄발행 2017년 11월 10일
2쇄발행 2018년 12월 10일
3쇄발행 2020년 8월 10일
4쇄발행 2022년 4월 15일
5쇄발행 2023년 2월 25일
제3판 1쇄발행 2025년 1월 3일

지은이 이지영
펴낸이 노 현

편 집 조영은
표지디자인 이수빈
제 작 고철민 · 김원표

펴낸곳 ㈜ 피와이메이트
서울특별시 금천구 가산디지털2로 53, 210호(가산동, 한라시그마밸리)
등록 2014. 2. 12. 제2018-000080호
전 화 02)733-6771
f a x 02)736-4818
e-mail pys@pybook.co.kr
homepage www.pybook.co.kr
ISBN 979-11-6519-947-0 93180

copyright©이지영, 2025, Printed in Korea

* 파본은 구입하신 곳에서 교환해 드립니다. 본서의 무단복제행위를 금합니다.

정 가 22,000원

박영스토리는 박영사와 함께하는 브랜드입니다.